Jörg Morré
Hinter den Kulissen des Nationalkomitees

Schriftenreihe
der Vierteljahrshefte für Zeitgeschichte
Band 82

Im Auftrag des Instituts für Zeitgeschichte

Herausgegeben von

Karl Dietrich Bracher, Hans-Peter Schwarz, Horst Möller

Redaktion: Jürgen Zarusky

R. Oldenbourg Verlag München 2001

Hinter den Kulissen des Nationalkomitees

Das Institut 99 in Moskau und die Deutschlandpolitik der UdSSR 1943–1946

Von Jörg Morré

R. Oldenbourg Verlag München 2001

Die Deutsche Bibliothek – CIP Einheitsaufnahme

Morré, Jörg:
Hinter den Kulissen des Nationalkomitees : das Institut 99 in Moskau und die Deutschlandpolitik der UdSSR 1943 - 1946 / Jörg Morré. - München : Oldenbourg, 2001
(Schriftenreihe der Vierteljahrshefte für Zeitgeschichte ; Bd. 82)
Zugl.: Bochum, Univ., Diss., 1999
ISBN 3-486-64582-X

© 2001 Oldenbourg Wissenschaftsverlag GmbH, München
Rosenheimer Straße 145, D-81671 München
Internet: http://www.oldenbourg-verlag.de

Das Werk einschließlich aller Abbildungen ist urheberrechtlich geschützt. Jede Verwertung außerhalb der Grenzen des Urheberrechtsgesetzes ist ohne Zustimmung des Verlages unzulässig und strafbar. Dies gilt insbesondere für Vervielfältigungen, Übersetzungen, Mikroverfilmungen und die Einspeicherung und Bearbeitung in elektronischen Systemen.

Gedruckt auf säurefreiem, alterungsbeständigem Papier (chlorfrei gebleicht).
Gesamtherstellung: R. Oldenbourg Graphische Betriebe Druckerei GmbH, München

ISBN 3-486-64582-X

Inhalt

Einleitung		7
Fragestellung		7
Forschungsstand und Quellenlage		10
I.	Politische Arbeit unter den Kriegsgefangenen: Kooperation und Konkurrenz	19
	1. Verwaltung der Kriegsgefangenenlager	19
	2. Politische Hauptverwaltung der Roten Armee	28
	3. Kommission der Komintern	34
II.	Nationalkomitee „Freies Deutschland" und Entstehung „wissenschaftlicher Forschungsinstitute"	43
	1. Institute 205 und 100	43
	2. Nationalkomitee „Freies Deutschland"	50
	3. Institut 99	55
III.	Das Nationalkomitee „Freies Deutschland" im Widerstreit der Konzeptionen	61
	1. Exilregierung	61
	2. Manuil'skijs „großdeutsche Linie"	74
	3. Volksfrontstrategie der KPD	82
IV.	Anleitung des Nationalkomitees „Freies Deutschland" durch das Institut 99	93
	1. Redaktionen im Institut 99	93
	2. Lagerbevollmächtigte des Nationalkomitees	99
	3. Frontbevollmächtigte des Nationalkomitees	106
V.	Verwaltung der Antifa-Schulen durch das Institut 99	117
	1. Programm der Antifa-Schulen	117
	2. Auswahl und Erziehung der Antifa-Schüler	123
	3. Verwendung der Antifa-Schüler	131
VI.	Deutschlandpolitische Implikationen des Instituts 99	137
	1. Parteischulungen	137
	2. Kommissionen des Nationalkomitees	149
	3. „Initiativgruppen"	158
	4. Einsatz der Parteischüler	166

VII. Auflösung des Instituts 99 179
    1. Das Ende des Nationalkomitees 179
    2. Kader für Deutschland 186
    3. Reorganisation der Antifa-Schulen 190

Fazit 197

Danksagung 201

Anhang 203
    Anlage Nr. 1: Mitarbeiter des Instituts 99 203
    Anlage Nr. 2: Absolventen der Schule Nr. 12 208
    Anlage Nr. 3: In Deutschland eingesetzte Kader des Instituts 99 211

Quellen- und Literaturverzeichnis 217

Abkürzungsverzeichnis 229

Register 233

Einleitung

Fragestellung

Keiner kennt das Institut 99. Während das Nationalkomitee „Freies Deutschland" (NKFD) mit großem Aufsehen im Juli 1943 gegründet wurde, entstand zur gleichen Zeit die eigentliche Schaltzentrale des Komitees heimlich und mit Tarnnamen versehen unter der Bezeichnung „Wissenschaftliches Forschungsinstitut Nr. 99". Das Institut 99 war der zivile Teil des Nationalkomitees, das gemeinsam von kriegsgefangenen Wehrmachtsoldaten und deutschen Exilkommunisten in Krasnogorsk, einem Städtchen nahe Moskau, mit sowjetischer Unterstützung gebildet worden war. In seinem Manifest rief es zum Sturz Hitlers und zur sofortigen Beendigung des Krieges auf. Es gab eine eigene Zeitung heraus, betrieb einen Radiosender und schickte Bevollmächtigte an die Front und in die Kriegsgefangenenlager, um für seine Ziele zu werben. Trotz des gemeinsamen Auftretens arbeiteten die Mitglieder des Komitees an getrennten Orten, die Kriegsgefangenen im Lager Lunevo im Moskauer Umland, die Emigranten in Moskau im Institut 99. Von Moskau aus koordinierte das Institut 99 die Aktivitäten des Nationalkomitees „Freies Deutschland".

Die Aufgaben des Instituts 99 umfaßten mehr als die Anleitung des Nationalkomitees. Zusammen mit den sogenannten Instituten Nr. 205 und Nr. 100 gehörte es zu der Troika von Tarnorganisationen, in die der bürokratische Apparat der kurz zuvor aufgelösten Kommunistischen Internationale (Komintern) überführt worden war. Hatte die Komintern seit dem Sommer 1941 maßgeblich die politische Arbeit unter den Kriegsgefangenen organisiert, so übernahm diese Aufgabe nun das Institut 99. Neben den Redaktionen des NKFD waren dort auch die Mitarbeiterstäbe der übrigen Zeitungen für Kriegsgefangene angebunden. Vor allem verwaltete das Institut 99 die sogenannten Antifa-Schulen (antifaschistische Schulen). In eigens dafür hergerichteten Lagern wurden deutsche, österreichische, ungarische, rumänische und italienische Kriegsgefangene politisch geschult. Ebenso bereitete das Institut 99 deutsche Kriegsgefangene und Exilkommunisten in speziellen Parteischulen auf die Rückkehr nach Deutschland vor. Im Frühjahr 1945 war es maßgeblich an der Zusammenstellung derjenigen Gruppen beteiligt, die unter der Leitung von Walter Ulbricht, Anton Ackermann und Gustav Sobottka nach Deutschland zurückkehrten. Die später zur Legende erhobenen „Initiativgruppen der KPD" waren das Resultat der Kaderrekrutierung durch das Institut 99.

Ziel der vorliegenden Arbeit ist die Rekonstruktion und Analyse der Tätigkeit des Instituts 99, das die entscheidende Instanz hinter dem Nationalkomitee „Freies Deutschland" war. Aus dieser sowjetischen Binnensicht heraus soll die Deutschlandplanung während des Zweiten Weltkrieges als kontroverser Entscheidungsprozeß nachvollzogen werden. Der Schwerpunkt liegt dabei auf der Herausarbeitung differierender Konzeptionen von Politischer Hauptverwaltung der Roten Armee, Verwaltung der Kriegsgefangenenlager und dem ZK der VKP (b).

Die angestrebte Analyse stößt allerdings auf einige methodische Probleme, für die hier einige Prämissen formuliert werden sollen. Bei der Archivrecherche erwies es sich als großes Hindernis, daß in der sowjetischen Bürokratie inhaltliche Diskussionen nur lückenhaft dokumentiert wurden[1]. Vor allem die Entscheidung der höheren Instanzen hat kaum schriftlichen Niederschlag gefunden. Für die Auswertung der in russischen Archiven eingesehenen Dokumente gelten daher folgende Annahmen: (1) Die weitaus am häufigsten anzutreffenden Kopien bzw. maschinengeschriebenen Durchschläge sind, zumal wenn sie beglaubigt sind, ein inhaltlich befriedigender Ersatz für den Text des Originals. (2) Oft schreibt „Genosse A" an „Genosse B" ohne dessen Amt, Funktion oder Kompetenzbereich zu erwähnen. Insbesondere bei Kopien fehlen die Briefköpfe, die diesbezüglich Anhaltspunkte bieten. (3) Da am Inhalt meistens keine Bezugnahme zu erkennen ist, lassen sich die institutionellen Zusammenhänge nur über Kanzleivermerke, Eingangsstempel etc. erschließen. Fehlen diese, hilft nur die Rekonstruktion über die Chronologie. (4) Auskunft darüber, wie eine Entscheidung ausgefallen ist, geben – wenn überhaupt – nur entsprechende Vermerke auf dem Original. Da zudem Anweisungen häufig mündlich übermittelt wurden, sind die einzigen Indizien für eine getroffene Entscheidung, daß in einem erneuten Schreiben an denselben Adressaten veränderte Positionen bezogen wurden. (5) So wünschenswert es auch ist, den ganzen Prozeß vom Vorschlag bis zur Entscheidung mit all seinen Modifikationen erschließen zu können, so unwahrscheinlich ist es derzeit, den Zugang zu allen dazu notwendigen Beständen – und Archiven – zu bekommen. Es ist daher eine notwendige Konsequenz, den Entscheidungsvorgang über die verfügbaren Dokumente – oft nur die Durchschläge der Originalschreiben – zu erschließen und mit der Annahme zu arbeiten, daß in der sowjetischen Bürokratie häufig die Inhalte an der Basis erarbeitet und zur Entscheidung den maßgeblichen Funktionären vorgelegt wurden. Über die Chronologie von Vorlage und Beschluß bzw. wiederholter Vorlage läßt sich die konkrete Entscheidungsfindung rekonstruieren.

Diese Prämissen werden durch die Befunde anderer Autoren, die sich mit der Entscheidungsbildung in der sowjetischen Politbürokratie befaßt haben, gestützt. So kommt die Untersuchung Tatjana Kirsteins über das Funktionieren pragmatischer Entscheidungs- und Steuerungsabläufe in einer zentralisierten Bürokratie zu dem Schluß, daß Entscheidungen häufig nicht an Instanzen oder Gremien, sondern an einzelne Personen gebunden waren („subjektivistische Entscheidungshaltung"). Kirstein hebt die Bedeutung unmittelbarer, mündlicher Rückkopplung – technisch erleichtert durch Fernschreiber und Telefon – als zentrales Steuerungselement hervor, mit dem eine zentralisierte, zur Starrheit neigende Bürokratie handlungsfähig blieb[2]. Auch Klaus Segbers verweist in seiner Studie über die Mobilisierung des sowjetischen Staats- und Wirtschaftsapparates bei Kriegsbeginn im Juni 1941 auf

---

[1] Vgl. Bonwetsch, Einleitung zu: Sowjetische Politik in der SBZ, S. XXIII: „Die Historiker werden sich vermutlich damit abfinden müssen, daß selbst aus den Dokumenten des Zentrums der Macht nicht die Aufklärung zu erhalten ist, die man sich davon erwartet."
[2] Kirstein, Die Bedeutung von Durchführungsentscheidungen.

die Vergabe von Sondervollmachten an Einzelpersonen, die durch unmittelbare Rücksprache mit den Entscheidungsträgern handlungsfähig blieben[3]. Schließlich hat Brigitte Studer am Beispiel der Öffnung des Kominternarchivs darauf hingewiesen, daß die in der sowjetischen Bürokratie vorherrschende „Verschleierungstaktik" („Wissen ist Macht") nur auf der Basis detaillierter Rekonstruktion bürokratischer Vorgänge durchbrochen werden könne[4]. Die beiden Aspekte Personalisierung und Koordinierung von bürokratischen Entscheidungsabläufen werden in der vorliegenden Untersuchung des Instituts 99 zusammengeführt. Anhand der gefundenen Beschlußprotokolle des Instituts 99, die zwar gemäß der „Regeln der Konspiration" keine Anhaltspunkte zu Institutionen oder inhaltlichen Entscheidungen geben, kann der Kreis der handelnden Personen identifiziert werden. Ihre Einflußnahme kann über die Chronologie der Zusammenkünfte und ihrer Tagesordnungspunkte sowie die Abfolge von Vorlage und wiederholter Vorlage bei der nächst höheren Instanz abgeschätzt werden. Dabei entspricht die Handlungsebene der Funktionäre des Instituts 99 nicht der der „großen Politik", sondern bewegt sich auf einer mittleren Entscheidungsebene im Apparat des ZK der VKP (b).

Die folgende Untersuchung ist in sieben Kapitel unterteilt. Im Mittelpunkt steht der strukturelle Zusammenhang der politischen Arbeit unter den Kriegsgefangenen mit der sowjetischen Deutschlandpolitik, der durch das Institut 99 geschaffen wurde. Im ersten Kapitel wird die Herausbildung der organisatorischen Strukturen im Zuge des Ausbaus der „antifaschistischen Bewegung" (Antifa) in den sowjetischen Kriegsgefangenenlagern untersucht. Im zweiten Kapitel wird die Entstehung des Instituts 99 dargestellt. Im Zentrum des dritten Kapitels stehen die konkurrierenden deutschlandpolitischen Konzeptionen, die mit dem NKFD verfolgt wurden. Die Anleitung des Nationalkomitees, die als vordringlichste Aufgabe des Instituts galt, wird im vierten Kapitel untersucht. Im fünften Kapitel geht es um die Rolle des Instituts 99 bei der Verwaltung der Antifa-Schulen. Die davon gesondert durchgeführte Vorbereitung von Parteikadern aus den Reihen der Kriegsgefangenen und deutscher Kommunisten für den Einsatz in Deutschland bildet den Schwerpunkt des sechsten Kapitels. Die daraus abgeleiteten deutschlandpolitischen Implikationen des Instituts 99 werden anhand der Kaderschulungen und schließlich der Einsätze der geschulten Kader als „Initiativgruppen der KPD" verdeutlicht. Soweit die Namen der geschulten Kader ermittelt werden konnten, sind diese im Anhang aufgeführt. In sechsten Kapitel geht es auch darum, die deutschlandpolitischen Pläne der KPD in Relation zu den sowjetischen Entscheidungsvorgängen zu setzen. Im abschließenden siebten Kapitel werden Zeitpunkt und Ursache der Auflösung des Nationalkomitees sowie des Instituts 99 untersucht. Beides stand in wechselseitiger Beziehung zueinander und war verknüpft mit der Frage nach dem Einsatz der Antifa-Schüler in Deutschland.

---

[3] Segbers, Die Sowjetunion im Zweiten Weltkrieg.
[4] Studer, Verschleierungstaktik als Herrschaftspraxis.

Forschungsstand und Quellenlage

Sowjetische Deutschlandpolitik im Zweiten Weltkrieg wurde lange Zeit unter dem Aspekt der Teilung Deutschlands gesehen. Erst mit dem Zusammenbruch des sozialistischen Lagers und der deutschen Wiedervereinigung ist das Problem der Teilung ein historisches geworden, das nunmehr infolge der Öffnung der Archive der ehemaligen DDR und der Sowjetunion auf einer neuen Quellengrundlage behandelt werden kann[5]. In den älteren Arbeiten zur sowjetischen Deutschlandpolitik ist die Gleichsetzung der Moskauer Exilplanungen der KPD mit der sowjetischen Deutschlandpolitik zu beobachten. War es bei Historikern in der DDR ein Axiom, dadurch die Verbundenheit der KPD mit der Sowjetunion herauszustellen[6], gingen auch Historiker in der BRD von einer Interessenkongruenz von sowjetischer Deutschlandpolitik und KPD-Planungen aus. Arnold Sywottek versuchte dabei zu differenzieren, indem er sich auf die Analyse der programmatischen Konzeption der KPD beschränkte[7]. Alexander Fischer jedoch betrachtete die Ausarbeitungen der Exil-KPD als unmittelbare Äußerung der sowjetischen Deutschlandplanung[8]. Diese methodische Schwäche ist zum Teil mit dem fehlenden Archivzugang zu entschuldigen, hängt aber auch mit der politisch bedingten Perspektive der in Blöcke geteilten Welt des Kalten Krieges zusammen, die einen Dissens innerhalb des sozialistischen Lagers ausschloß. In mehreren Studien hat Bernd Bonwetsch versucht, diese starren Interpretationsmuster aufzubrechen[9]. Die Öffnung der Archive brachte schließlich nicht den direkten Einblick in das Innere des sowjetischen Machtbereiches, wie Wilfried Loth es aufgrund der Auswertung von Beständen des ehemaligen Parteiarchives der SED annahm[10].

Ebenso wie die Analyse sowjetischer Deutschlandpolitik ist die Geschichtsschreibung zum Nationalkomitee „Freies Deutschland" geprägt von einer spezifischen, von der deutschen Teilung bestimmten Herangehensweise. Bodo Scheurigs Standardwerk zur Geschichte des Nationalkomitees stellt die Frage nach dem Bruch des soldatischen Eides durch die Zusammenarbeit mit der Sowjetunion in der Kriegsgefangenschaft und den daraus resultierenden Vorwurf des Landesverrates in den Mittelpunkt der Betrachtung[11]. Der These vom Verrat, die Scheurig durchaus differenziert, bleibt Karl-Heinz Frieser, dessen Untersuchung zwanzig Jahre nach dem ersten Erscheinen von Scheurigs Arbeit erschien, immer noch verhaftet, indem

---

[5] Die deutsche Frage in der Nachkriegszeit; Kommunismus und Osteuropa; Studien zur Geschichte der SBZ/DDR; Die Deutschlandfrage von Jalta und Potsdam bis zur staatlichen Teilung Deutschlands; Die Deutschlandfrage von der staatlichen Teilung Deutschlands bis zum Tode Stalins.
[6] Laschitza, Kämpferische Demokratie; Benser, Die KPD im Jahre der Befreiung; Kühnrich, Die KPD im Kampf.
[7] Sywottek, Deutsche Volksdemokratie.
[8] Fischer, Sowjetische Deutschlandpolitik; demgegenüber siehe Morré, Kommunistische Emigranten.
[9] Bonwetsch, Sowjetisierung Osteuropas; ders., Deutschlandpolitische Alternativen; ders., Außenpolitik als Innenpolitik.
[10] Loth, Stalins ungeliebtes Kind; ders., Stalin, die deutsche Frage und die DDR; demgegenüber siehe Wettig, Stalin – Patriot und Demokrat; ders., All zu schnell abgewandte Kritik.
[11] Scheurig, Freies Deutschland; überarbeite Neufassung unter dem Titel: Verräter oder Patrioten.

er sich auf die Schilderung der erbitterten Auseinandersetzungen der deutschen Kriegsgefangenen untereinander konzentriert[12]. In der DDR dagegen wurde die kommunistische Beteiligung am NKFD zum Gründungsmythos eines antifaschistisch-demokratischen Staatswesens hochstilisiert[13]. Vor allem Erich Weinerts Bericht über das Nationalkomitee, eine lediglich leicht überarbeitete Fassung eines Rechenschaftsberichtes an die sowjetische Führung, wurde mit einem Vorwort von Hermann Matern versehen und in diese Traditionslinie gezwängt[14]. Erst in der Spätphase der DDR löste sich die Diskussion um die Geschichte des NKFD ein wenig von den starren Interpretationsvorgaben der SED[15]. Nach der „Wende" von 1989/90 versuchten einige von den Zwängen der Parteigeschichtsschreibung in der DDR befreite Historiker eine kritische Würdigung des NKFD[16].

Folgte die Historiographie zum Nationalkomitee in der DDR der vorgegebenen politischen Linie, so galt das in der BRD unter anderem Vorzeichen für den Streit um die Einbeziehung des Nationalkomitees in den deutschen Widerstand gegen Hitler. Die Auseinandersetzung kulminierte Ende der 1980er Jahre in einem erbitterten Streit. Auslöser war die Neukonzeption der Gedenkstätte Deutscher Widerstand in West-Berlin, an dem Ort, der bis dahin exklusiv der Erinnerung an das Attentat auf Hitler vom 20. Juli 1944 gewidmet gewesen war[17]. Erst seit Mitte der 1990er Jahre wird die Geschichte des Nationalkomitees in einem größeren Kontext betrachtet. Neuere Forschungsergebnisse aus dem Westen und Osten wurden erstmals in dem von Gerd R. Ueberschär herausgegebenen Sammelband zusammengeführt[18]. Zudem hat die Studie Heike Bungerts zur Reaktion der Westalliierten auf die Gründung des NKFD die außenpolitischen Auswirkungen des Nationalkomitees überzeugend dargestellt[19]. Bis heute fehlt jedoch die Einordnung des Nationalkomitees in die sowjetische Deutschlandpolitik. Diese Forschungslücke soll mit vorliegender Arbeit geschlossen werden.

Ansatzpunkt der vorliegenden Arbeit ist das Institut 99. Der Teil seiner Tätigkeit, der sich auf die Propaganda des NKFD bezieht, ist bereits in der Forschung – ohne Berücksichtigung der organisatorischen Bezüge – erschöpfend behandelt worden. Durch die Arbeiten Birgit Petricks und Gerald Dieseners sind die Zeitung und der Sender „Freies Deutschland" beschrieben und in dem Ausstellungskatalog Eva

---

[12] Frieser, Krieg hinter Stacheldraht; siehe auch die überzogene Arbeit Strassners (Das Nationalkomitee „Freies Deutschland" – Keimzelle der sogenannten DDR), die außer bei Frieser in der Fachdiskussion keine Bedeutung erlangte.
[13] Löwel, Die Gründung des NKFD; Matern, Die führende Rolle der Kommunistischen Partei Deutschlands in der antifaschistischen Bewegung Freies Deutschland; siehe auch den Tagungsband anläßlich des 20. Jahrestages des NKFD: Das Nationalkomitee Freies Deutschland und seine militärpolitische Bedeutung.
[14] Weinert, Das Nationalkomitee; vgl. RGVA/K fond 4 p, opis' 5, delo 18, listy 1–227 und ebenda delo 17, listy 1–257 (russische Übersetzung).
[15] Kühnrich, Die KPD und die Bewegung „Freies Deutschland"; Pech/Diesener, Zur Entstehung und zum Wirken der Bewegung „Freies Deutschland".
[16] Benser, Zur Auflösung des Nationalkomitees; Heider, Gründung des Nationalkomitees; ders., Nationalkomitee „Freies Deutschland".
[17] Steinbach, Nationalkomitee Freies Deutschland und der Widerstand gegen den Nationalsozialismus; ders., „Widerstand hinter Stacheldraht"?; siehe auch Morré, Das Nationalkomitee „Freies Deutschland" – Widerstand aus sowjetischer Kriegsgefangenschaft?
[18] Das Nationalkomitee „Freies Deutschland" und der Bund Deutscher Offiziere.
[19] Bungert, Das Nationalkomitee und der Westen.

Bliembachs die Flugblätter des Nationalkomitees nahezu vollständig dokumentiert worden[20]. Eine inhaltsreiche, obgleich stark aus Sicht der marxistisch-leninistischen Geschichtsschreibung wertende und in der Quellenkritik nicht immer exakte Darstellung der Fronttätigkeit des NKFD stammt von Willy Wolff[21]. Zur Frontpropaganda des NKFD sind auch mehrere sowjetische Dissertationen entstanden, von denen aber lediglich die Arbeit Vladimir Vsevolodovs für die Benutzung frei zugänglich ist[22]. Insgesamt fand die Tätigkeit des NKFD in der sowjetischen Geschichtswissenschaft wenig Berücksichtigung[23].

Eine umfangreiche Darstellung der politischen Schulung deutscher Kriegsgefangener in der Sowjetunion hat Gert Robel vorgelegt, der sich dabei vornehmlich auf die Auswertung von Heimkehrerberichten unter Hinzunahme der seinerzeit verfügbaren Sekundärliteratur stützt[24]. In einigen wesentlichen Punkten bezieht er sich auf die Doktorarbeit Kurt Liberas[25]. Robels Darstellung konzentriert sich in der Hauptsache auf die Nachkriegszeit, so daß durch die Auswertung nun zugänglicher Archivdokumente sowohl die noch fehlende institutionell-organisatorische Einbettung der Antifa als auch die Beschreibung der sowjetischen Intentionen während des Krieges erfolgen kann. Die Organisationsgeschichte des Kriegsgefangenenwesens allgemein wird bereits in der Arbeit Stefan Karners dargestellt, der jedoch nicht näher auf die Antifa eingeht[26]. In jüngster Zeit hat Andreas Hilger eine umfassende Studie zu den deutschen Kriegsgefangenen in der Sowjetunion vorgelegt[27]. Auch Carola Tischler, die in ihrer Untersuchung der deutschen Emigration in der Sowjetunion erstmals ausführlicher auf die Parteischulungen eingeht, beachtet ebenso wie Peter Erlers Arbeit über die „Moskau-Kader" nicht die Rolle des Instituts 99[28].

Auskunft über das Institut 99 gab bis zur Öffnung sowjetischer Archive nur die Erinnerungsliteratur. Eine direkte Erwähnung fand es in den Memoiren Wolfgang Leonhards[29]. Eine wichtige Ergänzung zu dieser Überlieferung sind die kurzen Bemerkungen in den Erinnerungen Ruth von Mayenburgs[30]. Darüber hinaus wird das Institut 99 nur indirekt genannt. In den Memoiren kriegsgefangener Mitglieder des Nationalkomitees, die vor allem in den 1980er Jahren in der DDR erschienen, werden viele Details geschildert, aus denen sich entsprechende Hinweise auf die

---

[20] Petrick, „Freies Deutschland"; Diesener, Propagandaarbeit; Flugblätter des Nationalkomitees Freies Deutschland; siehe auch Düsel, Flugblätter.
[21] Wolff, An der Seite der Roten Armee.
[22] Vsevolodov, Vzaimodejstvie politorganov. Für die Benutzung gesperrt sind: Varin, Opyt organizacii i provedenija sovetskoj propagandy; Gončarov, Političeskaja rabota sredi voennoplennych; Gorelikov, Voenno-političeskaja dejatel'nost' Ščerbakova.
[23] Siehe vor allem Za Germaniju – protiv Gitlera; Überblick bei Boroznjak, Die sowjetische und russische Historiographie über das NKFD.
[24] Robel, Antifa. Jetzt auch: Hilger, Deutsche Kriegsgefangene, S. 220 ff.
[25] Libera, Zur Entwicklung der antifaschistischen Bewegung.
[26] Karner, Hauptverwaltung für Kriegsgefangene; ders., Im Archipel GUPVI.
[27] Hilger, Deutsche Kriegsgefangene.
[28] Tischler, Flucht in die Verfolgung; Erler, „Moskau-Kader".
[29] Leonhard, Revolution, S. 281 ff.
[30] Mayenburg, Blaues Blut und rote Fahnen, S. 298 f. und S. 345 ff.; dies., Hotel Lux, S. 311 und S. 319 f.

Tätigkeit des Instituts 99 ableiten lassen[31]. Demgegenüber bleiben die im Westen erschienenen Erinnerungen weitestgehend auf die Rechtfertigung der Mitarbeit im NKFD beschränkt[32]. Wie groß die aus dem öffentlichen Druck im Westen resultierenden Auslassungen sein können, läßt sich vor allem an den Erinnerungen Walther von Seydlitz' erkennen, der sich nahezu ausschließlich auf die moralische Rechtfertigung seiner Entscheidung zur Mitarbeit beschränkt, aber fast nichts über seine tatsächliche, nun anhand von Quellen nachzuvollziehende Arbeit im Nationalkomitee berichtet[33]. Der Druck bzw. der Drang sich zu verteidigen, ist auch deutlich bei den nach der deutschen Vereinigung erschienenen Memoiren Heinz Keßlers zu spüren[34]. Frei von Legitimationszwängen dieser Art sind die veröffentlichten Memoiren ehemaliger Schüler und Lehrer der Antifa-Schulen, was seinen Grund darin hat, daß sie ausnahmslos in der DDR erschienen und dort in der positiv gewürdigten Tradition des antifaschistischen Widerstandes gegen den Nationalsozialismus standen[35]. In der BRD sahen die Ehemaligen von eigenständigen Veröffentlichungen ab, vermutlich um Anfeindungen aus dem Weg zu gehen. Bezeichnend dafür sind die Erinnerungen Otto Engelberts, der Ende der 1950er Jahre von der Wissenschaftlichen Kommission für deutsche Kriegsgefangenengeschichte befragt und dessen Schilderung lediglich anonymisiert in der Arbeit Robels über die Antifa verwertet wurde. Unter dem Namen Engelbert wurde der sehr erhellende Bericht über die Antifa-Schule erst posthum veröffentlicht[36].

Von russischer Seite sind zahlreiche Erinnerungen überliefert, die Hinweise auf die Organisation der politischen Arbeit unter den Kriegsgefangenen geben. Besonders hervorzuheben sind die Memoiren von Michail Burcev, dem ehemaligen Leiter der 7. Verwaltung der Politischen Hauptverwaltung der Roten Armee[37]. Auch andere ehemalige Politoffiziere der Roten Armee haben sich zu Wort gemeldet, wobei jedoch ihre Erinnerungen häufig mit dem Anspruch einer geschichtswissenschaftlichen Darstellung geschrieben wurden und somit nicht immer eindeutig zwischen selbst Erlebtem und allgemeiner Darstellung unterschieden werden kann[38]. Ferner sind die Erinnerungen deutscher kommunistischer Emigranten, die für die Rote Armee arbeiteten, sehr aufschlußreich. Über diese Zusammenarbeit von Deutschen und Russen an der Front sind in der DDR mehrere Sammelbände erschienen, die

---

[31] Dengler, Zwei Leben in einem; Kehler, Einblicke und Einsichten; Kügelgen, Nacht der Entscheidung.
[32] Einsiedel, Tagebuch der Versuchung; Puttkamer, Irrtum und Schuld.
[33] Seydlitz, Stalingrad.
[34] Keßler, Zur Sache und zur Person.
[35] Insbesondere: Hoffmann, Moskau Berlin; Rühle, Genesung in Jelabuga; siehe auch die Erinnerungen ehemaliger Antifa-Schüler wie Gerhard Dengler, Max Emendörfer, Rudolf Fey, Heinz Keßler, Ernst Kehler, Bernt von Kügelgen und Hermann Rentzsch im Literaturverzeichnis, ebenso die Erinnerungen Gottfried Grünbergs, der als Lehrer an der Antifa-Schule war.
[36] Engelbert, Die Antifa-Schule Talizy. Bei Robel (Antifa, S. 258 ff.) wurde Engelbert unter „WKS-939" zitiert.
[37] Burzew, Einsichten.
[38] Siehe die Aufsätze Bernikovs, Burcevs (Burzew) und Seleznevs (Selesnjow) im Literaturverzeichnis unter Sekundärliteratur; zur Fronttätigkeit des NKFD siehe auch: Kopelew, Aufbewahren für alle Zeit, S. 62 ff.; Böll/Kopelew, Warum haben wir aufeinander geschossen?

eine Fülle wertvoller Einzelinformationen bieten, deren Zusammenhang aber erst durch kritische Rezeption deutlich wird, da sie stark ideologisierend nur die positiv empfundenen Begebenheiten herausstellen[39].

Durch die Öffnung der Archive der Sowjetunion und der ehemaligen DDR hat sich die Quellenlage entscheidend verbessert, obzwar nach wie vor viele der zentralen Bestände nicht freigegeben sind. Aber auch in den neueren, auf Archivmaterial basierenden Veröffentlichungen findet das Institut 99 kaum Erwähnung. Über die Auflösung der Komintern haben Natalija Lebedeva und Michail Narinskij detailreiche Beiträge vorgelegt, wobei sie jedoch auf die Nachfolgeorganisationen nur am Rande eingehen[40]. Eine sehr hilfreiche institutionsgeschichtliche Einbettung, die jedoch im Hinblick auf die spezifischen Aufgaben des Instituts 99 oberflächlich bleibt, gibt Grant Adibekov[41]. Irreführend dagegen ist die Erwähnung des Instituts 99 in den Arbeiten Leonid Rešins[42]. Rešin vermengt die Arbeit des Instituts mit der Tätigkeit der Komintern, wodurch falsche Bezüge hergestellt werden.

Die vorliegende Arbeit basiert quellenmäßig auf Recherchen in Moskauer Archiven im Winter 1994/95. Nochmalige Stichproben im Frühjahr und Herbst 1997 ergaben, daß sich die ohnehin problematische Archivsituation eher wieder verschlechtert hatte. Seinerzeit für die Bearbeitung freigegebene Bestände waren inzwischen wieder gesperrt worden. Für die Einbettung und Bewertung der Quellen russischer Provenienz waren daher erste Dokumenteneditionen aus russischen Archiven sehr hilfreich, so die von Laufer und Kynin vorgelegten Bände zu den deutschlandpolitischen Planungen des Volkskommissariats für Auswärtige Angelegenheiten (NKID) und die von Bernd Bonwetsch, Gennadij Bordjugov und Norman Naimark edierten Dokumente zur Propagandaverwaltung der Sowjetischen Militäradministration in Deutschland (SMAD)[43]. Hinzu kommen Veröffentlichungen einzelner Dokumente aus gesperrten russischen Beständen durch Leonid Rešin[44]. Leider sind die in Deutschland erschienenen Arbeiten Rešins nur bedingt für eine wissenschaftliche Auseinandersetzung zu gebrauchen, da sie nur selten Zitate und Fundorte ausweisen. Immerhin konnte aufgrund eigener Recherchen festgestellt werden, daß Rešin korrekt zitiert, so daß im weiteren auch auf seine in Deutschland erschienenen Monographien verwiesen wird. In jüngerer Zeit sind weitere Editionen russischer Dokumente erschienen. Hervorzuheben ist die durch Bernhard H. Bayerlein und Wladislaw Hedeler kommentierte deutsche Ausgabe der Tagebücher Georgi Dimitrovs für die Jahre 1933 bis zur Auflösung der Komintern 1943[45]. Außerdem ist mit Unterstützung des Archivdienstes der Russischen Föderation von Zagorul'ko eine detailreiche Sammlung von Berichten, Anordnun-

---

[39] Eildermann, Die Antifa-Schule; Die Front war überall; Im Kampf bewährt; Im Zeichen des roten Sterns; In den Wäldern Belorußlands; Sie kämpften für Deutschland.
[40] Lebedeva/Narinskij, Rospusk Kominterna; dies., Dissolution of the Comintern.
[41] Adibekov, Kominform.
[42] Reschin (Rešin), General zwischen den Fronten, S. 7ff.; ders., Feldmarschall im Kreuzverhör, S. 55f.
[43] SSSR i germanskij vopros; SVAG, erweiterte deutschsprachige Ausgabe unter dem Titel Sowjetische Politik in der SBZ 1945–1949.
[44] Rešin, Psevdonim – „svoboda"; ders., Sojuz nemeckich oficerov; ders., „Bol'šaja čast' voennoplennych"; ders., Seydlitz, der BDO und die Frage einer deutschen Befreiungsarmee.
[45] Dimitroff, Tagebücher und Dimitroff, Kommentare und Materialien.

gen und Befehlen zu den Kriegsgefangenenlagern in der Sowjetunion vorgelegt worden[46].

Aus den in Deutschland verfügbaren Beständen des ehemaligen Parteiarchivs der SED sind die programmatischen Ausarbeitungen der KPD im sowjetischen Exil von Peter Erler, Horst Laude und Manfred Wilke zusammengestellt worden[47]. Anhand der von Gerhard Keiderling herausgegebenen Dokumentation aus denselben Beständen kann die Vorbereitung auf den Einsatz deutscher Kommunisten – und Kriegsgefangener – in Deutschland detailliert nachvollzogen werden, allerdings nur so weit, wie sie Niederschlag in den Unterlagen der KPD fand[48]. Außerdem haben Rolf Badstübner und Wilfried Loth Teile des reichhaltigen Nachlasses von Wilhelm Piecks ediert[49].

Bei der Archivrecherche in Moskau erwies sich der Fond „Sekretariat Dimitrov" als ergiebigster Quellenbestand. Er lagert als Teil des sogenannten Kominternarchivs im ehemaligen Parteiarchiv der KPdSU (fond 495, opisi 77 und 74), das nach der jüngsten Archivreform die Bezeichnung Russisches Staatsarchiv für Sozial- und Politikgeschichte (RGASPI – Rossijskij gosudarstvennyj archiv social'no-političeskoj istorii) trägt[50]. In ihm befinden sich Dokumente zur politischen Tätigkeit der Komintern in den Kriegsgefangenenlagern bis zum Frühjahr 1943 sowie eine Reihe von Dokumenten des Instituts 99 aus den Jahren 1943/44. In demselben Bestand konnten außerdem – leider nur so weit, wie es die Aufhebung der Sperrvermerke zuließ – Ausarbeitungen der KPD und anderer kommunistischer Parteien eingesehen werden, die als Beschlußvorlagen an die ZK-Abteilung Außenpolitische Information (OMI) gingen. Aber der Bestand des OMI (fond 17, opis' 128) ist bis auf wenige, allerdings sehr aufschlußreiche Aktenstücke für die Benutzung gesperrt. Dasselbe gilt für den Bestand „Institut 100" (fond 578), der ebenso wie der Bestand „Institut 205" (fond 579) für die Forschung nicht zugänglich ist. Zugänglich, aber kaum ergiebig, sind der im RGASPI archivierte Nachlaß Ščerbakov (fond 88) und der Bestand der ZK-Abteilung Propaganda und Agitation (fond 17, opis' 125).

Einen Bestand „Institut 99" gibt es im RGASPI nicht[51]. Dieser lagert im bis zum Zerfall der Sowjetunion geheimgehaltenen „Sonderarchiv", in dem die Akten der Verwaltung der Kriegsgefangenenlager (UPVI) sowie – in einem getrennt verwalteten Teil des Archivs – von der Roten Armee erbeutete Akten deutscher Provenienz aufbewahrt werden. Heutzutage sind diese Sammlungen aufgegangen im Russischen staatlichen Militärarchiv (RGVA – Rossijskij gosudarstvennyj voennyj archiv)[52]. Leider ist der Bestand zum Institut 99 (fond 88 p) ebenso wie der Fond der operativen Abteilung des UPVI (fond 451 p), die für alle inneren Angelegenheiten

---

[46] Voennoplennye v SSSR.
[47] „Nach Hitler kommen wir".
[48] „Gruppe Ulbricht".
[49] Wilhelm Pieck – Aufzeichnungen zur Deutschlandpolitik.
[50] Vordem hieß es Russisches Zentrum für die Aufbewahrung und Erforschung von Dokumenten der neuesten Geschichte (RCChIDNI – Rossijskij centr chranenija i izučenija dokumentov novejšej istorii). Im weiteren wird die aktuelle Abkürzung RGASPI verwendet.
[51] Vgl. Kratkij putevoditel'.
[52] Vor der Archivreform von 1999 hieß das Archiv Zentrum für die Aufbewahrung historisch-dokumentarischer Sammlungen (CChIDK – Centr chranenija istoriko-dokumental'nych kollekcij). Im weiteren wird die Abkürzung RGVA/K benutzt; das angehängte „K" (kollekcija) bezeichnet den Teil des Archivs, der das ehemalige Sonderarchiv beherbergt.

des NKFD zuständig war, nicht für die Benutzung freigegeben. Einige wenige Dokumente konnten dennoch eingesehen werden. Dabei waren die Bestände des Archivs im Gedenkmuseum deutscher Antifaschisten in Krasnogorsk (MMNA – Memorial'nyj muzej nemeckich antifašistov) sehr hilfreich, in denen vereinzelt Kopien aus den beiden im RGVA gesperrten Beständen des Instituts 99 und der operativen Abteilung des UPVI liegen. Im RGVA selbst konnten lediglich die Bestände des Sekretariats (fond 1 p) und der politischen Abteilung des UPVI (fond 4 p) bearbeitet werden, wobei auch hier zahlreiche Sekretierungen von Einzelbänden stark hinderlich wirkten.

Im Staatsarchiv der Russischen Föderation (GARF – Gosudarstvennyj archiv Rossijskoj Federacii) konnten die sogenannten Sondermappen Stalin und Molotov bearbeitet werden, die fast ohne Ausnahme freigegeben und dokumentiert sind[53]. Es handelt sich bei diesem Bestand (fond 9401, opis' 2) um Berichte und Schreiben des NKVD an Stalin bzw. Molotov zu allen Angelegenheiten, mit denen das NKVD in irgendeiner Form in Berührung kam. Zwar wird darin zur politischen Arbeit unter den Kriegsgefangenen oder dem Nationalkomitee „Freies Deutschland" sehr wenig berichtet, aber die Sondermappen geben Aufschluß darüber, was vom NKVD, dem das UPVI unterstand, direkt an die sowjetische Führung weitergeleitet wurde.

Eine wichtige Ergänzung zu den Moskauer Recherchen war die Arbeit in den Abteilungen des Bundesarchivs in Berlin, Potsdam und Freiburg. Im ehemaligen Parteiarchiv der SED, das als „Stiftung Archiv der Parteien und Massenorganisationen der DDR im Bundesarchiv" (SAPMO-BArch) dem Bundesarchiv angeschlossen wurde, gibt es einen großen Bestand zum Nationalkomitee „Freies Deutschland" (Bestand SgY 12), der jedoch für die Fragestellung dieser Arbeit kaum Relevanz hat. Ergiebiger sind dagegen einzelne Dokumente aus den Beständen „Kommunistische Partei Deutschlands" (Bestand RY 1) und „Kommunistische Internationale" (Bestand RY 5). Ebenso konnten aus den vom Archiv gesammelten bzw. durch Befragung entstandenen Erinnerungen (SgY 30) einige wenige Detailinformationen gewonnen werden. Die meisten Hinweise auf die Tätigkeit des Instituts 99 gibt es in den Nachlässen von Erich Weinert (NY 4065) und Wilhelm Pieck (NY 4036). Wichtige Anhaltspunkte zu den Antifa-Schulen bieten auch die Berichte und Statistiken der Kaderabteilung der SED (Bestand DY 30/IV, 2/11)[54]. Als weitere Ergänzung zu den Dokumenten aus sowjetischen Archiven wurde der Nachlaß Otto Korfes (Bestand 90 KO 10) gesichtet, der seinerzeit im Bundesarchiv, Abteilung Potsdam (BArch Abt. Potsdam) lagerte, heute aber der Berliner Dependance des Bundesarchivs zugeordnet ist. Im Militärarchiv Freiburg (BArch-MA) wurden der Nachlaß Walther von Seydlitz (Bestand N 55) und Mikrofilmaufnahmen von Dokumenten über die Fronttätigkeit des NKFD aus dem Archiv des sowjetischen Verteidigungsministeriums in Podol'sk, zu dem ausländische Forscher keinen Zutritt haben, eingesehen (Bestand TS-1).

Trotz der nur sehr eingeschränkten Nutzungsmöglichkeiten einschlägiger russischer Archivbestände konnte die Tätigkeit des Instituts 99 rekonstruiert werden, in-

---

[53] Archiv novejšej istorii Rossii, tom I i II.
[54] Zu den Beständen des SAPMO-BArch siehe: Die Bestände der Stiftung Archiv der Parteien und Massenorganisationen der DDR.

dem Fragmente aus unterschiedlichen Beständen und Archiven zusammengetragen wurden. Die freigegebenen Bestände des UPVI ermöglichten es, ein weitgehend vollständiges Bild von Umfang und Ausformung der Antifa-Schulungen während des Krieges zu gewinnen. Ferner boten die „Sondermappen Stalin und Molotov" wichtige Anhaltspunkte zur Anbindung des NKFD an die sowjetische Deutschlandpolitik.

In der vorliegenden Arbeit sind alle Zitate auf deutsch, d.h. sie sind gegebenenfalls aus dem Russischen oder auch aus dem Englischen übersetzt worden. Die Schreibweise des Russischen richtet sich nach den Regeln der wissenschaftlichen Transliteration, von denen nur dann abgegangen wird, wenn es eine allgemein gebräuchliche deutsche Schreibweise für das entsprechende russische Wort gibt oder in den Quellen eine andere Schreibweise verwendet wird. Auslassungen bei Zitaten werden mit drei Punkten in runden Klammern – (...) – angezeigt. Alle vom Verfasser gemachten Erläuterungen oder Ergänzungen innerhalb von Zitaten stehen in ekkigen – [ ] – Klammern und sind kursiv gesetzt. Insbesondere die Kürzelnotizen von Wilhelm Pieck, um deren quellenkritische Analyse es heftige Auseinandersetzungen gab[55], werden nicht ausformuliert. Aus Gründen der Übersichtlichkeit werden bei Literaturangaben nur Kurztitel verwendet, die vollständige Nennung der Titel erfolgt im Literaturverzeichnis. Ebenso wird beim Zitieren aus Archivdokumenten die Angaben von fond (Bestand), opis' (Findbuch) und delo (Akte), die der Nennung der Blattzahl (Bl.) vorausgehen, nur durch Schrägstrich getrennt, ohne daß jedes Mal fond/opis'/delo ausgeschrieben werden.

---

[55] Badstübner, „Beratungen" bei J. W. Stalin; ders., Fehlerkritik; Benser, Quellenveröffentlichungen; Bodensieck, Wilhelm Piecks Moskauer Aufzeichnungen.

I. Politische Arbeit unter den Kriegsgefangenen: Kooperation und Konkurrenz

An der politischen Arbeit unter den Kriegsgefangenen waren drei Instanzen beteiligt: die „Verwaltung des NKVD für die Angelegenheiten von Kriegsgefangenen und Internierten" (Upravlenie po delam voennoplennych i internirovannych – UPVI), die Politische Hauptverwaltung der Roten Armee (Glavnoe političeskoe upravlenie raboče-krest'janskoj Krasnoj Armii – GlavPURKKA) und das Exekutivkomitee der Kommunistischen Internationale (EKKI). Diese versuchten ab dem Sommer 1941, deutsche Kriegsgefangene für eine „antifaschistische Propaganda" zu nutzen. In den Kriegsgefangenenlagern erwuchs daraus eine sogenannte antifaschistische Bewegung (Antifa), deren Aktivisten seit dem Frühjahr 1942 auf eigens dafür eingerichteten Antifa-Schulen ausgebildet wurden. Mit Gründung des NKFD und sukzessive des Instituts 99 liefen alle diese Initiativen im Spätsommer 1943 in einer Koordinierungszentrale zusammen. Bis dahin aber konkurrierten UPVI, GlavPURKKA und EKKI um die Gestaltung der politischen Arbeit in den sowjetischen Kriegsgefangenenlagern.

1. Verwaltung der Kriegsgefangenenlager

Die „Verwaltung des NKVD für die Angelegenheiten von Kriegsgefangenen und Internierten" wurde im September 1939 gegründet. Sie war anfangs eine kleine und bescheiden ausgestattete Verwaltung, für die die Hauptverwaltung der Lager (Glavnoe upravlenie lagerej – GULag) aktiv Aufbauhilfe leisten mußte[1]. Dessen ungeachtet arbeitete das UPVI relativ eigenständig. Anfang 1945 wurde es zu einer Hauptverwaltung aufgewertet[2]. Wie alle sowjetischen Lagerverwaltungen unterstand das UPVI dem Volkskommissariat für innere Angelegenheiten (Narodnyj kommissariat vnutrennych del – NKVD), wo es jedoch lange Zeit ein „Schattendasein" führte[3]. Während der gesamten Dauer seines Bestehens (1939–1953) unterlag der Verwaltungsapparat der Kriegsgefangenenlager gewaltigen Schwankungen[4]. Ebenso veränderte sich die Zahl der Lager sehr stark. Von den acht beim deutschen

---

[1] NKVD-Befehl vom 19. 9. 1939, in: Voennoplennye v SSSR, S. 72 f.
[2] NKVD-Befehl vom 11. 1. 1945, ebenda, S. 120 ff. Im weiteren wird durchgängig die Abkürzung UPVI und nicht das ab Januar 1945 innerhalb der sowjetischen Bürokratie gebräuchliche Kürzel GUPVI (Glavnoe upravlenie ...) verwendet.
[3] Karner, Hauptverwaltung für Kriegsgefangene, S. 452.
[4] 1951 wurde die Hauptverwaltung (GUPVI) zurückgestuft zur Verwaltung (UPVI) und formal wieder dem GULag unterstellt. Die zentrale Leitung schrumpfte ab 1950 zusammen auf 39 Mitarbeiter, was ungefähr dem Mitarbeiterstand der Jahre 1939–41 entsprach; Karner, Archipel GUPVI, S. 78; siehe auch Hilger, Deutsche Kriegsgefangene, S. 82 ff.

Überfall auf die Sowjetunion bestehenden Stammlagern existierten gegen Ende des Jahres 1941 nur noch drei, da die übrigen von der deutschen Wehrmacht überrannt worden waren. Im sowjetischen Hinterland mußten neue Lager aufgebaut werden. Im weiteren Verlauf des Krieges wuchs das Imperium des UPVI auf insgesamt 267 Lagerverwaltungen an, wobei jeder Lagerverwaltung nochmals mehrere Einzellager unterstanden[5]. Dabei befand sich während des Krieges ein großer Teil der Gefangenen in einem weitverzweigten Netz von Sammelpunkten und Aufnahmelagern, das vom UPVI nach dem sowjetischen Sieg bei Stalingrad Anfang Februar 1943 im Frontbereich angelegt wurde[6]. Diese Frontlager wanderten mit der Roten Armee nach Westen, wo sie nach der deutschen Kapitulation kurzfristig knapp 1,4 Millionen Gefangene aufnehmen mußten. Sie wurden bis zum Jahresende 1945 aufgelöst und die Kriegsgefangenen auf die Stammlager in der Sowjetunion verteilt[7]. Die Zahl der seit dem Juni 1941 aufgenommenen Kriegsgefangenen lag bis zum November 1942 bei knapp 20 000. Durch den sowjetischen Sieg bei Stalingrad schnellte sie auf rund 170 000 Kriegsgefangene hoch. Die großen Zuwächse für das UPVI kamen dann erst wieder ab dem Frühjahr 1944.

Für die politische Arbeit unter den Kriegsgefangenen fehlte der Verwaltung der Kriegsgefangenenlager sowohl das Personal als auch die organisatorische Struktur. Eine anfänglich geschaffene politische Abteilung war 1940 wieder aufgelassen worden, offenbar weil man sie nicht für notwendig erachtete[8]. Diese Einstellung änderte sich, als die Rote Armee in den Sommermonaten 1941 die ersten deutschen Kriegsgefangenen machte. Nun fuhren Offiziere der Politischen Hauptverwaltung der Roten Armee in die Lager, um die Möglichkeit zu erkunden, inwiefern deutsche Kriegsgefangene als Propagandisten gegen die Wehrmacht und das nationalsozialistische Regime verwendet werden könnten. Ein Politkommissar – Kirzanov – hielt sich vier Wochen in einem Lager bei Rjazan' auf, ein anderer Offizier – Bernikov – fuhr in das Lager Javenga. Ihre anschließende Einschätzung war konträr. Kirzanov soll ein positives Fazit gezogen haben: Durch eine „gut organisierte Arbeit" könne ein Teil der Gefangenen von Hitler abgebracht werden[9]. Bernikov dagegen war sehr viel skeptischer: „Nach internen Berichten tadelten im allgemeinen nur drei von

---

[5] Stand zum 1. 1. 1946; Übersicht in: Voennoplennye v SSSR, S. 1039; Karner (Im Archipel GUPVI, S. 246, Anm. 180) schätzt, daß es im Schnitt pro Lagerverwaltung zwölf Außenlager gab.
[6] Im Frontbereich entwickelte sich mit vielen Umstrukturierungen bis zum Frühjahr 1944 ein gestaffeltes Lagersystem heraus: Aufnahmepunkte (PPV – priemnyj punkt voennoplennych) in 20–30 km Entfernung von der Front, Sammelpunkte (SPV – sbornyj punkt voennoplennych) in 50–70 km Entfernung und Durchgangslager (FPPL – frontovoj priemno-peresyl'nyj lager') in 100–150 km Entfernung; Galickij, Vražeskie voennoplennye v SSSR, S. 42 f.; vgl. Karner, Archipel GUPVI, S. 62; Übersicht in: Voennoplennye v SSSR, S. 1038; siehe auch Muchin, Das System der Gefangennahme, S. 114 ff.
[7] In dieser Zeit entstanden unter der Verwaltung von 222 Lagerverwaltungen 2713 neue Einzellager. In der gleichen Zeit wurden allerdings 99 Lagerverwaltungen mit insgesamt 1 080 Außenlagern aufgelöst; Rechenschaftsbericht des UPVI, RGVA/K 1p/23a/1, Bl. 31.
[8] Karner, Hauptverwaltung für Kriegsgefangene, S. 452, Anm. 8; siehe den NKVD-Befehl vom 3. 12. 1940, in: Voennoplennye v SSSR, S. 82. Erst mit dem MVD-Befehl vom 19. 10. 1946 wurde wieder eine eigene Politabteilung des UPVI geschaffen, ebenda, S. 133.
[9] Burzew, Einsichten, S. 63.

1. Verwaltung der Kriegsgefangenenlager

Aufnahme von Kriegsgefangenen in der Zeit vom 22. Juni 1941 bis 26. Juni 1945
Zahlenspiegel nach Berichten des UPVI[10]

bis zur Schlacht um Stalingrad:
22. 06. 1941 – 31. 12. 1941	– 9 147
01. 01. 1942 – 18. 11. 1942	– 10 635

bis zum sowjetischen Sieg bei Stalingrad:
19. 11. 1942 – 31. 12. 1942	– 35 747
01. 01. 1943 – 03. 02. 1943	– 115 162

bis zur deutschen Kapitulation:
04. 02. 1943 – 05. 07. 1943	– 24 919
05. 07. 1943 – 01. 01. 1944	– 40 730
01. 01. 1944 – 01. 03. 1944	– 15 351
01. 03. 1944 – 01. 10. 1944	– 520 534
01. 10. 1944 – 01. 01. 1945	– 168 970
01. 01. 1945 – 08. 05. 1945	– 789 233

nach der deutschen Kapitulation:
08. 05. 1945 – 26. 06. 1945	– 1 390 516
	3 120 944

hundert deutschen Kriegsgefangenen den Krieg gegen die Sowjetunion; aber sogar sie unterzogen dabei Hitler und sein System keiner Kritik."[11]

Im Sommer 1941 verfügte aber auch die Politische Hauptverwaltung nicht über den für eine kontinuierliche Propagandaarbeit in den Kriegsgefangenenlagern notwendigen Apparat. Ihre 7. Verwaltung war nicht zuständig für die politische Beeinflussung von Kriegsgefangenen, sondern für die gegen den Feind gerichtete Frontpropaganda. Um allein dieser Aufgabe gerecht werden zu können, mußte sie nach dem deutschen Überfall auf die Sowjetunion aus Mangel an eigenen qualifizierten Propagandisten eiligst Philologen und sonstige Fachwissenschaftler aus sowjetischen Hochschulen rekrutieren. Auch wurden ausländische Kominternfunktionäre wegen ihrer Sprach- und Landeskenntnis gerne vom GlavPURKKA angeworben[12]. Somit war die 7. Verwaltung eine bunt zusammengewürfelte Abteilung, die noch im Aufbau befindlich war und für die Arbeit unter den Kriegsgefangenen kaum eine Hilfe sein konnte.

Die Grundlagen der politischen Arbeit unter den Kriegsgefangenen wurden hauptsächlich von Funktionären der Komintern gelegt, denn nur die Komintern konnte auf einen eingespielten Propagandaapparat zurückgreifen. Der Generalsekretär des Exekutivkomitees der Komintern (EKKI), Georgij Dimitrov, wurde so-

---

[10] Registraturbericht des UPVI zum 1. 3. 1944, Bericht für die Zeit vom 1. 3. 1944 bis 1. 10. 1944, Berichte zum 20. 1. 1945 und 26. 6. 1945, RGVA/K 1p/01e, Akte 35, Bl. 45 und Bl. 72, ebenda Akte 46, Bl. 2 und ebenda Akte 39, Bl. 6; vgl. den Bericht des UPVI vom 27. 6. 1945, in: Voennoplennye v SSSR, S. 217; siehe auch Galickij, Vražeskie voennoplennye v SSSR, S. 39 ff.; siehe auch den statistischen Anhang von Hilger, Deutsche Kriegsgefangene, S. 390 ff.
[11] Krupennikov, Die patriotische Lageeinschätzung von NKFD und BDO, S. 106.
[12] Burzew, Einsichten, S. 31 ff.; Pike, Deutsche Schriftsteller im sowjetischen Exil 1933–1945, S. 489 ff.; Sebrow, Deutsche Schriftsteller im Kampf gegen den Faschismus, S. 160 ff.

mit zur Koordinationszentrale. Dimitrovs entscheidende Rolle findet ihre Erklärung zudem darin, daß mit dem deutschen Überfall auf die Sowjetunion von der Komintern eine massive Rundfunkpropaganda gegen das nationalsozialistische Regime organisiert wurde. So kam es bereits am 22. Juni 1941 zu den ersten Absprachen zwischen EKKI und 7. Verwaltung des GlavPURKKA[13]. Am 6. Juli beschloß die sowjetische Führung: „Wir müssen die politische Arbeit unter den deutschen Kriegsgefangenen organisieren."[14]

Unter erheblichen Anstrengungen wurde im August/September 1941 in Temnikov, dem damaligen zentralen Verteilungslager für deutsche Kriegsgefangene[15], das erste „antifaschistische Lager-Aktiv" aufgebaut. Neben der Entsendung der bereits erwähnten Politoffiziere der 7. Verwaltung fuhr im August 1941 eine Delegation der Komintern unter der Leitung von Walter Ulbricht nach Temnikov[16]. Die skeptische Einschätzung der 7. Verwaltung wurde dabei bestätigt. Obwohl man sich nur an Kriegsgefangene wandte, bei denen eine ablehnende Haltung gegenüber dem nationalsozialistischen Regime erwartet werden konnte – Überläufer und Söhne aus kommunistischen Arbeiterfamilien –, kam eine Gruppe von lediglich 30 Mann zusammen, die schon bald nach Abreise der Delegation wieder auseinanderfiel. Zu groß war die Furcht der Kriegsgefangenen, nach dem als sicher angenommenen deutschen Sieg für die Zusammenarbeit mit dem Feind bestraft zu werden[17]. Nach der Abreise der Delegation blieben vier deutsche Exilkommunisten im Lager Temnikov. Während zwei von ihnen (Heinrich Dollwetzel und Oskar Stephan) in Zusammenarbeit mit der Lagerverwaltung die Besprechungen mit einzelnen Kriegsgefangenen weiterführten, gaben sich die anderen beiden (Otto Richter und Ferdinand Greiner) als Kriegsgefangene aus und lebten knapp einen Monat im Lager. Diese verdeckte Arbeit wurde im Jargon als „spezielle" oder „besondere Arbeit" bezeichnet und sollte den Politfunktionären eine Einschätzung der Stimmungen unter den Kriegsgefangenen ermöglichen[18]. Sie wurde zum festen Bestandteil der

---

[13] Selesnjow, Zur Hilfe Georgi Dimitroffs, S. 790 ff.; Burzew, Einsichten, S. 45; vgl. Dimitroff, Tagebücher, Einträge vom 22.6., 23.6., 28.6. und 1. 7. 1941.

[14] Dimitroff, Tagebücher, Eintrag vom 6. 7. 1941 zu einer Besprechung bei Molotov, der in den ersten Kriegstagen faktisch die Regierungsgeschäfte führte.

[15] Ebenda, Eintrag vom 12. 9. 1941.

[16] Die dazu notwendigen Absprachen traf Dimitrov mit Berija (NKVD) und Sudoplatov (NKGB), ebenda, Einträge vom 31.7. und 4. 8. 1941.

[17] Krupennikov, Die politische Lageeinschätzung von NKFD und BDO, S. 106. Der Delegation gehörten an: Walter Ulbricht (KPD) und Jan Šverma (KPTsch) als Vertreter des EKKI, Kružkov, Kosoj und Draganov; „Bericht über die Arbeit im Kriegsgefangenenlager von Temnikowski vom 4.–12. August 1941", SAPMO-BArch RY 1/I 2/3, Bd. II,2 431, Bl. 4–15 (deutsche Fassung), RGASPI 495/10a/473, Bl. 1–13 (russische Fassung).

[18] Vgl. „Bericht über Fragen der deutschen, österreichischen und sudetendeutschen Kriegsgefangenen" vom 25. 11. 1941, SAPMO-BArch RY 5/I 6/3/292, Bl. 1–33. In dem Bericht gibt es Rubriken über die soziale und altersmäßige Zusammensetzung der Kriegsgefangenen, „unzufriedene Stimmungen in der Armee", Fragen nach der Wirkung der KPD-Rundfunk- und Flugblattpropaganda, die „Tätigkeit der Faschisten im Lager", den „moralischen Zustand der Gefangenen", „Fragen, über welche die Kriegsgefangenen diskutieren" und „über die Lage in Deutschland" (Unzufriedenheit in der Bevölkerung, Lebensmittelversorgung, Stellung zum Krieg, Diskussionen über militärische Niederlagen).

1. Verwaltung der Kriegsgefangenenlager 23

Antifa und führte zu dem oft beklagten Spitzelwesen in den Kriegsgefangenenlagern.

Im Lager Temnikov wurde ein sogenannter Politinstrukteur eingesetzt. Dieser Posten wurde – vermutlich ebenfalls im August 1941 – mit dem deutschen Exilkommunisten Heinrich Ewers besetzt. Ewers überredete und bestärkte einzelne Kriegsgefangene, öffentlich für die Beendigung des Krieges einzutreten. Die Formen eines solchen Engagements reichten von der Unterschrift unter einen entsprechenden Appell über regelmäßige Beiträge für die Lager-Wandzeitung, die Teilnahme an Gesprächskreisen im Lager bis hin zu Rundfunkappellen. Komintern und GlavPURKKA hatten nach ihren ersten Eindrücken schnell erkannt, daß ohne direkte Anleitung keinerlei Erfolge in der politischen Arbeit unter den Kriegsgefangenen zu erzielen sein würden. Aber auf die Kriegsgefangenen wurde kein Druck ausgeübt. Die ersten Aktivisten, die trotz aller Widerstände gefunden werden konnten, waren kooperationswillige Kommunisten, die eigens auf die Seite der Roten Armee übergelaufen waren, um Anschluß an die Exil-KPD zu bekommen. So waren von der Gruppe, die Ulbricht im August zusammengebracht hatte, zwei bis drei übergelaufene Wehrmachtsoldaten übriggeblieben, aus denen der Kern des Antifa-Aktivs geformt wurde[19].

Als im Oktober 1941 abermals eine Delegation in das Lager Temnikov reiste[20], konnte sie von einem bestehenden Antifa-Aktiv ausgehen. Bereits vor der Abreise erhielt daher die Kommission von Dimitrov die Vorgabe, ein „bedeutsames politisches Dokument" auszuarbeiten, „mit dem sich eine große Gruppe von gefangenen Soldaten an ihre Kameraden an der Front und im Hinterland wenden sollte, das den Bruch dieser Soldaten mit Hitler und dem faschistischen Regime und dem von ihm entfesselten Krieg demonstrieren sollte"[21]. Das Ergebnis dieser zweiten Delegationsreise war der von 158 Kriegsgefangenen unterschriebene „Appell an das deutsche Volk", der in der ersten Ausgabe der aus diesem Anlaß neu gegründeten Kriegsgefangenenzeitung „Das Freie Wort" veröffentlicht wurde[22]. Der „Appell der 158" bildete bis zum Dezember 1942 die programmatische Basis der Antifa. Im Einklang mit den Aufrufen der Exil-KPD wurde in ihm mit der „Theorie von den zwei Deutschlands", dem faschistischen und dem freiheitsliebenden, argumentiert: Hitler müsse gestürzt werden, damit ein freies, unabhängiges Deutschland Frieden mit der Sowjetunion schließen und das faschistische Regime in Deutschland überwunden werden könne. Zwar waren in dem Appell – wie auch in den später folgenden Aufrufen – die Zukunftsperspektiven vage gehalten, aber die Botschaft war eindeutig: „Hitlers Niederlage ist unvermeidlich! Hitlers Sturz ist des deutschen Volkes Rettung!"[23]

---

[19] Robel, Antifa, S. 34f.; Wolff, Zur Beratung der 158, S. 46f.; vgl. den Erinnerungsbericht von Heinz Ewers, in: Uhlig, Rückkehr aus der Sowjetunion, S. 183f.
[20] Neben den Kominternfunktionären Walter Ulbricht, Lotte Kühn, Paul Försterling und Jan Šverma reisten P.N. Fedossev (ZK der VKP (b)), K.L. Seleznev und Arthur Pieck (7. Verwaltung des GlavPURKKA) und P.N. Soprunenko (Chef des UPVI).
[21] Selesnjow, Mit Walter Ulbricht im sowjetischen Kriegsgefangenenlager, S. 815; vgl. Dimitroff, Tagebücher, Eintrag vom 30. 9. 1941: „Beratung mit der neuen Delegation, die in das Kriegsgefangenenlager geschickt wird (...) Haben die Aufgaben der Delegation skizziert."
[22] „Das Freie Wort" erschien von November 1941 bis Juli 1943, siehe Selesnjow, Zur Geschichte der Zeitung „Das Freie Wort", S. 951 ff.
[23] „Appell an das deutsche Volk", in: Sie kämpften für Deutschland, S. 114 ff.; Sywottek, Deut-

Zur Evaluierung des in Temnikov verabschiedeten Appells fuhr Mitte Dezember 1941 erneut eine Delegation in ein Kriegsgefangenenlager. Dieses Mal wählte man das fern von Moskau gelegene Arbeitslager Spaso-Zavodsk in der Nähe von Karaganda[24]. Dort arbeitete als deutscher Politinstrukteur Heinrich Wielandt, der im November 1941 von Heinz Hoffmann und Erich Kundermann (beide KPD) Verstärkung erhalten hatte. Die im Dezember 1941 angereiste Delegation muß jedoch auf recht dürftige Anknüpfungspunkte gestoßen sein. Hoffmann urteilte über die Anfänge seiner Tätigkeit in Spaso-Zavodsk: „Natürlich war es unter diesen Bedingungen nicht möglich, eine systematische politische Schulungsarbeit zu betreiben, wie das später in den Antifaschulen geschah. Dazu hätte unsere Kraft nicht ausgereicht, und dazu bedurfte es auch eines Minimums an Bereitschaft unter den Kriegsgefangenen, über politische Fragen nachzudenken und zu diskutieren, sich mit der eigenen Vergangenheit auseinanderzusetzen und auch unter den harten Bedingungen der Kriegsgefangenschaft dem Leben einen Sinn zu geben. Deshalb bestand unsere erste Aufgabe darin, zu den Kriegsgefangenen, die zwar unsere Landsleute waren, uns aber als ihre Feinde betrachteten, Kontakt zu finden."[25] Ungeachtet dieser schwachen Grundlage war die Delegationsreise in das Lager Spaso-Zavodsk der Auftakt zur Intensivierung der Antifa.

Ab Januar 1942 delegierte die Komintern verstärkt ausländische Kommunisten als Politinstrukteure an das UPVI, damit sie beim Aufbau von Antifa-Aktivs in den Lagern halfen. Hatte sich bis dahin die politische Arbeit unter den Kriegsgefangenen auf die Lager Temnikov (Lager Nr. 58) und Spaso-Zavodsk (Lager Nr. 99) konzentriert, so kam im Frühjahr 1942 das Offizierslager Elabuga (Lager Nr. 97) hinzu[26]. Dort wurden der russische Instrukteur „Professor Arnold"[27] und der deutsche Kommunist Otto Braun (Pseudonym „Wagner") eingesetzt. Unter den Mannschaftsdienstgraden wirkten die deutschen Kommunisten Kurt Bürger, Georg Kassler und Arthur Lehmann als Politinstrukteure[28]. Die institutionelle Absicherung der von der Komintern delegierten Politinstrukteure erfolgte im August 1942 mit der Schaffung der „Gruppe Politinstrukteure" als Unterabteilung des UPVI: „Die

---

sche Volksdemokratie, S. 116 f.; vgl. Fischer, Sowjetische Deutschlandpolitik, S. 25 ff.; Robel, Antifa, S. 37 ff.

[24] Der Kommission gehörten an: Soprunenko (UPVI), Seleznev, A. Pieck, Beljakov und Janzen (7. Verwaltung der GlavPURKKA), Lissovskij (ZK der VKP (b)) und die Kominternfunktionäre Walter Ulbricht, Lotte Kühn, Hans Mahle, Paul Försterling (KPD), Bela Szántó (KPU) und Bruno Köhler (KPTsch), Selesnjow, Reise mit deutschen Antifaschisten in ein Kriegsgefangenenlager, S. 278 ff.; vgl. Dimitroff, Tagebücher, Einträge vom 5. und 6. 12. 1941; Kommissionsbericht in: Ulbricht, Zur Geschichte der deutschen Arbeiterbewegung, S. 266 ff.

[25] Hoffmann, Moskau Berlin, S. 33; vgl. den Erinnerungsbericht von Hans Mahle, in: Uhlig, Rückkehr aus der Sowjetunion, S. 188 ff.

[26] Vermutlich waren das alle Lager, in denen sich deutsche Kriegsgefangene befanden. Anfang 1942 verfügte das UPVI insgesamt nur über sieben Lager, siehe die Übersicht in: Voennoplennye v SSSR, S. 1028.

[27] Das ist Abram Gural'skij, ein aus einer sowjetischen Hochschule von der 7. Verwaltung angeworbener Politinstrukteur. Scheurig (Verräter oder Patrioten, S. 42) bezeichnet ihn als „russischen Professor"; siehe auch Robel, Antifa, S. 45 und 49 ff.

[28] Die Angaben beziehen sich auf den Stand vom Frühjahr 1942; Wolff, Die erste Konferenz, S. 277; vgl. den Erinnerungsbericht von Georg Kassler, in: Uhlig, Rückkehr aus der Sowjetunion, S. 187.

1. Verwaltung der Kriegsgefangenenlager

Gruppe Politinstrukteure organisiert die antifaschistisch-propagandistische Arbeit unter den Kriegsgefangenen, Internierten und den Spezkontingenten[29]. Durch ihre Tätigkeit leitet sie die bei den Frontsammelpunkten und in den Lagern organisierten Klubs, roten Ecken *[Wandzeitung]*, Bibliotheken und sonstige politisch-aufklärerische Einrichtungen. Sie versorgt die Lager mit politischer und schöngeistiger Literatur sowie Kulturgütern und organisiert die spezielle Arbeit unter den antifaschistischen Kriegsgefangenen."[30] Mit Hilfe der kommunistischen Emigranten in der Sowjetunion entstanden bis Januar 1943 Politabteilungen in 26 Lagerverwaltungen (von 40). Insgesamt zählte das UPVI 60 „Politinstrukteure mit Fremdsprachenkenntnissen"[31], deren Zahl im Laufe des Jahres 1943 auf 108 anwuchs[32]. Alle als Instrukteure und Übersetzer delegierten Kominternfunktionäre wurden schließlich mit Beschluß des EKKI vom 5. Februar 1943 vollständig der Kaderverwaltung des NKVD bzw. des UPVI unterstellt[33].

Dem UPVI gelang es nur mit der personellen Unterstützung der Komintern, seinen Politapparat bis zum Herbst 1942 aufzubauen. Das Frühjahr 1943 brachte dann gewaltige Umstellungen. Nach dem Sieg der Roten Armee bei Stalingrad Anfang Februar 1943 stieg die Zahl der Kriegsgefangenen sprunghaft an. Dadurch brach die Lagerverwaltung beinahe zusammen. Hatte man bis dahin versäumt, ein funktionierendes Netz an Aufnahmepunkten und Frontlagern zu schaffen, so mußten die erforderlichen organisatorischen Maßnahmen zu einem Zeitpunkt nachgeholt werden, zu dem die Rote Armee bereits über 200000 Gefangene im Frontbereich festhielt[34]. Allein auf dem Weg in die improvisiert angelegten Auffanglager um das vollkommen zerstörte Stalingrad herum kamen Zehntausende ums Leben[35]. Im Lager Beketovka bzw. seinen Außenlagern setzte ein unbeschreibliches Massensterben ein[36]. Der Grund dafür lag nicht allein in den vollkommen unzureichenden Vorbe-

---

[29] Spezialkontingente waren die aus deutscher Kriegsgefangenschaft befreiten Rotarmisten, die in sogenannten „Filtrierlagern" geheimdienstlich überprüft wurden. „Filtrierlager" entstanden auf der Grundlage eines NKVD-Befehls vom 27. 12. 1941. Zum Jahresbeginn 1943 gab es neun, ein Jahr später bereits vierzehn dieser Lager. Ihre Verwaltung wurde ab August 1944 von einer eigens dafür eingerichteten UPVI-Abteilung übernommen; Karner, Archipel GUPVI, S. 57; siehe auch Bonwetsch, Die sowjetischen Kriegsgefangenen, S. 141 f.; Semskow, Angst vor der Rückkehr, S. 161 f.

[30] NKVD-Befehl Nr. 001603 vom 3. 8. 1942, RGVA/K 1p/37a/2, Bl. 26 RS-27; vgl. Karner, Archipel GUPVI, S. 57 f.

[31] „Erfahrungen der politischen Arbeit unter den Kriegsgefangenen", RGVA/K 1p/23a/8, Bl. 35.

[32] „Bericht über die Tätigkeit des UPVI in der Zeit des Großen Vaterländischen Krieges (Juni 1941 – März 1944)", RGVA/K 1p/23a/2, Bl. 103. Die Zahl von 108 „Kader ohne militärischen Rang" bezieht sich auf Politinstrukteure aller in Moskau tätigen kommunistischen Parteien. Die KPD-Kaderabteilung zählte im September 1943 lediglich 16 KPD-Mitglieder, die als Übersetzer und 29, die als Politinstrukteure für das UPVI arbeiteten, SAPMO-BArch NY 4036/517, Bl. 43–44.

[33] RGASPI 17/125/183, Bl. 3–4.

[34] Das NKVD erließ den entsprechenden Befehl erst am 3. 2. 1943; Galickij, Tam v Beketovke, S. 19 f.; siehe Hilger, Deutsche Kriegsgefangene, S. 141 ff.

[35] Overmans, Das andere Gesicht des Krieges, S. 431 ff.; Lehmann, Erinnerungen an die Kriegsgefangenschaft, S. 186.

[36] Zu den nach wie vor schwierigen Zahlenberechnungen siehe Overmans (Das andere Gesicht des Krieges, S. 439 ff.) unter Auswertung der vorhandenen Literatur und Galickij (Tam v Be-

reitungen des UPVI, sondern ebenso darin, daß die deutschen Soldaten bereits ausgehungert, unzulänglich gekleidet und viele von ihnen mit schweren Erfrierungen in Gefangenschaft gingen[37]. Der Einsatz mehrerer sowjetischer Kommissionen zeigt aber, daß wegen der Zustände in Beketovka Klärungsbedarf herrschte. UPVI und Rote Armee schoben sich gegenseitig die Verantwortung zu. In dem NKVD-Bericht an Stalin wurde betont, daß allein 33 111 Kriegsgefangene gestorben seien, bevor sie überhaupt die Aufnahmepunkte des UPVI erreicht hätten, und das UPVI folglich dafür keine Verantwortung trüge. Zugleich gibt dieser Bericht einen unfreiwilligen Einblick in die Schwierigkeiten des UPVI: 221 261 Kriegsgefangene befänden sich noch im Frontbereich – in dem die UPVI keinerlei Vorbereitungen getroffen hatte – und lediglich 35 657 Kriegsgefangene befänden sich in den Lagern im Hinterland[38].

Infolge der chaotischen Zustände in den Frontlagern wurde im Mai 1943 der bisherige UPVI-Chef, Major Petr Soprunenko, durch Generalmajor Ivan Petrov ersetzt. Das gesamte UPVI wurde reorganisiert und offensichtlich, dafür spricht der wesentlich höhere Dienstgrad Petrovs sowie die personelle Aufstockung des Verwaltungsapparates, in seiner Bedeutung aufgewertet[39]. Dem neuen Chef wurden insgesamt zehn Stellvertreter zur Seite gegeben[40]. Fünf von ihnen waren verantwortlich für bestimmte Aufgabenbereiche innerhalb der Leitung auf zentraler Ebene, die anderen fünf für das sich ausbreitende Netz von Lagern im Frontbereich und im Hinterland[41]. Der Leiter des UPVI unterstand nun direkt dem Volkskommissar für Innere Angelegenheiten, Lavrentij Berija bzw. dessen für die Belange des UPVI verantwortlichen Stellvertreter Sergej Kruglov. Die Zusammenarbeit des UPVI mit anderen Volkskommissariaten – Vereinbarungen über die Aufnahme, den Transport, die Ernährung und die medizinische Versorgung der Kriegsgefangenen – wurde durch das UPVI realisiert, das dabei jedoch immer auf Anweisung des NKVD handelte.

Etwas komplizierter gestalteten sich die Zuständigkeiten bei der im Mai 1943 neu

---

ketovke, S. 18 ff.) unter Auswertung von Dokumenten aus dem RGVA/K, allerdings ohne den Versuch einer Gesamtwertung.

[37] Overmans, Das andere Gesicht des Krieges, S. 419.

[38] Berija an Stalin am 26. 2. 1943, RGVA/K 1p/9a/8, Bl. 41. Die Zahl von rund 221 000 im Frontbereich befindlichen Kriegsgefangenen bezieht die aus deutscher Hand befreiten Rotarmisten und Hilfswilligen mit ein. Schätzungen (Overmans, Das andere Gesicht des Krieges, S. 441) gehen von rund 77 000 Hilfswilligen und ca. 5000 sowjetischen Kriegsgefangenen aus; siehe auch Gorbunov, Deutsche Kriegsgefangene in der Sowjetunion, S. 46 und S. 92 f.

[39] Karner, Archipel GUPVI, S. 61 f.; vgl. NKVD-Befehl vom 24. 2. 1943, in: Voennoplennye v SSSR, S. 99 f.

[40] In der sowjetischen Verwaltung ist es üblich, daß ein Behördenchef mehrere Stellvertreter hat, wobei jeder für bestimmte Bereiche verantwortlich ist. Die Stellvertreter entsprechen den Abteilungsleitern einer deutschen Behörde.

[41] Vgl. „Struktur des UPVI und Verteilung der Aufgaben" vom 10. 5. 1943, RGVA/K 1p/9a/13, Bl. 1–3 und „Verteilung der Verantwortungsbereiche unter den Stellvertretern des Chefs des UPVI" vom 24. 6. 1943, RGVA/K 1p/23a/2, Bl. 3–9; vgl. die Wiedergabe bei Karner (Hauptverwaltung für Kriegsgefangene und Internierte, S. 469 f.), bei der jedoch ein in diesem Zusammenhang wichtiger Zusatz in dem Dokument fehlt: Die operative Abteilung, ursprünglich Ratušnyj unterstellt, wurde mit einem handschriftlich eingefügten Pfeil Mel'nikov zugeordnet. Die Zuständigkeit Mel'nikovs ergibt sich – wie im weiteren noch zu sehen sein wird – zweifelsfrei aus der in den Lagern durchgeführten operativen Arbeit.

geschaffenen „operativ-čekistischen Abteilung" des UPVI. Die Aufgabe dieser Abteilung war – in bezug auf die Kriegsgefangenen – die Überwachung der Lagerinsassen (z. B. Aufdeckung von Fluchtvorbereitungen), die Durchführung von Ermittlungen (z. B. gegen Kriegsverbrecher) und die Beschaffung von Informationen durch Befragungen bzw. Verhöre, die auch das Abschöpfen von Informationen durch Spitzel und Abhöranlagen einschloß[42]. Diese Aufgaben waren bislang von der operativen Gruppe des NKVD unter Leitung von Ivan Serov übernommen worden. Serov, einer der Stellvertreter Berijas, war im Volkskommissariat des Inneren ebenso für das UPVI zuständig wie der ebenfalls stellvertretende NKVD-Chef Kruglov. Diese Doppelbesetzung ergab sich aus dem Umstand, daß das NKVD im Juli 1941 mit dem Volkskommissariat für Staatssicherheit (NKGB -Narodnyj komissariat gosudarstvennoj bezopasnosti) zusammengelegt worden war. Zu einer Entflechtung der Sicherheitsapparate kam es erst im April 1943. Die Staatssicherheit wurde ein selbständiges Volkskommissariat und der militärische Geheimdienst (SMERŠ – smert' špionam) aus dem NKVD ausgegliedert und dem Volkskommissariat für Verteidigung (NKO – Narodnyj kommissariat oborony) unterstellt[43]. Nun erhielt auch das UPVI einen eigenen Sicherheitsapparat. Dieser wurde geleitet vom ersten Stellvertreter des UPVI-Chefs, General Nikolaj Mel'nikov, der hinsichtlich der „speziellen Fragen der Arbeit" mit SMERŠ kooperierte[44]. Im Frühsommer 1944 übernahm Oberst Švec – möglicherweise kommissarisch – die Leitung der operativen Abteilung, die ab Anfang 1945 von General Amajak Kobulov geleitet wurde[45]. Die operative Abteilung übernahm alle „Sonderaufgaben" innerhalb des UPVI, d.h. geheimdienstlich oder politisch brisante Aufgaben. So waren die vom UPVI im Zusammenhang mit der Gründung des Nationalkomitees „Freies Deutschland" eingerichteten Sonderlager „operative Objekte" und unterstanden der direkten Kontrolle Mel'nikovs. Während das „Objekt Nr. 15" in Lunevo das Lager für die NKFD-Mitglieder war, waren die anderen „Objekte" (Nr. 20 in Planernoe, Nr. 25 in Dombrovo, Nr. 35 in Ozery) Datschen im Moskauer Umland. Dort wurden prominente Kriegsgefangene „operativ bearbeitet", d.h. eingehenden Gesprächen mit Politoffizieren unterzogen, gegebenenfalls verhört oder über Abhöranlagen ausgehorcht[46].

Im Mai 1943 wurde außerdem eine Unterabteilung des UPVI für die politische Arbeit unter den Kriegsgefangenen gegründet. Verantwortlicher Abteilungsleiter war Petrovs „Stellvertreter für die politische Abteilung", Oberst Jakovec. Auf der zentralen Verwaltungsebene war das UPVI weiterhin ausdrücklich zur Zusammen-

---

[42] Siehe die umfangreichen Abhörberichte, die das UPVI bzw. das NKVD an Stalin sandte, in: Archiv novejšej istorii Rossii, tom I; Kozlov, Politische Einstellung und Stimmung, S. 113 ff.
[43] Lubjanka, S. 34.
[44] „Struktur des UPVI und Verteilung der Aufgaben" vom 10. 5. 1943, RGVA/K 1p/9a/13, Bl. 1–2.
[45] Am 7. 4. 1944 verübte Mel'nikov „aus persönlichen Motiven" Selbstmord, Reschin, General zwischen den Fronten, S. 169. Leider bleibt Reschin den Beleg schuldig, siehe auch Voennoplennye v SSSR, S. 1078. Auch aus den Quellen geht die – im Laufe des Jahres 1944 offensichtlich leitende – Tätigkeit von Švec eindeutig hervor, während Mel'nikov ab dieser Zeit nicht mehr in Erscheinung tritt.
[46] „Plan über die Arbeit mit den kriegsgefangenen deutschen Generalen", in: Rešin, Sojuz nemeckich oficerov, S. 102. Im Objekt Nr. 35 (Ozery) wurde Generalfeldmarschall Paulus interniert.

arbeit mit der Politischen Hauptverwaltung der Roten Armee verpflichtet[47], aber in den einzelnen Lagerverwaltungen war einzig und allein Jakovec für die Durchführung der politischen Arbeit zuständig. Ihm unterstanden die Politinstrukteure, die von der Komintern an das UPVI überstellt worden waren[48].

Insgesamt gestaltete sich die politische Arbeit in den Kriegsgefangenenlagern nach wie vor schwierig. Sie war ein Zusammenspiel von politischer und operativer Abteilung des UPVI, GlavPURKKA, Geheimdiensten und Komintern. Die in der im Mai 1943 festgelegten Aufgabenverteilung des UPVI genannten „speziellen Bestimmungen" für die inhaltlichen Ausarbeitungen der politischen Abteilung lassen zudem erahnen, daß im Gegensatz zu den klar umrissenen Verwaltungsaufgaben des UPVI die politischen Entscheidungen zusammen mit anderen Instanzen getroffen werden mußten. Dabei spielte die Politische Hauptverwaltung der Roten Armee eine maßgebliche Rolle.

2. Politische Hauptverwaltung der Roten Armee

Die 7. Verwaltung der Politischen Hauptverwaltung der Roten Armee war sehr an an der politischen Arbeit mit den Kriegsgefangenen interessiert. Man wollte sie für die Frontpropaganda nutzen. Zu direkten Propagandaeinsätzen von Kriegsgefangenen an der Front durch die 7. Verwaltung kam es erst ab Anfang 1943 (Stalingrad) und später vor allem im Zusammenhang mit dem Nationalkomitee „Freies Deutschland"[49], aber die 7. Verwaltung versuchte von Anfang an, sich einen institutionellen Zugriff auf Kriegsgefangene zu sichern. Bereits im Juni 1941 schuf sie die Unterabteilung „Arbeit mit den Kriegsgefangenen", und im Zusammenhang mit dem Ausbau der Antifa entstanden später weitere Unterabteilungen[50]. Auch wenn die 7. Verwaltung damit institutionell über diejenigen Abteilungen verfügte, die das UPVI bis zum Frühjahr 1943 nicht hatte, so fehlten ihr ebenso die qualifizierten Mitarbeiter, um die politische Arbeit durchführen zu können. Aber sie besaß die besseren Voraussetzungen, um ihren Führungsanspruch durchsetzen zu können.

Die 7. Verwaltung war zwar eine Abteilung der Politischen Hauptverwaltung, sie war politisch aber unmittelbar an die Weisungen des „Sowjetischen Büros für militärpolitische Propaganda" (Sovetskoe bjuro voenno-političeskoj propagandy) gebunden, das am 25. Juni 1941 als Koordinierungsstelle zwischen Roter Armee und VKP (b) geschaffen worden war. Es sollte die Inhalte der Propaganda unter den Truppen des Gegners festlegen, entsprechende Flugblätter und Losungen erarbeiten und deren Verbreitung an der Front organisieren. Die 7. Verwaltung galt als „Arbeitsorgan" des Büros und war damit zwei Herren verpflichtet[51]. Diese Art von Doppelzuständigkeiten war ein in der sowjetischen Bürokratie häufig anzutreffen-

---

[47] „Struktur des UPVI und Verteilung der Aufgaben" vom 10. 5. 1943, RGVA/K 1p/9a/13, Bl. 1.
[48] Ebenda, Bl. 2.
[49] Dazu siehe Burzew, Deutsche Antifaschisten, S. 421; ders., Učastie germanskich antifašistov, S. 41 ff.
[50] Burzew, Einsichten, S. 92.
[51] Rechenschaftsbericht des Büros für militärpolitische Propaganda vom April 1942, RGASPI 495/77/17, Bl. 41; vgl. Burzew, Einsichten, S. 36 f.

des Phänomen. Es wurde verstärkt durch die Schaffung ressortübergreifender Koordinierungsgremien, die insbesondere für die Mobilisierung der sowjetischen Staats- und Wirtschaftsverwaltung nach dem deutschen Überfall im Sommer 1941 eine wichtige Rolle spielten[52]. Den Vorsitz im Büro für militärpolitische Propaganda führte nominell der Chef der Politischen Hauptverwaltung Lev Mechlis. Der entscheidende Mann war jedoch Aleksandr Ščerbakov, der schließlich im Juni 1942 offiziell die Leitung der Politischen Hauptverwaltung übernahm. Das Büro für militärpolitische Propaganda wurde umgewandelt in den „Rat für militärpolitische Propaganda" (Sovet voenno-političeskoj propagandy) und dem GlavPURKKA unterstellt. Der Rat wurde somit zum Regelorgan innerhalb der Politischen Hauptverwaltung und seine Mitglieder mit Ausnahme von Dimitrij Manuil'skij und Mechlis alle neu benannt. Vorsitzender des Rates war nun Ščerbakov[53].

An der Rolle Ščerbakovs wird deutlich, daß die schwer durchschaubaren und verwirrenden Zuständigkeiten innerhalb der sowjetischen Bürokratie klarer zuzuordnen sind, wenn man sich nicht auf die Institutionen, sondern auf die personellen Verflechtungen – Umbesetzungen, Gremienzusammensetzungen, Kompetenzzuweisungen – konzentriert[54]. Ščerbakov war Kandidat des Politbüros und hatte als Leiter des Sowjetischen Informationsbüros (Sovinform – Sovetskoe informacionnoe bjuro) die Kontrolle über die gesamte Presse, den Rundfunk und die zentralisierte Kriegsberichterstattung. Auch die „Organisation der Gegenpropaganda gegen die deutsche und sonstige feindliche Propaganda" galt als Aufgabe des Sovinform[55]. Hinsichtlich seiner mächtigen Stellung erstaunt es zwar, daß er nicht Mitglied des Politbüros und des Staatlichen Verteidigungskomitees – dem „Kriegskabinett" – war[56], aber Ščerbakov war zweifelsohne der für die politische Arbeit unter den Kriegsgefangenen entscheidende Spitzenfunktionär. Von Anbeginn an ließ er sich unmittelbar über alle Schritte der politischen Arbeit in den Kriegsgefangenenlagern berichten[57]. Er war „letztlich jene Instanz, in der die endgültigen Entschei-

---

[52] „Diese Sonderorgane zeichneten sich im wesentlichen dadurch aus, daß sie eine funktional, oft auch regional gelegentlich zeitlich umrissene Aufgabe zu erfüllen hatten, daß sie außerordentliche Vollmachten besaßen, daß sie Regelinstanzen beaufsichtigten, korrigierten oder überspielten, und daß sie häufig von einer Person aus dem innersten Machtkreis geleitet wurden oder einer solchen Person unterstellt waren." Segbers, Die Sowjetunion im Zweiten Weltkrieg, S. 48.
[53] Hervorzuheben ist die Ratsmitgliedschaft des Politbüromitglieds Andrej Ždanov, die auf eine politische Aufwertung des Rates schließen läßt. Der Rat wurde auf Beschluß des ZK der VKP (b) vom 12. 6. 1942 gegründet. Neue Mitglieder des Rates waren außer den bereits genannten: E.M. Jaroslavskij, I.V. Rogov (Chef der Politischen Hauptverwaltung der Kriegsflotte), G.F. Aleksandrov (Leiter der Propagandaabteilung des ZK der VKP (b)) und F.F. Kuznecov (stellvertretender Chef des GlavPURKKA), Sablin, O dejatel'nosti soveta voenno-političeskoj propagandy, S. 91; Sovetskaja Voennaja Ènciklopedija, tom 7, S. 407.
[54] Segbers, Die Sowjetunion im Zweiten Weltkrieg, S. 66 ff.
[55] Dem Sovinform gehörten an: Ščerbakov (Leiter), Lozovskij, Chavinson, Polikarpov, Saksin und Golikov; „Beschluß des ZK der VKP (b) und des SNK der UdSSR über die Gründung und die Aufgaben des Sowjetischen Informationsbüros" vom 24. 7. 1941, in: KPSS v rezoljucijach i rešenijach, tom 7, S. 213.
[56] Dennoch zählt Segbers (Die Sowjetunion im Zweiten Weltkrieg, S. 51) ihn zu der 29-köpfigen Machtelite der Sowjetunion während des Krieges.
[57] So ging der erste Bericht über die Stimmung der Kriegsgefangenen im Lager Temnikov vom August 1941 direkt an Ščerbakov, Ulbricht an Ščerbakov am 18. 8. 1941, SAPMO-BArch RY 1/I 2/3, Bd. II,2/431, Bl. 53; vgl. Ulbricht an Dimitrov am 21. 8. 1941: „Soweit ich erfahren

dungen über Angelegenheiten hinsichtlich der Kriegsgefangenen getroffen wurden, sei es zur Zeit der Komintern oder später des NKFD"[58].

Im Frühsommer 1942 wurden die Führungsstrukturen in der gesamten Informations- und Propagandapolitik der Sowjetunion gestrafft und in der Person Ščerbakovs unter eine einheitliche politische Leitung gestellt[59]. Die laufende Arbeit sowohl des Büros als auch des Rates für militärpolitische Propaganda lag dabei in der Hand Manuil'skijs, der als Sonderbeauftragter Ščerbakovs bezeichnet werden kann. Zwar besaß Manuil'skij innerhalb der sowjetischen Machtelite keine grundlegende politische Entscheidungskompetenz, aber auf dem Wege von Vorschlägen und durch die Ausführung meist allgemein gehaltener politischer Vorgaben hatte er einen nicht unbeträchtlichen Handlungsspielraum[60]. Er war seit Juni 1941 Mitglied des Büros für militärpolitische Propaganda und wurde im Juli 1942 offiziell zum GlavPURKKA abkommandiert[61]. Manuil'skijs Einfluß auf die politische Arbeit unter den Kriegsgefangenen war verquickt mit der propagandistischen Tätigkeit der Komintern, deren Führungsspitze er zugleich angehörte. Die Umstrukturierung des Büros für militärpolitische Propaganda beeinträchtigte seine Tätigkeit genauso wenig wie die im Mai 1943 folgende Auflösung der Komintern. Erst als im Juli 1944 der Rat für militärpolitische Propaganda aufgelöst wurde, verließ er die 7. Verwaltung und trat in der politischen Arbeit unter den Kriegsgefangenen nicht mehr in Erscheinung[62].

Manuil'skij war der geistige Vater des Nationalkomitees „Freies Deutschland", dessen Idee er erstmals im Frühjahr 1942, möglicherweise im Zuge der sich anbahnenden Veränderungen in der sowjetischen Informations- und Propagandapolitik, vorbrachte. Zusammen mit Solomon Lozovskij – stellvertretender Leiter des Sovin-

konnte, beschäftigt sich im ZK Genosse Scherbakow mit diesen Fragen *[der politischen Arbeit unter den Kriegsgefangenen]*", RGASPI 495/77/30, Bl. 3.

[58] Babičenko, Zur Neubewertung der Zusammenarbeit, S. 81.
[59] Burzew (Einsichten, S. 9), der damalige Leiter der 7. Verwaltung, spricht im Zusammenhang mit der Schaffung des Rates für militärpolitische Propaganda von der „vollständigen Integration der Propagandaarbeit in die Arbeit der Partei".
[60] Babičenko, Zur Neubewertung der Zusammenarbeit, S. 82: „Er war faktisch nach Ščerbakov die zentrale Person, die sich in der Parteiführung mit den Fragen der Gefangenen beschäftigte, wie übrigens auch im Exekutivkomitee der Komintern nach Dimitrov. Oft war Manuil'skij nicht nur Kontrolleur, sondern auch Verfasser von politisch wichtigen, die Arbeit unter den Kriegsgefangenen betreffenden Dokumenten."; vgl. Segbers, Die Sowjetunion im Zweiten Weltkrieg, S. 71: „Ein die Zentralisierung mit der Flexibilisierung verbindendes Prinzip war die gezielte Bindung von außerordentlichen Kompetenzen an Personen. Auch hier ist nicht nur an die Spitze zu denken, wo sich Macht, Aufträge und Zuständigkeiten bei wenigen Personen häuften."
[61] Burzew, Einsichten, S. 101.
[62] Ebenda, S. 271; Manuil'skij, ein gebürtiger Ukrainer, wurde im Juli 1944 ukrainischer Volkskommissar für Auswärtige Angelegenheiten und später Vertreter der Ukraine in den Vereinten Nationen. Manuil'skij war insgesamt einflußreicher, als seine Amtsfunktionen vermuten lassen, Sadekova, Dimitri Manouilski, S. 53; vgl. die zahlreichen Einträge in Dimitrovs Tagebuch. So gehörte Manuil'skij ab dem 23. 6. 1941 zur „ständigen Leitung" des EKKI, nahm am 6. 7. 1941 an dem Spitzengespräch bei Molotov zur Organisation der politischen Arbeit unter den Kriegsgefangenen teil und kam immer wieder zu den Koordinierungstreffen bei Dimitrov hinzu (1.11., 10.11., 9. 12. 1941). Am 7. 4. 1942 schließlich besprach Dimitrov mit ihm „die Aufteilung seiner Arbeit (er soll zu 80% in der Politverwaltung der Roten Armee arbeiten)".

form und als solcher Stellvertreter Ščerbakovs – verfaßte er im April 1942 ein Papier, in dem er die Bildung eines „Anti-Hitler-Komitees" aus deutschen Emigranten in der Sowjetunion und Kriegsgefangenen vorschlug. Hintergrund war, daß Ende 1941 in Absprache mit Ščerbakov begonnen worden war, alle Gruppen der sowjetischen Gesellschaft im Kampf gegen den Faschismus in antifaschistischen Komitees zu organisieren. Bereits im August 1941 war unter Lozovskijs unmittelbarer Anleitung mit der Schaffung eines Allslawischen Komitees begonnen worden. Kurz darauf folgte die Gründung eines jüdischen antifaschistischen Komitees[63]. Nach Lozovskijs Aussagen waren die antifaschistischen Komitees bewußt überparteilich und allein für den gemeinsamen Kampf gegen den Faschismus und die Unterstützung der Sowjetunion gedacht gewesen. Alle organisatorischen Schritte zur Schaffung der Komitees seien mit Ščerbakov bzw. dem ZK der VKP (b) abgesprochen gewesen[64]. Waren schon zuvor deutsche Schriftsteller (Johannes R. Becher, Friedrich Wolf) an den sogenannten Meetings beteiligt gewesen, so versuchten Lozovskij und Manuil'skij im Frühjahr 1942 offenbar, diese Ansätze zu einem eigenständigen Komitee deutscher Antifaschisten auszubauen. Der Vorschlag zur Gründung eines deutschen antifaschistischen Komitees wies zumindest unübersehbare Analogien auf, zumal die beiden Autoren in unmittelbarer Verbindung zu Ščerbakov standen. Hinzu kam der Tagesbefehl Stalins zum Jahrestag der Roten Armee am 23. Februar 1942, den Manuil'skij und Lozovskij zum Anlaß ihrer Initiative nahmen. Stalin betonte darin die Schwere des Verteidigungskrieges, der die Rote Armee zu einem harten Kampf gegen die Wehrmacht zwinge. Um aber die letztlich friedlichen Absichten der Sowjetunion zu bekräftigen, prägte er den später viel zitierten Ausspruch, „daß die Hitler kommen und gehen, aber das deutsche Volk, der deutsche Staat bleibt"[65].

Manuil'skij und Lozovskij griffen die Argumentation Stalins auf und kombinierten sie mit der Idee antifaschistischer Komitees. In ihrem Brief vom 4. April 1942 an Stalin und Molotov verwiesen sie darauf, daß „nicht alle deutsche Soldaten, die den Befehl Stalins gelesen haben, glauben, daß sie nicht erschossen werden, wenn sie sich gefangen geben". Mit offizieller sowjetischer Unterstützung solle daher ein „Komitee aus Persönlichkeiten des öffentlichen Lebens Deutschlands zur Erleichterung der Gefangengabe deutscher Soldaten" gegründet werden, das sich zusammensetzt aus „allen Deutschen, die den bekannten Aufruf an das deutsche Volk unterschrieben haben"[66]. In diesem Aufruf vom 25. Januar 1942 hatten 60 in die Sowjetunion emigrierte KPD-Mitglieder zur Schaffung von Soldatenkomitees und zur Gehorsamsverweigerung in der Wehrmacht aufgerufen: „Schafft in allen Truppenteilen und Einheiten Soldatenkomitees für den Kampf gegen den Krieg und gegen

---

[63] Petrova, Antifašistskie komitety v SSSR, S. 70 ff.
[64] Nepravednyj sud, S. 147.
[65] Befehl des Volkskommissars für Verteidigung Nr. 55 vom 23. 2. 1942, in: Stalin, Über den Großen Vaterländischen Krieg, S. 31 ff.; Meissner (Rußland, die Westmächte und Deutschland, S. 13) sieht in dem Stalin-Befehl eine Variante der sowjetischen Politik, „mit jenen nationalistischen Kräften ins Gespräch zu kommen, die einen Sturz des nationalsozialistischen Regimes am ehesten beschleunigen konnten und zugleich einer Zusammenarbeit selbst mit einem bolschewistischen Rußland nicht abgeneigt waren".
[66] Manuil'skij und Lozovskij an Stalin und Molotov am 4. 4. 1942 „über die Verstärkung der Arbeit zur Zersetzung der deutschen Armee", RGASPI 495/77/30, Bl. 19–20.

Hitler! Kehrt eure Waffen gegen den Unmenschen und Blutsäufer Hitler, gegen das verbrecherische Naziregime! Geht mit euren Waffen zur Roten Armee über!"[67] In einem internen Papier vom 3. April 1942 – wahrscheinlich die Tischvorlage für die Beratung des Büros für militärpolitische Propaganda – hatten Manuil'skij und Lozovskij ihre Idee näher ausgeführt. Das Komitee solle für den freiwilligen Rückzug der Wehrmacht eintreten bzw. eingekesselte Wehrmachtsverbände dazu auffordern, mit der Roten Armee über eine kollektive Gefangengabe zu verhandeln. Neben der Entsendung von Bevollmächtigten an die Front dachten Manuil'skij und Lozovskij auch an den Einsatz von Kampf- und Propagandabrigaden im deutschen Hinterland, aber dieser Gedanke wurde fallen gelassen. In der Argumentation der Autoren diente die Gründung des Komitees in allererster Linie der erhofften propagandistischen Wirkung. Die damit verbundenen deutschlandpolitischen Bezüge wurden aus dem Stalin-Befehl abgeleitet: Die Sowjetunion wolle Deutschland als Staat und das deutsche Volk als Nation nicht vernichten, aber nur die Erfüllung gewisser Grundbedingungen – Lossagen von Hitler, Räumung des besetzten Territoriums – ermögliche es Deutschland, den Krieg ohne Verlust seiner originären nationalen Interessen zu beenden[68]. In dem Rechenschaftsbericht des Büros für militärpolitische Propaganda – ebenfalls vom April 1942 – ging der Entwurf eines deutschen „Anti-Hitler-Komitees" noch einen Schritt weiter[69]. Im Vergleich zur ersten Vorlage hatte sich das Konzept insofern geändert, als nun die Bildung des Komitees aus Emigranten und Kriegsgefangenen vorgeschlagen wurde und es den Status einer Exilregierung bekommen sollte: „Ein solches Komitee, in dem Vertreter aller Klassen der deutschen Bevölkerung und Vertreter der Armee sein werden, wird auch die Regierung stellen, die einen für Deutschland würdigen Frieden schließen wird. Dieses Komitee rettet das Land vor der wirtschaftlichen und politischen Katastrophe und beseitigt das faschistische Regime."[70]

Parallel zu Manuil'skijs und Lozovskijs Vorstoß präsentierte die KPD ihrerseits einen Vorschlag zur Schaffung eines nationalen antifaschistischen Komitees. Eine Konferenz deutscher Volksvertreter – Exilkommunisten und Kriegsgefangene in der Sowjetunion – solle als Erwiderung auf den Tagesbefehl vom 23. Februar 1942 an Stalin das Angebot richten, sich für den Sturz Hitlers und die Beendigung des Krieges einzusetzen. In dem auf den 3. April 1942 datierten Entwurf hieß es weiterhin, auf der Konferenz solle ein Ausschuß zur Schaffung eines „Nationalkomitees" gewählt werden, „das die Führung des Kampfes des deutschen Volkes für die Befreiung Deutschlands von der barbarischen Hitlerherrschaft und für die sofortige Beendigung des Krieges übernimmt". Es wurden fünf Thesen aufgestellt: (1) „Zu-

---

[67] Geschichte der deutschen Arbeiterbewegung, S. 558. Der Gedanke der Volksvertreter wurde bei der Gründung des NKFD aufgegriffen, indem alle Unterzeichner, insbesondere die wehrpflichtigen Soldaten und Reserveoffiziere mit ihrer Berufsbezeichnung und die Emigranten ohne Nennung der Parteimitgliedschaft aufgeführt wurden.

[68] „Über einige Maßnahmen zur moralischen Zersetzung der deutschen Soldaten" vom 3. 4. 1942, RGASPI 495/77/30, Bl. 15–18.

[69] Der Bericht ist nicht datiert, aber am 8. 5. 1942 von Dimitrov abgezeichnet worden (RGASPI 495/77/14, Bl. 41). Bereits am 26.4.42 schrieb Burcev an Manuil'skij, daß er den Bericht auf der Sitzung des Büros für militärpolitische Propaganda am 27. 4. 1942 thesenartig vorstellen werde (RGASPI 495/77/14, Bl. 1).

[70] „Bericht über die Propaganda unter den Truppen des Gegners während der 10 Monate des Vaterländischen Krieges", RGASPI 495/77/17, Bl. 59.

sammenschluß aller ehrlichen Deutschen zum gemeinsamen Kampf für den Sturz des blutigen Kriegstreibers und Volksfeindes Hitler", (2) „Beendigung des Krieges (...) durch Sabotage, Streiks, Demonstrationen, politische Massenstreiks und bewaffneten Kampf bis zur Volkserhebung", (3) „Abschluß eines Friedens", (4) „Deutschland wird eine Volksrepublik", (5) „Die Wirtschaft wird in den Dienst des Volkes gestellt"[71]. Die Entstehungsgeschichte beider auf den 3. April datierten Vorlagen, der des Büros für militärpolitische Propaganda und der der KPD, läßt sich nicht zweifelsfrei klären. Vermutlich übernahmen Manuil'skij und Lozovskij, möglicherweise nachdem sie die deutschen Kommunisten mit der Ausarbeitung beauftragt hatten, die Idee eines nationalen Komitees aus Emigranten und Kriegsgefangenen, das den Widerstand gegen Hitler organisiert und für die Herbeiführung eines Friedens sorgt. Die politischen Absichten der KPD ließen sie weg und argumentierten taktisch sehr viel klüger mit den Möglichkeiten, die ein solches Komitee für die sowjetische Propaganda eröffne[72].

Der Zeitpunkt, zu dem Manuil'skij und Lozovskij ihre Vorschläge unterbreiteten, war passend gewählt. Sie fielen in eine Zeit, in der die Leitung der Politischen Hauptverwaltung wechselte und infolgedessen das Büro für militärpolitische Propaganda umstrukturiert wurde. Ob der Vorstoß durch die Umbruchsituation motiviert war, oder ob lediglich versucht wurde, innerhalb des vorgegebenen politischen Rahmens – dem Stalin-Befehl – Handlungsspielräume zu nutzen, kann eindeutig nicht beantwortet werden. Ebenso kann aufgrund der dürftigen Quellenlage die Haltung der sowjetischen Führung zu den Vorschlägen lediglich an äußerlichen Veränderungen in der Politik der Politischen Hauptverwaltung abgelesen werden. Erst Anfang Mai 1942 wies Ščerbakov in einer Besprechung mit leitenden Mitarbeitern der 7. Verwaltung die Vorschläge zur Bildung eines Komitees aus Deutschen zurück[73]. Sinngemäß soll er festgelegt haben, daß deutsche Emigranten und kooperationswillige Kriegsgefangene stärker in die Propagandaarbeit eingebunden werden könnten, daß die Propaganda aber weiterhin ausschließlich von der Roten Armee – d.h. nicht von einem deutschen Komitee – geführt werde[74]. Auch auf der

---

[71] Geschichte der deutschen Arbeiterbewegung Bd. 5, S. 559ff.; zur Einbettung des dort nicht vollständig edierten Dokuments siehe „Nach Hitler kommen wir", S. 37.

[72] Auf die von Erler/Laude/Wilke („Nach Hitler kommen wir", S. 38) geäußerte Vermutung, daß Stalin die Vorlage der KPD wegen der darin gemachten Nachkriegspläne abgelehnt habe, läßt sich somit entgegnen, daß die Vorlage der KPD nie Gegenstand der Beratung wurde, sondern nur in der von Manuil'skij und Lozovskij ausgearbeiteten Variante Eingang in die Diskussion der sowjetischen Entscheidungsträger fand. Vgl. Fischers (Sowjetische Deutschlandpolitik, S. 49ff.) Einordnung des KPD-Vorschlages, die jedoch nichts über die sowjetische Haltung aussagt.

[73] Burcev schildert in seinen Erinnerungen (Einsichten, S. 86) die Kurskorrektur mit den Worten: „Ich muß gestehen, daß wir die ersten Ergebnisse der ideologischen Einwirkung auf die gegnerischen Truppen nicht ganz nüchtern bewertet hatten. Die erbeuteten Dokumente, die (...) Befehle und Briefe hatten uns zu dem Schluß verleitet, daß ein erheblicher Teil der Wehrmachtsangehörigen für unsere Propaganda schon aufnahmebereit geworden sei. Das war aber nicht der Fall, und das Zentralkomitee mußte uns korrigieren."

[74] Ebenda, S. 86: „Eine Demoralisierung der deutschen Wehrmacht ist nicht zu erkennen', faßte Ščerbakov seine Eindrücke von dem Vortrag zusammen. (...) ‚Wir müssen die deutschen politischen Emigranten verstärkt in unsere Arbeit einbeziehen, um so mehr, als sie darauf brennen. Das gleiche trifft auf die Kriegsgefangenen zu, die sich zur Mitarbeit bereit

Sitzung des neu gebildeten Rates für militärpolitische Propaganda am 27. Juni 1942 betonte Ščerbakov demonstrativ die Konzentration auf die eigenen propagandistischen Kräfte des GlavPURKKA: In der Propaganda sei es wichtig, die Furcht der deutschen Soldaten vor der militärischen Stärke der Sowjetunion und der der Westalliierten zu schüren, die Ängste der deutschen Soldaten (Sorge um die Familie, Heimweh usw.) propagandistisch zu nutzen und die Differenzen innerhalb der Wehrmacht und der mit ihr verbündeten Armeen zu verstärken. Von einer Zusammenarbeit mit Deutschen – Emigranten oder Kriegsgefangene – sprach Ščerbakov überhaupt nicht. Vielleicht wollte er sie in Aussicht stellen, wenn er sagte: „Nach einiger Zeit, abhängig von der Möglichkeit einer Veränderung der Lage, können neue Punkte aufgestellt werden."[75]

Im Frühjahr 1942 wurde die Idee eines antifaschistischen deutschen Komitees zur propagandistischen Unterstützung der Roten Armee von der sowjetischen Führung abgelehnt. Die Rote Armee vertraute auf ein starkes Auftreten und wollte nicht öffentlich mit deutschen Emigranten oder Kriegsgefangenen auf sowjetischem Boden kooperieren. Die Gestaltung der politischen Arbeit unter den Kriegsgefangenen durch die Komintern war daher eine elegante Lösung, mit den deutschen Kommunisten – und Kriegsgefangenen – dennoch zu einer Zusammenarbeit zu kommen.

3. Kommission der Komintern

Die Komintern blieb bis zu ihrer Auflösung personell die tragende Säule der politischen Arbeit in den Kriegsgefangenenlagern. Im Januar 1942 beschloß das EKKI auf der Grundlage der Delegationsberichte aus den Lagern Temnikov und Spaso-Zavodsk, in den Lagern des UPVI eine „ständige konkrete Aufklärungsarbeit in bezug auf die Sowjetunion als sozialistischer Arbeiter- und Bauernstaat" und „eine populäre Propaganda unserer kommunistischen Grundsätze" zu führen[76]. Nun wurde dauerhaft eine Kommission „zur ständigen Bearbeitung der politischen Fragen der Kriegsgefangenenarbeit" eingesetzt. Ihre Mitglieder waren Johann Koplenig (KPÖ), Béla Szántó (KPU) und Walter Ulbricht (KPD), der den Vorsitz führte[77]. Als Aufgaben wurden festgesetzt: (1) Schaffung eines Schulungslagers, (2) Herausgabe eines Informationsbulletins, (3) Ausarbeitung von Aufrufen, (4) Instruktions-, Vortrags- und Studienreisen in die Lager und (5) die Herausgabe von antifaschistischen Flugschriften und Broschüren für die Kriegsgefangenen in verschiedenen Sprachen[78]. Die Kommission nahm ihre Arbeit am 31. Januar 1942 auf.

---

erklärt haben. Nur dürfen wir ihre Aktion gegen Krieg und Faschismus nicht mit der Propaganda unserer Politorgane gleichsetzen.'"
[75] Protokoll der zweiten Sitzung des Rates für militärpolitische Propaganda vom 27. 6. 1942, RGASPI 88/1/947, Bl. 6.
[76] „Kurze Richtlinien für die Arbeit unter den Kriegsgefangenen" (Anlage zu dem Protokoll der EKKI-Sitzung vom 24. 1. 1942), RGASPI 495/77/30, Bl. 13–14.
[77] Beschlußprotokoll der EKKI-Sitzung „wegen des Berichtes der Arbeit im Kriegsgefangenenlager Karaganda" vom 24. 1. 1942, ebenda, Bl. 10–12.
[78] „Einzelvorschläge für die Kommission zur Behandlung der Kriegsgefangenenfragen" (Anlage zu dem EKKI-Protokoll vom 24. 1. 1942), RGASPI 495/77/4, Bl. 16–18.

Man beschloß die „Kampagne für Zustimmungserklärungen von Kriegsgefangenen zu den Aufrufen für einzelne Länder" weiterzuführen[79]. Diese Zustimmungserklärungen bezogen sich – für die deutschen Kriegsgefangenen – auf den im Oktober 1941 im Lager Temnikov verabschiedeten „Appell der 158". In den nun folgenden Monaten wurden auch in anderen Lagern sogenannte Konferenzen abgehalten, auf denen sich die Kriegsgefangenen per Unterschrift – sogenannte Anschlußerklärungen – den Forderungen des „Appells der 158" anschließen sollten[80].

Eine der wesentlichen Aufgaben der EKKI-Kommission war neben der Ausarbeitung von Appellen und Propagandamaterial die Organisation eines Schulungslagers für Kriegsgefangene. Die Kommission konzipierte eine viermonatige Schulung für 120 deutsche, 15 österreichische, 10 sudetendeutsche und 80 rumänische Kriegsgefangene in einer sogenannten Antifa-Schule. Sobald mehr Kriegsgefangene anderer Nationen zur Verfügung stehen würden, sollten die Schulungen ausgeweitet werden. Die Schule sollte unter der technischen Verwaltung des UPVI stehen, der Schulleiter selbst aber „ein Propagandist", d. h. Politoffizier des GlavPURKKA sein. Als Lehrer schlug die Kommission Funktionäre der KPD und KPR vor, und für die Behandlung aktueller politischer Themen sollten leitende Funktionäre der kommunistischen Parteien als Lektoren hinzugezogen werden[81]. Die erste Antifa-Schule wurde in dem Kloster Oranki, 60 km südlich von Nižnij Novgorod (Gor'kij), eingerichtet, das zu einem Kriegsgefangenenlager (Lager Nr. 74) umfunktioniert worden war. Leiter der Antifa-Schule wurde der Offizier der 7. Verwaltung des GlavPURKKA Nikolaj Janzen[82]. Der erste Kurs begann am 10. Mai 1942 und dauerte drei Monate[83]. Ihn absolvierten 71 deutsche (inklusive Österreicher und Sudetendeutsche) und 22 rumänische Kriegsgefangene. Von Oktober bis Dezember 1942 folgte der zweite Kurs[84].

Im Sommer 1943 wurde eine zweite Antifa-Schule gegründet. Nach Abschluß des zweiten Durchlaufes an der ersten Schule in Oranki hatte der Schulleiter Janzen zu bedenken gegeben, daß „ein bedeutender Teil der Schulabsolventen bisher nicht die notwendige politische Standhaftigkeit, ideologische Klarheit und gebührende moralische Festigkeit" erreicht habe. Er schlug daher die Einrichtung einer „speziellen Lager-Schule" vor, um für die Antifa-Schule eine bessere Vorauswahl treffen zu können[85]. Diese Lager-Schule wurde am 19. Januar 1943 vom EKKI beschlossen[86]. Kurz darauf, nach dem sowjetischen Sieg bei Stalingrad, wurde der Beschluß

---

[79] Protokoll der EKKI-Kommission vom 31. 1. 1942, RGASPI 495/77/5, Bl. 27.
[80] Robel, Antifa, S. 38 ff. Zur Programmatik siehe auch Sywottek, Deutsche Volksdemokratie, S. 115 ff.; Fischer, Sowjetische Deutschlandpolitik, S. 22 ff.
[81] Protokoll der EKKI-Kommission vom 13. 2. 1942, RGASPI 495/77/17, Bl. 4–5.
[82] Jancen war, bevor er von der 7. Verwaltung mobilisiert wurde, Philosophieprofessor an der Leningrader Universität. Nach dem Krieg lehrte er an der Parteihochschule der KPdSU. Er war Baltendeutscher. Im folgenden wird für seinen Namen die deutsche Schreibweise „Janzen" verwendet; Fey, Ein Totgesagter kehrt zurück, S. 285 ff.; Hoffmann, Moskau Berlin, S. 63 ff.; vgl. Robel, Antifa, S. 257 f.
[83] Janzen an Dimitrov am 10. 8. 1942, RGASPI 495/77/20, Bl. 54; Abschlußbericht Janzens über den ersten Kurs vom 17. 8. 1942, ebenda, Bl. 124; vgl. Robel, Antifa, S. 200.
[84] Siehe S. 132.
[85] Bericht über den 2. Kurs an der Antifa-Schule Oranki, Janzen an Dimitrov am 16. 1. 1943, RGASPI 495/77/26, Bl. 8 RS.
[86] „Beschluß des EKKI-Sekretariats zum Bericht des Direktors der antifaschistischen Polit-

revidiert und die Lager-Schule zu einer regulären zweiten Antifa-Schule aufgewertet. Diese sollte als „Massenschule" mit 1000 bis 1500 Schülern aufgebaut werden, die in Kursen von vier bis sechs Wochen Dauer zu Lageraktivisten, d. h. Brigadiere in Arbeitskommandos, ausbildet würden. Die erste Antifa-Schule dagegen sollte bei einer Größe von 250 bis 300 Schülern bleiben und diese in dreimonatigen Kursen zu Instrukteuren und leitenden Politarbeitern in den Lagern schulen[87]. Durch die unterschiedliche Aufgabenstellung der Schulen kam es zu einer Zweiteilung des Schulungssystems. Das konkrete Ausbildungsziel blieb an beiden Schulen der Einsatz als Lagerpropagandist, aber durch die unterschiedlich intensive Schulung und die daraus resultierende unterschiedliche „politische Reife" gab es nun eine Ausdifferenzierung der Absolventen. Daraus konnten – je nach Bedarf – weitere Verwendungsmöglichkeiten abgeleitet werden.

Die Rolle der EKKI-Kommission bei der Organisation der Antifa-Schulen beschränkte sich auf die Zuarbeit. Nominell fällte sie zwar die Beschlüsse, mußte sich diese jedoch immer vom EKKI bestätigen lassen, das in seiner Entscheidung wiederum auf die Zustimmung der maßgeblichen sowjetischen Funktionäre angewiesen war. Bevor die Kommission ihre eigentliche Arbeit aufnahm, versicherte sich daher das EKKI des Rückhalts bei den Verwaltungsspitzen im ZK der VKP (b). Dimitrov bat Ščerbakov, ihn bei der Durchsetzung der von der EKKI-Kommission gefaßten Beschlüsse gegenüber NKVD und GlavPURKKA zu unterstützen[88]. An den NKVD-Chef Berija richtete er ein inhaltlich identisches Schreiben, wobei er deutlich auf bestehende Abstimmungsprobleme hinwies: „Da sich mit den Fragen der politischen Arbeit unter den Kriegsgefangenen unterschiedliche Organe beschäftigen und nicht immer die notwendige Übereinstimmung und Umsicht erzielt werden kann, haben wir Genossen Ščerbakov gebeten, daß die laufende Arbeit einem geeigneten Mitarbeiter in der Propagandaabteilung des ZK der VKP (b) übertragen wird, damit dieser sich ständig mit den Fragen dieser Arbeit befaßt und in Verbindung mit der Verwaltung für die Angelegenheiten von Kriegsgefangenen des NKVD der UdSSR und mit uns steht."[89] Dimitrovs Wünschen wurde stattgegeben. Am 12. Februar bestätigte Georgij Aleksandrov, Leiter der Propagandaabteilung, daß im ZK ein Verantwortlicher für die Arbeit unter den Kriegsgefangenen benannt worden sei. Einen Tag darauf gab Ščerbakov seine Zustimmung[90]. Typisch für die Abläufe in der sowjetischen ZK-Bürokratie war, daß beide Spitzenfunktionäre ihre Entscheidung mündlich am Telefon mitteilten, Dimitrov also über keine schriftliche Bestätigung verfügte. Besprechungen bzw. Telefonate waren elementarer Bestandteil bei der Befehlsübermittlung.

Das Problem der Koordination blieb für die gesamte Dauer der Tätigkeit der

---

schule Genosse Janzen über die Ergebnisse der Arbeit des zweiten Kurses der Schule" vom 19. 1. 1943, RGASPI 17/125/183, Bl. 5–6.
[87] Ebenda.
[88] Dimitrov an Ščerbakov am 2. 2. 1942, RGASPI 495/77/33, Bl. 6.
[89] RGASPI 495/77/21, Bl. 1. Anhand der handschriftlichen Bemerkungen auf dem Brief wird deutlich, daß Berija den Brief weiterreichte an seinen für das UPVI zuständigen Stellvertreter Serov, der ihn weiterleitete an UPVI-Chef Soprunenko.
[90] Dimitroff, Tagebücher, Einträge vom 12. 2. und 13. 2. 1942; danach wurde Kondakov, stellvertretender Leiter der Presseabteilung im ZK, zum Verantwortlichen für die Arbeit unter den Kriegsgefangenen ernannt. Für die laufende Arbeit war es offenbar Tukarinov, über dessen genaue Funktion im ZK-Apparat aber nichts bekannt ist.

3. Kommission der Komintern

EKKI-Kommission das entscheidende Hindernis. Bereits der Zustimmung Dimitrovs zu den Vorschlägen der EKKI-Kommission über die Gestaltung der Antifa-Schulung, d. h. ihrem eigentlichen Auftrag, mußten nach dem oben dargelegten Mechanismus Absprachen auf höherer Ebene vorausgehen[91]. Im April 1942, die Kommission hatte gerade ihre Arbeit aufgenommen, beklagte sich Ulbricht gegenüber Dimitrov, daß faktisch keine Verbindung zwischen den Kriegsgefangenenlagern und der EKKI-Kommission bestehe. Man sei von aktuellen Informationen abgeschnitten, denn alles Material werde direkt an die 7. Verwaltung oder die Propagandaabteilung des ZK der VKP (b) geschickt. Ulbricht konstatierte: „Gegenwärtig beschäftigen sich vier Stellen mit der politischen Arbeit unter den Kriegsgefangenen: 1. In der Hauptverwaltung der Kriegsgefangenenlager – Genosse Worobjew *[Vorob'ev]*, 2. die Redaktion der Kriegsgefangenenzeitung, die der 7. Abteilung untersteht, 3. in der Propagandaabteilung des ZK bearbeitet diese Fragen Genosse Tukarinow, 4. bearbeiten wir im Kominternapparat diese Fragen. (…) Notwendig wäre, daß bei bestimmten politischen Anlässen, wie z. B. nach dem Stalin-Befehl vom 1. Mai eine gemeinsame Besprechung der Genossen stattfindet, die sich mit der politischen Arbeit unter den Kriegsgefangenen beschäftigen."[92] Mit Tukarinov von der Propagandaabteilung traf sich Ulbricht im Mai. Zusammen arbeiteten sie „Vorschläge für die Verbesserung der Arbeit unter den Kriegsgefangenen" aus, die dem Leiter der Propagandaabteilung, Aleksandrov, im Juni 1942 unterbreitet wurden[93]. Doch eine Verbesserung der Koordination wurde dadurch nicht erreicht. Anfang Juli 1942 beschloß die EKKI-Kommission abermals: „Sinnvoll wären regelmäßige Treffen mit Tukarinov (ZK VKP), Vorob'ev (UPVI), Ulbricht und Szántó und einem Vertreter der PUR *[GlavPURKKA]*."[94] Das Problem der gegenseitigen Abstimmung blieb dennoch bestehen.

Ein weiteres Problem der EKKI-Kommission waren die „Klagen der Kommissare in den Lagern, daß keine Antworten auf ihre Fragen und keine Beurteilung des von ihnen geschickten Materials erfolgt"[95]. Für diese Beschwerden der Politinstrukteure allerdings war die Kommission selbst verantwortlich, denn lange Zeit war auf Anfragen nicht reagiert worden. Erst nachdem zahlreiche Klagen aus den Lagern eingegangen waren, sah sich Ulbricht genötigt, Dimitrov zum Handeln zu bewegen: „Anliegend übermittle ich Ihnen weiter den Brief mit den Wünschen unserer Genossen aus dem Lager Spassko-Sawodsk *[Spaso-Zavodsk]* und unsere Antwort. Bisher haben wir auf solche Briefe nicht geantwortet. Es erscheint uns aber doch notwendig, den Genossen auf dem Weg über die Hauptverwaltung *[UPVI]*

---

[91] Vgl. ebenda, Einträge vom 18. 2. und 25. 2. 1942; Protokoll der EKKI-Kommission vom 5. 3. 1942, RGASPI 495/77/17, Bl. 15.
[92] Ulbricht an Dimitrov, RGASPI 495/77/17, Bl. 31+RS. Der Brief ist nicht datiert. Er ist aber, der Reihenfolge in der Akte nach zu schließen, vermutlich im April 1942 geschrieben worden.
[93] „Vorschläge für die Verbesserung der Arbeit unter den Kriegsgefangenen" vom 20. 5. 1942, RGASPI 495/77/16, Bl. 2–5. Die Vorschläge waren in der Anlage zu dem Brief Ulbrichts an Aleksandrov, in dem er auf die Absprache mit Tukarinov verweist. Die hier zitierte Kopie des Briefes trägt kein Datum, ist aber der Reihenfolge in der Akte nach zu schließen vom Juni 1942; Text ediert bei Uhlig, Rückkehr aus der Sowjetunion, S. 163.
[94] Protokoll der EKKI-Kommission vom 2. 7. 1942, RGASPI 495/77/16, Bl. 92.
[95] Ebenda.

kurz zu antworten."⁹⁶ An diesen Zeilen wird das grundsätzliche Problem der Koordinationsversuche in der politischen Arbeit deutlich. Die Kommunikationswege der handelnden Funktionäre waren an die Hierarchie innerhalb der Apparate gebunden. Die vom EKKI in die Lager entsandten Politinstrukteure waren nur über die Verwaltung der Kriegsgefangenenlager zu erreichen, wobei das UPVI wenig Interesse an einer Zusammenarbeit mit der EKKI-Kommission zeigte. Erschwerend kam hinzu, daß sich bei inhaltlichen Entscheidungen die untergeordnete Instanz immer bei der nächst höheren rückversichern mußte. Sowohl die Entscheidungsfindung wie auch die Umsetzung der Beschlüsse verlangsamten sich dadurch enorm.

Eigene inhaltliche Akzente setzte die EKKI-Kommission nicht. Vielmehr lagen die grundsätzlichen Entscheidungen in der politischen Arbeit unter den Kriegsgefangenen weiterhin bei Dimitrov bzw. Manuil'skij. Besonders deutlich wurde das bei der Ausweitung der Antifa auf alle Dienstgrade, d.h. der Einbeziehung der Offiziere durch die Gründung einer „antifaschistischen Offiziersgruppe". Im Herbst 1941 hatte „Professor Arnold" begonnen, Gespräche mit einzelnen Offizieren zu führen mit dem Erfolg, daß sich im November 1941 die Offiziere Ernst Hadermann, Friedrich Reyher, Eberhard Charisius und Joachim Sagasser von Hitler lossagten. Ihre Distanzierung vom Nationalsozialismus wurde aber auf den Rat Arnolds nicht öffentlich bekannt gegeben, damit sie das Vertrauen ihrer Offizierskameraden nicht verloren. Erst als sich im April 1942 Leutnant Friedrich Augustin dieser Gruppe anschloß, änderte sich die Situatuion. Augustin, der später vom sowjetischen Geheimdienst angeworben und im Februar 1944 von der Gestapo verhaftet wurde⁹⁷, schilderte in einem Verhör sein Auftreten in der Offiziersgruppe: „Nachdem ich diese *[antifaschistische]* Überzeugung gewonnen hatte, erklärte ich das gegen den Willen von Maria *[eine Politinstrukteurin]* öffentlich vor allen deutschen Offizieren. Dies bewirkte, daß die vier oben erwähnten Offiziere, die ja schon seit mehreren Monaten gegen Adolf Hitler waren, aus dem Dunkel hervortraten, ebenfalls ihre neue Gesinnung offenbarten und wir zu fünft nun zusammen mit Gonzales, Maria und Wagner *[drei Politinstrukteure]* die Propaganda unter den deutschen Offizieren betreiben."⁹⁸ Angesichts dieser Rekonstruktion der Ereignisse ist die Einschätzung Wolffs, die Offiziere hätten „erste Anzeichen zur Mitarbeit gezeigt", woraus sich dann die Konstituierung der antifaschistischen Offiziersgruppe entwickelt habe, ein Euphemismus. Allerdings hat seine weitere Schilderung durchaus Anspruch auf Glaubwürdigkeit: „Professor Arnold, der darüber vor sowjetischen und deutschen Mitarbeitern der Komintern in Ufa berichtet hatte, war von dort mit der Weisung zurückgekehrt, die Konstituierung dieser Offiziere zu

---

⁹⁶ Ulbricht an Dimitrov am 23. 6. 1942, RGASPI 495/77/17, Bl. 74.
⁹⁷ Augustin durchlief nach der Antifa-Schulung eine sowjetische Agentenausbildung und wurde im April 1943 als Attentäter auf den in deutschen Diensten stehenden russischen General Vlassov in Berlin angesetzt. Er hielt sich mehrere Wochen in Berlin auf, führte seinen Auftrag aber nicht aus, worüber er bei der Rückkehr nach Moskau seine Auftraggeber täuschen konnte. Bei seinem zweiten Einsatz, dem geplanten Attentat auf den Kommandeur der Sicherheitspolizei in der Ukraine, von Gottberg, offenbarte er sich der deutschen Sicherheitspolizei, die ihn verhaftete und eingehend verhörte. Augustin wurde im Konzentrationslager Sachsenhausen hingerichtet; vgl. Robel, Antifa, S. 59, Anm. 262.
⁹⁸ Bericht der deutschen Sicherheitspolizei über die Vernehmung Augustins vom 14. 2. 1944, Litauisches Zentrales Staatsarchiv 1399/1/39, Bl. 6 RS-7. Ich danke Christoph Dieckmann für diesen Hinweis.

einer antifaschistischen Offiziersgruppe und ihr erstes offenes Auftreten im Lager vorzubereiten."[99]

Die Kominternführung trat aufgrund der Panne im Offizierslager, worüber Arnold in Ufa berichtet haben wird, die Flucht nach vorne an und befürwortete – für Außenstehende vollkommen überraschend – die Gründung einer Antifa-Gruppe für Offiziere. Es ist daher auch nicht erstaunlich, daß Manuil'skij erst die „Bedenken innerhalb der KPD-Führung gegen eine solche Erweiterung der bis dahin rein proletarischen Antifa"[100] ausräumen mußte, bevor es am 30./31. Mai 1942 zur „Ersten Konferenz antifaschistischer Offiziere" kam. Angesichts der bisherigen Politik des EKKI, das sich in der Regel auf die inhaltliche Zuarbeit der KPD stützte, war das Zögern der deutschen Kommunisten zu verstehen. Es zeigt aber auch die Schwierigkeiten innerhalb des sowjetischen Apparates, auf unvorhergesehene Zwischenfälle zu reagieren. Während die Führungsfunktionäre Dimitrov und Manuil'skij schnell handeln konnten – wahrscheinlich in direkter Rücksprache mit der sowjetischen Führung –, waren die untergeordneten Funktionäre desorientiert. Erst nach einem Moment der Irritation schwenkte die KPD bzw. die EKKI-Kommission auf die eingeschlagene Linie ein: Da die Offizierskonferenz gezeigt habe, daß es ebenso unter den Offizieren „Antihitleristen" gebe, sei es sinnvoll, auch diese antifaschistisch zu schulen[101].

Die Aufrufe und Erklärungen der Antifa orientierten sich an der Programmatik der KPD bzw. der jeweiligen kommunistischen Partei, mußten aber immer mit dem EKKI vorher abgestimmt werden. Deutlich wird dieser Mechanismus an der Ausarbeitung des „Manifestes an das deutsche Volk und die deutsche Armee" vom 6. Dezember 1942, das den „Appell der 158" als programmatische Basis für die politische Arbeit unter den deutschen Kriegsgefangenen ablöste. Nach vorheriger Abstimmung mit Dimitrov beauftragte die KPD Anton Ackermann mit der Ausformulierung eines ersten Entwurfes. Dieser wurde von einer eigens eingesetzten Kommission des EKKI bearbeitet, die den Entwurf zusammen mit weitreichenden Auflagen zur Überarbeitung an die KPD zurückreichte. Eine daraufhin von der KPD vorgelegte zweite Variante wurde nochmals einer eingehenden Schlußredaktion unterzogen, dieses Mal unter Beteiligung von Generalsekretär Dimitrov und Manuil'skij in seiner Eigenschaft als Mitglied des Rates für militärpolitische Propaganda[102]. Schließlich folgte der Beschluß des EKKI, „die von den deutschen Genossen ausgearbeitete Linie und die Linie des von der Kommission behandelten ‚Manifestes an das deutsche Volk und die deutsche Armee' im grundlegenden zu billigen"[103].

Im „Friedensmanifest des deutschen Volkes" tauchten einzelne Versatzstücke des Komitee-Vorschlages vom Frühjahr 1942 wieder auf. Eine Konferenz „verantwortungsbewußter Deutscher", die sich „ungeachtet des Glaubens und der politischen Richtung" zu einer „geheimen Beratung" zusammengefunden hätten, stellte ein zehn Punkte umfassendes Aktionsprogramm auf. Die ersten beiden Forderungen

---

[99] Wolff, Die erste Konferenz, S. 279.
[100] Robel, Antifa, S. 54.
[101] Protokoll der EKKI-Kommission vom 22. 6. 1942, RGASPI 495/77/16, Bl. 87.
[102] „Nach Hitler kommen wir", S. 46 f.; vgl. Sassning, Genesis und Bedeutung des Friedensmanifestes, S. 789 ff.; vgl. Dimitroff, Tagebücher, Einträge vom 1. 12., 4. 12., 8. 12., 9. 12. und 10. 12. 1942.
[103] EKKI-Protokoll Nr. 812 vom 15. 12. 1942, SAPMO-BArch NY 4036/542, Bl. 70.

waren „sofortige Einstellung der Kriegshandlungen" sowie „Sturz der Hitlerregierung und die Schaffung einer nationalen demokratischen Friedensregierung". Weiterhin wurden Pressefreiheit, Aufhebung der nationalsozialistischen Gesetzgebung, Arbeit, Sozialfürsorge und eine friedliche Außenpolitik gefordert[104]. Die Friedenskonferenz war frei erfunden. Weder fand sie im Westen Deutschlands statt, noch waren irgendwelche Vertreter des deutschen Volkes versammelt, sondern es sprachen ausgewählte Sprecher nach sorgfältig ausformulierten Manuskripten über den von der KPD in Moskau – unter der Leitung der Komintern – betriebenen deutschen Volkssender[105]. Bemerkenswert war dennoch der Konzeptionswechsel der KPD, der mit dem vom EKKI diktierten Manifest verbunden war[106].

Die Idee einer alle Schichten umfassenden Bewegung und die Zurückstellung eines kommunistischen Programms führten innerhalb der KPD zu Irritationen. In einem Brief an den in einem Kriegsgefangenenlager als Politinstrukteur arbeitenden Gottfried Keller versuchte Wilhelm Pieck die neue Parteilinie zu erklären: „Es gibt zwei Wege, dem Krieg ein Ende zu machen. Die militärische Niederlage und die Volkserhebung zum Sturz Hitlers. Wir ziehen selbstverständlich den letzteren Weg vor, weil damit das deutsche Volk nicht nur den Krieg abkürzt, sondern sich auch wieder Achtung und Ansehen bei den anderen Völkern erwirkt und einen gerechten Frieden sich verschaffen wird. Das ist die eine Hauptaufgabe. Die andere Hauptaufgabe ist: Was soll nach Hitler kommen? Dafür gibt das Friedensmanifest ausreichend Auskunft. Wir wollen also ein demokratisches Deutschland an Stelle des Hitlerregimes. Wir erheben die Forderung deswegen, weil nicht nur auf dieser Basis die breite Kampffront geschaffen werden kann, sondern weil wir einen solchen Zustand brauchen, um den Massen die Möglichkeit zu verschaffen, auf dem Boden der Demokratie ihren Einfluß geltend zu machen und sich politisch zu orientieren. Erst dann werden die Massen entscheiden können, welchen weiteren Weg sie in der Entwicklung des Staates und der Wirtschaft gehen wollen."[107] Die KPD schwenkte auf die vorgegebene Linie ein, daß im Mittelpunkt jeder Propaganda die Beendigung des Krieges stehen müsse und demgegenüber die Vorstellungen der KPD von einem sozialistischen Nachkriegsdeutschland zurückzutreten haben. So wie die fiktive „westdeutsche Friedenskonferenz" alle Teile der Bevölkerung des Deutschen Reiches mobilisieren sollte, so sollten auch in den sowjetischen Kriegsgefangenenlagern alle Dienstgrade in die politische Arbeit einbezogen werden. In diesem Sinne erläuterte das UPVI den Lagerleitungen das „Friedensmanifest" in einem Rundschreiben: „Die grundlegende Aufgabe besteht darin, unter den deutschen Kriegsgefangenen eine Massenbewegung zur Unterstützung des in Deutschland beginnenden Kampfes für den Frieden zu initiieren. Dem Programm der aktiven westdeutschen Friedensbewegung muß besondere Aufmerksamkeit gewidmet werden. Dieses Programm gibt eine konkrete Vorstellung von dem neuen Deutschland nach der

---

[104] „Friedensmanifest an das deutsche Volk und an die deutsche Wehrmacht der westdeutschen Beratung der nationalen Friedensbewegung vom 6. Dezember 1942", in: Zur Geschichte der deutschen antifaschistischen Widerstandsbewegung, S. 179.
[105] „Nach Hitler kommen wir", S. 49
[106] Dazu siehe Sywottek, Deutsche Volksdemokratie, S. 119 ff.; Fischer, Sowjetische Deutschlandpolitik, S. 52; Robel, Antifa, S. 61 f.
[107] Pieck an Keller am 13. 1. 1942; RGASPI 495/18/1339a, Bl. 14.

Niederwerfung des Hitlerregimes und ermöglicht es, alle Schichten der Kriegsgefangenen in den aktiven Kampf der Friedensbewegung einzubeziehen."[108]

Das Konstrukt einer „westdeutschen Friedenskonferenz" bediente sich der üblichen Organisationsformen der politischen Arbeit unter den Kriegsgefangenen. Sie war vergleichbar mit den Kriegsgefangenenkonferenzen zur Verabschiedung vorformulierter Aufrufe, wie sie im Frühjahr 1942 als sogenannte Anschlußerklärungen an den „Appell der 158" durchgeführt worden waren. So gesehen war die „westdeutsche Friedensbewegung" nicht vergleichbar mit dem späteren Nationalkomitee, das ohne konspirative Verschleierung mit offizieller sowjetischer Unterstützung gegründet wurde. Dennoch markierte das „Friedensmanifest" eine weitere Etappe in der Entwicklung, die mit dem Vorstoß zur Gründung eines „Anti-Hitler-Komitees" im Frühjahr 1942 von Manuil'skij eingeleitet worden war. Es zeigte, daß die sowjetische Führung bereit war, auf kommunistische Vorstellungen zu verzichten, wenn es denn zu einem schnellen Ende des Krieges führen würde[109].

Im Februar 1943 wurde die EKKI-Kommission personell aufgestockt. Hintergrund war der große Zustrom an neuen Kriegsgefangenen nach dem sowjetischen Sieg bei Stalingrad und die damit verbundene Ausweitung der politischen Arbeit in den Lagern. Ulbricht führte nach wie vor den Vorsitz. Aufgeteilt auf die Mitglieder eines sogenannten Arbeitsausschusses sollte die Kommission in Verbindung mit UPVI und GlavPURKKA die politische Arbeit in den Lagern sowie die Arbeit der – vom GlavPURKKA herausgegebenen – Kriegsgefangenenzeitung überwachen (verantwortlich: Béla Szántó) und die Antifa-Schule betreuen (verantwortlich: Paul Försterling). Ohne Nennung eines konkreten Aufgabengebietes wurde Ivanjuk – vermutlich für die Arbeit unter den rumänischen Kriegsgefangenen – und Edwin Hoernle ebenfalls ohne nähere Aufgabenbeschreibung als „Referent" hinzugeholt. Die restlichen Mitglieder der erweiterten EKKI-Kommission, die nicht im Arbeitsausschuß vertreten waren, fungierten als Vertreter der KPU (Mátyás Rákosi), der KPÖ (Johann Koplenig), der KPR (Draganov) und des EKKI (Belov als Leiter der Kaderabteilung und Ivan Morozov als Leiter des Schulungssektors des EKKI)[110]. Bis zu ihrer Auflösung tagte die EKKI-Kommission vorwiegend in der Zusammensetzung Ulbricht, Försterling, Ivanjuk und Hoernle.

Aber auch nach der personellen Erweiterung der EKKI-Kommission änderte sich nichts an den grundlegenden Problemen. Es fehlte die Zusammenarbeit der maßgeblichen Instanzen. Der Vorschlag des EKKI lautete daher: „Zur erfolgreichen Leitung der Arbeit unter den Kriegsgefangenen wird es für zweckmäßig erachtet, ein einheitliches Leitungszentrum zu schaffen, das bei der Politischen Hauptverwaltung angesiedelt ist und sich aus Vertretern der Politischen Hauptverwaltung,

---

[108] Rundschreiben des UPVI an die Lagerleitungen vom 16. 1. 1943, RGVA/K 4p/3/1, Bl. 5.
[109] Vgl. Firsov, Die sowjetische Deutschlandplanung, S. 127 ff. Firsov ordnet den Brief Dimitrovs an Keller nicht ganz zutreffend ein, indem er ihn als Antwort Dimitrovs auf die Anfrage eines Kriegsgefangenen interpretiert. Zudem diskutiert er ihn im Zusammenhang mit der Frage eines deutschen Freikorps; ein Gedanke, der in dem Brief zwar thematisiert wird, aber meines Erachtens nicht der entscheidende ist. Da die Aufstellung eines Freikorps aus deutschen Kriegsgefangenen nicht ernsthaft zur Debatte stand, kommt Firsov zu dem Schluß, auch das Nationalkomitee sei immer nur ein sowjetischer Propagandatrick gewesen.
[110] EKKI-Beschluß vom 5. 2. 1943, RGASPI 495/77/26, Bl. 25.

der Propagandaabteilung des ZK der VKP (b), der Verwaltung der Kriegsgefangenenlager und der EKKI-Kommission für die Arbeit unter den Kriegsgefangenen zusammensetzt."[111] Die Propagandaabteilung des ZK der VKP (b), die am 12. Februar vom EKKI benachrichtigt wurde, setzte daraufhin eine Besprechung an „zur Realisierung der Beschlüsse"[112]. Vermutlich ist es jedoch nicht mehr zu dieser Besprechung gekommen. Am 24. April 1943 einigten sich Politische Hauptverwaltung (Sčerbakov, Manuil'skij), Propagandaabteilung des ZK der VKP (b) (Aleksandrov), NKVD (Kruglov) und UPVI (Petrov) darauf, daß die politische Arbeit in den Kriegsgefangenenlagern allein vom NKVD – d.h. UPVI – durchgeführt werde. Die Koordinierung und alleinige Weisungsbefugnis sollte beim ZK der VKP (b) liegen: „Die Verwaltung des NKVD für Angelegenheiten der Kriegsgefangenen darf ihre Anweisungen nur über das ZK erhalten. Von der unmittelbaren Einbeziehung des EKKI ist abzusehen, und im weiteren ist diese Verbindung über die 7. Verwaltung des GlavPURKKA herzustellen."[113] Diese Besprechung stellt den Schlußpunkt der Mitwirkung der Komintern an der politischen Arbeit unter den Kriegsgefangenen dar. Die sowjetische Führung reagierte mit dieser Entscheidung auf die dauernden Koordinierungsprobleme, die eine effektive Arbeit behinderten. Allerdings wurden die konkreten Organisationsstrukturen erst nach Auflösung der Komintern festgelegt, so daß das UPVI dann doch nicht die bereits zugesicherten Kompetenzen erhielt, sondern diese an das Institut 99 gingen. Personell blieben die ausländischen Kommunistischen Parteien auch weiterhin an der politischen Arbeit in den Kriegsgefangenenlagern beteiligt. Ulbricht, ehemals Leiter der EKKI-Kommission, wurde Mitarbeiter im Institut 99[114].

---

[111] Ebenda, Bl. 26.
[112] Brief des Sekretariats Dimitrov an Aleksandrov vom 12. 2. 1943 mit dem handschriftlichen Vermerk Aleksandrovs vom 18. 2. „zur Realisierung der Beschlüsse ist es unerläßlich, eine Besprechung bei mir einzuberufen", RGASPI 17/125/183, Bl. 1.
[113] „Auskunft über die Besprechung bei dem Sekretär des ZK der VKP (b) Genosse A. S. Sčerbakov am 24. 4. 1943", RGVA/K 1p/9a/8, Bl. 118; vgl. Tjulpanov, Der ideologische Kampf gegen den Faschismus, S. 188.
[114] Er wurde nicht, wie Heider vermutet (Gründung des Nationalkomitees, S. 19), Leiter des Instituts 99.

II. Nationalkomitee „Freies Deutschland" und Entstehung „wissenschaftlicher Forschungsinstitute"

Die Auflösung der Komintern machte den Weg frei zur Gründung des Nationalkomitees „Freies Deutschland". Offizielle Begründung für die vollkommen überraschende Auflösung der Komintern war, daß der Zusammenschluß zur Internationale die Berücksichtigung der nationalen Besonderheiten des Kampfes gegen den Faschismus behindere. Nun sollte jede kommunistische Partei in eigener Verantwortung die jeweilige nationale Befreiungsbewegung in ihrem Heimatland unterstützen. In dieses Konzept paßte die Gewährung eines deutschen antifaschistischen Komitees auf sowjetischem Boden, das im Jahr zuvor noch abgelehnt worden war. Gleich nach Auflösung der Komintern wurde das NKFD ins Leben gerufen. Doch der Apparat der Komintern arbeitete unter der Tarnung „wissenschaftlicher Forschungsinstitute" ohne Unterbrechung weiter. Somit fiel die Komintern – wie sich die österreichische Kominternfunktionärin Ruth von Mayenburg erinnerte – nicht einfach auseinander: „Kriegsmäßig-konspirativ in einzelne ‚Institute' verpackt und mit Nummern versehen, wie ‚Institut 205', ‚Institut 100', ‚Institut 99' und so weiter, entfaltete sie dann unter russischer Leitung eine mehr propagandistisch spezialisierte Tätigkeit."[1]

1. Institute 205 und 100

Der Impuls zur Auflösung der Komintern kam am Abend des 8. Mai 1943. In einer Besprechung mit dem Volkskommissar für Äußere Angelegenheiten, Vjačeslav Molotov[2], kamen Dimitrov und Manuil'skij zu dem Schluß, „daß die Komintern als Führungszentrum für die kommunistischen Parteien unter den gegenwärtigen Bedingungen ein Hindernis für ihre selbständige Entwicklung und Erfüllung ihrer speziellen Aufgaben ist. Ein Schriftstück zur Auflösung dieses Zentrums wird erarbeitet."[3] Gemäß dieser Absprache wurde drei Tage später Stalin, Molotov und

---

[1] Mayenburg, Blaues Blut und rote Fahnen, S. 298 f. An anderer Stelle (Hotel Lux, S. 311 f.) spricht Mayenburg von der „Erbmasse *[der Komintern]* (...), aufgeteilt nach Aufgabenbereichen zwischen sogenannten ‚Instituten', von denen jedes eine Nummer erhielt." Leonhard (Revolution, S. 278) spricht von „einer Art Nachfolge-Organisation der Komintern". Vgl. Nollau, Die Komintern, S. 64 ff.

[2] Molotov war Volkskommissar für Auswärtige Angelegenheiten, vor allem aber war er enger Vertrauter Stalins, so daß er in vielerlei Hinsicht stellvertretend für Stalin agierte.

[3] Dimitroff, Tagebücher, Eintrag vom 8. 5. 1943; vgl. Adibekov, Kominform, S. 6 ff.; Lebedeva/Narinskij, Rospusk Kominterna, S. 72 ff.; dies., Dissolution of the Comintern, S. 153 ff. Lebedeva und Narinskij folgen im wesentlichen Adibekovs Darstellung, übernehmen vor

Georgij Malenkov eine Beschlußvorlage vorgelegt, in der die Begründung für die plötzliche Auflösung der Komintern insofern präzisiert wurde, als auf die sehr unterschiedlichen Bedingungen hingewiesen wurde, unter denen die jeweiligen kommunistischen Parteien den Widerstandskampf gegen den Faschismus in ihren Ländern zu führen hätten. Deswegen seien die organisatorischen Formen des Kampfes gegen den nach wie vor gemeinsamen Feind Hitler zu ändern und die Komintern aufzulösen[4]. Bot die von Dimitrov und Manuil'skij formulierte Vorlage noch keine konkreten Verfahrensvorschläge, so wurden diese auf der am 11. Mai stattfindenden Sitzung bei Stalin festgelegt. Mit dem vorbereiteten Beschlußentwurf war Stalin inhaltlich einverstanden, so daß gleich über das Procedere der Auflösung gesprochen wurde, nämlich – so die Eintragung Dimitrovs in sein Tagebuch –, „welche Funktionen *[der Komintern]* in welcher Form weitergeführt werden sollen"[5]. Die Auflösung der Komintern war bereits beschlossene Sache. Es ging nur noch um die organisatorische Umsetzung.

Das Exekutivkomitee der Komintern versammelte Dimitrov erst, nachdem die essentiellen Absprachen mit Stalin getroffen waren. Am 13. Mai 1943 wurde das EKKI mit der Auflösung der Komintern konfrontiert. Es nahm den vorgelegten Antrag jedoch einstimmig an. Immerhin wurde den EKKI-Mitgliedern bis zum 17. Mai Zeit gelassen, eventuelle Änderungsvorschläge zu machen. Noch kurz vor dieser Sitzung war Dimitrov von Stalin instruiert worden, das EKKI nicht mit der sowjetischen Entscheidung zu überrumpeln („Überstürzen Sie in dieser Angelegenheit nichts"). So erläuterte Dimitrov den Anwesenden, daß die Mitarbeiter des Kominternapparates weiterhin ihrer Arbeit in den Zeitungs-, Flugblatt- und Radioredaktionen nachgehen sollten, der Apparat der Komintern also mitnichten aufgelöst werde. Er erwähnte die Möglichkeit, daß „einzelne antifaschistische Komitees der Deutschen ins Leben gerufen werden *[können]*"[6]. Da diese Komitees aber noch gar nicht existierten, Dimitrov dazu offenbar auch keine näheren Erläuterungen gab, ging es vorerst darum, den Apparat trotz nomineller Auflösung der Komintern in seiner Funktionsfähigkeit zu erhalten. Darüber stimmte Dimitrov sich im weiteren mit der sowjetischen Führung ab. Zusammen mit einem Bericht über die Aufnahme des Auflösungsbeschlusses durch das EKKI übersandte er am nächsten Tag an Stalin und Molotov eine Bestandsaufnahme über die Einrichtungen der Komintern. Im Vordergrund standen technische Fragen wie die aktuelle perso-

---

allem die von ihm mehrfach zitierten Aussagen aus dem Dimitrov-Tagebuch, die Adibekov aber nicht belegt. Das vollständige Tagebuch ist bisher nur in bulgarischer Sprache veröffentlicht worden (Dimitroff, Dnewnik), aber für die Jahre 1933–43 liegt inzwischen eine deutsche Ausgabe vor, nach der hier zitiert wird.

[4] Dimitrov und Manuil'skij an Stalin und Molotov am 11. 5. 1943, RGASPI 495/73/174, Bl. 11.

[5] Dimitroff, Tagebücher, Eintrag vom 11. 5. 1943; vgl. Posetiteli kremlevskogo kabineta, S. 67: anwesend waren Molotov, Dimitrov und Manuil'skij, Malenkov kam für die letzten zehn Minuten zu der Besprechung hinzu.

[6] „Nicht den Eindruck vermitteln, daß wir die führenden ausländischen Genossen einfach davonjagen wollen. Sie werden für Zeitungen arbeiten. Es sollen vier Zeitungen gegründet werden (in deutscher, rumänischer, italienischer und ungarischer Sprache), ebenso können einzelne antifaschistische Komitees der Deutschen ins Leben gerufen werden usw.", Dimitroff, Tagebücher, Eintrag vom 13. 5. 1943.

nelle Besetzung des Kominternapparates und die Zahl der Immobilien[7]. Am 17. Mai folgte auf einer zweiten EKKI-Sitzung die Endredaktion des Auflösungsbeschlusses[8], und auf einer dritten Sitzung am 19. Mai wurden die organisatorischen Fragen der Auflösung besprochen. Die Vorgabe war klar: „Alle diese Funktionen *[des Kominternapparates]* müssen in der ein oder anderen Form erhalten bleiben. Die neuen Bedingungen werden entsprechend der vom ZK der VKP (b) vorgegebenen Linie festgelegt."[9] Im Protokoll des EKKI hieß es daher, es seien Absprachen getroffen worden, „wie mit den wichtigsten Funktionen der Komintern verfahren werden muß, damit kein Schade für die Sache des Krieges gegen die räuberischen Hitleristen entstehe"[10]. Es wurde beschlossen, den Großteil aller Kominterneinrichtungen zu erhalten und in den ZK-Apparat der VKP (b) zu überführen. Am Abend des 19. Mai berichteten Dimitrov und Manuil'skij bei Stalin, der dabei mehrere Korrekturen an dem bereits vom EKKI redigierten Auflösungsbeschluß vornahm[11].

Die Auflösung der Komintern wurde am 21. Mai abermals beschlossen, dieses Mal durch das Politbüro der VKP (b). Dem Politbüro gegenüber begründete Stalin den Schritt damit, daß es in Zeiten des Krieges nicht möglich sei, die internationale Arbeiterbewegung von einem Zentrum aus zu leiten. Jede kommunistische Partei fände in ihrem Land ganz unterschiedliche Bedingungen des antifaschistischen Kampfes vor. Während die deutschen und italienischen Kommunisten für den Sturz ihrer eigenen Regierungen kämpfen müßten, ginge es in anderen Ländern um die Befreiung von faschistischer Fremdherrschaft. Zudem wolle man mit der Auflösung der Komintern der Lüge entgegentreten, die kommunistischen Parteien seien Agenten Moskaus[12]. Die Pravda veröffentlichte den Auflösungsbeschluß am 22. Mai, und Stalin legte in einem exklusiven Interview mit der Nachrichtenagentur Reuter die Gründe für die Kominternauflösung nun öffentlich dar. Dabei betonte er besonders den außenpolitischen Kontext: „In jedem Land wird die kommunistische Partei eine Landespartei werden. In den alliierten Ländern wird diese nationale kommunistische Partei sich der Aufgabe widmen, die Kriegsanstrengungen nach Möglichkeit zu fördern. Die Initiative dürfte eine besonders gute Wirkung auf die Beziehung zwischen den Vereinigten Staaten und der Sowjetunion haben."[13]

---

[7] Dimitrov an Stalin und Molotov am 14. 5. 1943, RGASPI 495/73/174, Bl. 22; Dimitrov an Malenkov am 14. 5. 1943, ebenda Bl. 27. In der Anlage befinden sich Berichte über die 1. Abteilung des EKKI (Presse und Propaganda), die Agentenausbildung der Komintern, das Informationsbulletin, die Immobilien sowie den Finanzhaushalt, ebenda Akte 182, Bl. 16–23 und 25–27. Am 17. 5. 1943 reichte Dimitrov weitere Informationen an Malenkov nach, ebenda Akte 174, Bl. 47; vgl. Dimitroff, Tagebücher, Einträge vom 14. 5. und 17. 5. 1943.
[8] Dimitroff, Tagebücher, Eintrag vom 17. 5. 1943.
[9] Ebenda, Eintrag vom 19. 5. 1943. Die angesprochenen Funktionen waren: „1) die nationalen Rundfunksendungen, 2) die Auslandsbüros der einzelnen Parteien, 3) die Aufrechterhaltung der Verbindung mit dem Ausland, 4) die Telegrafenagentur ‚Surpress', 5) das Archiv, die Bibliothek, das Parteikomitee usw.".
[10] Protokoll (B) Nr. 826 der geschlossenen Sitzung des EKKI-Präsidiums vom 19. 5. 1943, RGASPI 495/73/174, Bl. 51–55.
[11] Dimitroff, Tagebücher, Eintrag vom 19. 5. 1943; vgl. Posetiteli kremlevskogo kabineta, S. 68.
[12] Dimitroff, Tagebücher, Eintrag vom 21. 5. 1943.
[13] Zitiert nach: Nollau, Die Internationale, S. 161 f.; vgl. „Antwort des Genossen Stalin auf die Frage des Hauptberichterstatters der englischen Presseagentur Reuter", in: Stalin, Über den

Stalins Hoffnung auf eine Verbesserung der alliierten Beziehungen hatte seine Bewandtnis darin, daß das ohnehin angespannte Verhältnis der Kriegsverbündeten im Frühsommer 1943 seinen Tiefpunkt erreicht hatte. Unmittelbarer Anlaß war die amerikanische und britische Entscheidung, den Termin zur Eröffnung einer zweiten Front in Westeuropa zu verschieben. Die Hauptlast des Krieges trugen nach zwei entbehrungsreichen Jahren immer noch allein die Rote Armee und die sowjetische Zivilbevölkerung. Die Beziehungen wurden zudem dadurch belastet, daß die Sowjetunion nicht auf Gebietsansprüche gegenüber Polen verzichtete. Bereits während der sowjetischen Besetzung Polens in den Jahren 1939–1941 war eine rigide Unterwerfungspolitik betrieben worden, die in den Massenerschießungen polnischer Offiziere durch das NKVD ihren Höhepunkt fand. Den Forderungen der polnischen Exilregierung in Großbritannien nach Aufklärung der in Katyn aufgedeckten Massengräber wollte die sowjetische Führung nicht nachkommen und brach am 25. April 1943 die diplomatischen Beziehungen zu Polen ab. Die sowjetischen Botschafter wurden Anfang Mai aus London und Washington abberufen. Und während es am 14. Mai auf dem Treffen Winston Churchills mit Theodore Roosevelt in Washington zu einer englisch-amerikanischen Annäherung kam, berichtete die sowjetische Presse über das Ende der Komintern und den Beginn des nationalen Befreiungskampfes der vom Faschismus unterdrückten Völker. Bereits am 8. Mai war die Existenz eines „Bundes Polnischer Patrioten in der UdSSR" sowie die zukünftige Aufstellung einer polnischen Befreiungsarmee in der Sowjetunion bekanntgegeben worden[14]. Selbst wenn in der historischen Rückschau die Gründe für die Auflösung der Komintern als „durchsichtig" und „Täuschung" tituliert werden[15], der Zeitpunkt der Auflösung war genau auf die Bedürfnisse der sowjetischen Außenpolitik abgestimmt.

Die weiteren Schritte zur Überführung des Kominternapparates in neue Organisationsformen wurden unmittelbar nach dem Politbürobeschluß der VKP (b) unternommen. Noch am Abend des 21. Mai rief Dimitrov die Abteilungsleiter des Kominternapparates zu sich und stimmte sie auf das Kommende ein[16]. Am 24. Mai unterbreitete er den Spitzen der deutschen, ungarischen, rumänischen und italienischen Exil-KP, daß nun anstelle der Kommunistischen Internationale nationale antifaschistische Komitees den Kampf gegen den Faschismus führen würden. Diese sollten aus „Persönlichkeiten des öffentlichen Lebens und bekannten kriegsgefangenen Antifaschisten" gebildet werden. Jede Partei wurde aufgefordert, entsprechende Vorschläge auszuarbeiten[17]. In den folgenden zwei Wochen traf Dimitrov wiederholt Absprachen mit Manuil'skij, wie die Schaffung antifaschistischer Komi-

---

Großen Vaterländischen Krieg, S. 85 ff.; siehe auch Dimitroff, Tagebücher, Einträge vom 22. 5. und 29. 5. 1943.

[14] Lebedeva/Narinskij, Dissolution of the Comintern, S. 159 f.; vgl. Bonwetsch, Der „Große Vaterländische Krieg", S. 981 ff.; Gosztony, Stalins fremde Heere, S. 78 ff.

[15] Ulam, Expansion and Coexistence, S. 346: „Der wahre Grund für die Auflösung der Komintern war ein wenig anders als der angegebene: Die Hörigkeit gegenüber Moskau und die Maschinerie diese zu erzwingen wurde jetzt in jede größere kommunistische Partei eingepflanzt, und es gab keinen Bedarf mehr an äußerlichen Formen der Einheit. (…) In der Rückschau waren die Gründe für die Auflösung der Komintern durchsichtig und können unter dem Oberbegriff ‚Täuschung' gefaßt werden."

[16] Dimitroff, Tagebücher, Einträge vom 21. 5. und 22. 5. 1943.

[17] Ebenda, Eintrag vom 24. 5. 1943.

tees auf den Weg zu bringen sei[18]. Zu der in organisatorischer Hinsicht entscheidenden Sitzung kam es am 12. Juni bei Stalin: Die geplanten nationalen antifaschistischen Komitees sollten von einer „Abteilung Internationale Information" (otdel meždunarodnoj informacii – OMI) angeleitet werden, die im Apparat des ZK der VKP (b) neu geschaffen werden sollte, um die Funktionen der aufgelösten Komintern zu übernehmen. Auf eben dieser Sitzung wurde auch die Gründung des Nationalkomitees „Freies Deutschland" beschlossen[19].

Der Beschluß über eine eigenständige ZK-Abteilung zur Übernahme des alten Kominternapparates wurde zwei Tage später wieder verworfen. Statt der ursprünglich vorgesehenen ZK-Abteilung unter Leitung von Ščerbakov wurde lediglich innerhalb der Geschäftsabteilung des ZK der VKP (b) ein „Sonderapparat" zur Sicherstellung der technischen und materiellen Voraussetzungen der Kominterngeschäfte geschaffen. An Stelle der früheren Sektionen der Komintern wurden sogenannte Auslandsbüros der kommunistischen Parteien eingesetzt, die den Kontakt zu ihren im Heimatland (im Untergrund) operierenden Parteien über geheime Funkverbindungen halten und ihre Anweisungen über von Moskau aus ausgestrahlte Radiosendungen geben sollten. Dazu entschied eine Kommission zur Liquidierung der Komintern[20], „das Radiozentrum mit seinen Objekten *[Funkstationen]*, das Studio für den nationalen Rundfunk und die Bibliothek zur Nutzung durch die Auslandsbüros der kommunistischen Parteien und zur Aufrechterhaltung der Funkverbindung mit dem Ausland zu erhalten"[21]. Alle Immobilien des EKKI wurden der Geschäftsabteilung des ZK der VKP (b) überstellt. Das Archiv sowie die Personalunterlagen der Kominternfunktionäre übernahm die Kaderabteilung des ZK der VKP (b). Innerhalb der Geschäftsabteilung des ZK entstand der vorgeschlagene „Sonderapparat", der in einem „besonderen Stellenplan" die Mitglieder der Auslandsbüros als Mitarbeiter führte. Lediglich die Kaderschulung der Komintern, zuletzt in einem „Objekt" in Kušnarenkovo durchgeführt, wurde vollständig eingestellt[22].

Im Juni 1943 entschied sich die sowjetische Führung für eine dezentrale Fortführung der Kominterngeschäfte, was zu der „kriegsmäßig-konspirativen Verpackung

---

[18] Ebenda, Einträge vom 29. 5. und 4. 6. 1943.
[19] Ebenda, Eintrag vom 12. 6. 1943; vgl. Posetiteli kremlevskogo kabineta, S. 71, anwesend waren: Stalin, Molotov, Berija, Malenkov, Vorošilov, Ščerbakov, Dimitrov und Mikojan.
[20] Der Kommission gehörten an: Dimitrov (Vorsitzender), Manuil'skij, Pieck, Togliatti und Sucharev (Chef der EKKI-Wirtschaftsabteilung), Protokoll (B) Nr. 828 der geschlossenen Sitzung des Präsidiums des EKKI vom 8. 6. 1943, RGASPI 495/73/174, Bl. 67–68; Dimitroff, Tagebücher, Eintrag vom 8. 6. 1943; vgl. Nollau, Die Internationale, S. 164.
[21] Undatierter Beschluß der Kommission zur Liquidierung der Kommunistischen Internationale, RGASPI 495/73/174, Bl. 78.
[22] „Auskunft über die Anzahl der Mitarbeiter in dem geplanten Stellenplan" vom 19. 7. 1943 und „Stellenplan für den Sonderapparat innerhalb der Geschäftsabteilung des ZK der VKP (b)" vom 21. 7. 1943, RGASPI 495/73/208, Bl. 110–120. Leider können hier nur die Entwürfe zitiert werden, da andere Archivdokumente für die Benutzung gesperrt sind. Über das tatsächliche Zustandekommen der Planungen besteht jedoch kein Zweifel. Inhaltlich stimmen die hier dargelegten Beschlüsse mit den zusammen mit Malenkov am 31. 5. 1943 getroffenen Vorabsprachen Dimitrovs überein. Vermutlich wurde der oben zitierte Beschluß der Liquidierungskommission am 12. Juni gefaßt, am Abend desselben Tages von Stalin korrigiert und anschließend am 14. Juni endgültig verabschiedet, vgl. Dimitroff, Tagebücher, Einträge vom 31. 5. und 12. 6. 1943; Adibekov, Komintern, S. 10.

in Institute" führte[23]. An Stelle einer eigenständigen ZK-Abteilung wurde das nach außen hin selbständig agierende „Institut 205" und das „Institut 100" mit jeweils eigenem Stellenplan gegründet. Die ursprünglich als weitere Aufgabe des „Sonderapparates" vorgesehene Anleitung der neu zu schaffenden antifaschistischen Komitees – die spätere Funktion des „Instituts 99" – wurde vorerst fallengelassen, weil diese Komitees noch nicht existierten[24]. Das Fehlen einer übergeordneten Instanz, wie sie mit der „Abteilung Internationale Information" geplant gewesen war, hatte auf die institutionelle Einbindung der „Institute" keinerlei Auswirkungen. Durch die bestehenden personellen Verflechtungen blieben die Kontroll- und Anleitungsmechanismen bestehen, vor allem durch das „Büro Dimitrov", das seine Arbeit bis zur Schaffung des OMI im Juli 1944 fortsetzte[25]. Das scheinbar eigenständige Agieren sowie die Tarnbezeichnung als „wissenschaftliche Forschungsinstitute" förderte den Eindruck einer vollständig vollzogenen Auflösung der Komintern.

Herzstück der aufgelösten Komintern waren die Redaktionen und Sender der ehemaligen Presse- und Propagandaabteilung des EKKI. Seit dem 1. September 1943 arbeiteten sie, ohne je ihre Tätigkeit unterbrochen zu haben, unter der Bezeichnung „Institut 205" weiter, die bereits während der Evakuierung des Kominternapparates nach Ufa benutzt worden sein soll[26]. Ansonsten läßt sich die Numerierung der Institute weder durch konkrete Zusammenhänge noch durch eine Zahlensymbolik motivieren. Leiter des Instituts 205 war der tschechische Kommunist Friedrich Geminder, der schon die Presse- und Propagandaabteilung geleitet hatte. Die bisherigen Aufgaben blieben bestehen: Aufrechterhaltung des Sendebetriebs und politische Kontrolle der Redaktionen, Herausgabe eines wöchentlichen Informationsbulletins, Pressearchiv und Radioabhördienst[27]. Im Institut 205 gab es eine österreichische, ungarische, bulgarische, rumänische, finnische, jugoslawische, spanische, französische, polnische, tschechische, slowakische, sudetendeutsche, italienische, norwegische und vier deutsche Redaktionen[28]. Während des Krieges blieb die Zahl der Mitarbeiter trotz einiger personeller Wechsel konstant[29]. Nach dem Kriegsende wurden die Radiosender des Instituts 205 eingestellt. Nur die Presseauswertung und der Radioabhördienst liefen weiter, standen aber mehr und mehr in Konkurrenz zum sowjetischen Nachrichtenbüro TASS (Telegrafnoe agenstvo So-

---

[23] Mayenburg, Blaues Blut und rote Fahnen, S. 298f.
[24] „Vorschlag in der Frage der Liquidierung der Komintern" vom 17.6. 1943, RGASPI 495/73/174, Bl. 69–73.
[25] Foitzik, Zur Anleitung der kommunistischen Parteien, S. 509ff.; vgl. den Bestand „Büro Dimitrov" im RGASPI, Kratkij putevoditel', S. 82.
[26] Erinnerungen Richard Gyptners, SAPMO-BArch SgY 30/0331, Bl. 80; vgl. Nollau, Die Komintern, S. 65.
[27] Tätigkeitsbericht des Instituts 205 für die Zeit vom 1.9. 1943 bis 1.2. 1944, RGASPI 495/10a/433e, Bl. 49–50.
[28] Geschäftsverteilungsplan für das Institut 205 (undatierter Entwurf), RGASPI 495/73/208, Bl. 150–154; siehe auch Gyptner, Über die antifaschistischen Sender, S. 881ff.; Kraushaar, Zur Tätigkeit und Wirkung des „Deutschen Volkssenders", S. 116ff.; vgl. Mayenburg, Hotel Lux, S. 283ff.
[29] Zum 1. September 1943 waren es 209 und zum 1. Februar 1944, inklusive einiger personeller Wechsel, 210 Personen; Geschäftsverteilungsplan des Instituts 205 vom Sommer 1943 und Tätigkeitsbericht vom Februar 1944, RGASPI 495/73/208, Bl. 150–154 und ebenda 495/10a/433e, Bl. 49–50; zur Arbeit im Institut 205 siehe den Bericht der ehemaligen Institutsmitarbeiterin (ab Herbst 1944) Genia Quittner, Weiter Weg nach Krasnogorsk, S. 265f.

vetskogo Sojuza), das schließlich gegen Ende 1946 diese Dienste übernahm. War bereits durch das Kriegsende ein maßgeblicher Teil der Aufgaben – die antifaschistischen Sender – verloren gegangen, so verlor das Institut 205 durch die Rückkehr der Emigranten in ihre Heimatländer nach und nach auch seine Mitarbeiter. Um die Jahreswende 1946/47 wurde der Stellenplan des Instituts, der zwischenzeitlich 326 Mitarbeiter umfaßt hatte, um beinahe die Hälfte auf 177 Mitarbeiter zusammengestrichen. Im Februar 1948 schließlich wurde das Institut 205 aufgelöst. Die Reste seines ausländischen Mitarbeiterstabes wurden dem Institut 100 zugeschlagen[30].

Das Institut 100 hatte bei der Auflösung der Komintern ohne wesentliche Änderungen die 1. Abteilung des EKKI übernommen. Diese war der sogenannte geheime operative Dienst zur Ausbildung von Kominternagenten, die zur Aufrechterhaltung des Kontaktes der Exil-Parteileitungen zu ihren im Heimatland im Untergrund agierenden Mitgliedern in die jeweiligen Länder eingeschleust wurden[31]. Die Komintern versuchte damit, ein weltweites Netz von über Funk angeleiteten Agenten aufzubauen. Innerhalb Europas war dieses Netz aber offenbar sehr löchrig. So hatte die Funkstation in England – vermutlich aus Rücksicht auf den Kriegsverbündeten – den Betrieb eingestellt, und die Funkstationen innerhalb des Großdeutschen Reiches galten als „im Aufbau befindlich". In Ungarn und Bulgarien gab es gar keine Stationen[32]. Im Sommer 1943 wurde entschieden, die technischen Einrichtungen unter der Tarnbezeichnung „Institut 100" beizubehalten „zum Zwecke der Aufrechterhaltung der Funkverbindung der in Moskau befindlichen Auslandsbüros der kommunistischen Parteien mit ihren Heimatländern, sowie der Funkverbindung mit den speziellen Funkstationen im Ausland"[33]. Leiter des Instituts 100 wurde Ivan Andreevič Morozov, ein Abteilungsleiter aus der NKVD-Verwaltung für Aufklärung[34].

Das Institut 100 übernahm eine Schule, in der die Agenten neben der obligatorischen politischen Schulung eine Ausbildung zum Funker und eine technische Einweisung in den Bau von Behelfsfunkgeräten erhielten. Diese sogenannte „Techschule" (technische Schule) befand sich in Puškino, 30 Kilometer nordöstlich von Moskau. Zum Zeitpunkt der Auflösung der Komintern hielten sich dort 50 Schüler auf, von denen ein Teil noch im Mai/Juni 1943 in Ungarn, der Slowakai, Polen, Finnland, Österreich und Rumänien eingesetzt wurde[35]. Außer der technischen

---

[30] Adibekov, Kominform, S. 12 ff. Das Institut 205 stand seit Juli 1946 unter der Leitung des sowjetischen ZK-Funktionärs N.N. Puchlov.
[31] Analog zu diesen Aufgaben gab es sechs sogenannte Sektoren: (1) Anleitung der Auslandspunkte, (2) Fälscherwerkstätten, (3) Vorbereitung der Agenten, (4) Chiffrierabteilung, (5) Wirtschaftsabteilung und (6) Funkstation. Die Funkstation war noch einmal untergliedert in fünf sogenannte Objekte: (1) Sendestation, (2) Empfangsstation, (3) Werkstatt zum Bau von Funkgeräten, (4) technische Abteilung zur Wartung der Anlagen, (5) Reserve-Radiostation in Ufa und für die Verbindung mit dem Fernen Osten eine Relaisstation in Alma-Ata, Tätigkeitsbericht der 1. Abteilung des EKKI vom 14. 5. 1943, RGASPI 495/73/182, Bl. 16–23.
[32] Tätigkeitsbericht der 1. Abteilung des EKKI vom 14. 5. 1943, RGASPI 495/73/182, Bl. 21–22.
[33] Planungspapier über die Einrichtung des Instituts 100, RGASPI 495/73/174, Bl. 81; vermutlich als Anlage zu dem Schreiben Dimitrovs an Ščerbakov vom 14. 7. 1943, ebenda Akte 182, Bl. 28.
[34] Dimitrov an Malenkov am 22. 5. 1943, RGASPI 495/73/182, Bl. 1; vgl. Lubjanka, S. 272.
[35] Lebedava/Narinskij, Dissolution of the Comintern, S. 157.

Schule gab es die „Guljaev-Gruppe" in dem ebenfalls im Moskauer Umland gelegenen Nagornoe. Dort folgten nach Abschluß der technischen Ausbildung Unterweisungen in Theorie und Praxis der Diversion, Kurse über die Taktik der sowjetischen Partisaneneinheiten, Anleitung zum Häuserkampf, Seminare zum Aufbau eines illegalen Parteiapparates und Vorträge über die „aktuelle Politik und die internationale Lage". Für die Lehrveranstaltungen wurden Militärspezialisten bzw. Kominternfunktionäre verpflichtet[36]. Das Schulungslager stand unter der Leitung des sowjetischen Funktionärs Pantalejmon Guljaev und wurde, da sich die ausgebildeten Agenten bis zu ihrem Einsatz mitunter länger in Nagornoe aufhielten, auch „Reservegruppe der Bruderparteien" genannt. Das Camp diente sowohl als Vorbereitungslager als auch als Wartestation. Die Einsätze selbst kamen Partisanenaktionen gleich und erfolgten in Absprache mit der militärischen Aufklärung (GRU) bzw. dem militärischen Geheimdienst (SMERŠ)[37].

Mittels der Institute 205 und 100 konnten die Geschäfte der aufgelösten Komintern ohne Unterbrechung fortgeführt werden. Ein drittes Institut wäre nicht notwendig gewesen. Aber mit der Gründung des Nationalkomitees „Freies Deutschland" entstand eine neue Aufgabe, die über die bisherige Tätigkeit der Komintern hinausging.

2. Nationalkomitee „Freies Deutschland"

Die Gründung des Nationalkomitees „Freies Deutschland" stand in unmittelbarem Zusammenhang mit der Auflösung der Komintern, wurde aber erst in die Wege geleitet, als der Erhalt der Funktionsfähigkeit des Kominternapparates gesichert war. Um die „Frage des Komitees", so notierte sich Wilhelm Pieck in der Besprechung Dimitrovs mit den führenden EKKI-Funktionären, ging es erst am 24. Mai 1943. Nach dem bereits in der Antifa eingeübten Muster sollte es auf einer Konferenz von Kriegsgefangenen aus der Taufe gehoben und „aus kriegsgefangenen deutschen Offizieren und Soldaten und in der Sowjetunion lebenden deutschen Hitlergegnern – Schriftsteller, Gelehrte, Künstler, Politiker" zusammengesetzt werden. Als Aufgabe wurde der „Zusammenschluß aller Hitlergegner zur kämpfenden Einheit für die Rettung des deutschen Volkes aus der Katastrophe" genannt[38]. Auf der Grundlage dieser Absprache formulierte die KPD den „Vorschlag zur Bildung des deutschen Komitees zum Kampf gegen Hitlerkrieg und Nazityrannei", den Dimitrov am 27. Mai 1943 erhielt[39]. Nachdem Dimitrov am 1. Juni mit den deutschen Kommuni-

---

[36] Pliševskij an Dimitrov am 2. 8. 1943 über die Ausbildung einer Gruppe von 35 Absolventen der Kominternschule in Kušnarenkovo, RGASPI 495/73/176, Bl. 58.

[37] Vgl. Untersuchungsbericht von Manuil'skij an Ščerbakov vom 10. 11. 1943 über den gescheiterten Einsatz einer rumänischen Komintergruppe, RGASPI 17/125/183, Bl. 189–192. Die alleinige Zuständigkeit für den Einsatz von Kominternagenten hatte Morozov gegenüber Guljaev durchgesetzt, um parallele Strukturen zu vermeiden; Morozov an Dimitrov am 15. 3. 1943, RGASPI 495/73/176, Bl. 21; zur Arbeitsweise der militärischen Geheimdienste siehe Glantz, Soviet Military Intelligence, S. 202ff.

[38] Notizen Piecks über die Besprechung bei Dimitrov am 24. 5. 1943 über die „Frage des Komitees", SAPMO-BArch NY 4036/575, Bl. 7–8; vgl. Dimitroff, Tagebücher, Eintrag vom 24. 5. 1943.

[39] SAPMO-BArch NY 4036/575, Bl. 3–5; vgl. die Notizen Piecks zur „Frage des Komitees",

2. Nationalkomitee „Freies Deutschland"

sten Rücksprache gehalten hatte, arbeitete er den KPD-Entwurf um zu einer Beschlußvorlage für das ZK der VKP (b) und schickte sie am 11. Juni 1943 an Stalin[40]. Dabei machte er deutlich, daß das deutsche Komitee Modellcharakter für weitere Komitees Kriegsgefangener anderer Nationalitäten haben könne: „Ich schicke Ihnen beiliegenden Entwurf für einen Beschluß des ZK der VKP (b) über die Gründung des antifaschistischen Komitees ‚Freies Deutschland', den wir unter Berücksichtigung der Vorschläge des Genossen Pieck und anderer deutscher Genossen ausgearbeitet haben. Ich denke, daß im folgenden auf ähnlicher Grundlage auch ein ungarisches, italienisches und rumänisches antifaschistisches Komitee gegründet werden kann."[41]

Am 12. Juni 1943 wurde vom Politbüro der VKP (b) die Gründung eines deutschen antifaschistischen Komitees beschlossen. Dabei wurde auch der Name Nationalkomitee „Freies Deutschland" festgesetzt[42]. In den Vorschlägen der KPD waren noch die Bezeichnungen „Deutsches Komitee zum Kampf gegen Hitlerkrieg und Nazityrannei" oder „Deutsches Antihitler-Komitee" verwendet worden[43]. Auch wenn sich in den Beschlüssen bzw. in den Notizen Piecks keinerlei Hinweise darauf finden lassen, wie die Wahl des Namens motiviert war, so liegt der Bezug zu der im Januar 1942 von deutschen Kommunisten im mexikanischen Exil ins Leben gerufenen „Bewegung Freies Deutschland" auf der Hand. Durch die Wahl des gemeinsamen Namens wurde zumindest erreicht, daß westliche Beobachter an innere Zusammenhänge glaubten und somit das propagandistische Auftreten der deutschen Kriegsgefangenen in der Sowjetunion unter dem Namen Nationalkomitee „Freies Deutschland" größeres Gewicht bekam[44]. Ein tatsächlicher Zusammenhang mit der weltweiten Bewegung „Freies Deutschland" ist in den – verfügbaren – sowjetischen Quellen jedoch nicht zu erkennen. Auch spielte die internationale Bewegung bei den innersowjetischen Diskussionen keine Rolle. Die Entscheidung zur Gründung des „Anti-Hitler-Komitees", obgleich unter der Bezeichnung Nationalkomitee „Freies Deutschland", rekurrierte ausschließlich auf den vom Büro für militärpolitische Propaganda im April 1942 vorgelegten Plan, der an das sowjetische Konzept antifaschistischer Komitees unter Regie des ZK der VKP (b) anknüpfte. Indiz für eine derartige Interpretation ist die Bemerkung Piecks, die dieser bei der Ablage der von der KPD ausformulierten Beschlußvorlage zur Komiteegründung machte: „Plan im Frühjahr '42 nach Rückkehr aus Ufa, 27. 5. 43 an Dimitroff."[45]

---

ebenda, Bl. 7–8. Piecks Notizen tragen das Datum 27. 5. 1943, das sich aber auf den von der KPD ausgearbeiteten Vorschlag und nicht auf den Zeitpunkt der Niederschrift beziehen dürfte. Wahrscheinlich machte sich Pieck die Notizen während oder nach der Besprechung mit Dimitrov. Anhand dieser Stichpunkte wurde dann das KPD-Papier geschrieben.

[40] Dimitroff, Tagebücher, Einträge vom 1. 6. und 11. 6. 1943.
[41] Dimitrov an Stalin am 11. 6. 1943, RGASPI 495/77/155, Bl. 107. Eine Kopie des Briefes schickte Dimitrov am 11. 6. 1943 an Malenkov, ebenda, Bl. 108. Die Anlagen zu beiden Briefen befinden sich nicht in der Akte.
[42] Dimitroff, Tagebücher, Eintrag vom 12. 6. 1943.
[43] Notizen Piecks von der Besprechung bei Dimitrov am 24. 5. 1943, SAPMO-BArch NY 4036/575, Bl. 7.
[44] Bungert, Das Nationalkomitee und der Westen, S. 68ff.; vgl. Mühlen, Fluchtziel Lateinamerika, S. 124ff.
[45] „Vorschlag zur Bildung des deutschen Komitees zum Kampf gegen Hitlerkrieg und Nazityrannei", SAPMO-BArch NY 4036/575, Bl. 3.

Der Inhalt des Politbürobeschlusses zur Gründung des Nationalkomitees „Freies Deutschland" läßt sich lediglich über die Notizen Piecks vom 16. Juni rekonstruieren, als er von Dimitrov über die Entscheidung informiert wurde: „Aufgabe des Komitees *[ist die]* allseitige Unterstützung des Kampfes des deutschen Volkes gegen Hitler durch massenhaft schriftl*[iche]* und Radiopropaganda für *[die]* unverzügliche Beendigung des Hitlerkrieges mittels Sturz der Hitlerclique und Schaffung eines freien Deutschlands (...) Zahl der Mitglieder des Komitees – 33, davon 22 von Kriegsgefangenen und 11 von antifasch*[istischen]* Kämpfern; als Präsident des Komitees – Erich Weinert, als Ehrenpräsident – Heinrich Mann, wenn dieser einverstanden."[46] Noch am 16. Juni 1943 wurde ein vorbereitender Ausschuß nominiert[47]. Je zwei Instrukteure – ein KPD-Funktionär und ein kriegsgefangener Absolvent der Antifa-Schule – fuhren im Juni in die (Mannschafts-)Kriegsgefangenenlager, um dort Delegierte zur Gründung des NKFD auszuwählen[48]. Gesondert davon war bereits seit dem 20. Mai eine Gruppe Politoffiziere der Politischen Hauptverwaltung mit der Werbung der Offiziere für das Nationalkomitee beschäftigt, was darauf hindeutet, daß es noch vor dem hier dargestellten Prozeß der Beschlußfassung unter Einbindung der KPD eine Abstimmung der sowjetischen Entscheidungsträger gegeben haben muß. Die KPD wurde erst am 24. Mai instruiert. So bezeichnete Pieck in der Rückschau die Gründung des NKFD als „relativ schnelle Entwicklung", die er in einem Vortrag vor Mitgliedern der Exil-KPD in Moskau kritisch bewertete: „Vorarbeit in den Lagern und Schulen, aber etwas eng. Antifa mehr für Soldatenmassen, nicht geeignet *[für]* Offiziere – besonders höhere Offiziere. Aber Notwendigkeit, höhere Offiziere zu gewinnen; bisher nur wenige (Hadermann, Reyher, Charisius, Augustin, Kügelgen). Besonders seit Stalingrad 22 Generäle, 170 Offiziere im Offizierslager, in anderen Lagern. Ende Mai 1. Brigade im Offizierslager – Schwierigkeiten, ich *[am]* 18. 6. dorthin."[49]

Das Problem bei der Vorbereitung des Nationalkomitees war, höhere Offiziere und Generäle zur Mitarbeit zu gewinnen, ohne deren Beteiligung Dimitrov das Komitee nicht gründen wollte[50]. Allerdings blieb die in das Offizierslager Suzdal' (Lager Nr. 160) entsandte Delegation der 7. Verwaltung des GlavPURKKA ohne Erfolg[51]. Auch die Bemühungen des UPVI-Chefs Petrov und des Chefs der 7. Ver-

---

[46] „Entwurf zum Beschluß über *[die]* Schaffung eines Nationalen Komitees Freies Deutschland", Notizen Piecks vom 16. 6. 1943, SAPMO-BArch NY 4036/575, Bl. 10–12. Nach Gründung des NKFD konzentrierten sich die sowjetischen Werbungsversuche mehr auf Thomas Mann, siehe S. 169, Anm. 158.

[47] Von kommunistischer Seite gehörten ihm an: Johannes R. Becher, Hans Mahle, Wilhelm Pieck, Walter Ulbricht und Erich Weinert; von den Kriegsgefangenen: Gefreiter Jakob Eschborn, Hauptmann Ernst Hadermann, Leutnant Bernt v. Kügelgen und Feldwebel Herbert Stresow; Weinert, Nationalkomitee, S. 17. Anstelle der Kriegsgefangenen waren ursprünglich vorgesehen: Willi Bredel, Fritz Erpenbeck, Otto Winzer und Friedrich Wolf; vgl. die Notizen Piecks vom 16. 6. 1943: „später geändert, daß auch Kriegsgefangene in Initiativgruppe", SAPMO-BArch NY 4036/575, Bl. 11.

[48] Liste der Instrukteure, SAPMO-BArch NY 4036/571, Bl. 75.

[49] Notizen Piecks für einen am 16. 7. 1943, nach der Gründung des NKFD gehaltenen Vortrag vor den in Moskau lebenden KPD-Mitgliedern, SAPMO-BArch NY 4036/575, Bl. 54.

[50] Notizen Piecks über die Besprechung bei Dimitrov am 24. 5. 1943 zur „Frage des Komitees", SAPMO-BArch NY 4036/575, Bl. 8.

[51] Vgl. Ulbricht an Dimitrov am 20. 5. 1943 über die Abfahrt der Delegation, RGASPI

waltung Burcev, die zusammen mit Pieck am 18. Juni ebenfalls nach Suzdal' fuhren, blieben ergebnislos. Da sich die Generäle nicht gesprächsbereit zeigten, widmete sich die Kommission der „Obersten- und Major-Abteilung", die „bisher von der Arbeit nicht erfaßt" worden war. Aber selbst diese Bemühungen scheiterten. Pieck kam zu dem Schluß: „Offiziere sehen es als taktlos an, sie so schnell zur Entscheidung zu drängen."[52] An Manuil'skij berichtete er: „Natürlich war sowohl bei den Gesprächen wie bei der Versammlung immer die zur Entscheidung stehende Frage der Gewinnung der Leute für die Bildung eines Nationalkomitees die Hauptsache und der Nachweis, daß dieses Komitee dem deutschen Volk helfen soll, dem Krieg ein Ende zu machen und die Folgen der weiteren Fortsetzung des Krieges zu verhindern. Aber dieser Gedanke ist bisher noch wenig in ihre Köpfe eingegangen. Die Frist, das den Leuten auseinanderzusetzen und eine wirkliche innere Umstellung bei ihnen hervorzurufen, war zu kurz."[53] Die in Einsiedels Erinnerungen erwähnten „endlosen Diskussionen" zwischen den Offizieren und den deutschen Kommunisten bestätigen den in Suzdal' von Pieck und Arnold formulierten Eindruck, daß für eine gemeinsame Gründung des Nationalkomitees die Voraussetzungen fehlten[54].

Obwohl die eigentliche Zielgruppe, die höheren, zumeist in Stalingrad in Gefangenschaft geratenen Offiziere, nicht erreicht werden konnte, wurde am Zeitplan, den die Vorlage zur Komiteegründung mit „spätestens in eineinhalb bis zwei Monaten" gesteckt hatte[55], unbeirrt festgehalten. Das Gründungsmanifest des NKFD wurde „pünktlich" am 12. Juli in Krasnogorsk von 12 Kommunisten und 21 Kriegsgefangenen unterzeichnet[56]. Betrachtet man die Zusammensetzung des Nationalkomitees, so waren die sowjetischen Politoffiziere und die deutschen Kommunisten mit diesem Ergebnis weit hinter den selbst gesteckten Zielen zurückgeblieben. Die Generäle, insbesondere der heftig umworbene Generalfeldmarschall Paulus, waren dem NKFD gänzlich ferngeblieben. Immerhin hatte man sechs Stalingrad-Offiziere gewinnen können. Aber die ranghöchsten Komiteemitglieder waren lediglich die drei Majore Karl Hetz, Heinrich Homann und Herbert Stößlein. Ein propagandistischer Glücksfall war der über Stalingrad abgeschossene Fliegerleutnant Heinrich Graf von Einsiedel, der ein Urenkel des Reichskanzlers Otto von Bismarck war, und sich sehr schnell dem NKFD angeschlossen hatte. Im Kern aber stützte sich der Offiziersflügel des NKFD auf Haupmann Hadermann, die Oberleutnante Charisius, Reyher und Rücker sowie Leutnant Ernst Kehler, die seit Mai 1942 der soge-

---

495/77/27, Bl. 93; Protokolle über die Befragungen im Lager Nr. 160 in der Zeit vom 1. bis 25. 6. 1943, SAPMO-BArch NY 4036/571, Bl. 81–109.

[52] Piecks „Notizen über den Besuch des Offiziers-Kriegsgefangenenlagers in Susdal vom 18.–28. 6. 1943", SAPMO-BArch NY 4036/498, Bl. 72–82.

[53] Pieck an Manuil'skij am 21. 6. 1943, SAPMO-BArch NY 4036/571, Bl. 110+RS.

[54] Einsiedel, Tagebuch der Versuchung, S. 61; vgl. die demgegenüber beschönigende Schilderung bei Blank, Die Zusammenkunft Wilhelm Pieck mit kriegsgefangenen Generalen und Offizieren, S. 675 ff.

[55] „Vorschlag zur Bildung des deutschen Komitees zum Kampf gegen Hitlerkrieg und Nazityrannei", SAPMO-BArch NY 4036/575, Bl. 4.

[56] In dem KPD-Vorschlag vom 27. 5. 1943 gab es noch zwei Varianten: 33 Mitglieder (11 Zivilisten und 22 Kriegsgefangene) oder 22 Mitglieder in paritätischer Besetzung, SAPMO-BArch NY 4036/575, Bl. 4.

nannten antifaschistischen Offiziersgruppe angehörten[57]. Auch bei den Mannschaftsdienstgraden stützte man sich auf die Aktivisten, die seit den Anfängen der Antifa dabei waren. Fast alle waren seit mindestens einem Jahr in sowjetischer Gefangenschaft. Sieben von ihnen hatten unterdessen eine Antifa-Schule besucht. Fünf von den zehn unterzeichnenden Soldaten waren zudem Kommunisten, die gezielt zur Roten Armee übergelaufen waren.

Kriegsgefangene Mitglieder des NKFD[58]

Dienstgrad	Name	Gefangenschaft	Bemerkungen
Major	Hetz	Jan. 43	Stalingrad
	Homann	Jan. 43	Stalingrad
	Krausnick	5. 12. 42	
	Stößlein	Jan. 43	Stalingrad
Hauptm.	Fleischer	Jan. 43	SPD, Stalingrad
	Hadermann	18. 7. 41	NSDAP, Offiziersgruppe
Oberlt.	Charisius	Nov. 41	NSADP, Offiziersgruppe
	Reyher	Nov. 41	Offiziersgruppe
	Rücker	5. 8. 42	NSDAP, Offiziersgruppe
Leutnant	Einsiedel	30. 8. 43	Stalingrad
	Kehler		Offiziersgruppe
	Kügelgen	19. 8. 43	Stalingrad
Feldwebel	Stresow		
Uffz	Klein	27. 7. 41	
Obergefr.	Luddeneit	3. 8. 41	KJVD, übergelaufen, Antifa-Schule
Gefreiter	Eschborn		
	Helmschrott	16. 9. 42	
	Kertzscher	Juli 1941	Antifa-Schule
	Krummel		Antifa-Schule
	Zippel	4. 7. 41	KPD, übergelaufen, Antifa-Schule
Soldat	Sinz	24. 6. 42	KPD, übergelaufen, Antifa-Schule
	Emendörfer	17. 1. 42	KPD, übergelaufen, Antifa-Schule
	Fleschhut	31. 7. 41	Antifa-Schule
	Keßler	15. 7. 41	KJVD, Antifa-Schule
	Kühn		Antifa-Schule

Von kommunistischer Seite unterschrieben das Manifest des Nationalkomitees Anton Ackermann, Martha Arendsee, Johannes R. Becher, Willi Bredel, Wilhelm Florin, Edwin Hoernle, Hans Mahle, Wilhelm Pieck, Gustav Sobottka, Walter Ulbricht, Erich Weinert und Friedrich Wolf. Die Kriegsgefangenen Günther Kertzscher, Emil Krummel, Gerhard Krausnick, Herbert Stresow und der Kommunist Gustav von Wangenheim unterschrieben am 12. Juli das Gründungsmanifest nicht, wurden später aber – aus nicht nachvollziehbaren Gründen – dennoch zu seinen Mitgliedern gezählt[59].

---

[57] Wolff, Die erste Konferenz, S. 277 ff.; Robel, Antifa, S. 53 ff.
[58] Charakteristiken des UPVI, GARF 9401/2/97, Bl. 218–224, ebenda Akte 269, Bl. 235–247.
[59] Vgl. FD Nr. 1/1943 vom 19. 7. 1943. In seiner späteren Darstellung zählt Weinert (National-

Um das Nationalkomitee wie vorgesehen im Juli 1943 gründen zu können, mußte man auf die kleine Gruppe der ersten Antifa-Aktivisten zurückgreifen[60]. Gemessen an der ursprünglichen Intention der sowjetischen Führung kam somit der eigentliche propagandistische Erfolg erst mit der Gründung des Bundes Deutscher Offiziere (BDO) im September 1943, mit dem es schließlich gelang, eine Reihe von höheren Offizieren und Generälen zur Mitarbeit zu gewinnen. Die Anleitungsstrukturen aber, in die das NKFD und später auch der BDO eingebunden wurden, entstanden im August mit der Schaffung des Instituts 99.

3. Institut 99

Die Vorbereitungen zur Gründung des Nationalkomitees wurden begleitet vom Aufbau eines „Büros des Komitees zur Erledigung der laufenden Arbeiten", aus dem sich unter der Bezeichnung „Institut 99" die Koordinierungsstelle für die gesamte politische Arbeit unter den Kriegsgefangenen entwickelte. Denn als seine Aufgaben wurden nicht nur die Anleitung des NKFD festgesetzt, sondern auch Zuständigkeiten, die weit darüber hinausgingen: „Zu den besonderen Aufgaben des Büros gehört: Die *[Glav]*PURKKA bei der politischen Aufklärungsarbeit unter den deutschen Offizieren und Soldaten an der Front und unter den deutschen Kriegsgefangenen zu unterstützen, insbesondere bei der Herausgabe der Zeitung, Flugblätter, Broschüren und bei der Schallplatten- und Lautsprecherpropaganda. Außerdem soll das Büro sich im Namen des Komitees mit eigenen Aufrufen an das deutsche Volk und an die deutschen Soldaten und Offiziere wenden, wozu auch das Radio systematisch ausgenutzt werden soll. (...) Das Büro führt die laufende Registratur des deutschen antifaschistischen Aktivs in den Kriegsgefangenenlagern und Kriegsgefangenenschulen im Einvernehmen und mit Hilfe der Verwaltung für die Kriegsgefangenenlager der NKWD *[UPVI]*."[61] Der Aufbau des „Büros" erfolgte Anfang August 1943 durch die Unterabteilung Information der 7. Verwaltung (Arthur Pieck)[62]. Dann übernahm „ein gutmütig dreinblickender Mann, der

---

komitee, S. 23) die fünf dennoch zu seinen Mitgliedern. Ebenso listet eine von Pieck angefertigte Aufstellung über die „Zusammensetzung des Nationalkomitees Freies Deutschland" (SAPMO-BArch NY 4036/575, Bl. 18–20) die genannten fünf auf. Da auch eine Ende 1945 aufgestellte Liste der Mitglieder (SAPMO-BArch NY 4065/19, Bl. 6–8) die fünf nennt, kann angenommen werden, daß sie bei der Gründungsveranstaltung nicht unterzeichnen konnten – oder sollten –, aber dennoch als NKFD-Mitglieder anzusehen sind.

[60] Vgl. Robel, Antifa, S. 75 f.; Einsiedel, Tagebuch der Versuchung, S. 62 und 66 f.; siehe auch „Motive, die zur Gründung des BDO führten", BArch Abt. Potsdam 90 KO 10/28, Bl. 30–31 RS.

[61] „Vorschlag zur Bildung des deutschen Komitees zum Kampf gegen Hitlerkrieg und Nazityrannei" vom 27. 5. 1943, SAPMO-BArch NY 4036/575, Bl. 5.

[62] Arthur Pieck war der Sohn Wilhelm Piecks. Seit 1938 besaß er die sowjetische Staatsangehörigkeit und trat am 8. 7. 1941 im Range eines Hauptmannes in die Rote Armee ein. Er war in der 7. Verwaltung vor allem im Zusammenhang mit dem Einsatz von Kriegsgefangenen als Frontpropagandisten tätig. Zusammen mit dem Frontstab der 1. Belorussischen Front marschierte er nach Berlin ein, wo er, nach seiner Demobilisierung, am 19. 5. 1945 in den Magistrat gewählt wurde; Seleznev, Genosse politruk Artur Pik; Voßke, Ein Wegbereiter der deutsch-sowjetischen Freundschaft; Fischer, Arthur Pieck.

sich ‚Kozlov' nannte" die Leitung des Instituts[63]. Michail Vassilevič Kozlov war bis Ende 1945 Chef des Instituts 99. Danach übernahm die Leitung bis zur Auflösung des Instituts 99 zum 31. Dezember 1946 ein Funktionär namens Romanov. Über die Laufbahnen beider Institutsleiter ist nichts bekannt. Kozlov kam möglicherweise aus der Kaderabteilung der Komintern. In einem nicht realisierten Stellenplan für den projektierten Sonderapparat innerhalb der Geschäftsabteilung des ZK der VKP (b) war er als Abteilungsleiter vorgesehen[64].

Der zweite Mann im Institut 99 war der Kaderleiter Stefan Nikiforovič Vorob'ev, bei dem es sich möglicherweise um den Major handelt, der beim UPVI die Registrierung antifaschistischer Kriegsgefangener geleitet hatte[65]. Die weiteren Mitarbeiter waren diejenigen Kominternfunktionäre, die auch schon vorher die politische Arbeit unter den Kriegsgefangenen organisiert hatten. Insofern war das Institut 99 personell die Fortsetzung der bisherigen Arbeit, aber mit dem organisatorisch entscheidenden Unterschied, daß die drei konkurrierenden Apparate von Komintern, UPVI und GlavPURKKA nun in einer gemeinsamen Institution zusammenarbeiteten. Das Institut 99 war damit nicht eine Fortsetzung der EKKI-Kommission, die an dem Widerstand von UPVI und GlavPURKKA gescheitert war, sondern stellte den Versuch dar, endlich eine wirksame Koordinierung der politischen Arbeit unter den Kriegsgefangenen herzustellen[66].

Die Struktur des Instituts 99 glich der der Institute 100 und 205. Es verfügte über eine eigenständige Institutsleitung mit Sekretariat und Kaderverwaltung. Das Institut 99 stellte einen eigenen Etat auf und konnte somit den Mitarbeitern Einkommen und durch den ebenfalls institutseigenen Kantinenbetrieb Verpflegung bieten[67]. Ansonsten gab es drei Abteilungen: der zivile Teil des NKFD mit seinen beiden Redaktionen (Zeitung und Radiosender), die Redaktionen der Zeitungen für die italienischen, ungarischen und rumänischen Kriegsgefangenen und die Abteilung für die Antifa-Schulen. Zum 1. Oktober 1943 waren insgesamt 94 Personen im Institut 99 angestellt. Ein Jahr später, zum 1. September 1944, war der Mitarbeiterstab auf 140 Personen angewachsen[68]. Der konspirative Tarnname entsprach der verdeckten Arbeitsweise. So waren die Mitarbeiter gehalten, im Umgang mit sowjetischen Dienststellen nur die – inhaltlich nichtssagende – Bezeichnung „Institut 99" zu verwenden

---

[63] Leonhard, Revolution, S. 283 f.
[64] RGASPI 495/73/208, Bl. 118. Huber (The Cadre Department, S. 146) nennt einen Kozlov als Abteilungsleiter der Kaderabteilung. Da es sich jedoch um einen häufigen russischen Familiennamen handelt, sind Verwechslungen nicht ausgeschlossen.
[65] Leonhard, Revolution, S. 284. Vorob'ev ist ebenfalls ein sehr gebräuchlicher russischer Familienname, so daß bloße Namensgleichheit wenig aussagt. Allerdings wird in den Unterlagen des Politstellvertreters des UPVI, Oberst Jakovec, ein Major Vorob'ev als sein Stellvertreter genannt, und es wäre angesichts der Streitigkeiten zwischen UPVI und EKKI-Kommission um die Kaderregistratur plausibel, wenn man auf die hier vermutete Personallösung zurückgegriffen hätte.
[66] Siehe demgegenüber Reschin, Feldmarschall im Kreuzverhör, S. 55 f.; ders., General zwischen den Fronten, S. 8 ff.
[67] Gehalt und gesicherte Ernährung waren für die Funktionäre überlebenswichtig, denn der Verbleib in Moskau war an einen festen Arbeitsplatz gebunden. Die Ernährung über Kantinenspeisung einer ZK-Einrichtung dürfte weit über dem Ernährungsniveau der sowjetischen Bevölkerung gelegen haben.
[68] Stellenplan des Instituts 99 zum 1. 10. 1943 und 1. 9. 1944, RGASPI 578/5/4, Bl. 5–7 und ebenda 495/77/39, Bl. 1–6; siehe Anlage Nr. 1.

und keine Angaben zu ihrer Tätigkeit zu machen. Auch den kriegsgefangenen NKFD-Mitgliedern blieb die Existenz des Instituts 99 weitestgehend verborgen. Im Lager Lunevo wußte man zwar vom „Stadtkomitee", in dem die kommunistischen Komiteemitglieder arbeiteten, aber daß dahinter ein vollständiger, in die sowjetische Bürokratie integrierter Apparat steckte, dürfte den wenigsten klar gewesen sein. Leonhard, damals Mitarbeiter des Instituts 99, urteilte: „Die meisten Mitglieder des Nationalkomitees in Lunevo wußten wahrscheinlich von der Existenz des ‚Stadtkomitees', waren aber über seine Tätigkeit nicht informiert. Es dauerte nicht lange, bis ich erkannte, daß die eigentliche politische Redaktionsarbeit mehr in diesen Räumen als am offiziellen Sitz des Nationalkomitees *[in Lunevo]* geleistet wurde."[69]

Ein „Stadtkomitee" war in der Organisationsstruktur des Nationalkomitees nicht vorgesehen. Nach den Statuten des NKFD bildete das Plenum das oberste Entscheidungsgremium, zu dem alle Komiteemitglieder mindestens einmal im Monat in sogenannten Vollsitzungen zusammenkommen sollten. Zwischen den Vollsitzungen fungierte der Geschäftsführende Ausschuß als Exekutive. In ihm waren anfangs paritätisch zwei Kommunisten (Weinert, Ulbricht) und zwei Kriegsgefangene (Zippel, Hadermann) vertreten. Nach dem Zusammenschluß des NKFD mit dem BDO wurde er um sechs Kriegsgefangene erweitert und bestand nun aus den Emigranten Weinert und Ulbricht sowie den kriegsgefangenen NKFD-Mitgliedern Hadermann, Reyher, Rücker, Zippel und den BDO-Mitgliedern Korfes, Lattmann, Steidle und van Hooven. Zusätzlich wurde eine operative Abteilung des Geschäftsführenden Ausschusses (Ulbricht, Reyher, Steidle, van Hooven, Zippel) eingesetzt. Das Präsidium des Nationalkomitees – Weinert als Präsident und die Kriegsgefangenen von Seydlitz, von Daniels, Emendörfer, Hetz und Einsiedel als Vizepräsidenten – arbeitete jedoch nicht als Körperschaft gleichberechtigter Mitglieder, sondern wurde ausschließlich vom Präsidenten Weinert geleitet[70]. In der laufenden Arbeit des Nationalkomitees lagen die meisten Kompetenzen beim Präsidenten Weinert bzw. bei der operativen Abteilung unter Ulbricht. Beide arbeiteten im Institut 99. So wurden die im Namen des Nationalkomitees in die Kriegsgefangenenlager und an die Front als Propagandisten entsandten „Lager- und Frontbevollmächtigten des NKFD" ausschließlich vom Institut 99 eingesetzt, dem sie auch Rechenschaft schuldig waren. Der operativen Abteilung, d.h. dem Institut 99, unterstanden zudem die „Fachgruppen des NKFD"[71]. Es ist daher nicht erstaunlich, daß die Willensbildung innerhalb des Nationalkomitees als „weitgehend von Kommunisten gesteuert" bezeichnet wurde: „Zumindest wird deutlich, daß die Gremien, an denen die anfangs argwöhnischen Militärs beteiligt waren (Vollsitzung, Geschäftsführender Ausschuß), bei Eigenmächtigkeit der räumlich von ihr getrennt arbeitenden operativen Leitung allenfalls korrigierende Maßnahmen durchsetzen konnte, daß nichtkommunistische Initiativen jedoch bei ihrer Realisierung auf die Zustimmung der Kommunisten angewiesen waren."[72]

---

[69] Leonhard, Revolution, S. 285. In der Erinnerungsliteratur der kriegsgefangenen NKFD-Mitglieder geht lediglich Einsiedel (Tagebuch der Versuchung, S. 76) auf das Büro ein, „von dem aus die Organisationsfragen mit den Sowjets gelöst werden".

[70] Notizen Piecks „Daten der Bewegung", SAPMO-BArch NY 4036/575, Bl. 248.

[71] Weinert, Nationalkomitee, S. 30f.; vgl. Organisationsschema des NKFD, in: Vsevolodov, Vzaimodejstvie politorganov, Anlage Nr. 4.

[72] Sywottek, Deutsche Volksdemokratie, S. 125.

Der Willensbildungsprozeß im Nationalkomitee erfolgte über kontinuierlich durchgeführte Absprachen im Institut 99, die Wilhelm Pieck in seinen Notizen „Zivilsektorsitzungen" nannte. Diese Sitzungen dienten zur Abstimmung der allgemeinen politischen Linie, insbesondere der Propaganda, und zur Klärung von Einzelfragen, wobei den Personalentscheidungen („Kaderfragen") besonderes Gewicht zukam. Der Personenkreis, der zu diesen Sitzungen zusammenkam, läßt sich für die Zeit bis März 1944 nicht eindeutig rekonstruieren. Wahrscheinlich waren es die hauptamtlichen NKFD-Funktionäre (Weinert, Ulbricht und als Redaktionsleiter Ackermann und Herrnstadt), KPD-Chef Pieck, der Institutschef Kozlov und Vertreter der 7. Verwaltung (Burcev, Braginskij) sowie eventuell ein Mitarbeiter des UPVI. Von März 1944 bis Mai 1945 trafen sich auf den Zivilsektorsitzungen im Institut 99: Kozlov, Ulbricht, Ackermann, Herrnstadt bzw. als sein Vertreter Maron, Weinert, Pieck, Braginskij, Burcev und Gerö (Zensor der 7. Verwaltung für die Redaktionen des NKFD); darüber hinaus Švec (operative Abteilung des UPVI) und bei wichtigeren Anlässen Manuil'skij. Durch die „Zivilsektorsitzungen" waren UPVI und GlavPURKKA unmittelbar an der Arbeit des Instituts 99 beteiligt, das zudem über Manuil'skij in die Politik des Rates für militärpolitische Propaganda eingebunden wurde. In der laufenden Arbeit wurden – vermutlich zur Bestätigung – die Beschlußprotokolle des Instituts 99 dem OMI vorgelegt[73].

Die erste Sitzung des „Zivilsektors" fand während der zweiten Vollsitzung des NKFD – des nominellen Entscheidungsgremiums – statt. Bevor das zweitägige Plenum am Folgetag fortgesetzt wurde, wurden am Morgen des 20. Juli die vom NKFD gefaßten Beschlüsse korrigiert: Major Homann war zum Koordinator für die NKFD-Bevollmächtigten in den Kriegsgefangenenlagern gewählt worden, der Zivilsektor aber hob diesen Beschluß auf, „weil unzweckmäßig"[74]. Über die Beweggründe dieser Korrektur kann nur gemutmaßt werden, aber es ist anzunehmen, daß die Koordinierung der NKFD-Bevollmächtigten ausschließlich in der Hand des Instituts 99 bleiben sollte. Allerdings rief das derart ungehemmte Eingreifen in die Beschlüsse der Vollsitzung den Protest der Betroffenen hervor[75]. Um in Zukunft Spannungen mit den Kriegsgefangenen zu vermeiden, wurden die Zivilsektorsitzungen im weiteren anberaumt, bevor das Plenum des NKFD zusammenkam. Fanden von Juli 1943 bis Februar 1944 sieben Vollsitzungen statt, so kam der Zivilsektor in dieser Zeit elf Mal zusammen[76]. Damit unterlagen die Entscheidungen des Plenums des NKFD immer einer direkten, anfangs noch plump ausgeübten Kontrolle durch das Institut 99. Ab März 1944 fanden die Sitzungen im wöchentlichen Turnus statt, um die Abstimmung zwischen Institut 99, 7. Verwaltung und operativer Abteilung des UPVI zu optimieren. Hinsichtlich des Meinungsbildungsprozes-

---

[73] Siehe die Beschlußprotokolle des Instituts 99; besonders zu beachten auch die Fundorte: RGVA/K 88/3/1 (UPVI-Abteilung für die Antifa), RGASPI 495/77/46 (Büro Dimitrov) und ebenda 17/128, Akte 787 und 788 (OMI). Das Archiv des sowjetischen Verteidigungsministeriums (GlavPURKKA) ist leider für die Forschung nicht zugänglich.
[74] Notizen Piecks „Daten der Bewegung", SAPMO-BArch NY 4036/575, Bl. 245.
[75] Ebenda, Bl. 245–246: „Erklärung von Hetz im Namen von Hetz, Stößlein, Homann (3 Majore) – Protest gegen verschiedene Vorgänge, mit denen nicht einverstanden – Demission – Verstoß gegen die Demokratie – Sitzung unterbrochen – nach Wiedereröffnung Zurückziehung der Unterschrift unter Erklärung, aber Demission, später auch Demission aufgegeben."
[76] Ebenda, Bl. 243–253.

ses ist zudem von Bedeutung, daß die Leitung der KPD in der Besetzung Pieck, Ulbricht, Ackermann und Florin[77] regelmäßig zusammenkam. Aufgrund der personellen Verquickungen werden diese „Leitungssitzungen" der KPD – zu denen Pieck ebenfalls ausführlich Notizen anfertigte – auch Auswirkungen auf die Arbeit im Institut 99 gehabt haben. Wichtiger aber war, daß nach der Auflösung des Rates für militärpolitische Propaganda im Juli 1944 die KPD-Führung bei konkreten Anlässen in das ZK der VKP (b) zitiert wurde, wo sie in „Besprechungen bei Dimitrov" – so die Pieck-Notizen – direkte sowjetische Anweisungen erhielt.

Aus dem Geflecht unterschiedlicher Beratungszirkel ergibt sich quellenkritisch das Problem, daß in der bruchstückhaften Überlieferung der Quellen das Institut 99 nur selten explizit erwähnt wird. Vor allem durch die Notizen Piecks entsteht der Eindruck, die KPD habe direkt mit der sowjetischen Führung über deutschlandpolitische Entscheidungen im Zusammenhang mit dem Nationalkomitee „Freies Deutschland" verhandelt. Aber die KPD-Funktionäre waren nur wegen ihrer Mitarbeit im Institut 99 an der Durchführung der sowjetischen Entscheidungen beteiligt. Ihr Anteil an der Entscheidungsfindung selbst war sehr gering. Die konzeptionellen Fragen des NKFD wurden auf ZK-Ebene von Manuil'skij bzw. Dimitrov entschieden und bei der sowjetischen Führung die erforderlichen Beschlüsse erwirkt. Die Ausarbeitung der Beschlußvorlagen erfolgte zwar durch die KPD-Führung, die aber entweder durch die Sitzungen im Institut 99 oder aber direkt durch die Anweisungen Dimitrovs instruiert wurde. Die daraus resultierende Politik wurde in einem komplizierten Rückkopplungsmechanismus aus Vorlage, Anweisung, Überarbeitung und Entscheidung gestaltet. Denn auch wenn das NKFD unmittelbar durch das Institut 99 gesteuert wurde, so war das Institut selbst doch nur ausführendes Organ, das sich an übergeordneten deutschlandpolitischen Konzeptionen der sowjetischen Führung orientieren mußte.

---

[77] Wilhelm Florin starb am 5. 7. 1944 in Moskau; „Nach Hitler kommen wir", S. 405.

III. Das Nationalkomitee „Freies Deutschland" im Widerstreit der Konzeptionen

Der Zeitpunkt zur Gründung des Nationalkomitees „Freies Deutschland" wurde in Abhängigkeit zur Auflösung der Komintern und der anschließenden Überführung ihres Apparates in „wissenschaftliche Forschungsinstitute" festgelegt. Aber das am 12./13. Juli feierlich unterzeichnete Manifest war nur ein halber Erfolg, weil sich kaum höhere Offiziere und vor allem keine Generäle angeschlossen hatten. Die sowjetischen Politoffiziere standen somit unter dem Druck, den Erfolg des Nationalkomitees durch die nachträgliche Einbeziehung der Offiziere abzusichern. Das gelang schließlich zwei Monate später mit der Gründung des Bundes Deutscher Offiziere (BDO), der sich am 11./12. September 1943 konstituierte und sich sofort dem NKFD anschloß. Allerdings hatte die Einbeziehung von Offizieren, deren politischen Vorstellungen viel Raum gelassen wurde, nachhaltige Konsequenzen für die Zielsetzung des Nationalkomitees. Die Folge waren Abstimmungsschwierigkeiten zwischen UPVI, GlavPURKKA und ZK der VKP (b).

1. Exilregierung

Die Gründung des Nationalkomitees im Juli 1943 wurde von den Stabsoffizieren und Generälen boykottiert. Obwohl bei den zumeist in Stalingrad gefangengenommenen Offizieren Zweifel an Hitlers Kriegführung – weniger am NS-Regime insgesamt – vorhanden waren, wollten sie nicht mit Antifa-Schülern und Deserteuren zusammenarbeiten. Das Zusammengehen mit Mannschaftsdienstgraden, die „unsoldatisches" Verhalten an den Tag legten, war ihnen nicht recht. Die Offiziere dachten eher an eine Interessenvertretung kriegsgefangener Offiziere als an ein „Anti-Hitler-Komitee". Die Propagandisten von 7. Verwaltung und UPVI stellten sich darauf ein und setzten ihre Werbungen in moderater Form fort. Das führte zum Erfolg. Viele der bei den Vorverhandlungen zum Nationalkomitee abgesprungenen Stabsoffiziere gehörten bald darauf der Initiativgruppe zur Schaffung eines Offiziersbundes an[1]. Noch im Juli 1943 formulierte die Initiativgruppe einen Appell an die kriegsgefangenen Offiziere, in dem sie die „Zusammenfassung aller guten Kräfte zum Neubau unseres Reiches" forderten[2]. In Absprache mit dem Chef des Glav-

---

[1] Steidle, Das Nationalkomitee „Freies Deutschland", S. 26; ders., Entscheidung an der Wolga, S. 321 ff.; Bredt, Die Entstehung des Bundes Deutscher Offiziere, S. 86 ff.
[2] „Eine Weiterführung des Krieges bis zur völligen militärischen Niederlage führt unvermeidlich zu einer Besetzung und wahrscheinlich auch Zerstückelung Deutschlands, was es abzuwenden gilt. Dies ist ein Gebot der Liebe zu Volk und Heimat. (...) Weite vaterlandsliebende Kreise des deutschen Volkes an der Front und in der Heimat sehen dieses Schicksal drohend herannahen und warten auf eine Befreiung von dieser Regierung und Zusammenfassung

PURKKA, Ščerbakov, galt dieser Aufruf bei der weiteren Werbung für den Offiziersbund als inhaltliche Grundlage³. Die Gruppe, der bis zu diesem Zeitpunkt noch keine Generäle angehörten, siedelte am 16. August in das Lager des NKFD nach Lunevo um. Dorthin wurden die Generäle Otto Korfes, Martin Lattmann und Walther von Seydlitz, später noch Edler von Daniels, gebracht, um sie zur Mitarbeit in dem zu gründenden Offiziersbund zu bewegen⁴. Sowjetischerseits waren die Erwartungen hoch gesteckt. Stalin, so schrieb Dimitrov in seinem Tagebuch, soll anläßlich der Gründung des Nationalkomitees gesagt haben: „Der Kampf um die Rettung Deutschlands vor dem Untergang, für die Wiederherstellung der demokratischen Rechte und Freiheiten des deutschen Volkes, für die Errichtung einer parlamentarischen Ordnung usw. – das müßten die Aufgaben des antifaschistischen Komitees der deutschen Patrioten sein."⁵ Und Ščerbakov erläuterte in einem Dekret des GlavPURKKA vom Juli 1943, daß sich das NKFD die Aufgabe stelle, eine deutsche Regierung zu bilden⁶.

Die direkten Verhandlungen mit den Generälen wurden vom Chef der operativen Abteilung des UPVI, General Mel'nikov, geführt. Mel'nikov – so die Memoiren der Generäle – trat in diesen Verhandlungen als Vertreter der sowjetischen Regierung auf. So erinnert sich Korfes: „General Melnikow gab die Beurteilung der Kriegslage, wie sie die sowjetische Staatsführung habe, bekannt und legte die Absichten und Grundsätze der Politik dar, die die Sowjetregierung einem Deutschen Reich gewähren wolle, das sich von den Nazis befreit haben würde."⁷ Auch Daniels bestätigt, daß Mel'nikov „die Ansicht der höchsten Stellen der Sowjetunion" vertreten habe⁸. Seydlitz bezeichnet in seinen Memoiren Mel'nikovs Ausführungen als „Erklärung der Sowjetregierung". In der entscheidenden Sitzung mit den noch schwankenden Generälen habe der UPVI-General die Zusicherung gegeben: „Gelänge es dem BDO, die Wehrmachtsführung zu einer Aktion gegen Hitler zu bewegen, die den Krieg beende, noch bevor er auf deutschem Boden durchgefochten würde, so wolle

---

    aller guten Kräfte zum Neubau unseres Reiches. Wir Offiziere sind verpflichtet, uns für diese hohen vaterländischen Ziele mit aller Hingabe einzusetzen. Uns muß die Pflicht unserem Volke gegenüber höher stehen, als alles andere.", „An die deutschen Offizierslager in der UdSSR" vom 24. 7. 1943, RGASPI 495/77/22, Bl. 112+RS; vgl. Reschin, General zwischen den Fronten, S. 43 ff.

3 Manuil'skij an Ščerbakov am 4. 8. 1943, RGASPI 495/77/22, Bl. 109; vgl. Reschin, General zwischen den Fronten, S. 15 ff.
4 Scheurig, Verräter oder Patrioten, S. 54 ff.
5 Dimitroff, Tagebücher, Eintrag vom 12. 6. 1943.
6 Auszugsweise Wiedergabe der Direktive bei Bernikov, Die propagandistische Tätigkeit des NKFD und des BDO, S. 113; siehe auch Vsevolodov, Die propagandistische Tätigkeit des NKFD und BDO,'S. 121.
7 BArch Abt.Potsdam 90 KO 10/183, Bl. 22–23. Die hier zitierten „Erinnerungen" sind eine Reaktion von Korfes auf eine Anfrage Bodo Scheurigs vom 22. 11. 1960. Im Dezember 1960 trafen sich die in der DDR lebenden Korfes, Lattmann, van Hooven und von Frankenberg, um zu beraten, ob sie und wie sie auf die Fragen Scheurigs antworten sollen. Bei den hier zitierten Gedanken handelt es sich um ein aus der Diskussion heraus entstandenes Thesenpapier, das vermutlich die Grundlage eines Antwortschreibens hätte bilden sollen. Ob der Brief abgeschickt wurde, geht aus der Akte nicht hervor.
8 Daniels – Niederschrift über die Ausführungen des Generals Melnikow in der Nacht vom 2. zum 3. 10. 43, S. 97. Die Datierung auf den Oktober 1943 kann nicht stimmen, die Besprechung muß in der Nacht vom 22. auf den 23. 8. 1943 stattgefunden haben; siehe folgende Anmerkung; siehe auch Gerlach, Die Werbung der Generale, ebenda, S. 94 ff.

sich die Sowjetunion für ein ‚Reich in den Grenzen von 1937' einsetzen. Die österreichische Frage wurde meiner *[Seydlitz']* Erinnerung nach dabei nicht erwähnt. (...) Selbstverständlich werde die Sowjetunion dabei auch für das Bestehenbleiben einer deutschen Wehrmacht eintreten. Bedingung sei lediglich eine bürgerlich-demokratische Regierung, die durch Freundschaftsverträge mit dem Osten verbunden sein sollte."⁹ Mel'nikovs Zusicherungen hatten nicht die Autorisation der sowjetischen Regierung, auch wenn die Generäle in diesem Glauben gelassen wurden. Vermutlich machte er die Zusicherungen in Erwartung einer schnellen Bereitschaft der Generäle zur Zusammenarbeit. Er sah sich dabei möglicherweise sogar gedeckt durch das Dekret Ščerbakovs zur Gründung des NKFD, in dem dieser von der Übernahme von Regierungsverantwortung durch das Nationalkomitee gesprochen hatte.

Mel'nikovs Verhalten stieß indes auf den Protest des Rates für militärpolitische Propaganda, der die politische Verantwortung für die Propaganda zu tragen hatte. Manuil'skij, der an den Gesprächen nicht direkt beteiligt war, erhob sofort Einspruch, denn Mel'nikov hatte zusammen mit den Generälen eine Erklärung verfaßt. Im Namen von Ščerbakov setzte er einen Brief an Stalin auf: „Die Frage eines Friedensschlusses, die zentrale Aussage des Dokumentes, ist von den Autoren nicht richtig gestellt worden. Da das Dokument auf dem Territorium der UdSSR verfaßt wurde, wird es im Ausland zweifelsohne als Ausdruck des Standpunktes der sowjetischen Regierung betrachtet werden. Folglich kann die Veröffentlichung des Dokumentes in den verbündeten Ländern als Anlaß zu feindlichen Angriffen auf die UdSSR dienen. Ebenso könnte die in dem Dokument beharrlich vorgebrachte Behauptung, der Erhalt der Stärke der deutschen Armee und der Kampf gegen ihre Zersetzung seien unerläßlich, gemeinsam mit dem Appell zur Festigung der Freundschaft mit der UdSSR vom Ausland als eine etwaige Tendenz unsererseits ausgelegt werden, in Europa einen Block zweier Armeen zu gründen: den Block der deutschen und der Roten Armee."¹⁰ Auch auf zentraler Ebene des NKVD wurde die Problematik einer „Regierungserklärung" an kriegsgefangene deutsche Generäle erkannt. Um den entstanden Schaden zu begrenzen, vermerkte der stellvertretende NKVD-Chef Kruglov auf dem Bericht des UPVI an Berija: „Die Dokumente sind inhaltlich noch nicht befriedigend. Es wird weiter an ihrer Verbesserung und ihrer Endfassung gearbeitet."¹¹

Die weiteren Verhandlungen mit den Generälen führte nicht Mel'nikov, sondern Manuil'skij. Unter Vermittlung von NKFD-Präsident Weinert gelang es ihm, die Gründung des BDO einerseits nicht zu gefährden und andererseits die Verabschiedung einer für die Sowjetunion außenpolitisch vertretbaren Erklärung zu erreichen. Am 27. August konnte Manuil'skij den Erfolg an Ščerbakov melden. In dem neu formulierten Aufruf an die Generäle und Offiziere der Wehrmacht hieß es nun: „Das nationalsozialistische Regime wird niemals bereit sein, den Weg, der allein zum Frieden führen kann, freizugeben. Diese Erkenntnis gebietet Ihnen, dem

---

⁹ Seydlitz, Stalingrad, S. 286; vgl. Bericht Mel'nikovs an Berija vom 23. 8. 1943, in: Rešin, Sojuz nemeckich oficerov, S. 87; ders., General zwischen den Fronten, S. 28f.
¹⁰ Von Manuil'skij ausgearbeitete Vorlage für Ščerbakov für einen Brief an Stalin vom 26. 8. 1943, RGASPI 495/77/37, Bl. 2; vgl. Reschin, General zwischen den Fronten, S. 32f.
¹¹ Reschin, General zwischen den Fronten, S. 33f.; ebenda, S. 31, ist der Brief an Berija im Faksimile wiedergegeben.

verderblichen Regime den Kampf anzusagen und für die Schaffung einer vom Vertrauen des Volkes getragenen Regierung einzutreten. Nur eine solche Regierung kann die Bedingungen für einen ehrenvollen Ausweg unseres Vaterlandes aus dem Kriege herbeiführen und einen Frieden sichern, der nicht das Elend Deutschlands und den Keim neuer Kriege in sich trägt. Verweigern Sie sich nicht Ihrer geschichtlichen Berufung. Nehmen Sie die Initiative in Ihre Hand, und Wehrmacht und Volk werden Sie unterstützen."[12] Dieser Passus ging wörtlich in den Gründungsaufruf des Bundes Deutscher Offiziere ein, der am 11./12. September 1943 von 95 Offizieren unterschrieben wurde[13].

Noch auf der Gründungsfeier des BDO erklärte der zum Präsidenten gewählte General von Seydlitz den Anschluß des Offiziersbundes an das Nationalkomitee. Auf der dritten Vollsitzung des NKFD am 17. September wurde der Zusammenschluß offiziell bestätigt. Zwar behielt der BDO immer seine eigenen organisatorischen Strukturen – Präsidium, Vorstand, Delegationen –, aber faktisch ging er im Nationalkomitee auf. Einsiedels Kritik, daß der BDO mit seinem Beitritt zum NKFD „bereits seine Aufgabe erfüllt und seine weitere Existenz jeden Sinn verloren hat"[14], trifft dennoch nicht zu. Zwar überschätzte Seydlitz seinen Einfluß, aber aufgrund der anfangs gemachten Zusicherungen Mel'nikovs konnte er mit Recht annehmen, daß die Vorstellungen des BDO seitens der sowjetischen Regierung höchste Aufmerksamkeit erhalten würden[15]. Gleich nach der Gründung des BDO begannen die Generäle und Offiziere über die Formen des Kampfes gegen Hitler nachzudenken. Bereits am 17. September unterbreitete Seydlitz Mel'nikov den Plan, aus den Resten der in Stalingrad in Kriegsgefangenschaft gegangenen 6. Armee ein dreißigtausend Mann starkes Korps aufzustellen, mit dem eine neue deutsche Regierung sich nach dem erfolgreichen Sturz Hitlers absichern könne. An NKVD-Chef Berija berichtete das UPVI: „Nach Meinung von Seydlitz' soll dieses Korps nach dem Sturz Hitlers die Stütze einer neuen deutschen Regierung sein. Die neue Regierung kann seiner Meinung nach vom deutschen Nationalkomitee und vom ‚Bund Deutscher Offiziere' gebildet werden."[16]

In den folgenden Wochen entstand mit Wissen des NKVD ein detaillierter Plan über ein Luftlandeunternehmen zur Absetzung der deutschen Regierung in Berlin. Der BDO schlug vor, sich in persönlichen Briefen an die kommandierenden Generäle der Wehrmacht an der Ostfront zu wenden und sie zum Bruch mit Hitler aufzufordern. Außerdem müsse der Kontakt zu namhaften Persönlichkeiten in Deutschland hergestellt werden. Der zweite Teil des BDO-Papiers beschäftigte sich mit militärischen Planungen, ausgehend von der Frage, „ob es nicht möglich ist,

---

[12] „An die deutschen Generale und Offiziere, an Volk und Wehrmacht", MMNA 1463/22. Eine russische Übersetzung schickte Manuil'skij als Anlage seines Briefes vom 27. 8. 1943 an Ščerbakov, RGASPI 17/128/40, Bl. 29–32.
[13] „Aufruf an die deutschen Generale und Offiziere! An Volk und Wehrmacht!", FD Nr. 8,9/1943 vom 15. 9. 1943, S. 1; ediert in: Sie kämpften für Deutschland S. 157ff.; Scheurig, Verräter oder Patrioten, S. 189ff.; zur Entstehungsgeschichte siehe auch Lewerenz, Zum Entstehen des Bundes Deutscher Offiziere, S. 167ff.
[14] Einsiedel, Tagebuch der Versuchung, S. 100.
[15] Seydlitz, Stalingrad, S. 291 f.
[16] Mel'nikov und Petrov an Berija am 17. 9. 1943; zitiert nach: Reschin, General v. Seydlitz, der BDO und die Frage einer deutschen Befreiungsarmee, S. 228; ders., Psevdonim – „svoboda", S. 138.

1. Exilregierung

eine zahlenmäßig kleine und kampfkräftige Armee aus den Kriegsgefangenen zu bilden, die bei der Machtergreifung von der neuen Regierung in Deutschland eingesetzt werden könnte." Berija und sein Stellvertreter Kruglov wurden am 25. September über Seydlitz' Pläne informiert[17]. Zur unmittelbaren Reaktion des NKVD liegen keine Dokumente vor.

Nach dem Bekanntwerden der Ergebnisse der Moskauer Außenministerkonferenz vom Oktober 1943, auf der sich die Alliierten auf das gemeinsame Kriegsziel der bedingungslosen Kapitulation Deutschlands einigten („unconditional surrender"), fragte Seydlitz bei Mel'nikov an, „ob die Grundlagen, auf die sich die Ziele und Aufgaben des Bundes Deutscher Offiziere stützen und die die Basis meines Beitritts und meiner Mitarbeit im Bund Deutscher Offiziere sind, nach wie vor gelten und in der Arbeit und Propaganda des Bundes der Offiziere beibehalten werden können"[18]. Seydlitz' Beunruhigung über die Moskauer Konferenz war verständlich, denn nur solange die Sowjetunion bereit war, mit dem Deutschen Reich bzw. einer deutschen Exilregierung in Verhandlungen zu treten, konnte der BDO Erfolg haben. Vor dem Hintergrund der sich anbahnenden alliierten Einigung über die militärische Niederwerfung und Besetzung des Deutschen Reiches kam es dann auch im Laufe des Novembers 1943 zu Spannungen zwischen den Offizieren und den Kommunisten im Nationalkomitee. Der BDO wollte an seinem bisherigen Konzept des geordneten Rückzuges der Wehrmacht, der durch Verhandlungen mit den Kommandierenden an der Ostfront erreicht werden sollte, festhalten. Gegenüber Mel'nikov hatte Seydlitz erklärt, daß dadurch einer Besetzung durch sowjetische Truppen – die zweite Front war im Herbst 1943 noch nicht eröffnet – zuvorgekommen und einer neuen Reichsregierung ohne Hitler staatliche Souveränität zugestanden werden könne[19]. Die KPD dagegen befürwortete eine „Zersetzungs-Propaganda", die sich um den Erhalt der Wehrmacht nicht zu kümmern brauche, sondern lediglich auf eine militärische Schwächung und infolgedessen auf eine politische Destabilisierung des Deutschen Reiches hinarbeiten müsse. Diese Auseinandersetzungen waren weniger der Kampf zwischen dem „rechten" – nationalkonservativen – und dem „linken" – kommunistischen – Flügel des NKFD[20], als vielmehr der Ausdruck der nebeneinander herlaufenden Konzeptionen von BDO und KPD, die sich beide der sowjetischen Unterstützung gewiß glaubten. Denn während der BDO weiterhin die Unterstützung des NKVD zu genießen meinte, begann die KPD im Herbst 1943 in Absprache mit Dimitrov die Grundzüge ihrer Deutschlandplanung festzulegen[21].

---

[17] Von Seydlitz ausgearbeiteter „Bericht über die Pläne zur Formierung deutscher Kampfverbände aus Kriegsgefangenen" als Anlage des Schreibens Mel'nikovs an Berija und Kruglov vom 25. 9. 1943, in: Rešin, Psevdonim – „svoboda", S. 140 ff.; siehe auch Seydlitz' Planungen in: Reschin, General zwischen den Fronten, S. 112 ff. In der Anlage befindet sich eine Aufstellung über die im Großraum Berlin befindlichen Flughäfen und eine detaillierte Berechnung der benötigten Flüge, um 45 000 Mann nach Deutschland zu fliegen; vgl. ders., Seydlitz, der BDO und die Frage einer deutschen Befreiungsarmee, S. 230 f.
[18] Seydlitz an Mel'nikov am 8. 11. 1943, zitiert nach Reschin, General zwischen den Fronten, S. 128 f.
[19] Ebenda.
[20] Scheurig, Verräter oder Patrioten, S. 116 ff.
[21] Vgl. „Nach Hitler kommen wir", S. 71 ff.; zur Deutschlandplanung der Exil-KPD siehe auch Morré, Kommunistische Emigranten, S. 279 ff.

Die Diskussionen im Nationalkomitee wurden von der operativen Abteilung des UPVI aufmerksam verfolgt, allerdings ohne daß sie eingegriffen hätte[22]. Propagandistisch stützten sich UPVI und GlavPURKKA voll und ganz auf die Autorität und das Einflußvermögen der Generäle des BDO, das durch eine offene Parteinahme für die Kommunisten im NKFD offenbar nicht untergraben werden sollte. Seydlitz fuhr in Begleitung von Mel'nikov bzw. Petrov insgesamt zweimal (im Oktober 1943 und im Februar 1944) persönlich an die Front und suchte das Gespräch mit den Kommandierenden der Wehrmacht[23]. Derart hofiert begann der BDO, die Propaganda des NKFD im Sinne des Offiziersbundes auszulegen, was den Protest Ulbrichts hervorrief[24]. Als die Generäle des BDO Ulbricht gar unter Hinweis auf Absprachen mit Mel'nikov übergingen, beklagte dieser sich darüber bei Manuil'skij: „Es ist aber völlig unzulässig, daß den deutschen Generälen gestattet wird, verschiedene Instanzen gegeneinander auszuspielen. Ich bitte um eine klare Mitteilung, ob es wahr ist, daß den deutschen Generälen zugesichert wurde, daß bei Abfassung von Briefen an deutsche Generäle ein Offizier der RA *[Rote Armee]* die militärische Lage erklärt. Wenn so etwas vereinbart wird, muß uns das mitgeteilt werden, da ich nicht die Absicht habe, mich weiterhin in eine solche unhaltbare Lage bringen zu lassen."[25] Im Mittelpunkt des sowjetischen Interesses standen im Frühjahr 1944 nicht die Kommunisten, sondern die Generäle des BDO.

Anfang Februar 1944 unterbreitete Seydlitz ein weiteres Mal den Plan eines deutschen Korps: Um das Nationalkomitee in Zukunft auf eine reale Macht stützen zu können, solle in Analogie zur „Deutschen Legion" von 1812 eine „deutsche Befreiungsarmee" gegründet werden[26]. Das Korps solle an der Front gegen die loyal zu Hitler stehende Wehrmacht kämpfen. Darüber hinaus diene es „zur Unterstützung aller gegen Hitler kämpfenden Kräfte für den Fall der sich auflösenden Wehrmacht und der Gefahr des Ausbruchs eines Bürgerkrieges". Das Korps gewährleiste den notwendigen Spielraum „zum aktiven Handeln für die Bildung einer demokratischen Regierung" und trage nach dem Sturz Hitlers „zur Abwehr von gegen eine demokratische Regierung gerichteten Bewegungen" bei[27]. Die Vorstellungen des BDO hatten sich somit zwar von unmittelbaren Putschplänen entfernt, er betrachtete aber das Nationalkomitee – genauer gesagt den BDO – als eine Art deutsche Übergangsregierung, die die Regierungsmacht in Deutschland mit militärischer Ge-

---

[22] Vgl. UPVI-Arbeitsbericht vom 30. 11. 43, in: Rešin, Sojuz nemeckich oficerov. S. 97.
[23] Reschin, General zwischen den Fronten, S. 79 ff. und S. 154; Seydlitz, Stalingrad, S. 310 f. und S. 335 ff.
[24] „In Bezug auf die Taktik des NK *[Nationalkomitee]* zog er *[Seydlitz]* die Schußfolgerung, daß die Losung: ,Stellt die Kampfhandlungen ein und geht auf die Seite des NK über', nur für eingekesselte Truppen gelte", Ulbricht an Manuil'skij am 19. 2. 1944, RGASPI 495/77/38, Bl. 54.
[25] Ulbricht an Manuil'skij am 8. 3. 1944, RGASPI 495/77/38, Bl. 6.
[26] Es ist erstaunlich, wie häufig insbesondere die Generäle die Parallele zu den historischen Ereignissen der Jahre 1812/13 suchten. Das Verhalten des preußischen Generals Yorck und die von ihm unterzeichnete Konvention von Tauroggen – im NKFD-Manifest als historisches Vorbild zitiert – übten eine starke Faszination aus, vgl. Diesener, Geschichtspropaganda; ders., Militärpolitische Propaganda, S. 335 ff.; ders., Historisches in der Zeitung „Freies Deutschland", S. 772 ff.; Morré, Das Nationalkomitee Freies Deutschland und der Mythos von Tauroggen.
[27] Zitiert nach Reschin, Seydlitz, der BDO und die Frage einer deutschen Befreiungsarmee unter Stalin, S. 236; russische Edition: ders., Psevdonim – „svoboda", S. 146 ff.

walt erkämpfen und anschließend sichern müsse. Möglicherweise hatte Seydlitz dabei nicht nur das historische Vorbild, sondern auch die nationalen Kampfverbände vor Augen, die auf sowjetischem Boden aus polnischen, tschechischen und rumänischen Kriegsgefangenen gegründet worden waren[28].

Die drei führenden Generäle des BDO – Korfes, Lattman und Seydlitz – betrachteten sich alle auf ihre Art als Führungspersönlichkeiten im Kampf gegen Hitler. Jeder der drei schrieb eine Denkschrift, wobei die von Seydlitz verfaßte im weiteren die größte Beachtung erfuhr. Als erster legte Korfes im Sinne einer Rechtfertigung vor der Nachwelt die Motive zur Gründung des BDO dar. Ausgehend von einer ausführlichen Analyse der militärischen und politischen Lage erklärte er, warum die Spitzen der Wehrmacht unter Brechung ihres Eides Hitler stürzen müßten: „Der Umsturz erhält die Wehrmacht und den für jeden Staat gerade in ernster Außenlage wichtigsten Machtfaktor. Der Entschluß der Wehrmacht verschafft dem politischen Entschluß, den Krieg zu beenden, freie Hand. Der Waffenstillstand, die Zurückführung des Heeres in die Heimat und die Demobilisierung erfolgen nach Regel und Ordnung. Der deutschen Heimat wird der Kampf feindlicher Heere auf deutschem Boden und der aus einem Zusammenbruch entspringende Bürgerkrieg erspart."[29]
Vor dem Hintergrund der Korfes-Denkschrift bekommt der Plan einer deutschen Befreiungsarmee eine andere Konnotation: Die Wehrmacht als einzige wirksame Kraft gegen Hitler ist zugleich die Chance für die Zukunft Deutschlands, sofern sie den territorialen und gesellschaftlichen Zusammenhalt Deutschlands bewerkstelligen kann. Die projektierte Befreiungsarmee sollte ein Sammelbecken aller für die Rettung des Deutschen Reiches Kämpfenden bilden, sozusagen den Kern einer neuen Wehrmacht, auf die sich die neue Regierung – hervorgegangen aus dem NKFD – stützen würde.

Den Gedanken einer zukünftigen deutschen Regierung auf der Basis des NKFD baute Seydlitz in seinem Memorandum aus, das Mel'nikov am 26. Februar erhielt[30]. Im Gegensatz zu Korfes bezog er, mit Blick auf die Zusicherungen Mel'nikovs vom August 1943, die aktive sowjetische Unterstützung in seine Pläne ein: „Die Regierung der UdSSR hat die Bildung und die Tätigkeit des Nationalkomitees ‚Freies Deutschland' und des Bundes Deutscher Offiziere gefördert und in vielfacher Beziehung unterstützt. Die gemeinsamen Interessen im Kampf gegen Hitlerdeutschland haben diese Hilfe ermöglicht. Darüber hinaus hat die Regierung der UdSSR durch Billigung des Manifestes und durch Erklärungen autorisierter Persönlichkeiten wiederholt erkennen lassen, daß sie im Nationalkomitee ‚Freies Deutschland' und im Bund Deutscher Offiziere mehr sehe als Propagandaeinrichtungen und mehr von ihnen erwarte. Sie hat ihren Willen zum Ausdruck gebracht, im Nationalkomitee und im Bund Deutscher Offiziere *die Keimzelle* des kommenden freien Deutschland zu sehen, einen *politischen Faktor* von zukünftiger Bedeutung, einen *Bürgen* für eine Entwicklung, die eine *dauerhafte zuverlässige Zusammenarbeit* der UdSSR und des kommenden Deutschland gewährleistet."[31] Seydlitz schlug vor, daß

---

[28] Dazu siehe Gosztony, Stalins fremde Heere, S. 34 ff., S. 60 ff. und S. 101 ff.
[29] „Aufzeichnung über die Motive zur Gründung des BDO", von Korfes am 1. 2. 1944 unterschrieben, BArch Abt. Potsdam 90 KO 10/28, Bl. 25.
[30] Russische Übersetzung von Seydlitz' Schreiben an Mel'nikov, als Anlage zu dem Brief Berijas an Stalin am 11. 3. 1944, GARF 9401/2/64, Bl. 345.
[31] „Denkschrift. Wie könnte und sollte die Arbeit des Nationalkomitees „Freies Deutschland"

das NKFD von der Sowjetunion öffentlich als deutsche Exilregierung anerkannt und unterstützt werde. Dabei nahm er auch seine schon mehrfach vorgebrachten Pläne zur Aufstellung einer Befreiungsarmee wieder auf, die dem Deutschen Reich nach dem Sturz Hitlers die Besetzung durch alliierte Truppen ersparen, die Befriedung nach innen und die nationale Souveränität nach außen garantieren solle: „Sie *[die Befreiungsarmee]* soll zum endgültigen Zusammenbruch des Hitlersystems wesentlich beitragen und nach dessen Überwindung auf militärischem Gebiet auch die politische Überwindung und Niederhaltung garantieren. Sie kann auch eine gemischt-alliierte Besetzung mit all ihren Folgerungen – Demarkationslinie, Einflußgebiete – entbehrlich machen."[32]

Eine unmittelbare sowjetische Reaktion auf Seydlitz' Denkschrift blieb aus. Aber am 5. März 1944 gab es eine Besprechung Wilhelm Piecks mit den Generälen in Dombrovo, einem der Spezialobjekte des UPVI. Sowjetische Vertreter waren daran nicht beteiligt[33]. Die Aussprache in Dombrovo war Anlaß zu einer dritten Denkschrift, in der General Lattmann unter direkter Bezugnahme auf Seydlitz' Pläne Gedanken für eine Reorganisation des Nationalkomitees formulierte[34]. Im Kern liefen seine Vorschläge darauf hinaus, den zivilen und militärischen Teil des NKFD zusammenzulegen, das engere Führungsgremium („Präsidium") auf Pieck, Florin, Seydlitz und Lattmann zu beschränken und die Arbeit des NKFD auf Arbeitsgruppen („Geschäftsführender Aussschuß") unter der Leitung einzelner Ressortverantwortlicher („Arbeitsspitzen") zu verteilen. In diesem Zusammenhang bezeichnete Lattman den geschäftsführenden Ausschuß sogar als „Gesamtkabinett". Vorgesehen waren zehn Ressorts: (1) „Allgemeine Politik und Inneres"; (2) „Wirtschaftsfragen, Handel und Industrie"; (3) „Erziehung, Volksbildung, Jugendpflege und Kultus"; (4) „Sozialpolitik, Arbeitsrecht"; (5) „Ernährung"; (6) „Rechtsfragen (Justiz)"; (7) „Öffentliche Arbeiten und Verkehr"; (9) „Demobilmachung und Volksverteidigung (Wehrmacht)"; (9) „Internationale Politik"; (10) „Organisa-

und des Bundes Deutscher Offiziere verbessert und verstärkt werden, um den Sturz des Hitlerregimes herbeizuführen und ein baldiges Kriegsende zu erzwingen? Wie könnte uns die Regierung der UdSSR dabei helfen? Welches sind die Grundlagen und Möglichkeiten einer für beide Völker gedeihlichen Zusammenarbeit?", in: Das Nationalkomitee „Freies Deutschland" und der Bund Deutscher Offiziere, S. 287; Hervorhebungen im Original (RGASPI 495/77/35, Bl. 23); kommentierte Edition auch durch Babičenko, „Novaja Germanija ne smožet suščestvovat' bez pomošči SSSR", S. 48 ff.

[32] „Denkschrift", in: Das Nationalkomitee „Freies Deutschland" und der Bund Deutscher Offiziere, S. 295.

[33] Einziger Anhaltspunkt sind die Notizen Piecks (SAPMO-BArch NY 4036/575, Bl. 140–143), in denen die Namen Rodenburg, Lewerenz, Einsiedel, Korfes, Seydlitz, Bechler, Zippel, Kirschhofer und Klein erwähnt werden. Demnach wäre lediglich die militärische Führungsspitze des NKFD/BDO mit einem Vertreter des kommunistischen Teils (Pieck) zusammengekommen.

[34] Die Autorenschaft geht lediglich indirekt aufgrund des Stils und der Vorschläge zur Besetzung von Führungspositionen (außer den bisherigen nur noch Lattmann als neue Ernennung) aus dem namentlich nicht unterschriebenen Dokument hervor. Das Memorandum beginnt mit dem Satz „In der Denkschrift des Generals von Seydlitz...", woraus sich schließen läßt, daß der Autor nicht Seydlitz ist. Korfes und Seydlitz kommen auch aus inhaltlichen Gründen als Autoren nicht in Betracht, da sie in ihren Denkschriften anders argumentieren. Außerdem hat Seydlitz, wie aus dem weiteren Verlauf der Ereignisse hervorgeht, seine am 26. 3. 1944 eingereichte Denkschrift nicht überarbeitet oder durch weitere Vorschläge relativiert.

tion"³⁵. Im Unterschied zu Seydlitz betonte Lattmann, daß seine Vorschläge sich rein auf innere Angelegenheiten des Nationalkomitees bezögen, die sowjetische Führung daher nicht involviert sei. Auch wenn er damit ganz offensichtlich eventuelle Ansprüche des NKFD auf Anerkennung als Exilregierung zu umgehen versuchte, einen Machtanspruch meldete er dennoch an: „Das bedeutet nicht, daß etwa heute schon eine Art Miniaturkabinett konstruiert werden soll, dessen Aufgaben und Ämter nur auf dem Papier ständen, solange wir noch darum zu kämpfen haben, der Bewegung den Sieg über die bestehende Gewalt zu erkämpfen. (...) Aber das deutsche Volk, dessen Vertrauen wir gewinnen wollen, muß sehen, daß ihm im Nationalkomitee ein verantwortungsbereiter und verantwortungsfähiger politischer Faktor gegenübertritt, der nicht nur einst die effektive Macht haben wird, sondern schon heute die Fähigkeit hat, eine neue glückliche Zukunft für ein demokratisches Deutschland herbeizuführen."³⁶ Insgesamt ist die Lattmann-Denkschrift als Präzisierung der Seydlitz-Denkschrift aufzufassen. In Reaktion auf das Gespräch mit Pieck versuchte Lattmann offenbar, die politisch heikle Frage der Anerkennung durch die Sowjetunion, auf die Pieck die Generäle eventuell hingewiesen hatte, herunterzuspielen³⁷.

Stalin wurde am 11. März vom NKVD über das Seydlitz-Memorandum, nicht aber über die anderen Denkschriften informiert³⁸. Obwohl das NKVD seit September 1943 über die Pläne des BDO informiert war, entschloß sich Berija erst jetzt, das Memorandum offiziell an Stalin weiterzureichen. Möglicherweise hing das mit dem zu erwartenden Protest des GlavPURKKA zusammen, das schon bei Mel'nikovs Verhandlungsführung mit den Generälen eingeschritten war. In der Politischen Hauptverwaltung zeigte man sich von den Plänen des BDO überrascht. Manuil'skij teilte Ščerbakov am 11. März mit, daß er im Institut 99 nur durch Zufall auf das Memorandum gestoßen sei: „Dieses Memorandum habe ich bei dem Vorsitzenden des Nationalkomitees ‚Freies Deutschland' gefunden. Auf meine Anfrage hinsichtlich dieses Memorandums teilte mir der Kommissar der Staatssicherheit Genosse Mel'nikov mit, daß ihm das Memorandum von Seydlitz überreicht worden sei. Genosse Mel'nikov erklärte außerdem, daß das Seydlitz-Memorandum an Genosse Berija geschickt worden sei und an Genosse Stalin übergeben werde." Eindringlich warnte Manuil'skij vor den diplomatischen Schwierigkeiten, die auf die sowjetische Regierung zukämen, falls das Memorandum den Kriegsverbündeten zur Kenntnis gelangen würde. Denn Seydlitz spiele in seiner Denkschrift auf die Möglichkeit eines deutsch-sowjetischen Sonderfriedens an und gefährde damit die Geschlossenheit der Alliierten³⁹. Dieser Eindruck aber durfte gegenüber den Verbündeten auf

---

[35] „Straffere Organisation des Nationalkomitees ‚Freies Deutschland' zum Zwecke der Erhöhung der Schlagkraft und des Wirkungsgrades", RGASPI 495/77/35, Bl. 17–18.
[36] Ebenda, Bl. 16 RS.
[37] Mit aller gebotenen Vorsicht ließe sich das auch aus den Pieck-Notizen über die Besprechung am 5. 3. 1944 (SAPMO-BArch NY 4036/575, Bl. 142–143) erschließen. Piecks Stichpunkte zum Seydlitz-Memorandum beziehen sich offenbar auf die Auswertung. Die im Notat etwas später folgenden Stichpunkte über ein engeres Führungsgremium und einzelne Ressorts sowie der folgende Absatz über die Neuorganisation der Frontdelegationen, bezögen sich demnach auf die in der Diskussion angesprochenen Fragen.
[38] Berija an Stalin am 11. 3. 1944, GARF 9401/2/64, Bl. 344.
[39] Manuil'skij an Ščerbakov am 11. 3. 1944, RGASPI 17/128/40, Bl. 45; vgl. Babičenko, „Novaja Germanija ne smožet suščestvovat' bez pomošči SSSR", S. 49.

gar keinen Fall entstehen. Das alliierte Verhältnis hatte sich seit der Jahreswende 1943/44 erheblich gebessert, und in der European Advisory Commission (EAC) war begonnen worden, gemeinsam über Nachkriegsdeutschland zu beraten[40].

Die Überraschung Manuil'skijs über das Seydlitz-Memorandum kann nicht ganz ehrlich gewesen sein. Zeitgleich mit der Berichterstattung an Ščerbakov streute er den Verdacht aus, General Rodenburg und Oberleutnant Huber seien die eigentlichen Autoren des Memorandums[41]. Auch Stalin, der am selben Tag wie Ščerbakov über die Pläne des BDO informiert wurde, waren scheinbar zusammenhangslos mit dem Memorandum die „Auskünfte" (spravki) über Rodenburg und Huber zugeschickt worden[42]. Die auf diese Weise verbreiteten Verdächtigungen sorgten im weiteren dafür, daß das Memorandum als alleiniger Coup Rodenburgs und Hubers dargestellt werden konnte. So berichtete Manuil'skij zwei Monate später über die Aufdeckung einer „illegalen faschistischen Organisation" im BDO, die das „sogenannte Seydlitz-Memorandum" als eine „gezielte Provokation" lanciert habe[43]. Durch diese fadenscheinige, aber nachhaltig wirksame Intrige gelang es Manuil'skij, die Person des BDO-Präsidenten vor der politischen Verantwortung für das Memorandum zu schützen und damit den BDO insgesamt nicht zu diskreditieren[44].

Eine weitere Reaktion auf die Pläne des BDO war die Veröffentlichung der „25 Artikel zur Beendigung des Krieges" durch das Institut 99. Ursprünglich waren die 25 Artikel unabhängig von den Memoranden von Ulbricht und Herrnstadt erarbeitet worden und sollten als Beschlußvorlage für das NKFD-Plenum dienen. Dann wurden sie aber überstürzt am 5. März 1944 im „Freien Deutschland" veröffentlicht, denn „Korsun kam dazwischen"[45]. In Korsun'-Ševčenko bzw. der am Dnepr gelegenen Stadt Čerkassy waren zwei Armeekorps der Wehrmacht von der Roten Armee eingekesselt worden, ohne daß sie sich aus eigener Kraft oder mit Unterstützung von außen hätten freikämpfen können. Zahlreiche NKFD-Bevollmächtigte sowie Seydlitz persönlich versuchten, die verantwortlichen Generäle zur Kapitulation zu bewegen. Die eingeschlossenen Verbände aber wagten trotz aller Warnungen einen Ausbruch aus dem Kessel, der hohe Verluste forderte und das NKFD an der Überzeugungskraft seiner Propaganda zweifeln ließ[46]. Die Ereignisse

---

[40] Die Staatschefs der Alliierten hatten sich auf der Konferenz von Teheran auf die Einsetzung dieses gemeinsamen Planungsstabes geeinigt, der am 14. 1. 1944 als „European Advisory Commission" zu seiner ersten Sitzung zusammentrat. Die EAC wurde erst im August 1945 aufgelöst; dazu siehe Kowalski, Die „European Advisory Commission", S. 261 ff.

[41] Manuil'skij an Ščerbakov am 11. 3. 1944, RGASPI 17/128/40, Bl. 46.

[42] Berija an Stalin am 11. 3. 1944, GARF 9401/2/64, Bl. 377-378. Die „Auskünfte" hatte Mel'nikov bereits am 9. 3. 1944 unterschrieben.

[43] Manuil'skij an Ščerbakov am 25. 5. 1944, RGASPI 495/77/37, Bl. 26-28; vgl. Reschin, General zwischen den Fronten, S. 169 ff.

[44] Seydlitz (Stalingrad, S. 346 f.) hat diese Lesart bereitwillig aufgenommen. Einsiedel (Tagebuch der Versuchung, S. 133) rückt die Urheberschaft in die Nähe Hubers. Scheurig (Verräter oder Patrioten, S. 133 und ebenda Anm. 108) begegnete diesen Schilderungen mit berechtigtem Mißtrauen, konnte aber wegen des fehlenden Archivzugangs keine allzu deutliche Darstellung geben.

[45] „25 Punkte, Disposition Ulbricht, Entwurf Herrnstadt, dann kollektiv umgearbeitet, 3 x im geschäftsführenden Ausschuß, dann plötzlich in Zeitung, Korsun kam dazwischen", Notizen Piecks vom 26. 3. 1944, SAPMO-BArch NY 4036/ 575, Bl. 148.

[46] Seydlitz, Stalingrad, S. 334 ff.; Sie kämpften für Deutschland, S. 229 ff.

in Korsun' waren vermutlich der Auslöser für das Seydlitz-Memorandum, das in der Zeit nach der Rückkehr Seydlitz' von der Front niedergeschrieben wurde. Seydlitz hatte gegenüber Ulbricht beklagt, daß die Gedanken des Nationalkomitees viel zu wenig im Bewußtsein der Wehrmachtssoldaten seien, worüber Ulbricht am 19. Februar Mitteilung an Manuil'skij machte: „Er zog daraus die Schlußfolgerung, daß es notwendig sei, durch Verstärkung der Propaganda die Existenz des NK *[Nationalkomitee]* zu beweisen, immer wieder zu erklären, was das NK ist und was es will und das Argument, der Bolschewismus bedrohe Europa, zu widerlegen."[47] Nach der Rückkehr von der Front muß Seydlitz grundlegend umgedacht haben, was dann zur Abfassung des Memorandums führte. Noch zwei Wochen zuvor, d. h. vor den Ereignissen in Korsun', hatte er seine Vorschläge auf die Aufstellung eines Kampfverbandes beschränkt[48]. Es sollte zudem nicht übersehen werden, daß die eigene Integrität für das Handeln der Generäle eine große Rolle spielte. Seydlitz hatte sich in persönlichen Briefen an die Kommandierenden der Wehrmacht, an seine Kameraden und Standesgenossen gewandt und empfand daher den Fehlschlag als persönliche Niederlage. Diese Enttäuschung klingt noch in seinen Memoiren nach[49]. Das Seydlitz-Memorandum, ebenso wie die Korfes-Denkschrift, kann daher auch als persönliche Rechtfertigungsschrift interpretiert werden.

Als die 25 Artikel am 5. März veröffentlicht wurden, war das Seydlitz-Memorandum intern bereits im Umlauf. Stalin wurde das „Programm" der 25 Artikel erst am 20. März vorgestellt, neun Tage nachdem er das Seydlitz-Memorandum erhalten hatte[50]. Die zeitliche Verzögerung einerseits und die Präsentation zweier Programme des NKFD/BDO andererseits lassen darauf schließen, daß Berija die 25 Artikel als neue Plattform des NKFD präsentieren wollte, um damit der Generalsdenkschrift die Brisanz zu nehmen. Bezeichnenderweise wurden die 25 Artikel, im Unterschied zum NKFD-Manifest, dem Gründungsaufruf des BDO und später folgenden Generalsaufrufen, nicht in der sowjetischen Presse veröffentlicht[51].

Die Politische Hauptverwaltung bemühte sich ebenfalls auf der sogenannten zweiten Armeekonferenz aller Politabteilungen der Fronten im Mai 1944, den durch das Seydlitz-Memorandum ausgelösten Irritationen beizukommen. Obwohl Ščerbakov im Sommer 1943 noch selber von der möglichen Regierungsfunktion des NKFD gesprochen hatte, versuchte er nun, den rein propagandistischen Zweck des Nationalkomitees hervorzukehren: „Das NKFD ist in der gegenwärtigen Etappe des Krieges ein Organ der gegen Hitler gerichteten Propaganda und eine Organisation der Anti-Hitler-Kräfte. Es ist weder mit einer Regierung noch mit militärischen Verbänden gleichzusetzen. (…) Die Aufgabe des NKFD ist und bleibt die politische Propaganda und Agitation im Geiste des ‚Manifestes' und der ‚25 Artikel'."[52] Die „25 Artikel zur Beendigung des Krieges" bekamen somit für alle Beteiligten die Funktion eines Minimalkonsenses. Sie wurden eine Art „Ersatzpro-

---

[47] Ulbricht an Manuil'skij am 19. 2. 1944, RGASPI 495/77/38, Bl. 54.
[48] „Betr. Aufstellung eines militärischen Verbandes" vom 4. 2. 1944, in: Reschin, Seydlitz, der BDO und die Frage einer deutschen Befreiungsarmee, S. 233; ders., Psevdonim – „svoboda", S. 146ff.
[49] Seydlitz, Stalingrad, S. 344.
[50] Berija an Stalin am 20. 3. 1944, GARF 9401/64/64, Bl. 186.
[51] Flugblätter des Nationalkomitees Freies Deutschland, S. 185.
[52] Zitiert nach Vsevolodov, Vzaimodejstvie politorganov, S. 111.

gramm", auf dessen Grundlage die Arbeit des NKFD mit Unterstützung durch GlavPURKKA und UPVI fortgesetzt werden konnte. In der Propaganda des NKFD galten sie als die zentrale Grundsatzerklärung nach dem NKFD-Manifest, wobei sich „in beiden gleich wenige Aussagen zu organisationstechnischen Fragen der Neuordnung *[Nachkriegsdeutschlands]* finden, in den 25 Artikeln jedoch eine deutliche Hinwendung zu volksdemokratischen Gedankengängen zu registrieren ist"[53]. Somit präsentierte das NKFD zwar ein „Programm", das aber in der Formulierung seiner Ziele immer noch so allgemein gehalten war, daß eine Festlegung der sowjetischen Deutschlandpolitik vermieden werden konnte.

Die Auseinandersetzung um das Seydlitz-Memorandum zeigte, daß die Abstimmung zwischen UPVI und GlavPURKKA einerseits sowie die Einigung zwischen BDO und KPD andererseits nicht gelungen war. Manuil'skij, der die KPD-Führung am 26. März zusammenrief, kündigte eine stärkere Kontrolle der Arbeit des NKFD an und verfügte, daß zur besseren Koordinierung die Zivilsektorsitzungen im Institut 99 regelmäßig einmal die Woche (montags) abgehalten werden sollten[54]. Gleichzeitig wurde durch die Beschlagnahme des Memorandums der Kreis der Mitwisser beschränkt[55], durch die 25 Artikel die sowjetische Führung beruhigt und mit der Verhaftung Rodenbergs und Hubers diesen die Verantwortung zugeschoben[56]. Für die Zukunft aber mußten die Anleitungsstrukturen gestrafft werden, wobei sich Manuil'skij auf die Koordinierungsfunktion des Instituts 99 besann.

Am 27. März wurde die BDO-Spitze von der operativen Abteilung des UPVI zu einem Gespräch gebeten. Folgt man der Darstellung Einsiedels, so wurde den Generälen die Seydlitz-Denkschrift zurückgegeben mit der – nachweislich falschen – Auskunft, man habe es für besser gehalten, sie gar nicht erst an die Vorgesetzten weiterzureichen. Mel'nikov habe Seydlitz die Denkschrift verlesen lassen und ihm eine „regelrechte Gardinenpredigt" gehalten[57]. Ein solch harsches Auftreten legte das UPVI gegenüber dem BDO wahrscheinlich zum erstenmal an den Tag. Vermutlich wurde Seydlitz davon vollkommen überrascht.

[53] Petrick, „Freies Deutschland", S. 146 ff., Zitat S. 152.
[54] Notizen Piecks über die Besprechung der KPD-Führung (Pieck, Florin, Ulbricht, Ackermann) und Weinert am 26. 3. 1944, in der die Ergebnisse der vorangegangenen Tage zusammengetragen wurden. Pieck machte die einzelnen Standpunkte mit „Manuilski" und „Tscherbakow" kenntlich, SAPMO-BArch NY 4036/575, Bl. 146–150.
[55] Manuil'skij an Ščerbakov am 11. 3. 1944, RGASPI 17/128/40, Bl. 47. Es gibt mehrere Fundorte, d. h. mehrere Exemplare des Memorandums: das deutsche, von Seydlitz unterschriebene Original von neun, überwiegend beidseitig beschriebenen Seiten (RGASPI 495/77/35, Bl. 23–31), eine 15-seitige, deutsche Abschrift (GARF 9401/2/64, Bl. 346–355) und eine 18-seitige russische Übersetzung (GARF 9401/2/64, Bl. 356–378 und RGASPI 17/128/40, Bl. 48–65). Reschin (Psevdonim – "svoboda", S. 149 ff.) ediert das Memorandum aus dem Präsidentenarchiv (APRF 3/58/498, Bl. 18–32), bei dem es sich aufgrund der Blattzahl (15 Seiten) um die deutsche Abschrift handeln dürfte. Außerdem ist im Nachlaß Wilhelm Piecks eine detaillierte stichpunktartige Zusammenfassung von der russischen Übersetzung des Memorandums (Pieck vermerkt „18 Seiten") überliefert, SAPMO-BArch NY 4036/575, Bl. 233–238.
[56] Über das weitere Schicksal Rodenburgs und Hubers ist wenig bekannt. Huber soll nach einigen Monaten Haft im Offizierslager Grjazovec wieder aufgetaucht sein; Frankenberg, Meine Entscheidung, S. 275.
[57] Einsiedel, Tagebuch der Versuchung, S. 133 f. Einsiedel schildert diese Episode unter dem Datum „28. März". Ein Pieck-Notat (SAPMO-BArch NY 4036/575, Bl. 151) hält dieselbe Begebenheit unter dem Datum 27. 3. 1944 fest.

Im Institut 99 wurde am 29. März beschlossen, die „Arbeit *[zu]* vereinheitlichen"[58]. Manuil'skij setzte die Erweiterung des NKFD-Präsidiums auf 18 Personen fest. Die BDO-Spitze (Seydlitz, Korfes, Lattmann, Daniels, van Hooven, Steidle) wurde komplett in das NKFD-Präsidium eingebunden und zu den bisherigen Vizepräsidenten (Hetz, Einsiedel, Emendörfer) kamen fünf Alt-Aktivisten (Hadermann, Reyher, Rücker, Zippel, Klement) hinzu. Die zivilen Mitglieder des Präsidiums (Weinert, Ulbricht, Herrnstadt, Ackermann) waren gleichzeitig Ressortleiter im Institut 99. Um dem Vorschlag Lattmanns, aus dem NKFD das Schattenkabinett einer zukünftigen deutschen Regierung zu machen, die Schärfe zu nehmen, den Vorstellungen der Generäle aber wenigstens ein bißchen entgegenzukommen, sollten die in der Lattmann-Denkschrift vorgeschlagenen Ressorts als Kommissionen des Geschäftsführenden Ausschusses eingesetzt werden[59]. Der durch diese Entscheidung eingeschlagene Weg wird seitens der deutschen Kommunisten nicht sonderlich befriedigt aufgenommen worden sein. Noch am Vortag hatte Ulbricht in einer „Leitungssitzung" der KPD das Problem zugespitzt: Entweder die Sowjetunion kooperiere mit den Generälen und lasse sich auf Sonderverhandlungen mit Deutschland ein, oder sie pflege das Bündnis mit den Alliierten und lasse das NKFD fallen[60]. Die Politische Hauptverwaltung aber wollte beides. Sie war bestrebt, die Außenwirkung des NKFD eng zu begrenzen, um damit außenpolitischen Schaden für die Sowjetunion zu verhindern. Gleichzeitig wurde dem Nationalkomitee immer noch eine gewisse Rolle zugedacht. Intern signalisierte Manuil'skij daher der KPD, daß ihr „bisheriger Kurs" richtig sei, er auch beibehalten werden solle, aber „ohne *[die]* Generäle beiseite zu drücken"[61].

An der Haltung Manuil'skijs läßt sich ablesen, daß die sowjetische Seite einen Affront der Alliierten auf jeden Fall vermeiden wollte, aber gleichzeitig das Nationalkomitee als weitere Alternative zu den unterdessen angelaufenen deutschlandpolitischen Planungen der KPD nicht gänzlich aufgab[62]. Die kriegsgefangenen Mitglieder des Nationalkomitees waren – zumindest im Frühjahr 1944 – mitnichten

---

[58] Notizen Piecks über die „Sitzung bei Weinert" am 29. 3. 1944, bei der Manuil'skij, Burcev, Braginskij, Gerö, Weinert, Ulbricht, Herrnstadt, Ackermann, Pieck und Florin anwesend waren, SAPMO-BArch NY 4036/575, Bl. 151–153.
[59] Protokoll der Besprechung bei Manuil'skij am 27. 3. 1944, RGVA/K 88/3/1, Bl. 11; zu den Kommissionen siehe Kapitel VI.2.
[60] Notizen Piecks vom 28. 3. 1944, SAPMO-BArch NY 4036/575, Bl. 147: „Gegensatz SU und England, Interesse an Generalen oder Bündnis 3 Großmächte – Voraussetzung Stellung zur Denkschrift, schriftliche Antwort".
[61] Ebenda: „Manuilski – bisheriger Kurs richtig, Mobilisierung des Volkes, ohne Generale beiseite zu drücken".
[62] Vgl. das Fazit Heiders zur Gründung des NKFD (Gründung des Nationalkomitees, S. 23): „Machtpolitisch betrachtet, dürfte es das Hauptmotiv der sowjetischen Seite gewesen sein, einen möglichst baldigen Frieden um den Preis geringer eigener Opfer zu erreichen und sich zugleich Einflußmöglichkeiten auf die Gestaltung der Nachkriegsordnung in Deutschland, wenigstens aber die Herstellung normaler und friedlicher Beziehungen zwischen beiden Ländern zu sichern. Das galt auch für den Fall eines inneren Umsturzes in Deutschland. Daß dies und nicht etwa die Absicht, Druck auf die westlichen Verbündeten auszuüben, das Hauptmotiv Stalins gewesen sein dürfte, geht auch daraus hervor, daß die sowjetische Seite im Jahre 1944 nicht nur einmal über Krisensituationen hinweghalf, die zwischen der Führung der KPD im NKFD und dem BDO auftraten.".

den „Gesetzen eines politischen Kräftespiels" unterlegen[63]. Das sowjetische Konzept einer „Anti-Hitler-Bewegung" aus deutschen Kriegsgefangenen aller Dienstgrade und Exilkommunisten blieb bestehen, so wie es im Sommer 1943 als Nationalkomitee „Freies Deutschland" realisiert worden war.

2. Manuil'skijs „großdeutsche Linie"

Nach dem Scheitern der Pläne des BDO, aus dem Nationalkomitee eine deutsche Exilregierung zu bilden, nahm im Frühjahr 1944 Manuil'skij die Fäden wieder stärker in die Hand. Dabei besann er sich auf sein ursprüngliches Konzept, das er im Frühjahr 1942 vorgestellt hatte. Kerngedanke war dabei gewesen, daß die Sowjetunion den Erhalt des Bestandes des Deutschen Reiches zulassen wolle, wenn es dem Komitee gelänge, Hitler zu stürzen und die Beendigung des Krieges herbeizuführen. Manuil'skij hatte nicht auf eine „Zersetzung" der militärischen Führung, sondern auf die Stärkung der Opposition innerhalb der Wehrmacht und mittelbar in der deutschen Führung gesetzt, um auf diesem Weg zumindest einen Waffenstillstand, wenn nicht sogar Friedensverhandlungen zu erreichen. Der Rat für militärpolitische Propaganda befürwortete eine Werbung für den Erhalt eines souveränen Deutschen Reiches, sofern nur der Sturz Hitlers und ein Waffenstillstand herbeigeführt würden. Weitergehende Pläne hinsichtlich der Zukunft Deutschlands nach dem Krieg waren damit nicht verbunden.

Bei der Vorbereitung zur Gründung des Nationalkomitees, insbesondere bei der Abfassung seines Manifestes, war Manuil'skij der Koordinator im Hintergrund. Der erste Manifestentwurf aus der Feder des nominierten Komiteepräsidenten Weinert war verworfen worden. Weinert forderte darin die Bestrafung der „Kriegsschuldigen", um gleichzeitig nach dem Krieg andere gesellschaftliche Verhältnisse in Deutschland herbeizuführen. Wörtlich hieß es: „Hitler hat bewiesen, daß er sowohl als Staatsmann und Diplomat, wie auch als Stratege nichts anderes ist als ein unfähiger Bankrotteur, ein gewissenloser Glücksspieler, der um der egoistischen Interessen eines Räuberklüngels willen nichts Geringeres aufs Spiel setzte als das Leben, die Freiheit und die Ehre der deutschen Nation. (...) Will das deutsche Volk warten, bis es mit dem Verführer zusammen auf den Schindanger der Geschichte geworfen wird und die Siegermächte ihm einen Frieden diktieren, der zur völligen Ohnmacht und zur Aufteilung unseres Vaterlandes führen muß? Denn es ist kein Zweifel daran, daß dann jedem Deutschen die Verantwortung für die Leiden der überfallenen Völker auferlegt wird, daß die Welt sich gegen jede Wiederholung eines solchen frevlerischen Krieges sichern muß, indem sie Deutschland auf lange Frist entmündigt. Will das deutsche Volk diese Schande auf sich laden? Nein, das kann unser Volk nicht wollen! Es will seine nationale Freiheit und Unabhängigkeit. Und es wird sie haben, wenn es die Fahne der Erhebung gegen den Feind im eigenen Lande ergreift, wenn es den Völkern das Gericht über Hitler und seine Komplizen vor-

---

[63] Fischer, Die Bewegung „Freies Deutschland", in: Aufstand des Gewissens, S. 445; vgl. ders., Die Bewegung „Freies Deutschland", in: Der Widerstand gegen den Nationalsozialismus, S. 960.

2. Manuil'skijs „großdeutsche Linie"

wegnimmt! Das ist der Weg der Ehre unseres Volkes!"[64] Auch wenn die Entstehungsgeschichte des Gründungsmanifestes des NKFD wegen der schlechten Quellenlage nach wie vor nicht exakt rekonstruiert werden kann, so wird doch durch einen Vergleich mit dem tatsächlich veröffentlichten Manifest klar, daß der Entwurf Weinerts überhaupt nicht den sowjetischen Intentionen entsprach. Seine Vorlage, aus der noch stark die klassenkämpferische Sprache der KPD-Appelle sprach, war vermutlich der Grund dafür, daß neue Autoren beauftragt wurden. Sein Entwurf wurde Dimitrov vermutlich am 1. Juni präsentiert, der darauf eine Neufassung unter der Anleitung von Manuil'skij anordnete[65].

Anfang Juni 1943 rief Manuil'skij drei ausgewählte Mitarbeiter der 7. Verwaltung – Rudolf Herrnstadt, Alfred Kurella und Oberst Braginskij – zusammen. Sie sollten einen Entwurf für das Manifest des Nationalkomitees schreiben. Inhaltlich gab er vor, daß in dem Manifest der Rückzug der deutschen Truppen aus den besetzten Gebieten oder zumindest ein Waffenstillstand gefordert werden müsse. Das Manifest müsse zum Sturz Hitlers aufrufen und sich für die Überwindung der Schwächen der Weimarer Republik und den Erhalt des Deutschen Reiches einsetzen. In den Beratungen mit den kooperationswilligen Offizieren dürfe von diesen Positionen nicht abgegangen werden, wobei stilistische Änderungen durchaus möglich seien. Manuil'skij legte außerdem fest, daß das Nationalkomitee mit den schwarz-weiß-roten Farben des Deutschen Kaiserreiches auftreten solle[66]. Diese propagandistisch gewollte Reminiszenz an ein starkes, nicht durch die Wirren der Weimarer Republik von innen geschwächtes Deutschland, sorgte bei den Propagandisten des GlavPURKKA für großes Erstaunen[67]. Den nationalkonservativen Gefühlen der Offiziere in NKFD und BDO aber kam dies durchaus entgegen. Infolge der konkreten Anweisungen Manuil'skijs entstand ein Dokument, das in moderaten Formulierungen an das nationale Gewissen des deutschen Volkes appellierte und damit den sowjetischen Vorstellungen sehr viel näher kam als Weinerts Entwurf: „Wenn das deutsche Volk sich jedoch rechtzeitig ermannt und durch seine Taten beweist, daß es ein freies Volk sein will und entschlossen ist, Deutschland von Hitler zu befreien, erobert es sich das Recht, über sein künftiges Geschick selbst zu bestimmen und in der Welt gehört zu werden. Das ist der einzige Weg zur Rettung des Bestandes, der Freiheit und der Ehre der deutschen Nation."[68]

---

[64] „Manifest des Nationalkomitees Freies Deutschland" mit dem handschriftlichen Zusatz „variant Vajnerta" vom Juni 1943, SAPMO-BArch NY 4065/12, Bl. 1–8.
[65] Vgl. Dimitroff, Tagebücher. Demnach hatte Dimitrov die KPD am 24. 5. 1943 beauftragt, einen Vorschlag für ein antifaschistisches Komitee auszuarbeiten. Am 1. 6. 1943 notierte Dimitrov: „Pieck und Ulbricht – wir sind eine Reihe von Fragen durchgegangen, die mit der Arbeit unter den Kriegsgefangenen und den Parteien im Land zusammenhängen." Und schließlich wurde am 11. 6. 1943 vermerkt: „Manuilski und Pieck – haben den Entwurf für den Beschluß zur Schaffung des antifaschistischen deutschen Komitees ,Freies Deutschland' vorgelegt."
[66] Müller-Enbergs, Der Fall Rudolf Herrnstadt, S. 39f.; ders., Das Manifest des NKFD, S. 94f. Die Schilderung der Entstehungsgeschichte des NKFD-Manifestes geht zurück auf eine von Max Emendörfer angefertigte Niederschrift der Erinnerungen Herrnstadts (SAPMO-BArch SgY 30/2083), die wegen ungeklärter Rechtsansprüche für die Bearbeitung nicht zur Verfügung stand.
[67] Leonhard, Revolution, S. 280; vgl. Mayenburg, Blaues Blut und rote Fahnen, S. 305f.
[68] Manifest des NKFD vom 13. 7. 1943, in: Das Nationalkomitee „Freies Deutschland" und der Bund Deutscher Offiziere, S. 266.

Manuil'skij trug bereits bei der Vorbereitung zur Gründung des NKFD dafür Sorge, daß für die Akzeptanz des NKFD durch die Generäle die notwendigen Grundvoraussetzungen geschaffen wurden. Es lag offenbar nicht in seiner Hand, den Zeitpunkt der Gründung des Nationalkomitees von dem Erfolg der Vorbereitungen abhängig zu machen, so daß die Chronologie der Umsetzung – Gründung des Nationalkomitees und erst nachträgliche Einbeziehung der Generäle – umgekehrt wurde. Die im Frühjahr 1944 folgende Diskussion mit den Generälen um die Frage einer Exilregierung wurde durch das Vorpreschen des UPVI (Mel'nikov) provoziert, das Manuil'skij nicht verhindern konnte. Zudem stand bei der Gründung des Nationalkomitees im Juli 1943 dessen außenpolitische Wirkung im Mittelpunkt des Interesses.

Die Verbündeten der Sowjetunion waren von der Gründung des Nationalkomitees vollkommen überrascht. Die sowjetische Verhandlungsbereitschaft gegenüber einer deutschen Regierung warf bei den Westalliierten Fragen auf, zumal sie sich im Sommer 1943 bereits deutlich für eine bedingungslose Kapitulation Deutschlands ausgesprochen hatten. Mit „leichtem Unbehagen" wurde konstatiert, daß aus den Formulierungen des Manifestes nicht genau hervorging, wo die Grenzen Nachkriegsdeutschlands liegen sollten. Auch die offensichtliche Bereitschaft der Sowjetunion, im Falle eines vorzeitigen Friedensschlusses den Fortbestand der Wehrmacht zu akzeptieren, wurde „negativ vermerkt"[69]. Stalin spielte gegenüber den Alliierten die Bedeutung des NKFD für die sowjetische Deutschlandpolitik herunter. Einerseits konnte er zufrieden sein, denn nun erst unternahmen die Verbündeten konkrete Schritte, um zu gemeinsamen Gesprächen zu gelangen, wie sie dann erstmals auf der Moskauer Außenministerkonferenz im Oktober 1943 erfolgten[70]. Andererseits rief die Ungewißheit der Koalitionäre unkontrollierbare Spekulationen hervor, worauf das Volkskommissariat für Äußere Angelegenheiten noch vor Beginn der Moskauer Außenministerkonferenz hinwies: „In einigen ausländischen Kreisen ist der Eindruck entstanden, daß wir die Absicht haben, mit Deutschland bedeutend nachsichtiger umzugehen als die übrigen Alliierten, wobei sie uns in dieser Hinsicht die unsinnigsten Nachkriegspläne zuschreiben."[71] So gesehen waren die Beschwichtigungen Stalins dringend notwendig, um das Vertrauensverhältnis nicht restlos zu zerstören. Während der Moskauer Konferenz versicherte er dem britischen Außenminister Eden: „Das deutsche Komitee ist ein Propagandaorgan. (...). Natürlich, in dem deutschen Komitee sind Leute, die davon träumen, daß sie das Schicksal Deutschlands entscheiden werden. Aber man muß daran erinnern, daß ein ernstzunehmender Staat nicht gemeinsame Sache mit Kriegsgefangenen machen wird."[72]

Trotz aller Beteuerungen gegenüber den Verbündeten ging es der sowjetischen Führung mit dem Nationalkomitee dennoch um mehr als eine effektive psychologische Kriegführung. An den internen Auseinandersetzungen mit der Exilleitung der Kommunistischen Partei Österreichs wird deutlich, daß die sowjetische Führung

---

[69] Bungert, Das Nationalkomitee und der Westen, S. 36 f.; vgl. auch Scheurig, Verräter oder Patrioten, S. 76 ff.
[70] Bungert, Das Nationalkomitee und der Westen, S. 114.
[71] Litvinov an Molotov am 9. 10. 1943, in: SSSR i germanskij vopros, tom I, S. 287.
[72] Zitiert nach SSSR i germanskij vopros, tom I, S. 664, Anm. 70; vgl. Fischer, Sowjetische Deutschlandpolitik, S. 66 f.

bis zum Herbst 1944 an der Option festhielt, den Fortbestand des Großdeutschen Reiches hinzunehmen, wenn es denn zu einem Waffenstillstand käme. Schon lange war den österreichischen Kommunisten die Haltung sowjetischer Funktionäre bekannt, „die Okkupation Österreichs durch Hitler stillschweigend als ein geschichtliches post factum, als Anschluß anzuerkennen". Zu dieser Überzeugung kam die österreichische Exilkommunistin Ruth von Mayenburg bereits Anfang 1942 in einer langen Diskussion mit Manuil'skij[73]. Als Manuil'skij mit der Gründung des NKFD eine Propagandastrategie entwarf, die den Bestand eines souveränen Deutschen Reiches in den Mittelpunkt ihrer Argumentation stellte, war der Konflikt mit den österreichischen Kommunisten vorprogrammiert. Denn als es nach der Auflösung der Komintern um die Schaffung nationaler antifaschistischer Komitees unter Einbeziehung Kriegsgefangener ging, hatte Dimitrov auch die KPÖ angesprochen[74]. Weisungsgemäß unterbreitete KPÖ-Chef Koplenig Mitte Juni 1943 einen Richtlinienentwurf für die Etablierung einer österreichischen Antifa: „Die politische Propaganda unter den Österreichern wird in der Richtung der Förderung und Unterstützung der österreichischen Freiheitsfront geführt, die sich den Kampf für die Vertreibung der deutsch-faschistischen Okkupanten und die Wiederherstellung eines freien und unabhängigen Österreich zur Aufgabe stellt. Es ist daher nicht zweckmäßig, daß österreichische Kriegsgefangene Aufrufe für ein freies Deutschland unterschreiben, weil dadurch die Tatsache der Okkupation Österreichs verwischt, ja sogar anerkannt wird. Propaganda unter den Österreichern oder von Österreichern für ein freies Deutschland kann nur Verwirrung stiften und in gewissem Sinne den großdeutschen profaschistischen Elementen Vorschub leisten."[75] Klang in dieser Vorlage bereits das deutsch-österreichische Konkurrenzverhältnis an, so hatte sich die sowjetische Führung unterdessen vollständig auf eine „großdeutsche Linie" des Nationalkomitees festgelegt.

Dimitrov ignorierte die von der KPÖ vorgelegten Vorschläge. Vorsichtshalber wurde Koplenig für die Dauer der Gründungsveranstaltung des Nationalkomitees der Zutritt zum Lager Krasnogorsk verwehrt[76]. Dem solchermaßen düpierten Koplenig blieb lediglich der vehemente Protest, als am 12. Juli in Krasnogorsk das Manifest des NKFD feierlich und zudem auch noch von einem österreichischen Offizier (Major Stößlein) unterschrieben wurde: „Die Ursache der einander widersprechenden Direktiven, der steigenden Verwirrung in bezug auf die österreichische Frage in den Lagern ist unserer Meinung nach darin zu suchen, daß Genosse Manuilsky in der österreichischen Frage eine grundsätzlich andere Linie verfolgt als die österreichische Partei. Die grundsätzliche andere Auffassung, die ihrem Inhalt nach eine großdeutsche ist, überträgt sich auf den Apparat der Pur *[GlavPURKKA]*

---

[73] „Manuilsky jedoch war kein Verfechter der österreichischen Nation – sosehr er uns als ‚charmante Abart der Deutschen' mochte –, und das konnte für die Einstellung und politischen Richtlinien der Bolschewistischen Partei der SU *[Sowjetunion]* zu dieser Frage von großer aktueller Bedeutung sein.", Mayenburg, Blaues Blut und rote Fahnen, S. 291 f.
[74] Dimitroff, Tagebücher, Eintrag vom 24. 5. 1943.
[75] Entwurf einer Instruktion an die Leiter der Kriegsgefangenenlager, als Anlage zu dem Brief Koplenigs an Dimitrov vom 18. 6. 1943, RGASPI 495/77/27, Bl. 146–147.
[76] Koplenig an Dimitrov am 12. 7. 1943 und handschriftlicher Vermerk Dimitrovs auf dem Brief, den Zutritt zum Lager Krasnogorsk erst nach dem 15. Juli zu erlauben, RGASPI 495/77/27, Bl. 170.

und die Instrukteure und kommt in den konkreten Anweisungen zum Ausdruck."[77] Manuil'skijs Reaktion auf Koplenigs Vorwürfe erfolgte prompt. Telefonisch wies er den KPÖ-Chef an, sich an die vorgegebene sowjetische Linie zu halten. Am 17. Juli mußte sich Koplenig in einem kleinlauten Brief an Manuil'skij entschuldigen: „Ihre mir telefonisch übermittelte Antwort auf meinen Brief hat mich sehr schwer getroffen. Ich fühle die Notwendigkeit, Ihnen zu versichern, daß es in keiner Weise in meiner Absicht lag, mich in verletzender und anmaßender Weise an Sie zu wenden. Ich fühle diese Notwendigkeit um so mehr, als ich nach Ihrer Antwort und der neuerlichen Durchsicht des Briefes zu der Überzeugung gekommen bin, daß dieser Brief von Ihnen so verstanden werden konnte, um so mehr, als er, wie aus Ihrer Mitteilung hervorgeht, von falschen Voraussetzungen ausgegangen ist."[78] Abgesehen davon, daß dieser Briefwechsel eines der wenigen belegbaren Beispiele für die Art der Konfliktbereinigung innerhalb des sowjetischen ZK-Apparates ist, zeigt der Zwischenfall, daß der Rat für militärpolitische Propaganda im Sommer 1943 trotz der mit der Auflösung der Komintern proklamierten Unterstützung des nationalen Freiheitskampfes der kommunistischen Parteien die Annexion Österreichs zugunsten des Erfolges des NKFD überging. Die KPÖ mußte sich den Anweisungen Manuil'skijs beugen.

Nach der Gründung des BDO und dessen Beitritt zum Nationalkomitee, wurde Mitte September 1943 im Institut 99 noch einmal die Sprache auf die Annexion Österreichs gebracht. Aber der eingeschlagene Kurs wurde nicht geändert. Österreichische wie deutsche Kriegsgefangene sollten in der Bewegung „Freies Deutschland" organisiert werden: „Stellung zur österreichischen Frage, ob Anschluß oder Selbständigkeit steht jetzt zur Diskussion, Anschluß an Bewegung Freies Deutschland, Eintritt in NKFD, in einer kleinen Kommission in Pur *[GlavPURKKA]*."[79] Es ist daher gut möglich, daß in den Verhandlungen zur Gründung des BDO den Generälen tatsächlich der Erhalt des Deutschen Reiches in den Grenzen von 1938, d. h. unter Einschluß Österreichs, zumindest aber eine den (groß)deutschen Interessen entsprechende Grenzregelung angeboten wurde[80].

Eine Änderung der „großdeutschen Linie" hätte nach Abschluß der Moskauer Konferenz erfolgen können, zumal sich die Außenminister der Alliierten gemeinsam für eine Wiederherstellung der Souveränität Österreichs ausgesprochen hatten. Es ist zwischen Dimitrov und Koplenig auch zu einer erneuten Besprechung gekommen, aber die am 17. November 1943 erneut eingereichten Vorschläge der KPÖ für eine eigenständige österreichische Antifa wurden dann doch wieder ignoriert[81]. Zu der Frage eines souveränen Österreichs äußerte sich das Nationalkomitee

---

[77] Koplenig an Dimitrov und Manuil'skij am 13. 7. 1943, RGASPI 495/74/20, Bl. 6–7.
[78] Koplenig an Manuil'skij am 17. 7. 1943, RGASPI 495/74/20, Bl. 12; ebenda, Bl. 11 eine gleichlautende Entschuldigung Koplenigs an Dimitrov ebenfalls vom 17. 7. 1943.
[79] Notizen Piecks über „Leitungssitzung 20. 9. 1943, im Büro des NK *[Nationalkomitees]*", SAPMO-BArch NY 4036/498, Bl. 95.
[80] Vgl. Gerlach, Die Werbung der Generale, S. 96. Die beteiligten Generäle dagegen sind in ihren Erinnerungen sehr viel vorsichtiger: Daniels (Niederschrift, S. 97) erinnert sich, daß Mel'nikov betont habe, „die Grenzen sollten nach deutschen Interessen geregelt werden". Seydlitz (Stalingrad, S. 286) spricht von einem „Reich in den Grenzen von 1937" und fügt hinzu: „Die österreichische Frage wurde meiner Erinnerung nach dabei nicht erwähnt".
[81] „Aufgrund unserer Aussprache sende ich Ihnen unsere Vorschläge zur Verstärkung der Arbeit unter den österreichischen Kriegsgefangenen", Koplenig an Dimitrov am 17. 11. 1944,

erst nach der alliierten Konferenz von Teheran. Dennoch war nicht die Rede von getrennten Wegen einer deutschen und einer österreichischen Bewegung, sondern es wurde demonstrativ der gemeinsame Kampf gegen Hitler betont: „Das Nationalkomitee ‚Freies Deutschland' unterstützt den Freiheitskampf des österreichischen Volkes und fühlt sich ihm in dem gemeinsamen Kampf gegen Hitler und sein System brüderlich verbunden."[82] Die kurz darauf, Anfang März 1944, veröffentlichten „25 Artikel zur Beendigung des Krieges" nahmen überhaupt keinen Bezug auf die Souveränität Österreichs. Statt dessen will darin das NKFD das Erbe des Deutschen Reiches übernehmen (Artikel 11) und fordert den geschlossenen Kampf gegen Hitler „unter der Fahne des Nationalkomitees" (Artikel 21)[83].

Bis zum Herbst 1944 basierte die politische Arbeit unter den deutschsprachigen Kriegsgefangenen ausschließlich auf dem „großdeutschen" Programm des Nationalkomitees, auch wenn gemeinhin die alliierten Konferenzbeschlüsse von Teheran als „zweite Etappe" des Nationalkomitees angesehen werden[84]. Da die operative Arbeit des UPVI jedoch eine Angelegenheit des NKVD und somit formal im Bereich der Innenpolitik angesiedelt war, mußte sie nicht zwangsläufig auf außenpolitische Vereinbarungen der Sowjetunion reagieren[85]. Ebenso wie der BDO nach der durch das Seydlitz-Memorandum ausgelösten Krise im Nationalkomitee seinen, obgleich geschwächten, Einfluß beibehielt, so änderte sich die politische Arbeit unter den kriegsgefangenen Wehrmachtsoldaten trotz alliierter Absprachen nicht. Noch Ende Oktober 1944 kam es im Offizierslager Nr. 150 wegen der Frage eines eigenständigen österreichischen Antifa-Aktivs zwischen deutschen und österreichischen Parteifunktionären zum offenen Streit. Gustav Sobottka, KPD-Funktionär und NKFD-Mitglied, rügte den österreichischen Kommunisten Willi Fink, daß „durch diese österreichische Tätigkeit die antifaschistische Einheit gestört und den Faschisten geholfen werde"[86]. Ein Gedächtnisprotokoll zweier (österreichischer) Offiziere beschrieb Sobottkas Auftreten in dieser Diskussion: „Herr Sobottka erörterte die Aufgaben, die seiner Meinung nach die Österreicher hatten. Er betonte, daß gerade in der Arbeiterschaft starke Strömungen für einen Anschluß an Deutschland seien, daß solche Bestrebungen großdeutscher Art in der Geschichte der österreichischen Arbeiterbewegung schon vor 1866 nachweisbar seien und daß die anwesenden Österreicher kein Urteil darüber hätten, in welchem Maße die Stimmung in Österreich heute für die Selbständigkeit sei."[87] In seiner späteren Stellungnahme gegenüber Pieck bestätigte Sobottka diese Darstellung und berief sich auf die Beschlüsse des NKFD vom Dezember 1943 sowie die dementsprechenden Richtlinien des UPVI, die eine eigenständige österreichische Antifa nicht vor-

---

RGASPI 495/77/27, Bl. 192; ebenda, Bl. 193: „Vorschläge zur Verstärkung der Arbeit unter den österreichischen Kriegsgefangenen".
[82] Zitiert nach Weinert, Nationalkomitee, S. 91.
[83] FD Nr. 10/1944 vom 5. 3. 1944, S. 1; ediert in: Scheurig, Verräter oder Patrioten, S. 193 ff.; Sie kämpften für Deutschland, S. 171 ff.
[84] Sywottek, Deutsche Volksdemokratie, S. 134 ff.
[85] Vgl. Laufer/Kynin in der Einleitung zu SSSR i germanskij vopros, tom I, S. 36.
[86] „Kurze Darstellung der Vorkommnisse im Lager 150" durch Willi Fink, SAPMO-BArch NY 4036/572, Bl. 278.
[87] Von zwei österreichischen kriegsgefangenen Offizieren angefertigtes Gedächtnisprotokoll der Diskussion vom 24. 10. 1944, SAPMO-BArch NY 4036/572, Bl. 280.

sähen[88]. Offenbar galten für die Politinstrukteure in den Kriegsgefangenenlagern im Oktober 1944 noch derartige Anordnungen, und Sobottka befand sich damit formal im Recht. Er konnte dabei nicht wissen, daß genau zu dem Zeitpunkt seines Auftretens im Offizierslager in Moskau die Entscheidung über die Zulassung einer eigenständigen österreichischen Antifa gefallen war.

Anfang August 1944 wurde die KPÖ abermals wegen einer eigenständigen österreichischen Antifa bei Dimitrov vorstellig. Koplenig monierte, daß österreichische Kriegsgefangene sich nur in der Bewegung „Freies Deutschland" engagieren könnten, was zunehmend auf Widerstand stoße: „Nicht nur von den österreichischen Soldaten, sondern auch von den Offizieren wird der entschiedene Wunsch nach einer besonderen nationalen Zusammenfassung der Österreicher unabhängig vom deutschen Nationalkomitee geäußert. Dies um so mehr, als heute in den Lagern erklärt wird, daß die antifaschistische Gesinnung nur durch das Bekenntnis zum deutschen Nationalkomitee bzw. den Beitritt zum Bund deutscher Offiziere zum Ausdruck gebracht werden kann. Damit wird nicht nur der besondere nationale Charakter des österreichischen Freiheitskampfes verwischt, sondern auch ein politisch-moralischer Druck auf die österreichischen Gefangenen ausgeübt in einer Richtung, die im Widerspruch steht zur allgemeinen Linie in der österreichischen Frage."[89] Der erneute Vorstoß Koplenigs, der mit seinen Vorschlägen bereits zweimal gescheitert war, ist im Zusammenhang mit den alliierten Nachkriegsplanungen in der European Advisory Commission zu sehen. Dimitrov, der in dieser Hinsicht wahrscheinlich besser über den Stand der Beratungen informiert war als die KPÖ, hätte Koplenig auf eine sich anbahnende Änderung in der sowjetischen Haltung hinweisen können. Am 25. August legte die sowjetische Regierung in der EAC ihre Haltung zu der alliierten Kontrolle Deutschlands – ohne Österreich – nach dem Krieg dar[90]. Kurz darauf kam es zu einem Treffen zwischen Dimitrov und Koplenig[91], auf dem offenbar die Gründung eines eigenständigen „Antifaschistischen Komitees österreichischer Kriegsgefangener" zugestanden wurde. Denn nachdem am 12. September in der EAC die endgültige Vereinbarung über die Besatzungszonen in Deutschland geschlossen worden war[92], reichte Koplenig am 20. September unter Bezugnahme auf die drei Wochen zurückliegende Besprechung Kadervorschläge für die Bildung des österreichischen Komitees ein[93].

Die Vorschläge der KPÖ gingen zur weiteren Bearbeitung an das Institut 99. Dort war kurz zuvor über die zukünftigen Aufgaben des NKFD beraten worden, was auf eine Änderung in der politischen Grundhaltung hinwies[94]. Dimitrov

---

[88] Sobottka an Pieck am 19. 11. 1944, SAPMO-BArch NY 4036/572, Bl. 281–283 RS.
[89] Koplenig an Dimitrov am 2. 8. 1944, RGASPI 495/74/22, Bl. 56.
[90] „Memorandum zu der Frage des alliierten Kontrollmechanismus in Deutschland" vom 25. 8. 1944, in: SSSR i germanskij vopros, tom I, S. 530.
[91] Auf dem Brief Koplenigs an Dimitrov vom 2. 8. 1944 befindet sich ein handschriftlicher Vermerk von Dimitrovs Sekretär Mirov über ein Treffen Dimitrovs mit Koplenig am 30. 8. 1944, RGASPI 495/74/22, Bl. 56.
[92] Dazu siehe Laufer, Die UdSSR und die Zoneneinteilung Deutschlands, S. 324 ff.; Deuerlein, Die Präjudizierung der Teilung Deutschlands, S. 358 ff.; Fischer, Sowjetische Deutschlandpolitik, S. 75 ff.
[93] Koplenig an Dimitrov am 20. 9. 1944 nebst Anlagen, RGASPI 495/74/22, Bl. 63–65.
[94] „Arbeitsplan des Nationalkomitees in nächster Zukunft", Protokoll des Instituts 99 vom 18. 9. 1944, RGASPI 495/77/46, Bl. 21.

2. Manuil'skijs „großdeutsche Linie" 81

berichtete an die sowjetische Führung, mit der vermutlich das weitere Vorgehen abgestimmt wurde[95]. Unterdessen hatte TASS am 28. September die Ergebnisse der EAC-Verhandlungen veröffentlicht[96], und am 2. Oktober beschloß der wöchentlich im Institut 99 zusammenkommende Führungskreis, die Mitglieder des NKFD im Lager Lunevo („Objekt Nr. 15") auf die neue Linie einzustimmen: „Am Mittwoch, den 11. Oktober soll eine Vollsitzung des Nationalkomitees stattfinden, die sich mit den Aufgaben des Nationalkomitees in der Endphase des Krieges beschäftigen wird. Am Sonnabend, den 7. d. M. soll in Objekt 15 ein Vortrag eines österreichischen Genossen und am Sonnabend, den 14. d. M. eines sudetendeutschen Genossen über das Thema ‚Die Sudetendeutschen in der Tschechoslowakischen Republik' stattfinden. Außerdem sollen von Seiten des NK *[Nationalkomitees]* an die Lagerleitungen Anweisungen ergehen, in denen die österreichischen und sudetendeutschen Kriegsgefangenen, die bisher der Bewegung „Freies Deutschland' angehörten, aufgefordert werden, sich ihrer Bewegung anzuschließen."[97] Am 10. Oktober holte Dimitrov die Bestätigung von NKVD-Chef Berija ein, die österreichischen Kriegsgefangenen aus der Bewegung „Freies Deutschland" auszugliedern und ihnen die Gründung eines „antifaschistischen Büros" zu gestatten. Das Büro solle „rein internen Charakter" tragen, d.h. es würde keine Gründungskonferenz, kein öffentliches Auftreten und keine Beteiligung von KPÖ-Funktionären geben. Die Aktivitäten seien vornehmlich auf das Kriegsgefangenenlager Krasnogorsk zu beschränken und stünden unter der Kontrolle des Instituts 99[98]. Am 12. Oktober folgte Molotovs Zustimmung[99].

Das NKVD ordnete die Trennung von deutscher und österreichischer Antifa an, überließ die konkrete Umsetzung aber dem Institut 99, das in Absprache mit der operativen Abteilung des UPVI die von Koplenig eingereichten Kadervorschläge prüfte[100]. So kam es am 18. Oktober zu einer Absprache zwischen UPVI, KPÖ und BDO, auf der wahrscheinlich das weitere Vorgehen festgelegt wurde[101]. Über diese Absprachen waren jedoch die KPD und auch die einzelnen Lagerverwaltungen des UPVI noch nicht informiert, so daß es im Oktober 1944 im Lager Nr. 150 noch zu den oben geschilderten Auseinandersetzungen zwischen Fink und Sobottka kommen konnte[102]. Das „Antifaschistische Büro österreichischer Kriegsgefangener"

---

[95] Auf dem Brief Koplenigs an Dimitrov vom 20. 9. 1944 befindet sich Dimitrovs Anweisung vom 23. 9. und Mirovs Bearbeitungsvermerk über einen Brief an Berija vom 10. 10. 1944, RGASPI 495/74/22, Bl. 63.
[96] TASS-Erklärung vom 28. 9. 1944, in: SSSR i germanskij vopros, tom I, S. 548 ff.
[97] Beschlußprotokoll des Instituts 99 vom 2. 10. 1944, RGASPI 495/77/46, Bl. 23.
[98] Dimitrov an Berija am 10. 10. 1944, RGASPI 495/74/21, Bl. 93–94.
[99] Berija an Molotov am 12. 10. 1944, GARF 9401/2/70, Bl. 14; ebenda der positive Bescheid, der noch am selben Tag durch handschriftlichen Vermerk Molotovs am Rand des Schreibens erfolgte.
[100] Kozlov an Dimitrov am 27. 10. 1944, RGASPI 495/74/22, Bl. 76–78.
[101] Berija an Dimitrov am 14. 10. 1944, RGASPI 495/77/31, Bl. 229; ebenda Dimitrovs Anweisung vom 14. 10. 1944 und Manuil'skijs Ausführungsvermerk über ein Trefffen Koplenigs mit Petrov am 18. 10. 1944.
[102] „Zur Begründung der selbständigen österreichischen Organisation in den Kriegsgefangenenlagern führte Fink an, daß in Moskau Besprechungen mit General Petrow, den deutschen Generalen und dem Genossen Koplenik stattgefunden hätten, bei denen unsere Frage erörtert worden und die eigene österreichische Organisation festgelegt sei.", Sobottka an Pieck am 19. 11. 1944, SAPMO-BArch NY 4036/572, Bl. 282–283.

nahm seine Tätigkeit erst Anfang 1945 auf, obwohl die Auswahl der Mitglieder und die Aufgabenbeschreibung des Büros Anfang November 1944 abgeschlossen waren[103]. Zwar begann das Institut 99 im Dezember 1944 mit der Herausgabe der „Mitteilungen für die österreichischen Antifaschisten", aber erst im März 1945 wurde die operative Abteilung des UPVI um die Bestätigung zur Entsendung von Bevollmächtigten des Büros in die Lager gebeten. Vermutlich entfaltete das Büro dort erst nach dem Kriegsende eine gewisse Aktivität[104].

Manuil'skijs „großdeutsche Linie" bewirkte, daß während des Krieges die gesamte politische Arbeit unter den Wehrmachtssoldaten auf das Nationalkomitee „Freies Deutschland" ausgerichtet wurde. Erst nachdem eine alliierten Einigung über die Besatzungszonen in Deutschland erzielt worden war, wurde die Tätigkeit des NKFD auf Deutschland in den Grenzen von 1937, d.h. ohne Österreich, eingeschränkt. Nun begann die innersowjetische Diskussion über die Politik im Nachkriegsdeutschland, zu der die KPD im Herbst 1944 ihr deutschlandpolitisches Programm vorlegte.

3. Volksfrontstrategie der KPD

Die politische Arbeit unter den deutschen Kriegsgefangenen in der Sowjetunion stützte sich von Anbeginn an stark auf die Zuarbeit der KPD. Aus deren Sicht war die Beteiligung deutscher Kommunisten am Nationalkomitee „Freies Deutschland" die Fortsetzung des Volkskampfes unter den spezifischen Bedingungen des Krieges und der Emigration, in dem sich das ganze deutsche Volk ungeachtet politischer Anschauungen zum Sturz Hitlers zusammenschließen müsse[105]. In der historiographischen Selbstdarstellung fand dieser Zusammenschluß unter der Führung der KPD statt[106], was von den Kommunisten zweifelsohne erstrebt wurde, sich aber in der Realität immer auf die von sowjetischer Seite eingeräumten Spielräume beschränkte.

Die Gründungsveranstaltung des NKFD war ganz im Sinne der KPD so inszeniert worden, daß der Eindruck eines alle Schichten des deutschen Volkes umfassenden Komitees entstehen konnte. Parteimitgliedschaft wurde nicht erwähnt. Wilhelm Pieck zum Beispiel firmierte als „Reichstagsabgeordneter, Berlin". Auf der Gründungsveranstaltung traten die Unterzeichner des Manifestes unter Hervorhebung ihrer beruflichen Tätigkeit als Redner auf. Auch wurden ihre über ganz Deutschland verstreuten Heimatorte genannt, so daß der Eindruck eines wahren

---

[103] Siehe Kandidatenlisten, von Kozlov am 27. 10. 1944 an Dimitrov, RGASPI 495/74/22, Bl. 76–78; „Hauptziele und Aufgaben des Antifaschistischen Büros österreichischer Kriegsgefangener" vom 1. 11. 1944, ebenda 495/77/31, Bl. 230.
[104] Siehe Nr. 1 der Mitteilungen, SAPMO-BArch NY 4036/551, Bl. 19–33; Kozlov an Kobulov am 6. 3. 1945, RGVA/K 4p/5/20, Bl. 128; vgl. Abteilungen des Instituts 99 ab 1946, RGASPI 17/128/1150, Bl. 4; siehe auch Gosztony, Stalins fremde Heere, S. 125 ff.; Frick, Umdenken hinter Stacheldraht.
[105] Vgl. Sywottek, Deutsche Volksdemokratie, S. 127 ff.
[106] Idealtypisch: Löwel, Die Gründung des NKFD, S. 613 ff.; Auseinandersetzung mit der Darstellung des NKFD in der DDR: Diesener, Die Bedeutung des Nationalkomitees „Freies Deutschland", S. 17 ff.; Heider, Das NKFD und der BDO in der Historiographie der DDR, S. 161.

„Volkskomitees" entstand. Hauptmann Fleischer („Volkswirtschaftler") sprach über die „Deutsche Wirtschaft unter Hitler". Die Offiziere Hadermann und Rücker („Studienräte") wandten sich „Gegen die Pseudo-Wissenschaft der Naziclique". Für die Jugend sprach Soldat Keßler („Maschinenschlosser"), kirchliche Belange wurden von dem Gefreiten Eschborn („stud. theol., Mitglied des Ordens vom Herzen Jesu") und dem Unteroffizier Klein („evangelischer Pastor") behandelt. Klein, der aus bäuerlichen Verhältnissen kam, sprach über „Geknechtete Bauern, geknechteter Glaube. Von der Not und dem Kampf des evangelischen Bauernvolkes" und demonstrierte damit abermals den Gedanken des alle Schichten umfassenden „Volkskomitees". Zudem referierte der Gefreite Helmschrott („Bauer") über das „Deutsche Bauerntum am Rande des Abgrunds"[107]. Sowohl die Themen als auch die Referenten boten Anknüpfungspunkte für die Bildung von Arbeitsgruppen. Mit dem Wissen um die späteren Diskussionen im BDO könnte man auch von einem Ansatz für die Bildung eines Schattenkabinetts sprechen. Aber durch den Zusammenschluß von NKFD und BDO verschob sich der bei der Gründung des Nationalkomitees gesetzte Akzent enorm zugunsten der Haltung der Offiziere.

Der Bund Deutscher Offiziere genoß vom Zeitpunkt seiner Gründung an die volle Unterstützung von UPVI und GlavPURKKA, was zu einiger Verwirrung unter den deutschen Kommunisten führte. Die konstituierende Versammlung des Offiziersbundes erfolgte analog zu der NKFD-Gründung, aber dieses Mal traten die Vortragenden nur unter Nennung ihres Dienstgrades auf. Dabei spiegelte das von Oberst van Hooven gehaltene Grundsatzreferat nahezu prototypisch die nun vorherrschende Herangehensweise an gesellschaftspolitische Fragen wider. Unter der Überschrift „Deutschlands Lage fordert den Entschluß der Wehrmacht" wurden in Form von Lageanalysen („militärische, politische, wirtschaftliche Lage") Aussagen über alle Bereiche des öffentlichen Lebens getroffen[108]. Der BDO verstand sich dabei als eine nach ständischen Merkmalen organisierte Sammlungsbewegung von Offizieren, die als geschlossene Korporation für die Belange Deutschlands eintrat. Für Fachkommissionen war da kein Platz. Einzige Gemeinsamkeit zu der Festveranstaltung des NKFD war, daß auch bei der Gründung des BDO ein Geistlicher auftrat, woran im Juni 1944 bei der Gründung des kirchlichen Arbeitskreises des NKFD angeknüpft werden konnte[109]. Im Herbst 1943 jedoch mußte die KPD akzeptieren, daß von sowjetischer Seite den Vorstellungen der Offiziere mehr Beachtung geschenkt wurde als den ihrigen.

Die latente Konkurrenz zwischen BDO und (kommunistischem) NKFD führte um die Jahreswende 1943/44 zum heftigen Streit der deutschen Exilkommunisten untereinander. Ausgelöst wurde er durch die Frage nach dem Verhältnis der Redaktionsmitarbeiter im Institut 99 zu den Kriegsgefangenen im Nationalkomitee[110]. Durch das Eingreifen Dimitrovs wurde der Konflikt Mitte Januar beigelegt. Er stellte die sowjetische Haltung insofern klar, als er die deutschen Kommunisten daran erinnerte, daß die „politische Orientierung in der Arbeit nach Deutschland

---

[107] FD Nr. 1/1943 vom 19. 7. 1943.
[108] FD 8,9/1943 vom 15. 9. 1943, S. 2.
[109] Eschborn und Klein beim NKFD, Kayser beim BDO.
[110] Notizen Piecks vom 29. 12. 1943 und 2. 1. 1944, SAPMO-BArch NY 4036/498, Bl. 127–131 und ebenda Akte 499, Bl. 66–68; vgl. Müller-Enbergs, Der Fall Rudolf Herrnstadt, S. 43 ff.

im Zusammenhang mit der Arbeit im Nationalkomitee" zu sehen sei[111]. Zugleich beauftragte Dimitrov die KPD mit der Ausarbeitung eines eigenen deutschlandpolitischen Konzepts.

Die KPD beschloß am 6. Februar 1944 die Einsetzung einer zwanzigköpfigen Kommission „zur Durcharbeitung einer Reihe politischer Probleme des Kampfes für den Sturz Hitlers und der Gestaltung des neuen Deutschlands"[112]. Aber erst Anfang März 1944, parallel zu dem alliierten Arbeitsstab der EAC, nahm diese Kommission ihre Arbeit auf[113]. Auf der Eröffnungssitzung stellte Florin die Grundposition der KPD klar: Bildung von Volksausschüssen zusammen mit bürgerlichen Kräften, aber unter Leitung der KPD. Dabei ging er auch auf die Zusammenarbeit mit dem BDO ein: „Der Kampf zur Brechung des faschistischen Terrors ist Sache des Volkes bzw. aller Volksschichten. Die Hauptkraft im Kampfe gegen diesen Terror werden die Arbeiter, Bauern und Soldaten sein. Aber wir [KPD] werden auch im Unterschied zu 1918 viele bürgerliche Menschen, ja, Generale haben, die diesen Terror mit brechen helfen (Seydlitz)."[114] Einen Tag zuvor – am 5. März – hatte sich Wilhelm Pieck mit den Generälen in Dombrovo getroffen und dort von deren Vorstellungen über die Bildung einer Exilregierung aus Offizieren und Emigranten erfahren. Angesichts der vollkommen unterschiedlichen Planungen von BDO und KPD, die beide mit sowjetischer Duldung betrieben, ergab sich nun ein direktes Konkurrenzverhältnis. Allerdings ist es fraglich, inwiefern durch das Seydlitz-Memorandum zwischen KPD und BDO „die Machtfrage" gestellt wurde[115], denn auch wenn die Positionen inhaltlich nicht weiter auseinanderliegen konnten, so war der KPD doch die sowjetische Haltung zum BDO/NKFD bekannt. Dimitrov hatte schließlich nochmals ausdrücklich darauf hingewiesen. Die Kommunisten im Nationalkomitee zeigten sich denn auch gegenüber den Vorschlägen des BDO zur Umstrukturierung des Nationalkomitees kompromißbereit. Nachdem sich der zivile Teil am 20. März im Institut 99 getroffen hatte, wurde Manuil'skij eine Entschließung übermittelt, die zu einer nahezu kompletten Übersiedlung des Stadtkomitees in das Lager Lunevo geführt hätte[116]. Jedoch wurde dieser Plan nicht realisiert. Statt dessen wurde das NKFD umstrukturiert und die Kontrolle durch das Institut 99 verbessert.

Erst nachdem die Pläne des BDO gescheitert waren, wurde die Arbeit des Nationalkomitees stärker von den im Institut 99 arbeitenden Kommunisten beeinflußt. Nun spielte die Programmkommission der KPD insofern eine Rolle, als ihre Ergebnisse direkt in die propagandistische Arbeit des Nationalkomitees einflossen. Wie schon im Sommer 1943 bei Gründung des Nationalkomitees war der Leitgedanke die Initiierung einer Volkserhebung zum Kampf aller Schichten gegen Hitler als

---

[111] Notizen Piecks von einer Besprechung bei Dimitrov am 13. 1. 1944, SAPMO-BArch NY 4036/545, Bl. 27.
[112] Protokoll der Leitungssitzung vom 6. 2. 1944, SAPMO-BArch NY 4036/499, Bl. 83.
[113] Fischer, Sowjetische Deutschlandpolitik, S. 84 f.; „Nach Hitler kommen wir", S. 77 ff.
[114] „Die Lage und die Aufgaben in Deutschland bis zum Sturz Hitlers", handschriftliche Ausarbeitung Wilhelm Florins für das Referat vor der Arbeitskommission auf der Sitzung am 6. März 1944, in: „Nach Hitler kommen wir", S. 153.
[115] Heider, Nationalkomitee „Freies Deutschland", S. 21.
[116] Notizen Piecks von einer Besprechung am 20. 3. 1944, SAPMO-BArch NY 4036/575, Bl. 145; Weinert an Manuil'skij am 24. 3. 1944, RGASPI 495/77/38, Bl. 12.

"Bewegung Freies Deutschland". Allerdings sollte nach Vorstellung der Kommunisten nicht das Nationalkomitee in Moskau, sondern die von der KPD inspirierten Volksausschüsse in Deutschland die Führung der Bewegung übernehmen. Wilhelm Florin referierte darüber Anfang Juni 1944 in der KPD-Arbeitskommission: "Wir wählten als die demokratischen Organe der Volkserhebung Volksausschüsse in Stadt und Land, in denen Vertreter aller Volksschichten sein sollen. Diese Volksausschüsse sollen sich auf Kameradschaften oder Wehrmachtsgruppen in der Wehrmacht stützen. Sie sollen sich stützen auf Betriebskampfausschüsse – sie sollen sich stützen auf Vertrauensleute – sie sollen sich stützen auf alle illegalen Parteigruppen und Organisationen, die am Kampfe teilnehmen. Die Volksausschüsse sind demnach keine Organe einer Partei, sondern Organe der großen Bewegung ,Freies Deutschland' bzw. der nationalen Friedensbewegung. Die Führung in diesem nationalen Kampf haben also die Volksausschüsse."[117] Auch wenn Florin in seine Ausführungen einflocht, "daß das, was ich hier sage, nicht alles in der Zeitung ,Freies Deutschland' gesagt werden kann"[118], so konnten die Leitgedanken dennoch übernommen werden. Der erstmalige Aufruf des NKFD zur Bildung von Volksausschüssen erschien anläßlich der alliierten Landung in der Normandie am 11. Juni 1944 im "Freien Deutschland". Er richtete sich direkt an die deutsche Bevölkerung: "Schafft in allen Städten und Landgebieten Volksausschüsse zur Führung des nationalen Kampfes unseres Volkes. Die besten und mutigsten Männer unserer Heimat, die Vertreter der verschiedensten Schichten unseres Volkes und der verschiedenen politischen Anschauungen gehören in die Volksausschüsse. Die Zeit ist gekommen, wo im Rüstungsbetrieb wie in der Truppe, in Stadt und Land, in der Heimat und an der Front alle wahrhaft nationalbewußten Männer und Frauen unseres Volkes die Vorbereitung treffen zur Erhebung des Volkes gegen den Feind der Nation – gegen Hitler."[119]

Die Einflüsse der KPD-Konzeption waren auch nicht zu übersehen, als auf der 10. Vollsitzung des NKFD (14. bis 17. Juni 1944) der "Kirchliche Arbeitskreis" aus der Taufe gehoben wurde[120]. Auf dem NKFD-Plenum hielten mehrere NKFD- und BDO-Mitglieder Referate, die alle unter dem Motto "Volk und Kirche gegen Hitler" standen. Geistliche waren von Anfang an in die Arbeit des Nationalkomitees eingebunden worden, und somit fiel es leicht, die Gründung des Kirchlichen Arbeitskreises als eine Initiative der im NKFD aktiven Theologen darzustellen. Ähnlich wie bei der Gründung des Nationalkomitees im Juli 1943 traten die Vortragenden als Vertreter der unterschiedlichsten Volksschichten auf (z.B. "Reichstagsabgeordneter Florin", "Wirtschaftsprüfer Fleischer", "Kriegspfarrer Arndt", "Kaufmännischer Angestellter Zippel") und propagierten die Bildung von Volksausschüssen als notwendige Form des Widerstandes gegen Hitler[121]. Im Anschluß an die Vollsitzung wurde in den Lagern für die Unterstützung des Kirchlichen Ar-

---

117 Ausarbeitung Wilhelm Florins "Über die Volkserhebung und die Bildung von Volksausschüssen", die in der ersten Junihälfte 1944 entstand, in: "Nach Hitler kommen wir", S. 194.
118 Ebenda, S. 197.
119 FD Nr. 24/1944 vom 11. 6. 1944, S. 1, in: Flugblätter des Nationalkomitees, S. 318.
120 Ihme-Tuchel, Arbeitskreis für kirchliche Fragen, S. 66.
121 FD Nr. 26/1944 vom 25. 6. 1944, S. 3, in: Flugblätter des Nationalkomitees, S. 322; siehe auch Christen im Nationalkomitee.

beitskreises geworben, der ein Vorbild für entsprechend gebildete Volksausschüsse in Deutschland sei[122].

Im Sommer 1944 kehrte das Nationalkomitee zu Organisationsformen zurück, die ganz zu Beginn seiner Tätigkeit – noch vor der Gründung des BDO – das öffentliche Auftreten bestimmt hatten. Dabei wurde der ursprüngliche Ansatz wiederbelebt, durch Kommissionen des Nationalkomitees Antworten zu allen gesellschaftlich relevanten Fragen im Nachkriegsdeutschland zu erarbeiten. Wie Weinert in seinem „Bericht über die Tätigkeit des Nationalkomitees" mitteilte, seien bei der Komiteegründung die „Fachgruppen" Wirtschaft, Sozialpolitik, Recht und Kultur eingesetzt worden, um Material für die Propaganda, Schulung und allgemeine Aufklärungsarbeit des NKFD zu erstellen[123]. Diese Kommissionen kamen aber, bedingt durch die Dominanz des Offiziersbundes bis März 1944, nicht zustande. Sie wurden erst im Frühjahr 1944 durch den Vorschlag General Lattmanns in der Form eines „Schattenkabinetts" einer Exilregierung wieder aktuell. Doch inzwischen hatte die KPD eigene Arbeitsgruppen eingesetzt, so daß es von ihrer Seite keinen unmittelbaren Bedarf mehr gab. Vergleicht man die bei der Gründung des NKFD in den Referaten angeschnittenen Themen mit denen, die ab Februar 1944 in der Planungskommission der KPD bearbeitet wurden, so ergeben sich Überschneidungen in den Bereichen Wirtschaft, Bildung und Agrarpolitik[124]. Allerdings werden auch die Unterschiede deutlich. Das NKFD als klassenübergreifendes Volkskomitee behandelte nicht die Fragen partikularer Interessenvertretungen wie Gewerkschaften und Parteien. Die KPD als atheistische Partei dagegen setzte keine Referenten für Kirchenfragen ein. Die Initiierung des Arbeitskreises für kirchliche Fragen innerhalb des Nationalkomitees konnte somit die Arbeitskommission der KPD ergänzen und zugleich diejenigen „gesellschaftlichen Kräfte" einbinden, die in der KPD keinen Platz hatten. Das wiederum war der Grundgedanke eines Volksausschusses unter der führenden Rolle der KPD.

Das NKFD ging dazu über, seine Frontbevollmächtigten zur Schaffung von Volksausschüssen auf deutschem Boden anzuhalten. Die entsprechenden Beschlüsse fielen auf der 11. Vollsitzung vom 14. Juli 1944[125]. Wenige Tage später, am 19. Juli, wandte sich der Frontbevollmächtigte Willms deswegen an Erich Weinert. Ganz im Einklang mit den Beschlüssen des NKFD ging er davon aus, nach der Besetzung die Bildung von Volksausschüssen zu initiieren, und damit – obwohl im unklaren über die sowjetische Haltung zu Einzelfragen („Wie behandeln wir die Grenzfrage?") – besatzungspolitische Aufgaben zu übernehmen: „Wenn das NKFD in Ostpreußen oder in anderen von der RA [Roten Armee] besetzten Reichsgebieten zum mindesten eine Betreuung der Zivilbevölkerung übernimmt, so wird das die Existenzfrage des Komitees überhaupt sichern."[126] Willms' Brief, der die Zensur des GlavPURKKA passieren mußte, ließ die Politische Hauptverwaltung aktiv werden. Ihre Haltung war eindeutig. Umgehend instruierte Burcev, Chef

---

[122] Ihme-Tuchel, Arbeitskreis für kirchliche Fragen, S. 68.
[123] Weinert, Nationalkomitee, S. 30 f.
[124] Wirtschaft (Ackermann), ideologische Umerziehung (Weinert), Bauern- und Agrarfragen (Hoernle), Protokoll der KPD-Sitzung vom 6. 2. 1944, in: „Nach Hitler kommen wir", S. 132.
[125] FD Nr. 30/1944 vom 23. 7. 1944, S. 4; Weinert, Nationalkomitee, S. 94.
[126] Willms an Weinert am 19. 7. 1944, RGASPI 495/77/38, Bl. 41.

der 7. Verwaltung, seinen Stellvertreter Braginskij, der die 7. Verwaltung im Institut 99 vertrat, daß Frontbevollmächtigte des NKFD keinerlei Arbeit unter der Zivilbevölkerung aufnehmen dürften. Ihre Tätigkeit habe sich ausschließlich auf die Propaganda unter den Wehrmachtssoldaten zu beschränken[127].

Das zukünftige Auftreten des NKFD in dem von der Roten Armee besetzten Gebiet des Deutschen Reiches wurde auch im Institut 99 diskutiert. Während im Frontbereich per Anweisung des GlavPURKKA sofort klare Verhältnisse geschaffen wurden, mußten die Mitarbeiter des Instituts 99 in einem langwierigen Prozeß ihr weiteres Vorgehen mit der sowjetischen Führung abstimmen. Ernö Gerö, der Zensor der 7. Verwaltung im Institut 99, leitete die Nachfrage von Willms an Dimitrov weiter, um eine grundsätzliche Klärung durch die politischen Entscheidungsträger herbeizuführen: „Die Frage darüber, wie die Tätigkeit des Nationalkomitees ‚Freies Deutschland' auf deutschem Territorium aussehen wird, wenn die Rote Armee dorthin vorgerückt sein wird, und ob überhaupt eine öffentliche Tätigkeit des Nationalkomitees entfaltet wird, gewinnt nun eine äußerst aktuelle Bedeutung. (...) Ich bitte Sie, sofern es möglich ist, sich dafür einzusetzen, daß wir in der genannten Angelegenheit eine Direktive erhalten."[128] Die sowjetische Position war unklar. Bereits am 17. Juli 1944 hatte der Zivilsektor im Institut 99 auf seiner Sitzung den ersten Entwurf eines Aufrufes beraten, mit dem sich das NKFD aus Anlaß des Überschreitens der deutschen Reichsgrenze zu Wort melden würde. Zu der von Willms angeschnittenen Frage der Grenzen („Ostpreußenfrage") konnten die Mitarbeiter des Instituts 99 lediglich konstatieren, „keine endgültige und bindende Antwort zu geben, da Entscheidungen noch nicht getroffen werden können"[129]. Die weiteren Diskussionsprozesse lassen sich mangels Quellen im einzelnen nicht nachvollziehen und nur am Ergebnis, d. h. an der Propaganda, festmachen. Der vom NKFD schließlich veröffentlichte Aufruf erschien nach fünfwöchiger Bearbeitungszeit und enger Abstimmung mit Dimitrov am 27. August im „Freien Deutschland"[130]. Nun rief das Nationalkomitee nicht mehr zur Bildung von Volksausschüssen auf. Statt dessen wurde das aktive Handeln der „Roten Armee und ihrer Verbündeten", aber mit keinem Wort das des Nationalkomitees herausgestellt. Das deutsche Volk wurde aufgefordert, zu retten was zu retten sei, wobei es über die Absichten der Befreier mit knappen Worten hieß: „Die Rote Armee und ihre Verbündeten haben kein anderes Ziel, als die Hitlerherrschaft zu vernichten, um ihre Länder für alle Zeit gegen die Überfälle solcher Räuber zu sichern."[131] Über eine allgemeine Willensbekundung zum Sturz Hitlers ging dieser Aufruf nicht hinaus. Vertreter des Nationalkomitees übernahmen keinerlei Aufgaben, die mit der sowjetischen Besatzungspolitik in Berührung hätten kommen können. Vor allem legte der Appell die Sowjetunion politisch nicht fest.

Das sowjetische Zögern im Sommer 1944, sich auf eine klar formulierte Deutsch-

---

[127] Vsevolodov, Vzaimodejstvie politorganov, S. 125.
[128] Gerö an Dimitrov am 4. 8. 1944, RGASPI 495/77/38, Bl. 40.
[129] Beschlußprotokoll des Instituts 99 vom 17. 7. 1944, RGASPI 495/77/46, Bl. 6.
[130] Erster Beschluß im Institut 99 am 17. 7. 1944 (RGASPI 495/77/46, Bl. 6), erneuter Beschluß am 7. 8. 1944 (ebenda, Bl. 9), Rücksprache Gerös bei Dimitrov am 11. 8. 1944 (ebenda 495/77/38, Bl. 42–47).
[131] „Alle Waffen gegen Hitler! Deutsches Volk, Männer und Frauen!", FD 35/1944 vom 27. 8. 1944, S. 1; als textidentisches Flugblatt in: Flugblätter des Nationalkomitees, S. 248 f.

landpolitik festzulegen, wurde durch den plötzlich eintretenden propagandistischen Erfolg des Nationalkomitees überdeckt. Generalleutnant Vincenz Müller, der Teile der bei Minsk eingekesselten 4. Armee der Heeresgruppe Mitte kommandierte, befahl eigenmächtig am 8. Juli, den Kampf einzustellen. Selbst wenn Müller den Befehl zur Kapitulation offensichtlich erst gab, nachdem er selbst in Gefangenschaft geraten war, wurde seine Erklärung sofort im „Freien Deutschland" als „historische Tat" gerühmt[132]. In der nächsten Ausgabe folgte ein Aufruf von 17 Generälen, die angesichts des militärischen Zusammenbruchs der Ostfront unter der Offensive der Roten Armee „zur festen Überzeugung von der Aussichtslosigkeit eines weiteren Kampfes" gekommen waren[133]. Schließlich kam es am 20. Juli mit dem Attentat auf Hitler zu der vom NKFD seit einem Jahr geforderten Auflehnung deutscher Offiziere. Das Komitee schien kurz vor dem Erreichen seiner Ziele zu sein. Der Attentatsversuch wurde zum „Motor der Generalspropaganda"[134], die durch den Beitritt von Generalfeldmarschall Paulus einen zusätzlichen Schub bekam.

Anfang August schloß sich Paulus endlich dem Nationalkomitee an. Der Aufruf der 17 Generäle soll auf ihn einen solch starken Eindruck gemacht haben, daß er um eine Aussprache mit dem ihm persönlich bekannten General Müller gebeten habe[135]. Müller, der – zumindest laut sowjetischer Darstellung – eng mit der operativen Abteilung des UPVI kooperierte, stimmte den schwankenden Paulus soweit um, daß das UPVI einen erneuten Versuch unternahm, den Generalfeldmarschall für die Mitarbeit im NKFD zu gewinnen. In mehreren Gesprächen mit UPVI-Chef Petrov und dem Politoffizier Wolf Stern entstand dabei eine Situation, die an die Unterredungen Mel'nikovs mit den Generälen im August 1943 erinnerte. Petrov trat gegenüber Paulus als Vertreter der sowjetischen Regierung auf und offerierte ihm die „Mitwirkung in Organen der Selbstverwaltung auf dem befreiten Territorium Deutschlands"[136]. Darüber hinaus bedeutete Stern dem Generalfeldmarschall, daß mit seinem „Beitritt zur Bewegung die Repräsentation eines neuen demokratischen Deutschland zu einem ernstzunehmenden Faktor [wird], den man nicht vernachlässigen kann, wenn das Schicksal des künftigen Deutschland entschieden wird"[137]. Paulus wurde isoliert im „Objekt Nr. 35" untergebracht, wo er mit Duldung des UPVI begann, in Konkurrenz zur Führung des NKFD einen eigenen Mitarbeiterstab zusammenzustellen[138]. Diesen Vorbereitungen machte das Institut

---

[132] FD Nr. 30/1944 vom 23. 7. 1944, S. 1 und 3; Flugblätter des Nationalkomitees, S. 332 f.; vgl. Scheurig, Verräter oder Patrioten, S. 156.
[133] FD Nr. 31/1944 vom 30. 7. 1944, S. 3; Flugblätter des Nationalkomitees, S. 335. Als 17. General schloß sich Hoffmeister dem Aufruf an; siehe auch Diesener, Der Beitritt kriegsgefangener Generale, S. 455 ff.
[134] Flugblätter des Nationalkomitees, S. 327.
[135] Bericht der operativen Abteilung des UPVI vom 25. 7. 1944, in: Reschin, Feldmarschall im Kreuzverhör, S. 111.
[136] Bericht der operativen Abteilung des UPVI (Stern) vom 2. 8. 1944, ebenda, S. 113.
[137] Bericht der operativen Abteilung des UPVI (Stern) vom 4. 8. 1944, ebenda, S. 114. Tatsächlich unterbreitete Paulus Ende Oktober 1944 in einem an Stalin persönlich adressierten Brief den Vorschlag einer Befreiungsarmee, Paulus an Stalin am 30. 10. 1944, ebenda, S. 134. Der ganze Vorgang ist ebenfalls dokumentiert durch Reschin, Die Bemühungen um den Eintritt von Generalfeldmarschall Paulus in das NKFD, S. 239 ff.
[138] Vgl. Berichte der operativen Abteilung des UPVI vom 9. 8.–13. 8. 1944, Reschin, Feldmarschall im Kreuzverhör, S. 123 ff.

99 am 14. August ein Ende: „Ein im BDO erwogener Vorschlag, Generalfeldmarschall Paulus zum Ehrenpräsidenten des BDO wählen zu lassen, wird vorläufig zurückgestellt, bis die entsprechenden politischen Voraussetzungen bei Paulus geschaffen sein werden und er eine klare Stellung zur Armee einnimmt. Unter Umständen ist eine Neuwahl des Vorstandes des BDO zu erwägen, um einige inaktive Elemente durch geeignetere Personen zu ersetzen."[139] Auch wenn durch diese schwammige Formulierung immer noch eine Alternative offenblieb, was für die „operative Arbeit" durchaus typisch war, so wurde Paulus aufgrund des Einspruchs aus dem Institut 99 keine politische Führungsrolle zugewiesen. Die Diskussion um das NKFD als Exilregierung war seit dem Frühjahr 1944 abgeschlossen. Sie wurde auch nicht durch den Beitritt Paulus zum NKFD wiederbelebt.

Ab August 1944 stützte sich die Propaganda des NKFD bevorzugt auf Generalfeldmarschall Paulus und die neu in den BDO eingetretenen Generäle. In der öffentlichen Begründung des Beitritts des Generalfeldmarschalls wurde die – ideelle – Verbindung zu den Attentätern vom 20. Juli hergestellt[140]. Im Dezember 1944 schließlich unterschrieben 50 Generäle mit Paulus an der Spitze einen Aufruf, in dem sie den Krieg für verloren erklärten, eine Auflehnung gegen Hitler und einen sofortigen Friedensschluß forderten. Dieser Appell wurde von über drei Viertel aller in sowjetischer Gefangenschaft befindlichen Wehrmachtgeneräle unterschrieben und war damit zweifellos der größte Erfolg des NKFD/BDO in den Offizierslagern[141]. Er wurde im „Freien Deutschland" und in der sowjetischen Presse groß aufgemacht[142].

Während sich die Arbeit im Institut 99 in der zweiten Jahreshälfte 1944 stark auf die „Generals-Propaganda" konzentrierte, kam die Programmdiskussion der KPD zu einem Ende. Im Oktober 1944 begannen die Emigranten, die Ergebnisse der Arbeitskommission zusammenzuschreiben. Insgesamt gab es wegen der von Dimitrov immer wieder vorgenommenen Korrekturen vier verschiedene Versionen des „Aktionsprogrammes des Blockes der kämpferischen Demokratie". Erst Ende November 1944 lag die endgültige, den sowjetischen Vorstellungen entsprechende Schlußfassung vor[143]. So war es kein Zufall, daß es Ende November/Anfang Dezember 1944 zu einem Gespräch zwischen den führenden kommunistischen und kriegsgefangenen Mitgliedern des Nationalkomitees, den verantwortlichen Mitarbeitern von 7. Verwaltung des GlavPURKKA (Braginskij) und UPVI (Švec) sowie des Instituts 99 (Kozlov) kam. Der genaue Ablauf der insgesamt zwei Zusammenkünfte ist aufgrund der schlechten Quellenlage nicht genau zu rekonstruieren, sie stellen aber den Wendepunkt in der sowjetischen Haltung zum NKFD dar.

Die Aussprache drehte sich – den Notizen Piecks zufolge – abermals um die

---

[139] Beschlußprotokoll des Instituts 99 vom 14. 8. 1944, RGASPI 495/77/46, Bl. 12.
[140] FD Nr. 34/1944 vom 20. 8. 1944, S. 1; Flugblätter des Nationalkomitees, S. 342; vgl. Dreetz, Der Weg und Bekenntnis des Generalfeldmarschalls Friedrich Paulus, S. 99f.; siehe auch Görlitz, Ich stehe hier auf Befehl; Finker, Die Stellung der Sowjetunion und der sowjetischen Geschichtsschreibung zum 20. Juli, S. 47ff.
[141] Ein Bericht des UPVI an Stalin und Molotov vom 5. 12. 1944 meldete 74 kriegsgefangene Generäle (nicht nur deutsche), RGVA/K 1p/9a/8, Bl. 148.
[142] FD Nr. 50/1944 vom 10. 12. 1944, S. 1; Flugblätter des Nationalkomitees, S. 399ff.; Aufruf „An Volk und Wehrmacht" vom 8. 12. 1944, in: Das Nationalkomitee „Freies Deutschland" und der Bund Deutscher Offiziere, S. 283ff.
[143] Siehe „Nach Hitler kommen wir", S. 93ff.

Frage, um die bereits im Frühjahr 1944 gestritten worden war: „Rolle des Nationalkomitees, Perspektive ob Regierung". Hinzu kamen Fragen nach der sowjetischen Deutschlandpolitik („Grenzfrage, Entwaffnung", „Frage der Demokratie, wieviel Parteien"), dem Programm der KPD („Block der kämpferischen Demokratie") und der Zukunft der Wehrmacht („Befreiungsarmee/Schutztruppe", „Frage der Zukunft der Berufsoffiziere")[144]. Am 22. November 1944 legte Braginskij in einem Grundsatzreferat den Standpunkt des GlavPURKKA dar. Anschließend äußerte sich Pieck über das „Vertrauensverhältnis zwischen den Kommunisten und den übrigen Mitgliedern im Nationalkomitee", das er als mangelhaft darstellte: Die Bewegung „Freies Deutschland" habe zwar den richtigen Weg aufgezeigt, sei daher auch ein gutes Beispiel für das Zusammengehen antifaschistischer Kräfte im neuen Deutschland, doch leider sei man über diese Anfänge nicht hinausgekommen, weil insbesondere „das für unsere Zusammenarbeit notwendige unbegrenzte Vertrauen zu uns Kommunisten im Nationalkomitee" gefehlt habe[145]. In der zweiten Zusammenkunft folgte am 5. Dezember die Aussprache über die Referate, an deren Ende Braginskij ein zusammenfassendes Schlußwort sprach. Offenbar war von Seiten des BDO eine verbindliche Erklärung über die sowjetischen Absichten in Deutschland gefordert worden, denn Braginskij ging auf diese Frage ein. Er tat sie jedoch mit allgemeinen Hinweisen auf die Ausführungen Stalins in der Vergangenheit ab: „Das Besatzungsregime der Sowjetunion ist im Wesen der Sowjetunion selbst zu suchen. Die zeitweiligen Maßnahmen können schwer sein, aber doch sind sie ausgerichtet auf die Freundschaft der Völker. Die beste Deklaration besteht im Vertrauen auf die Worte und die Bücher Stalins, wofür bereits über 25 Jahre Sowjetentwicklung vorliegen."[146] Gleichzeitig machte Braginskij klar, daß der weitere Weg in der sowjetischen Deutschlandpolitik in enger Zusammenarbeit mit der KPD erfolgen werde. An den BDO gewandt und unter direktem Hinweis auf den Aufruf der 50 Generäle betonte er, daß „die deutschen Patrioten" immer noch ihre Autorität dafür einsetzen könnten, um in der Schlußphase des Krieges die Opfer auf beiden Seiten möglichst gering zu halten. Weitergehende Aufgaben sprach er ihnen jedoch nicht zu[147].

Das Ergebnis der Aussprache war für den BDO unbefriedigend. Eine verbindliche Erklärung über die sowjetischen Ziele und die Zukunft des Nationalkomitees wurde nicht gegeben und gleichzeitig das sowjetische Zusammengehen mit der KPD demonstrativ zur Schau gestellt. Die Zusammenkunft war das letzte Spitzengespräch zwischen BDO, GlavPURKKA und UPVI. Seydlitz berichtet, daß sich die sowjetischen Vertreter seit Dezember 1944 in offener Form von ihm zurückzogen und der BDO vom Kriegsende schließlich nur noch aus der Zeitung erfahren habe[148]. So bitter Seydlitz die Abkehr der sowjetischen Führung vom

---

[144] Ebenda, S. 310.
[145] Rededisposition Piecks, ebenda, S. 304 ff. Pieck nimmt eingangs Bezug auf seinen Vorredner Braginskij, über dessen Referat keine Aufzeichnungen vorliegen.
[146] „Auszüge aus dem Schlußwort des Genossen Braginskli (5. 12. 1944)", SAPMO-BArch NY 4036/575, Bl. 225–226; vgl. Notizen Piecks über die „Zusammenkunft am 5. 12. 1944", SAPMO-BArch NY 4036/575, Bl. 218–223.
[147] „Auszüge aus dem Schlußwort des Genossen Braginski (5. 12. 1944)", SAPMO-BArch NY 4036/575, Bl. 227.
[148] Seydlitz, Stalingrad, S. 355; vgl. Seydlitz' Aussagen während einer Befragung durch das

3. Volksfrontstrategie der KPD 91

BDO auch erschienen sein mag, so heißt das aber im Umkehrschluß auch, daß ungeachtet des Eklats um das Seydlitz-Memorandum die sowjetische Führung bis Dezember 1944 dem NKFD eine gewisse politische Funktion zugeschrieben hatte. Zwar hatte die Politische Hauptverwaltung bereits im Juli 1944, noch bevor die Rote Armee deutschen Boden betrat, deutlich gemacht, daß sich die unmittelbare Besatzungsverwaltung nicht auf das Nationalkomitee bzw. seine Frontbevollmächtigten stützen würde, aber eine politische Entscheidung darüber wurde bis zum Jahresende 1944 hinausgezögert. Endgültig fiel sie erst im Zuge der alliierten Konferenz von Jalta Anfang Februar 1945. Erst danach ordnete das OMI an, die Zeitung „Freies Deutschland" in Auflage und Umfang einzuschränken und sie nur noch in den Kriegsgefangenenlagern oder im unmittelbaren Frontbereich zu verbreiten, d. h. nicht in dem bereits von der Roten Armee besetzten Gebiet. Pieck, der die KPD-Spitze am 19. Februar über Dimitrovs Anweisungen informierte, stellte klar, daß die Tätigkeit des Nationalkomitees zu beenden sei. Das Schwergewicht der kommenden Arbeit läge auf der Unterstützung der sowjetischen Besatzungspolitik, die nicht im Namen des NKFD erfolge[149]. Damit hatte das Nationalkomitee seine deutschlandpolitische Funktion verloren.

Militärgeschichtliche Forschungsamt am 13. 3. 1969: „... also Ende 44, Anfang 45. Da hörte eigentlich die ganze Tätigkeit des BDO fast restlos auf. Da haben wir eigentlich nichts mehr gemacht. Der BDO blieb noch bestehen bis zum Hubertus [3. November] 45, aber ohne irgendeine Tätigkeit.", BArch-MA N 55/22, Bl. 31.

[149] „In Moskau, Zeitung Freies Deutschland in Auflage u. Umfang einschränken; nur für Kriegsgefangene u. für Hitlerfront. Tätigkeit des Nat.Kom. langsam eingeschränkt – Schwergewicht der Arbeit verlegen auf deutsches Gebiet – (...)", Notizen Piecks über eine „Besprechung [der KPD] am 19. 2. 1945", in: „Gruppe Ulbricht", S. 232; vgl. Notizen Piecks über die „Besprechung bei Dimitroff am 19. 2. 1945", ebenda, S. 227 ff.

IV. Anleitung des Nationalkomitees „Freies Deutschland" durch das Institut 99

Das Nationalkomitee „Freies Deutschland" war bis Kriegsende die tragende Säule der Frontpropaganda der Roten Armee. Ebenso war es in den Kriegsgefangenenlagern bis zu seiner Auflösung Ende 1945 als „Bewegung Freies Deutschland" das gültige Erziehungskonzept. Dem Institut 99 fiel die Aufgabe zu, das propagandistische Auftreten des Nationalkomitees mit den politischen Zielen der Sowjetunion abzustimmen. Sein unmittelbarer Einfluß beschränkte sich allerdings auf die Redaktionsstäbe des NKFD in Moskau. Das Institut 99 versuchte daher, durch das Entsenden von „Bevollmächtigten des NKFD" direkten Einfluß auf die Propaganda in den Kriegsgefangenenlagern und an den Fronten zu nehmen. Dabei mußte es mit UPVI (in den Lagern) und GlavPURKKA (an den Fronten) kooperieren.

1. Redaktionen im Institut 99

Zeitungen für Kriegsgefangene gab es in den sowjetischen Lagern seit dem Herbst 1941. Diese wurden in der Regel von kommunistischen Emigranten gemacht, die einer entsprechenden Unterabteilung der 7. Verwaltung des GlavPURKKA unterstellt waren. Im September 1943 wurden diese Redaktionsstäbe vom Institut 99 übernommen. Dort arbeiteten nun nicht nur die Redaktionen des Nationalkomitees „Freies Deutschland", sondern auch die anderer Kriegsgefangenenzeitungen. Die deutsche war allerdings mit Abstand die größte unter ihnen. Die italienische Zeitung „Alba" hatte vier, die ungarische Zeitung „Wort der Wahrheit" drei, später fünf, und die rumänische „Freie Stimme" hatte ebenfalls erst drei, dann fünf Mitarbeiter. Demgegenüber verfügte die Redaktion des „Freien Deutschland" von Anfang an über zehn Mitarbeiter. Zudem gab es die Radioredaktion des Senders „Freies Deutschland", die sich von anfangs neun auf fünfzehn Mitarbeiter vergrößerte[1]. Schon allein durch die personelle Ausstattung wird deutlich, daß sich die Arbeit der Redaktionen im Institut 99 vornehmlich auf die deutschen Kriegsgefangenen bzw. die Radiohörer im Deutschen Reich konzentrierte. Wolfgang Leonhard, der in den Redaktionen des NKFD arbeitete, beschrieb die Ausstattung der anderen Redaktionen im Institut 99 mit den Worten: „Die Zimmer waren kleiner und wirkten gegenüber denen des Nationalkomitees wie die armen Verwandten."[2]

Die Zeitung „Freies Deutschland" löste das seit Ende Oktober 1941 erscheinende Kriegsgefangenenblatt „Das Freie Wort" ab. Im Stil hatte das „Freie Wort" mehr ei-

---

[1] Geschäftsverteilungspläne des Instituts 99 vom 1.10.1943 und vom 1.9.1944, RGASPI 578/5/4, Bl. 5–6 und 495/77/39, Bl. 1–2; siehe Anlage Nr. 1.
[2] Leonhard, Revolution, S. 284f.

ner Frontzeitung der Roten Armee entsprochen. Inhaltlich hatten sich die Artikel auf die „Entlarvung des volksfeindlichen Charakters des in Deutschland herrschenden faschistischen Regimes und der nazistischen Ideologie" und die „Verbreitung der Wahrheit über den Sozialismus und die Sowjetunion" konzentriert[3]. Das „Freie Deutschland" dagegen verstand sich – so der Untertitel im Kopf der Zeitung – als „Organ des Nationalkomitees Freies Deutschland". Es richtete sich in erster Linie an die Aktivisten der Bewegung in den Lagern. Aus dieser Zielsetzung leitete Weinert ab, „daß sie nicht in volkstümlichem Ton gehalten wurde, sondern politisch reifere Soldaten und gebildete Offiziere als Leser im Auge hatte"[4]. Die Aufmachung und der journalistische Stil des „Freien Deutschland" entsprachen dem einer politischen Tageszeitung[5]. Neben der Zeitung „Freies Deutschland", die sich in erster Linie an die Anhänger des NKFD richtete, gab es den Sender „Freies Deutschland". Er fungierte als „Sprachorgan des Nationalkomitees für die breiteste Öffentlichkeit"[6]. Der Sender wandte sich nicht an die deutschen Kriegsgefangenen in der Sowjetunion – die ihn bestenfalls über den Lagerfunk hätten hören können –, sondern an die deutschen Frontsoldaten und die deutsche Zivilbevölkerung[7]. Er wurde auf Mittel- und Kurzwelle, nach dem Kriegsende auch auf Langwelle ausgestrahlt mit anfangs vier, ab Mitte 1944 täglich acht Sendungen. Allerdings war die Empfangsqualität in Deutschland wegen starker Störsender sehr schlecht[8]. In Moskau dagegen war der Sender „Freies Deutschland" nicht zu hören[9].

Die Redaktionsstäbe des NKFD im Institut 99 waren mit deutschen Kommunisten besetzt, von denen einige bereits für die 7. Verwaltung des GlavPURKKA gearbeitet hatten. Die Zeitungsredaktion blieb bis zum Kriegsende in ihrer personellen Zusammensetzung konstant. Sie bestand aus vier Redakteuren: Rudolf Herrnstadt (Chefredakteur), Alfred Kurella (Nachrichtenressort), Karl Maron (Militärressort) und Lothar Bolz (Deutschlandressort). Als Volontäre arbeiteten Ernst Held und Wolfgang Leonhard („Vladimir") in der Redaktion mit. Leonhard wechselte im Mai 1944 zum Sender „Freies Deutschland" und wurde durch Peter Florin ersetzt. Die Zeitungsredaktion verfügte außerdem über drei deutsche (Gertrud Steier, Erna Seiler und Dora Gordeeva) und zwei russische Schreibkräfte bzw. technische Mitarbeiterinnen[10]. Die Radioredaktion unterlag, bedingt durch ihre Erweiterung, stärkeren Veränderungen. Chefredakteur war bis Mai 1945 Anton Ackermann, der anfangs drei Redakteure unter sich hatte: Hans Mahle, Willi Bredel und Kurt Fischer. Zum Jahreswechsel 1943/44 kamen Max Keilson und Fritz Erpenbeck hinzu. Nach dem Ausscheiden von Willi Bredel, der im Frühjahr 1944 zur sogenannten Broschürenredaktion im Institut 99 wechselte, wurde der Redaktionsstab des Senders durch Georg Schneider, Gustav von Wangenheim und Eleonore

---

[3] Selesnjow, Zur Geschichte der Zeitung „Das freie Wort", S. 955f.
[4] Weinert, Nationalkomitee, S. 69.
[5] Übereinstimmend Petrick, „Freies Deutschland", S. 62ff. und Diesener, Propagandaarbeit, S. 11.
[6] Weinert, Nationalkomitee, S. 78.
[7] Diesener, Propagandaarbeit, S. 14.
[8] Pütter, Rundfunk gegen das „Dritte Reich", S. 280ff.
[9] Mayenburg, Hotel Lux, S. 320.
[10] Geschäftsverteilungspläne des Instituts 99, RGASPI 578/5/4, Bl. 5 u. ebenda 495/77/39, Bl. 1; siehe Anlage Nr. 1; vgl. Leonhard, Revolution S. 285ff.

Staimer erweitert. Als Sprecher arbeiteten im Sender Friedrich Heilmann und – bevor er Redakteur wurde – Gustav von Wangenheim. Im Mai 1944 kam Wolfgang Leonhard als Sprecher hinzu. Der Sendeleiter war Bruno Schramm, der 1944 durch Lea Grosse und Egon Dreger Unterstützung bekam. Schreibkräfte waren zu Beginn Gerda Schering und Eleonore Staimer, die nach ihrem Wechsel auf einen Redakteursposten durch Vera Piščassova ersetzt wurde[11]. Nach dem Kriegsende blieben in der Zeitungsredaktion lediglich Kurella, Bolz und Held, sowie als technische Mitarbeiterinnen Seiler und Gordeeva. Die Radioredaktion wurde mit Bernhard Gabelin, Inge von Wangenheim, Erna Haaf, Vera Piščassova, Elisabeth Weinert und Lea Grosse faktisch neu besetzt[12].

Um die Glaubwürdigkeit der Propaganda des NKFD zu erhöhen, insbesondere die der Zeitung, erschien von Januar 1944 bis Januar 1945 das „Freie Deutschland im Bild" in insgesamt zwölf Ausgaben[13]. Die Zeitung enthielt ausschließlich knapp untertitelte Bilder, die beweisen sollten, daß sich die als Propagandisten öffentlich auftretenden NKFD-Mitglieder gesund und lebendig in sowjetischer Gefangenschaft befanden. Die Illustrierte wurde von der „deutschen" Redakteurin Ruth von Mayenburg – einer Österreicherin – zusammengestellt. Mayenburg war zwar Angestellte des Instituts 99, arbeitete aber im Gebäude der Pravda, wo sie in den Redaktionsstab der vom GlavPURKKA herausgegebenen „Frontillustrierten" eingegliedert wurde[14].

Radio- und Zeitungsredaktion des Nationalkomitees hatten eine Dependance im Lager Lunevo. Kriegsgefangene Mitarbeiter der Zeitungsredaktion waren – laut eines Berichtes des UPVI – Major Homann, Leutnant Gerlach, Gefreiter Kerztscher, Generalmajor von Lenski, Oberleutnant von Kügelgen und Major Stößlein[15]. Abweichend von diesem UPVI-Bericht nennt das NKFD-Mitglied von Kügelgen in seinen Memoiren Wehrmachtspfarrer Kayser, Oberstleutnant Bredt, den Gefreiten Emendörfer und Major Hetz als Mitglieder des regelmäßig in Lunevo zusammenkommenden Redaktionskollegiums. Die Sitzungen seien von Rudolf Herrnstadt bzw. wegen dessen länger andauernden Krankheit von Lothar Bolz geleitet worden[16]. Die weitere Beteiligung Kriegsgefangener an der redaktionellen Arbeit des Nationalkomitees war breit gestreut. In der Zeitung schrieben – so eine nicht ganz vollständige Zählung – 274 unterschiedliche Autoren. Die meisten von ihnen lebten in den Offizierslagern Elabuga, Oranki, Suzdal' oder Voikovo bzw. in dem „antifaschistischen Renommierlager" Krasnogorsk[17]. Im Sender wurden ebenfalls beinahe alle Aktivisten an Übertragungen beteiligt: „Zwischen 1943 und 1945 kamen fast alle jene Mitglieder des NKFD wie des ‚Bundes deutscher Offiziere' über den Sender zu Wort, von denen angenommen werden konnte, daß sie durch ihren mili-

---

[11] Ebenda; vgl. Leonhard, Revolution S. 303 ff.
[12] Notizen Piecks über „die bei den Institutionen in Moskau verbleibenden Genossen" vom Juni 1945, RGASPI 17/128/716, Bl. 70 (= SAPMO-BArch NY 4036/517, Bl. 155).
[13] SAPMO-BArch, Bibliothek R-ZE 782 B 1943, 1944, 1945; vgl. Flugblätter des Nationalkomitees, S. 102; Weinert, Nationalkomitee, S. 76 f.
[14] Mayenburg, Blaues Blut und rote Fahnen, S. 345.
[15] UPVI-Bericht über die Zeitungen für die deutschen Kriegsgefangenen, RGVA/K 1p/23a/9, Bl. 4.
[16] Kügelgen, Nacht der Entscheidung, S. 467.
[17] Petrick, „Freies Deutschland", S. 61.

tärischen Rang oder ihre menschlichen oder intellektuellen Fähigkeiten für Sendungen nach Deutschland oder an die Adresse der Wehrmacht von einiger propagandistischer Bedeutung waren. Insgesamt sollen über den Sender 179 Personen gesprochen haben."[18]

Die Lenkung der Redaktionsarbeit führte, da die Kriegsgefangenen nicht das Gefühl haben sollten, bevormundet zu werden, zu einem komplizierten, im Endeffekt aber wirkungsvollen Abstimmungsverfahren. Dabei wurden die Themen und die Argumentationslinie der Autoren auf den Zivilsektorsitzungen im Institut 99 festgelegt und den kriegsgefangenen Redaktionsmitgliedern in Lunevo überbracht. Das UPVI berichtete darüber: „Die Thematik und die Argumentation wurden der Zweit-Redaktion vorgeschlagen, in Form von Anweisungen. Die Aufgabe der Vertreter der Haupt-Redaktion bestand darin, die Mitglieder der Zweit-Redaktion von der Richtigkeit des Plans für die nächste Ausgabe zu überzeugen und ihnen den Eindruck zu vermitteln, daß der Plan von ihnen ausgearbeitet worden sei, und ihnen die Richtigkeit der Thematik und der Argumentation zu beweisen."[19] Aber auch der umgekehrte Weg war durchaus möglich. Vorschläge der Zweit-Redaktion wurden nach sorgfältiger Prüfung im Institut 99 ebenfalls angenommen. Allerdings wurden die aus Lunevo eingehenden Artikel in der Stadtredaktion gründlich überarbeitet. Diese Überarbeitung im Institut 99 wird faktisch zu gänzlich neuen Texten geführt haben, denn es sollen meist 50–75% eines Artikels umformuliert worden sein. Daher bestand die weitere Aufgabe der Redakteure vom Institut 99 darin, in einer zweiten Besprechung die kriegsgefangenen Autoren von der Richtigkeit der in der Stadtredaktion vorgenommenen Änderungen zu überzeugen. In der Mehrzahl der Fälle – so der Rechenschaftsbericht des UPVI – soll das auch gelungen sein[20]. Auch Kügelgen bestätigt: „Es herrscht ein eisernes Gesetz: Alles wird so lange und geduldig mit dem Autor diskutiert, bis er auch mit der kleinsten Änderung einverstanden ist."[21] Das gleiche Abstimmungsverfahren zwischen Stadt- und Lagerredaktion verwandte auch die Radioredaktion. Leonhard beschreibt die Zusammenarbeit der zivilen und der Kriegsgefangenen-Radioredaktion als kollegial und nahezu gleichberechtigt[22]. Während die Nachrichten und aktuellen Kommentare im Institut 99 produziert wurden[23], fuhren vornehmlich von Wangenheim und Keilson nach Lunevo, um dort Aufrufe, Erklärungen und Kommentare aufzuzeichnen. Ab Juni 1944 wurden infolge der Gründung des kirchlichen Arbeitskreises des NKFD zusätzlich Sonntagspredigten für das Radioprogramm aufgenommen.

Die aufwendige Form der Redaktionsarbeit hatte innerhalb des Nationalkomitees den Effekt, daß sich die kriegsgefangenen Mitglieder nicht übervorteilt fühlten, was hinsichtlich ihrer Überzeugungskraft als Propagandisten keine geringe Rolle

---

[18] Pütter, Rundfunk gegen das „Dritte Reich", S. 282; dort auch eine namentliche Aufstellung der festen, sowohl zivilen als auch kriegsgefangenen Redaktionsmitglieder.
[19] UPVI-Bericht über die Zeitungen für die deutschen Kriegsgefangenen, RGVA/K 1p/23a/9, Bl. 5.
[20] Ebenda.
[21] Kügelgen, Nacht der Entscheidung, S. 469.
[22] „In jener Zeit, von 1943–45, legten alle Redakteure, vor allem auch Ackermann selbst, auf eine ehrliche, freundschaftliche Zusammenarbeit außerordentlichen Wert.", Leonhard, Revolution, S. 307f.
[23] Die Sendeanlagen befanden sich wieder an einem anderen Ort in Moskau – in der ulica Šablovka 34, ebenda, S. 302.

gespielt haben dürfte. Für den Erfolg dieser Bemühungen spricht, daß es in der Erinnerungsliteratur keine Klagen über die Mitarbeit in den Redaktionen des Nationalkomitees gibt. Der nicht unerhebliche Aufwand war aber auch der Tatsache geschuldet, daß es sich aus sowjetischer Sicht bei der Zweit-Redaktion um feindliche Kriegsgefangene handelte, die in einem sowjetischen Propagandaorgan an die Weltöffentlichkeit traten. Denn berechtigterweise mußte die Sowjetunion davon ausgehen, daß jede Sendung und jede Nummer des „Freien Deutschland" nicht nur von der deutschen Abwehr, sondern auch von den Alliierten genau verfolgt wurde[24].

Der propagandistische Aufhänger für den Sender war die Übertragung von Grüßen aus der Kriegsgefangenschaft als Lebenszeichen für die Angehörigen[25]. Da das Deutsche Reich die Anwendung der Genfer Konvention gegenüber der Sowjetunion ablehnte, wurde die Annahme von Post verweigert, so daß die Familien im Ungewissen über das Schicksal der als vermißt gemeldeten Wehrmachtssoldaten waren. Die über den Sender ausgestrahlten Grüße trafen einen wunden Punkt der nationalsozialistischen Propaganda, die die Legende aufrechterhielt, die Rote Armee mache keine Gefangenen. Durch die Tätigkeit des Senders „Freies Deutschland" wurde die deutsche Seite zu Gegenreaktionen provoziert, die automatisch eine größere Öffentlichkeit für die NKFD-Propaganda schufen. Zum Beispiel sorgten die Radiosendungen mit dem NKFD-Mitglied Heinz Keßler, Sohn eines regional bekannten, kommunistischen Kommunalpolitikers und Gewerkschaftsfunktionärs in dessen Heimatstadt Chemnitz für Gerüchte und Unruhe, bis schließlich in den lokalen Zeitungen auf den Fall eingegangen wurde: „Zunächst hatte man die Familie unterrichtet, daß ich vermißt sei, möglicherweise gefallen oder gefangengenommen. Dies wurde auch öffentlich verbreitet, bis zu der Zeit, da ich mich an der Front durch Lautsprecheransprachen und Flugblätter, durch viele Aufrufe und Rundfunkerklärungen des Nationalkomitees deutlich bemerkbar machte. Von da an setzte, auch in den Chemnitzer Zeitungen, eine maßlose Welle der Verleumdung ein, gekrönt von der Nachricht, daß das Reichskriegsgericht mich in Abwesenheit zum Tode verurteilt hatte."[26]

Stieß die Propaganda des NKFD im Falle der Familie Keßler auf ein politisiertes, tendenziell eher prosowjetisches Umfeld, so drang sie auch in die Wahrnehmungswelt vollkommen unpolitischer Menschen ein. Die damalige Ehefrau des NKFD-Mitgliedes Bernhard Bechler – eine dem NS-Regime loyal gegenüberstehende Offiziersfrau – wurde in anonymen Briefen von deutschen Radiohörern darüber informiert, daß sich ihr Mann lebend in russischer Gefangenschaft befinde[27]. Die Geschichte der Eheleute Bechler ist zudem ein extremes Beispiel für den Konflikt, in den sich die Propagandisten des NKFD begaben bzw. ihre Angehörigen brachten. Ein Kurier, der Margret Bechler Grüße von ihrem Mann übermittelte, wurde von

---

[24] Vgl. zu den westalliierten Reaktionen auf das NKFD Bungert, „Ein meisterhafter Schachzug", S. 93 ff.; dies., „Den deutschen Widerstandswillen brechen", S. 52 ff.
[25] Weinert, Nationalkomitee, S. 78.
[26] Keßler, Zur Sache und zur Person, S. 96; zu den nationalsozialistischen Gegenmaßnahmen siehe Heider, Reaktionen in der Wehrmacht, S. 614 ff.; Flugblätter des Nationalkomitees, S. 118 ff.; Das Nationalkomitee „Freies Deutschland" und der Bund Deutscher Offiziere, S. 269 ff.
[27] Bechler, Warten auf Antwort, S. 15 ff.

der Gestapo verhaftet und später hingerichtet. Frau Bechler, die nicht wie die Familien anderer NKFD-Mitglieder in Sippenhaft genommen wurde, überstand mit Unterstützung der Nachbarn und Offizierskollegen ihres Mannes den Krieg, wurde aber im Juni 1945 vom NKVD verhaftet und bis 1950 in sowjetischen Internierungslagern, dann bis 1956 in Gefängnissen der DDR festgehalten. Bernhard Bechler, der nach Kriegsende nach Deutschland zurückkehrte, trennte sich von seiner Frau und machte Karriere im neuen Regime in der SBZ/DDR[28].

Zeitung und Sender kommentierten regelmäßig die militärische Entwicklung an den Fronten und die politische Situation in Deutschland, wobei herausragenden Ereignissen viel Platz eingeräumt wurde. Eine wesentliche Aufgabe war die Verbreitung einschlägiger alliierter Verlautbarungen sowie der Aufrufe von NKFD und BDO. In seiner Propaganda argumentierte das NKFD von Anfang an damit, daß der Krieg verloren sei und Deutschland sich, sofern sich kein Widerstand gegen Hitler rege, den Forderungen der fest zusammenstehenden Alliierten beugen müsse. Im Sommer 1944 standen daher im Mittelpunkt der Berichterstattung die Eröffnung der zweiten Front, der Zusammenbruch der Heeresgruppe Mitte und das Attentat auf Hitler. Diese Ereignisse wurden als Bestätigung der vom NKFD vorausgesagten deutschen Niederlage gewertet und in der Propaganda entsprechend dargestellt. Nach Kriegsende konzentrierten sich die Redaktionen auf die Frage der Wiedergutmachung. Die Auseinandersetzung mit dem Nationalsozialismus wurde verbunden mit der Aufforderung an die Kriegsgefangenen, durch gute Arbeit in der UdSSR Wiedergutmachung zu leisten. Zusätzlich sollte durch die Darstellung der Ereignisse in der sowjetischen Besatzungszone die friedliche Politik der Sowjetunion hervorgehoben werden. Birgit Petrick kommt bei ihrer Auswertung der Beiträge des „Freien Deutschland" zu deutschlandpolitischen Themen zu dem Fazit: „Die im Freien Deutschland niedergelegten Vorstellungen des NKFD/BDO zur Neugestaltung Deutschlands werden einerseits aus der Negation des in Deutschland Bestehenden, andererseits im Hinblick auf die Sowjetunion – in beispielgebender Funktion – konzeptualisiert. Sie müssen vor dem Hintergrund der politischen und militärischen Ereignisse gewertet werden."[29]

Die Redaktionen im Institut 99 hatten dafür zu sorgen, daß die Propaganda im Namen des Nationalkomitees mit den alliierten Zielen in Einklang zu bringen war. Als Kontrollinstanz gab es eine direkte Zensur durch die Politische Hauptverwaltung. Für die Zeitung fungierte als Zensor der ungarische Kommunist und Mitarbeiter der 7. Verwaltung Ernö Gerö. Die Arbeit des Senders überwachte der stellvertretende Leiter der 7. Verwaltung Oberst Braginskij, der gelegentlich durch die

---

[28] Papadopoulus-Kilius, „Es gibt zwei Deutschlands …", S. 216. Zur Sippenhaft für Angehörige des NKFD siehe Ueberschär, Das NKFD und der BDO im Kampf gegen Hitler, S. 39 f.; Heider, Reaktionen in der Wehrmacht, S. 631 f.; Wegner-Korfes, Weimar – Stalingrad – Berlin, S. 182 ff.

[29] Petrick, „Freies Deutschland", S. 193. Im weiteren irrt Petrick: „So war nach der Moskauer Außenministerkonferenz im Oktober 1943 die Annahme nicht mehr realistisch, daß sich die Sowjets des NKFD/BDO bedienen würden, um zu einem Separatfrieden mit Deutschland zu kommen. Damit verschlechterten sich auch die Aussichten des NKFD/BDO, Kern einer neuen deutschen Regierung zu werden" (ebenda). Antworten auf Fragen der sowjetischen Deutschlandpolitik können nicht aus der Analyse der Propaganda des NKFD gewonnen werden. Die internen Diskussionen um die Frage einer deutschen Exilregierung waren mitnichten im Oktober 1943 abgeschlossen.

deutsche Kommunistin Frida Rubiner vertreten wurde[30]. Bei politisch brisanten Themen wurde die Redaktionsarbeit unmittelbar von der Leitung der Politischen Hauptverwaltung kontrolliert. Dies erfolgte durch das direkte Eingreifen Manuil'skijs, der sich dabei bei Ščerbakov rückversicherte[31].

Durch die Tätigkeit des Instituts 99, d. h. die Instruktion auf den Zivilsektorsitzungen im allgemeinen und die Arbeit der Stadtredaktionen im besonderen, gelang es, die Propaganda des NKFD der außenpolitischen Position der Sowjetunion anzugleichen und gleichzeitig die einzelnen Mitglieder des Nationalkomitees in dem Glauben zu wiegen, sie agierten weitgehend frei.

2. Lagerbevollmächtigte des Nationalkomitees

Lagerbevollmächtigte des NKFD wurden trotz anders lautender Beschlußfassung ab Januar 1944 eingesetzt. Obwohl das Plenum des Nationalkomitees bereits auf seiner ersten Vollsitzung am 14. Juli 1943 die Entsendung von Bevollmächtigten in die Lager beschlossen hatte, befahl erst die Direktive des UPVI vom 23. Dezember 1943 den Lagerverwaltungen die Auswahl von geeigneten Lagerbevollmächtigten[32]. Die ersten 25 Lagerbevollmächtigten des NKFD wurden im Januar 1944, weitere 27 im Februar ernannt[33]. Bereits die verzögerte Umsetzung des NKFD-Beschlusses deutet darauf hin, daß das NKFD bzw. das Institut 99 nicht allein entscheiden konnte, sondern bei der Umsetzung auf den Apparat des UPVI vor Ort angewiesen war.

Die Nominierungen der Lagerbevollmächtigten wurden auf Sitzungen des sogenannten Lager-Aktivs durchgeführt. So berichtete die Politleitung des Lagers Spaso-Zavodsk (Nr. 99) unter Bezug auf die Direktive des UPVI, daß eine „Besprechung mit dem engsten Kreis des antifaschistischen Aktivs (Absolventen der Antifa-Schule)" sowie „eine Versammlung des antifaschistischen Aktivs deutscher Kriegsgefangener zur Beratung der Kandidatur eines Bevollmächtigten" durchgeführt worden seien[34]. Die Personalunterlagen des vorgeschlagenen Kandidaten wurden zusammen mit denen weiterer drei Kandidaten aus anderen Lagern von der Politabteilung des UPVI an Manuil'skij, d.h. den Rat für militärpolitische Propaganda geschickt. Kurz darauf folgten die Unterlagen weiterer 14 Kandidaten[35]. Diese Unterlagen bestanden aus der von der Politabteilung des Lagers ausgestellten Charakteristik des Kandidaten und dem vom Kriegsgefangenen selbst verfaßten Lebenslauf („Autobiographie"), der die vollzogene Wandlung zum Antifaschisten be-

---

[30] Leonhard, Revolution, S. 290 ff. und S. 309; zu Gerö siehe Borsányi, Ernö Gerö, S. 275 ff.
[31] Leonhard, Revolution, S. 292.
[32] Arbeitsbericht der Politabteilung des UPVI vom 31. 12. 1943, RGVA/K 1p/9a/7, Bl. 88.
[33] Vgl. Tätigkeitsbericht der Politabteilung des UPVI vom 11. 2. 1944, RGVA/K 1p/11a/1, Bl. 47; Rapport über die politische Arbeit des UPVI im Januar/Februar 1944, ebenda Akte 2, Bl. 14.
[34] Undatierter Bericht der Lagerleitung des Lagers Nr. 99 an UPVI-Chef Petrov *[vermutlich Anfang Januar 1944]*, RGVA/K 4p/4/31, Bl. 54. Die meisten der im folgenden zitierten Berichte von den Lagerleitungen nehmen Bezug auf die UPVI-Direktive Nr. 28/p/21378 vom 23. 12. 1943.
[35] Jakovec an Manuil'skij am 16. 1. 1944 und 3. 2. 1944, RGVA/K 4p/4/31, Bl. 149–150.

legen sollte. In einer vom Politinstrukteur und der Leitung des Lagers unterschriebenen „Auskunft" (spravka) wurden alle für die Kaderentscheidung relevanten Punkte noch einmal zusammengefaßt: Schul- und Berufsbildung, militärische Laufbahn bis zur Gefangennahme, politischer Hintergrund des Kriegsgefangenen und eventuell auch der der engsten Familienangehörigen, Engagement im Lageraktiv und gegebenenfalls die Teilnahme an antifaschistischen Schulungen.

Bei der politischen Beurteilung eines Kriegsgefangenen spielte der Politinstrukteur die maßgebliche Rolle. Häufig war er bereits bei der ersten Vernehmung eines neu aufgenommenen Gefangenen anwesend und konnte dabei eine erste Einschätzung vornehmen. Diese begleitete den Kriegsgefangenen auf seinem weiteren Weg als Objekt der politischen Arbeit im Lager. Bei der Aufnahme mußte außerdem jeder Kriegsgefangene einen Fragebogen ausfüllen, dem später die personenbezogenen Angaben entnommen werden konnten[36]. Über die Tätigkeit der Politinstrukteure, in der Regel deutsche Exilkommunisten, ging das Interesse der KPD, kommunistisch eingestellte Kriegsgefangene zu rekrutieren und in die Arbeit der Partei einzubinden, mit dem Interesse des UPVI, Lager-Aktivs zu initiieren, Hand in Hand[37]. So dominierte bei der Auswahl der NKFD-Bevollmächtigten im Lager Novosibirsk (Nr. 199/Zone I-VI) im Januar 1945 der Typus des kommunistisch organisierten Soldaten mit proletarischem Hintergrund, der freiwillig zur Roten Armee übergelaufen war. Alle vorgeschlagenen Kandidaten waren Mannschaftsdienstgrade und kamen aus Arbeiter- bzw. Bauernfamilien. Sie hatten zumeist acht Jahre Volksschulbildung und waren Arbeiter oder Handwerker. Angaben, die von den Kriegsgefangenen über ihre KPD/KJVD-Mitgliedschaft gemacht wurden, konnten von den Politinstrukteuren nicht überprüft werden und galten daher nur unter Vorbehalt, aber sie waren offenbar ein Auswahlkriterium. So hatten von den sechs NKFD-Bevollmächtigten im Lager Nr. 199 zwar drei die Antifa-Schule nicht besucht, jedoch konnten von diesen zwei auf eine KPD-Mitgliedschaft verweisen. Damit hatten fünf von sechs ausgewählten Bevollmächtigten entweder die Antifa-Schule absolviert oder waren kommunistisch organisiert gewesen[38].

An einem weiteren Beispiel wird deutlich, daß der Besuch der Antifa-Schule das gewichtigste Kriterium war. Im weißrussischen Lager Bobrujsko (Nr. 56) wurden als Bevollmächtigte des NKFD, des BDO und des Büros österreichischer Antifaschisten drei Offiziere mit akademischer Ausbildung vorgeschlagen, von denen einer Berufssoldat, ein anderer Mitglied der NSDAP war. Für Oberleutnant Dr. Horst H., Amtsgerichtsrat aus Plauen und Mitglied der NSDAP seit 1933, am 2. 2. 1943 in Stalingrad in Gefangenschaft gegangen und von Mai bis November 1944 die Antifa-Schule besucht, lautete die Charakteristik: „Anfang Dezember 1944 kam er in das Lager Nr. 56, wo er im Aktiv der Antifaschisten der Zone I des Lagers arbei-

---

[36] Seitens des UPVI wurde aus diesen Materialien zu jedem Gefangenen eine „Registrier-Akte" (učetnoe delo) angelegt. Im Unterschied dazu gab es auch Personalakten (ličnoe delo), in der personenbezogene Angaben zu „Bewährungen" (z.B. Einsatz als Lageraktivist), zur „operativen Verwendung" (z.B. Spitzeldienste im Lager) oder auch über eventuell vorhandenes „kompromittierendes Material" (z.B. Verstrickung in Kriegsverbrechen) gesammelt wurde; vgl. Karner, Archipel GUPVI, S. 65f.; Robel, Antifa, S. 33f.
[37] Vgl. Robel, Antifa, S. 35.
[38] Brief der Leitung des Lagers Nr. 199 an UPVI-Chef Petrov vom 25. 1. 1945 mit den Charakteristiken in der Anlage, RGVA/K 4p/5/19, Bl. 70–76.

2. Lagerbevollmächtigte des Nationalkomitees

tete. In der Lagerzone führt H. eine eigenständige propagandistische Arbeit unter den Kriegsgefangenen durch, hält Vorlesungen und Vorträge, führt Gespräche über politisch-antifaschistische Themen, nimmt aktiv an der gesamten im Lager durchgeführten antifaschistischen Arbeit teil und genießt eine große Autorität unter den Antifaschisten und unter allen Kriegsgefangenen. H. ist diszipliniert, ausnehmend fleißig und eifrig. In der Zeit seines Aufenthaltes im Lager hat er sich von einer positiven Seite gezeigt. Er ist entwickelt und ist in der Lage erzieherische Arbeit zu leisten. Seitens des Lagers Nr. 56 wird seine Bestätigung als Bevollmächtigter des Nationalkomitees ‚Freies Deutschland' befürwortet."[39] Es scheint demnach, daß in Mannschaftslagern vorwiegend kommunistisch eingestellte Soldaten, bevorzugt KPD-Mitglieder und Überläufer, als Bevollmächtigte eingesetzt wurden. In den Offizierslagern dagegen mußten die Kandidaten zumindest die Antifa-Schule absolviert haben, um die in der Regel bürgerliche Herkunft und ihr unter Umständen systemkonformes Verhalten im nationalsozialistischen Deutschland (Mitgliedschaft in der NSDAP) durch die „antifaschistische Erziehung" zu kompensieren.

Die sehr unterschiedliche Kaderauswahl findet eine weitere Erklärung darin, daß die Ernennung von Lagerbevollmächtigten zwar auf Vorschlag des UPVI (Politinstrukteur und Lagerverwaltung) erfolgte, die Entscheidung aber beim Institut 99 lag. Dadurch entstand eine doppelte Kaderverwaltung. Das UPVI gab zwar die Unterlagen zur Entscheidung an das Institut 99 weiter, fertigte für die eigene Verwaltung jedoch Kopien an und ließ die von Kriegsgefangenen in ihren Autobiographien gemachten Angaben von der operativen Abteilung des UPVI überprüfen. Aus Sicht des UPVI stellte sich daher die Ernennung eines Lagerbevollmächtigten beispielhaft folgendermaßen dar: „Auf der Grundlage Ihrer Direktive Nr. 28/p/21378 vom 23. Dezember 1943 ist im NKVD-Lager Nr. 84 der Bevollmächtigte des Nationalkomitees ‚Freies Deutschland' G. Theo Theodorovič ausgewählt worden. Die Kandidatur G.s ist im antifaschistischen Aktiv mit ausschließlich positiver Resonanz beraten worden. Die Kandidatur entspricht *[unseren Vorstellungen]*. Ich bitte um Bestätigung."[40] Die Bestätigung erfolgte durch UPVI-Chef Petrov, der eine Kopie behielt und das Original an Manuil'skij weiterreichte[41]. Bei neuerlichen Nominierungen von Lagerbevollmächtigten des NKFD befinden sich auf den Meldungen an das UPVI regelmäßig die Eingangsstempel der operativen Abteilung sowie beispielsweise die Anweisung Petrovs „Ordnen Sie die Charakteristiken über die Bevollmächtigten in die bereits vorhandenen ein"[42]. Das UPVI war nicht gewillt, jegliche Kontrolle an den Rat für militärpolitische Propaganda bzw. das Institut 99 abzugeben. Da aber die Originale der Personalunterlagen an das Institut 99 gingen, war dessen Kaderverwaltung bis zur Auflösung des

---

[39] Charakteristik der Lagerleitung eines Kandidaten für das Amt des NKFD-Lagerbevollmächtigten, unterschrieben vom stellvertretenden Leiter des Lagers Nr. 56 und dem Instrukteur der Politabteilung der Lagerverwaltung, RGVA/K 4p/5/19, Bl. 41; ebenda Bl. 45+RS und Bl. 49 die Charakteristiken der anderen beiden Bevollmächtigten.
[40] Chef des Lagers Nr. 84 an UPVI-Chef Petrov am 13. 1. 1944 mit der Charakteristik als Anlage, RGVA/K 4p/4/31, Bl. 11–12.
[41] Ebenda; Petrov machte auf dem Brief den Vermerk: „Eine Kopie der Charakteristik für uns anfertigen und das Original an Manuil'skij".
[42] Schreiben der Leitung des Lagers Nr. 182 an Petrov vom 10. 2. 1945, RGVA/K 4p/5/19, Bl. 1; in derselben Akte befinden sich mehrere derartige Schreiben.

Instituts Ende 1946 die entscheidende Instanz[43]. Und im Gegensatz zum UPVI konnte das Institut 99 bei der Einsetzung von Lagerbevollmächtigten auf die Absolventen der Antifa-Schulen zurückgreifen, deren Kaderverwaltung ebenfalls vom Institut 99 geführt wurde. Auf diese Weise gab es zwei Wege der Kaderrekrutierung.

Der tatsächliche Einfluß des Instituts 99 auf die unmittelbare politische Arbeit in den Lagern blieb gering. Zwar gab das Nationalkomitee „Mitteilungen für die Lagergruppen" heraus, aber vermutlich erschienen im ganzen nur zwei Nummern[44]. Der Effekt der Mitteilungen in den Lagern war wohl verschwindend gering. So wurden in der ersten Ausgabe die Aufgaben der Lagergruppe des NKFD beschrieben, die sich jedoch nicht von denen der bereits bestehenden Lager-Aktivs unterschieden: „Der Lagerausschuß hat die Bewegung im Lager zu organisieren, die politische Arbeit nach den Richtlinien des Nationalkomitees zu leiten, dem Nationalkomitee monatlich zu berichten. (…) Eine besondere Aufgabe des Lagerausschusses ist die listenmäßige, organisatorische Zusammenfassung und Schulung derjenigen Mitglieder der Lagergruppe, die sich zu aktiven Kämpfern der Bewegung ‚Freies Deutschland' eignen (zu Rednern, Organisatoren, Mitarbeitern für Zeitung, Flugschriften, Flugblätter usw.). Er hat bei der Lagerverwaltung zu erwirken, daß alle wichtigen Funktionen der Lagerselbstverwaltung (Lager- und Barackenältester, Brigadeführer, Küchenverwaltung, Sanitätspersonal) von anständigen Männern besetzt werden, die keine nationalsozialistische Gegenpropaganda treiben."[45] Damit wurde in den Mitteilungen lediglich der Status quo beschrieben, der auch schon vor Gründung des NKFD bestanden hatte.

Die Einwirkung auf die Kriegsgefangenen erfolgte durch Formen, die seit dem Aufbau der Lager-Aktivs im Herbst 1941 eingeübt waren. Diese waren für die Ziele des Nationalkomitees durchaus kontraproduktiv. Durch die bevorzugte Besetzung der Funktionsstellen mit Mitgliedern des Aktivs, egal ob es sich nun „Antifa-Aktiv" oder „Lagergruppe des NKFD" nannte, bildete sich die sogenannte Lagerprominenz, die die begehrten, mit Besserstellung verbundenen Posten in der Selbstverwaltung des Lagers unter sich verteilte. Dieser Mechanismus wurde vom UPVI instrumentalisiert[46]. Mit Hinweis auf den organisatorischen Nutzen für die Lagerverwaltung wurden die Politinstrukteure ausdrücklich angewiesen, die Aktivisten zu bevorzugen: „Es ist zweckmäßig, als Älteste der Hundertschaften solche Antifaschisten zu bestimmen, die das Vertrauen ihrer Kameraden haben. Sie sollen zusätz-

---

[43] Archivtechnisch aufschlußreich ist, daß nach Auflösung des Instituts 99 alle Kaderunterlagen über die Kriegsgefangenen im UPVI-Archiv (heute eine Abteilung des RGVA/K) abgelegt wurden. Die dort im Bestand „fond 88" abgelegten Akten tragen die Aufschrift „Institut 99". Leider ist der Bestand gesperrt.

[44] Wahrscheinlich wurden die Mitteilungen nach der zweiten Nummer (SAPMO-BArch NY 4009/28, Bl. 217–242) eingestellt. Weinert (Nationalkomitee, S. 66 f.) zitiert in seinem Bericht lediglich das Inhaltsverzeichnis der zweiten Ausgabe und kommt im weiteren nicht mehr auf sie zu sprechen. Vgl. Zirke, Im Tosen des Krieges geschrieben, S. 111 f.

[45] „Mitteilungen des Nationalkomitees ‚Freies Deutschland' für die Lagergruppen Nr. 1", SAPMO-BArch NY 4091/111 Ü, Bl. 26–27.

[46] Frieser (Krieg hinter Stacheldraht, S. 144 ff.) nennt das „System von Gratifikation und Pression": Durch die Belohnung des Bekenntnisses zur Antifa einerseits und die Bestrafung politischer Opposition andererseits sei das Lagerleben zu einem ideologischen und zudem physischen Existenzkampf geworden.

liche Lebensmittel erhalten. Die Schaffung eines möglichst großen geschulten antifaschistischen Aktivs wird auch dazu beitragen, die Lager-Disziplin zu festigen."[47] Und ein Rundbrief des UPVI vom September 1943 legte den Lagerchefs nahe: „Verschaffen Sie den Absolventen der *[Antifa-]*Schule auch die materiellen Voraussetzungen. Gleichen Sie die Verpflegung der Arbeiternorm an. Sorgen Sie dafür, daß sie Kleidung und Schuhe haben. Sie müssen spüren, daß das Verhalten ihnen gegenüber etwas anderes ist als zu den übrigen Kriegsgefangenen. Lassen Sie auch nicht diejenigen *[Antifa-Absolventen]* aus den Augen, die als Brigadiere und gewöhnliche Arbeiter geschickt werden."[48] Der Effekt bei den politisch inaktiven Kriegsgefangenen war genau entgegengesetzt. Die Antifa-Prominenz im Lager war verhaßt. Diejenigen, die nur irgendwie den Aktivitäten der Lagergruppe Interesse oder Neugier entgegenbrachten, wurden sofort von ihren Mitgefangenen geschnitten. Zaghafte Annäherungsversuche wurden seitens der Aktivs auch dadurch erschwert, daß in der Wandzeitung sofort darüber berichtet wurde. Sobald aber der Name eines bis dahin politisch nicht aktiven Gefangenen für das ganze Lager mit der Antifa in Verbindung gebracht werden konnte, brachen alle seine sozialen Kontakte zusammen. Auch wenn es unter den Offizieren offenbar möglich war, durch eine Art Ehrengericht wieder in den Kreis der Kameraden aufgenommen zu werden, ergab sich für den vereinzelten Kriegsgefangenen in jedem Fall die Zwangslage, ein (politisches) Bekenntnis für die eine oder die andere Seite abgeben zu müssen[49]. Die Mitglieder des Lager-Aktivs werden daher auch als eine „am sozialen Rande zwischen deutschen Kameraden und sowjetischer Gewahrsamsmacht" stehende Gruppe charakterisiert[50].

Die Erfolge der politischen Arbeit in den einzelnen Lagern waren gering. In den Berichten der Lagerverwaltungen sollte das kaschiert werden, so daß im April 1944 die UPVI-Leitung anmahnte: „In den monatlichen Berichten fast aller Lager kommt die Arbeit der Antifaschisten, die eine Antifa-Schule absolviert haben, überhaupt nicht zum Ausdruck. Die Zahl der Antifaschisten und der Aktivs wird nicht mitgeteilt. In den Politmitteilungen wird lediglich die monatliche Zunahme der Zahl der Antifaschisten genannt, aber wieviele Antifaschisten es insgesamt geworden sind, ist aus den Berichten nicht ersichtlich. Auf die Arbeit der Bevollmächtigten des Nationalkomitees wird nicht näher eingegangen. Ein wesentlicher Indikator für diese Arbeit – die Zahl derjenigen, die sich der Plattform des Nationalkomitees angeschlossen haben – fehlt in den Berichten."[51] Bis Kriegsende hatte die politische Arbeit des NKFD in den Lagern lediglich fragmentarischen Charakter. In längst nicht allen Lagern wurden die Ziele des NKFD durch eigens berufene Bevollmächtigte verbreitet. In der Regel stützten sich die Lagerleitungen auf die wenigen kooperationswilligen, meist kommunistischen Aktivisten. Einen Einblick in die politische Arbeit in einem gewöhnlichen Arbeitslager für Kriegsgefangene gibt der Inspektionsbe-

---

[47] EKKI-Richtlinien vom 24. 1. 1942, RGASPI 495/77/30, Bl. 13.
[48] UPVI-Rundbrief an die Lagerchefs vom 29. 9. 1943, RGVA/K 4p/3/1, Bl. 116+RS.
[49] Vgl. die Schilderung bei Kügelgen (Nacht der Entscheidung, S. 324 ff.), in der dieser, obwohl er mehr die Darstellung einer „Läuterung zum Antifaschisten" intendiert, detailliert alle hier nur skizzierten Vorgänge beschreibt.
[50] Lehmann, Gefangenschaft und Heimkehr, S. 50.
[51] Rundbrief der UPVI-Leitung an die Lagerverwaltungen vom 15. 4. 1944, RGVA/K 1p/33a/16, Bl. 187.

richt Herbert Hentschkes, der im Februar und März 1945 neun Außenlager des ukrainischen Lagers Nr. 256 besuchte. Der Arbeitsbetrieb – Bergbau – ließ eine kontinuierliche politische Arbeit nicht zu, da die Kriegsgefangenen rund um die Uhr in Schichten arbeiteten. Es gab zwar Lager-Aktivs, aber weder im Stamm- noch in den Außenlagern war ein Politinstrukteur eingesetzt. Schulungsmaterial war nicht vorhanden. Die Propaganda des Nationalkomitees hatte überhaupt keine Berücksichtigung gefunden: „Meistens gingen die Aktive (vor allem auch die sich dort befindlichen Kommunisten) von der Perspektive der proletarischen Revolution nach Beendigung dieses Krieges aus, und sie waren bestrebt, anstatt einer breiten Lagergruppe der Bewegung Freies Deutschland, wenn auch nicht direkt eine kommunistische Parteiorganisation, so doch immerhin eine kommunistische Organisation zu schaffen."[52]

Die unmittelbare Arbeit des NKFD und damit der Einfluß des Instituts 99 beschränkte sich auf einige wenige Kriegsgefangenenlager, streng genommen nur auf die Offizierslager. Nach der Gründung des Nationalkomitees im Juli 1943 waren Delegationen in die Offizierslager Krasnogorsk (Nr. 27), Elabuga (Nr. 97), Oranki (Nr. 74) und Suzdal' (Nr. 160) sowie in das Generalslager Voikovo (Nr. 48) gefahren, um für den zu gründenden Offiziersbund zu werben. Immerhin unterschrieben den Gründungsaufruf des BDO 95 Offiziere, aber die weitere Werbung blieb, wie der Zivilsektor im Institut 99 im April 1944 urteilte, „schwach"[53]. Der Grund lag offensichtlich darin, daß es entgegen des ursprünglichen Beschlusses des NKFD über die Entsendung von Lagerbevollmächtigten bei zeitweiligen Delegationsreisen geblieben war. Ständige Bevollmächtigte wurden erst ab Januar 1944 eingesetzt, das aber nur in den Mannschaftslagern, in denen es ein ohnehin funktionierendes (kommunistisches) Antifa-Aktiv gab. In den Offizierslagern waren neben dem Lager Krasnogorsk faktisch nur in Elabuga Bevollmächtigte ständig eingesetzt. Dabei war die Einbeziehung dieses Lagers vom Institut 99 auch erst im April 1944 beschlossen worden[54].

Möglichkeiten, die Tätigkeit in den Offizierslagern auszuweiten, ergaben sich im Sommer 1944 durch die sprunghaft angestiegene Zahl deutscher Kriegsgefangener, vor allem durch den Zustrom zahlreicher Generäle und Stabsoffiziere der zusammengebrochenen Heeresgruppe Mitte[55]. Anfang Juli 1944 fuhr eine siebenköpfige BDO-Delegation in das Lager Grjazovec (Nr. 150), in das die Mehrzahl der gefangengenommenen Offiziere gekommen war. Während Major von Frankenberg und Proschlitz und Hauptmann Burmeister – quasi als Lagerbevollmächtigte – bis Dezember 1944 im Lager blieben, fuhren die restlichen Delegationsmitglieder Korfes, Hetz und Hadermann nach einigen Tagen wieder ab[56]. Gleichzeitig hielten sich Major Stößlein und Wehrmachtspfarrer Kayser in Begleitung von Paul Försterling vom

---

[52] Bericht Herbert Hentschkes vom 21. 3. 1945, SAPMO-BArch NY 4036/572, Bl. 28.
[53] Beschlußprotokoll des Instituts 99 vom 10. 4. 1944, RGASPI 495/77/46, Bl. 2; vgl. die Notizen Piecks zu dieser Sitzung, SAPMO-BArch NY 4036/499, Bl. 100.
[54] Ebenda.
[55] Beschlußprotokoll des Instituts 99 vom 14. 8. 1944, RGASPI 495/77/46, Bl. 11; siehe auch Frieser, Krieg hinter Stacheldraht, S. 244 ff.
[56] Notizen Korfes, BArch Abt. Potsdam 90 KO 10/29, Bl. 1–3 (Die ursprüngliche Reihenfolge ist entgegen der Archivpaginierung: Bl. 3 RS, 3, 2, 2 RS, 1, 1 RS); vgl. Frankenberg, Meine Entscheidung, S. 244 ff.

11. Juli bis zum 23. August 1944 im Offizierslager Elabuga auf. Zusammen mit dieser NKFD-Delegation fuhr eine Gruppe des BDO bestehend aus General Schlömer, General Lattmann und Leutnant Einsiedel ebenfalls nach Elabuga[57]. Nach der Rückkehr aus dem Offizierslager berichtete Försterling der KPD-Führung, daß das Auftreten der BDO-Mitglieder auf Widerspruch und Ablehnung gestoßen sei. Allgemein bemängelte er die personell schwache Besetzung des Lager-Aktivs und die „ideologisch schwankende Haltung der einfachen und auch der leitenden Aktivisten, z. B. in der Polenfrage *[Frage der polnischen Westgrenze]*". Bevor die Delegation das Lager Elabuga verlassen habe, sei „im allgemeinen Einverständnis mit der Lagerleitung und den Aktivisten in den verschiedenen Lagern ein ständiger Ausschuß gebildet" worden[58]. Jedoch wurde die Einsetzung dieses Lagerbevollmächtigten vom Institut 99 rückgängig gemacht, was abermals auf dessen Anspruch hinweist, Kaderentscheidungen nicht abgeben zu wollen. Zur Umsetzung jedoch – das zeigt der Beschluß des Instituts 99 ebenfalls – war man auf die Lagerverwaltung des UPVI, insbesondere deren operative Abteilung, angewiesen: „Die Frage der Ablösung des Bevollmächtigten P. soll durch die zuständigen Organe geregelt werden."[59]

Aufgrund der Quellenlage fällt es nach wie vor schwer, einen Überblick über die Wirksamkeit des Nationalkomitees in allen Kriegsgefangenenlagern zu bekommen. Die Tätigkeit des BDO ist insofern gut zu beschreiben, als sie sich auf die wenigen Offizierslager beschränkt. Aufgrund der propagandistischen Wirkung, die durch die Gewinnung von Offizieren oder Generälen erzielt werden konnte, hatte sie immer exklusiven Charakter. Nach zwei Monaten Werbung im Lager Grjazovec waren bis September 1944 402 neue BDO-Mitglieder gewonnen worden. Zum 1. November 1944 sollen es 1100 Neuzugänge gewesen sein[60]. Insgesamt registrierte eine interne BDO-Aufzeichnung zum 1. September 1944 1316 BDO-Mitglieder[61]. Demnach waren bis zum Frühjahr 1944 nur ungefähr 200 Offiziere dem BDO beigetreten; davon 95 bei der Gründung des Offiziersbundes. Der größte Zuwachs an Mitgliedern muß um die Jahreswende 1944/45 gekommen sein. Eine leider nicht datierte Aufstellung Ackermanns beziffert die Zahl der BDO-Mitglieder auf „rund 4000", von denen 7–8% Stabsoffiziere gewesen seien[62]. Auf den Gesamtzeitraum der Tätigkeit von NKFD und BDO bezogen wird daher Puttkamers Ein-

---

[57] Einsiedel, Tagebuch der Versuchung, S. 125 ff.
[58] Delegationsbericht Försterlings vom 31. 8. 1944, SAPMO-BArch NY 4036/572, Bl. 36 und Bl. 37 RS; zum Widerstand gegen das Auftreten der NKFD/BDO-Delegation in Grjazovec siehe Hahn, Ich spreche die Wahrheit, S. 153.
[59] Beschlußprotokoll des Instituts 99 vom 18. 9. 1944, RGASPI 495/77/46, Bl. 21.
[60] Frankenberg, Meine Entscheidung, S. 244 ff.
[61] „Notizen zu Entstehung und Aufgaben des BDO", BArch Abt. Potsdam 90 KO 10/28, Bl. 29.
[62] „Der Bund deutscher Offiziere zählt gegenwärtig rund 4000 Mitglieder, davon 1 Generalfeldmarschall, 51 Generäle, etwa 40 Oberste, etwa 50 Oberstleutnants, etwa 150 Majore, etwa 400 Hauptleute, die übrigen *[ca. 3300]* Oberleutnants und Leutnants.", „Das Nationalkomitee Freies Deutschland und der Widerhall auf seine Tätigkeit", ohne Datum *[vermutlich Frühjahr 1945]*, handschriftlicher Vermerk „von Ackermann", SAPMO-BArch NY 4036/580, Bl. 50. Vgl. Lexikon der Parteigeschichte, S. 302, das diese Angabe auf „Anfang 1945" datiert. Ebenda werden bis zur Gründung des BDO (12. 9. 1943) 100 Offiziere als Mitglieder des NKFD gezählt.

schätzung zutreffend sein: „Außer dem Lager 97 *[Elabuga]* mögen es noch 4 oder 5 andere gewesen sein, in die Delegationen entsandt wurden. So konnte in Wirklichkeit von einer Führung durch den Lunower ‚Wasserkopf' keine Rede sein."[63]

Bei der Auflösung des NKFD räumte Komiteepräsident Weinert ein, daß es „nicht sehr viele Meldungen aus den Lagern" gegeben habe und daß diese nur durch die Politinstrukteure zustandegekommen seien[64]. Ebenso waren die Einwirkungsmöglichkeiten des NKFD auf die politische Arbeit in den Lagern sehr gering geblieben. Nach Auflösung des Nationalkomitees berichtete Weinert an Wilhelm Pieck: „In der Zeitung *[Freies Deutschland]* wurden die Bedürfnisse und Aufgaben der Gefangenenlager in den Vordergrund gestellt. Diese Aufgabe wurde sehr dadurch erschwert, daß so gut wie keine Verbindung mit den Lagern besteht und auch trotz aller Anträge nicht geschaffen wurde."[65] Demnach hatte sich durch die Gründung des Instituts 99 nichts an der politischen Arbeit in den Kriegsgefangenenlagern geändert.

Der NKFD-Beschluß über die Einsetzung von Lagerbevollmächtigten bekam erst durch die entsprechende UPVI-Direktive Wirkungskraft, deren Umsetzung vom Institut 99 kaum beeinflußt werden konnte und in erster Linie von den Politinstrukteuren in den Lagern abhing. Diese behielten die Arbeitsformen bei, wie sie bereits vor der Gründung des Nationalkomitees angewandt worden waren[66]. Insbesondere bei der politischen Arbeit in den Offizierslagern wurde seitens des UPVI offenbar darauf geachtet, möglichst keine festen Bevollmächtigten des BDO zuzulassen, sondern es bei zeitlich befristeten Delegationsreisen zu belassen. Für die Lagerbevollmächtigten des NKFD in den Mannschaftslagern mag das etwas anderes gewesen sein, da sie vorwiegend ohnehin aus dem Kreis der Aktivisten rekrutiert wurden. Insgesamt konnte von einer Anleitung der politischen Arbeit in den Kriegsgefangenenlagern durch das Institut 99 keine Rede sein.

3. Frontbevollmächtigte des Nationalkomitees

Mit Gründung des Nationalkomitees „Freies Deutschland" wurden deutsche Kriegsgefangene dauerhaft in die Frontpropaganda der Roten Armee eingebunden. Erste Erfahrungen hatte die 7. Verwaltung im Januar 1943 gesammelt. Von höchster Stelle (Ščerbakov) autorisiert, wurden nicht nur wie bisher kommunistische Emigranten, sondern auch Kriegsgefangene eingesetzt, die die Antifa-Schule absolviert hatten. Die kriegsgefangenen Offiziere Charisius, Hadermann und Reyher wurden an den Kessel von Stalingrad geschickt. Wenig später folgte in Velikie Luki der Einsatz von Leutnant Augustin und den Soldaten Gold, Keßler und Zwiefelhofer. Beide Einsätze waren Pilotversuche der 7. Verwaltung. Während der Einsatz in Stalingrad Frontpropaganda mit herkömmlichen Mitteln – Flugblätter und Appelle über Grabenlautsprecher – erfolgte, wurde der Einsatz in Velikie Luki bewaffnet

---

[63] Puttkamer, Irrtum und Schuld, S. 77.
[64] Protokoll der Auflösungssitzung des NKFD vom 2. 11. 1945, in: Verrat hinter Stacheldraht?, S. 261.
[65] Weinert an Pieck am 3. 11. 1945, SAPMO-BArch NY 4065/5, Bl. 41.
[66] Vgl. Robel, Antifa, S. 92.

durchgeführt. In den Erinnerungen Keßlers und Golds heißt es euphemistisch, man habe das direkte Gespräch mit dem Kommandierenden des Frontabschnittes suchen wollen, aber es handelte sich vermutlich eher um den Versuch, den kommandierenden Wehrmachtsoffizier durch ein Kommandounternehmen zu töten. Dieses Unterfangen endete ergebnislos in einer Schießerei, wobei es Opfer auf beiden Seiten gab[67]. Auf einem Arbeitstreffen aller 7. Verwaltungen der Fronten im April 1943 wurde über beide Einsätze berichtet. Ziel des Arbeitstreffens war es, „Argumente zu finden, die die Soldaten und Offiziere des Gegners zwingen, die psychologische Barriere zu überwinden und zu kapitulieren"[68]. Offenbar war sich die Politische Hauptverwaltung noch nicht im Klaren darüber, in welcher Form – als Propagandisten oder als Diversanten – Kriegsgefangene verwendet werden sollten. Durch die sowjetische Entscheidung für das Nationalkomitee „Freies Deutschland" wurde dem GlavPURKKA die Entscheidung abgenommen. Das Komitee sollte – zumindest zu Anfang – mit Argumenten die Wehrmacht zur Aufgabe des Kampfes bewegen. Dessen ungeachtet gab es auch weiterhin die Versuche bewaffneter Einsätze deutscher Kriegsgefangener. Diese wurden zum Teil als Propaganda-, mehr jedoch als Aufklärungs- und teilweise als Kampfeinsatz vom GlavPURKKA immer wieder genutzt[69].

Das Nationalkomitee stellte eigene Bevollmächtigte für die Frontpropaganda auf. Bei den Nominierungen im Juli/August 1943 wurde dabei auf diejenigen Kriegsgefangenen zurückgegriffen, die ohnehin schon als Propagandisten der 7. Verwaltung tätig gewesen waren. Wahrscheinlich war es sogar so, daß die Nominierungen von Charisius, Reyher und Keßler als Mitglieder des NKFD auf deren Fronteinsätze Anfang 1943 zurückzuführen waren. Keßler wurde eigens zur Gründungsveranstaltung des NKFD von der Front abkommandiert und kehrte nach vier Wochen zur 7. Verwaltung der 2. Belorussischen Front – nun als Frontbevollmächtigter des NKFD – zurück[70]. Bezeichnend für das Verhältnis der Frontbevollmächtigten zum NKFD im Lager Lunevo war auch, daß das Komiteemitglied Charisius nach eigenem Bekunden an keiner Sitzung des Nationalkomitees teilnahm und keines seiner Mitglieder persönlich kannte, da er bis zum Kriegsende ununterbrochen an der Front tätig war[71]. Ebenso war Leutnant Kehler von August bis Dezember 1943 an der Leningrader und von Januar 1944 bis Mai 1945 an der 1. Belorussischen Front, mit deren Stab er nach Berlin einmarschierte[72]. Und als Vizepräsident Emendörfer,

---

[67] Vgl. Keßler, Zur Sache und zur Person, S. 53 ff.; Gold, Im Bunker bei Oberstleutnant von Sass, S. 64 ff.
[68] Burzew, Einsichten, S. 155.
[69] Siehe Wolff, Bewaffnete Gruppen, S. 309 ff.; ders., An der Seite der Roten Armee, S. 67 ff., 114 ff., 181 ff. und 242 ff.; Mönicke (Die Teilnahme deutscher Antifaschisten am Partisanenkampf) erfaßt ca. 350 deutsche Kommunisten, Kriegsgefangene und Wehrmachtsdeserteure, die an Kampf- und Propagandaaktionen gegen die Wehrmacht teilnahmen; siehe auch die Erinnerungsberichte in: In den Wäldern Belorußlands, S. 389 ff.
[70] Keßler, Zur Sache und zur Person, S. 57 und S. 75.
[71] Protokoll der Befragung von Charisius, SAPMO-BArch SgY 30/1480, Bl. 12.
[72] Kehler, Einblicke und Einsichten, S. 134 ff.

der sich von Juli 1943 bis März 1944 ohne Unterbrechung an der Front aufhielt, von NKFD-Präsident Weinert in das Lager Lunevo zurückbeordert wurde, kannte er dort niemanden, was er in seinen Memoiren in den Satz faßte: „Also war es wirklich notwendig, daß auch ich die Mitarbeiter im Bund kennenlernte."[73]

Die Organisation der Frontpropaganda lag ausschließlich in der Hand des GlavPURKKA. Marschbefehle und entsprechende Passierscheine der nominell vom NKFD delegierten Frontbevollmächtigten – unabdingbar für die Bewegungsfreiheit im Frontbereich – wurden von der 7. Verwaltung ausgestellt. Die Fahrt zum Einsatzort erfolgte immer in Begleitung eines Politoffiziers, und im Frontbereich unterstanden die Bevollmächtigten direkt der 7. Verwaltung des Frontstabes, mit deren Offizieren sie eng zusammenarbeiteten[74]. Die Verbindung zwischen dem Lager Lunevo und den Frontbevollmächtigten, die zwar auf mehreren Vollsitzungen des NKFD referierten[75], bestand nur nominell. Lediglich die Kommunisten im Institut 99 (Ulbricht) hatten einen gewissen Überblick über die Aktivitäten des NKFD an der Front. Aber auch ihr Informationsstand hing von den Berichten der Frontbevollmächtigten ab, die zuvor die Zensur des GlavPURKKA durchliefen, unregelmäßig eintrafen und nur relativ oberflächlich waren[76]. Somit blieb das „völlige Informationsmonopol" bei der Politischen Hauptverwaltung[77].

Die inhaltliche Ausgestaltung der Frontpropaganda wurde über Direktiven des Rates für militärpolitische Propaganda gesteuert. Manuil'skij hatte bereits im April 1942 als propagandistische Ziele des Komitees formuliert: „Um den unsinnigen Untergang Hunderttausender oder gar von Millionen deutscher Soldaten während der Frühjahrsoffensive *[der Roten Armee 1942]* zu verhindern, wendet sich das Komitee mit der Losung an alle Soldaten und Offiziere der deutschen Armee, entweder sich sofort von der Front zurückzuziehen und den Rückzug nach Hause anzutreten, oder Bevollmächtigte zu schicken, die mit der Roten Armee über eine kollektive Gefangengabe verhandeln."[78] Im Sommer 1943 entschied sich der Rat für militärpolitische Propaganda für die Losung „Rückführung der Wehrmacht, Rücktritt Hitlers", auf die Manuil'skij die deutschen Kommunisten auf der Zivilsektorsitzung im Institut 99 am 2. August 1943 einschwor[79]. Die damit intendierte Abkehr von einer Überläuferpropaganda ging nicht ohne kontroverse Diskussionen vonstatten. Auf einer zweiten Sitzung im Institut 99 mußte Manuil'skij die deutschen Kommunisten davon überzeugen, daß der Sturz Hitlers nur über ein organisiertes, vom NKFD geleitetes Vorgehen zu erreichen sei. Er schlug – wie sich Pieck notierte – eine „Wendung in der Argumentation" vor. Man sei sich zwar einig, daß

---

[73] Max Emendörfer, Rückkehr an die Front, S. 237; vgl. Jan Emendörfer, Verfemt, S. 154ff.
[74] Vgl. Kommandierung für Bernhard Bechler durch BDO (Seydlitz) und NKFD (Weinert) am 25./26. 4. 1944, SAPMO-BArch SgY 12/1/7, Bl. 1 und 7; Frontausweis der 7. Verwaltung für Josef Robiné vom 21. 8. 1943, ebenda Bl. 9; Mayenburg, Blaues Blut und rote Fahnen, S. 312ff.; Kopelew, Aufbewahren für alle Zeit, S. 67.
[75] Weinert, Nationalkomitee, S. 89ff.
[76] Vgl. „Die Arbeit der Frontbevollmächtigten des NKFD" vom 11. 5. 1944, SAPMO-BArch NY 4065/15, Bl. 48.
[77] Vsevolodov, Die propagandistische Tätigkeit des NKFD und BDO, S. 126, siehe auch ebenda S. 131.
[78] „Einige Maßnahmen zur Zersetzung der Moral deutscher Soldaten" vom 3. 4. 1942, RGASPI 495/77/30, Bl. 17.
[79] Notizen Piecks „Daten der Bewegung", SAPMO-BArch NY 4036/575, Bl. 246.

"Hitler weg muß", aber es sei besser, die Wehrmacht zu erhalten und geschlossen hinter die deutsche Reichsgrenze zurückzuführen, als sie durch Aufforderung zum Desertieren und Sabotage zu zersetzen[80].

Durch die von Manuil'skij im Institut 99 in Gang gesetzte Diskussion über die Losung des NKFD wurde der Weg für die Mitarbeit der Offiziere im BDO geebnet, die wiederum notwendig für den Erfolg jeglicher NKFD-Propaganda war. Zeitgleich mit der Diskussion im Institut 99 wurden die Verhandlungen mit den Generälen geführt, bei denen Manuil'skij die Positionen von Generälen und Kommunisten aufeinander abstimmte. Manuil'skijs Anteil an der Formulierung der Propagandalosung ist damit größer, als bisher angenommen[81]. Gemeinsam beschlossen BDO und NKFD auf der vierten Vollsitzung des Nationalkomitees am 24. September 1943 die sogenannte 1. taktische Hauptlosung „Zurückführung der Armee gegen den Befehl Hitlers unter verantwortungsbewußter Führung an die Reichsgrenze". Ab Januar 1944 rief das Nationalkomitee dann doch zum Überlaufen auf und schloß sich damit der Propaganda der 7. Verwaltung an. Auf der sechsten Vollsitzung am 5. Januar 1944 wurde die 2. taktische Hauptlosung „Einstellung des Kampfes, Übergang auf die Seite des Nationalkomitees" beschlossen. Nach dem militärischen Zusammenbruch der Wehrmacht an der Ostfront im Sommer 1944 wurde diese Losung noch durch den Zusatz „Alle Waffen gegen Hitler" ergänzt[82].

Für die Politische Hauptverwaltung war die Einbindung der nominell eigenständigen Propaganda des NKFD in die Strukturen der 7. Verwaltung nicht unproblematisch. Von Anfang an machte man den Versuch, die Parolen des Nationalkomitees und die der Roten Armee getrennt voneinander zu halten. Wenige Tage nach der Gründung des Nationalkomitees hatte das GlavPURKKA per Direktive gegenüber den Politoffizieren klargestellt, daß die Aufrufe des NKFD von „nationalen deutschen Interessen" ausgehen, die Propaganda der 7. Verwaltung dagegen „die Erfolge der Roten Armee herausstellen, auf die Unvermeidlichkeit der Niederlage von Hitler und auf Aufrufe der freiwilligen Gefangengabe von Offizieren und Soldaten Gewicht legen" solle[83]. War somit für die Offiziere der 7. Verwaltung durchgängiges Motto, daß Deutsche zu Deutschen sprechen sollten[84], so scheiterte dieses Konzept dennoch, weil die Methoden und Organisationsformen der Frontpropaganda immer die des GlavPURKKA blieben: „Letztlich hat die Propaganda des NKFD in keiner Form gefruchtet. Was bleibt? Die Ziele des NKFD, soweit sie sich aus seinen ‚Bildern im Kopf' beurteilen lassen, scheinen rein, manche Mittel seiner Propaganda dagegen weniger: die euphemistisch gezeichneten Feinde *[die Sowjetunion]*, der irreale Schatten einer übergehenden Wehrmacht, das Märchen von der starken Freiheitsbewegung NKFD. Und wenn es richtig ist, daß man Menschen

---

[80] Notizen Piecks vom 9. 8. 1943, SAPMO-BArch NY 4036/498, Bl. 87: „Daß Hitler weg muß = einig, aber wie, anderer Führer – Wehrmacht erhalten und geschlossen in die Heimat zurück, Kampfausschüsse = nicht einverstanden – Kampfgruppe Ausweg – betr[ogene (?)] Demokratie".
[81] Scheurig (Verräter oder Patrioten, S. 69) und Sywottek (Deutsche Volksdemokratie, S. 129) führen die Formulierung der Losung allein auf den Einfluß des BDO zurück. Diesener (Propagandaarbeit, S. 34) versucht, den Einfluß der KPD auf die Formulierung herzuleiten und spricht von einem Kompromiß zwischen KPD und BDO.
[82] Zu den Vollsitzungen des NKFD siehe Weinert, Nationalkomitee, S. 88 ff.
[83] Vsevolodov, Die propagandistische Tätigkeit des NKFD, S. 121.
[84] Kopelew, Aufbewahren für alle Zeit, S. 62 f.

nicht nur nach ihren Zielen beurteilen darf, sondern auch nach den Mitteln, die sie zur Erreichung ihrer Ziele einsetzen, dann bleiben zumindest Fragezeichen."[85] Vermutlich waren die Losungen des NKFD und die des GlavPURKKA für den deutschen Frontsoldaten von Anfang an kaum auseinanderzuhalten, zumal ab 1944 von beiden zum Überlaufen aufgefordert wurde.

Die Hauptaufgabe des Instituts 99 bestand darin, die Unterstützung der Frontpropaganda der Roten Armee durch das NKFD zu steuern. Als Verbindungsmann hatte das GlavPURKKA den stellvertretenden Chef der 7. Verwaltung, Oberst Braginskij, zum Institut 99 abgestellt[86]. Für die kriegsgefangenen Mitglieder des Nationalkomitees trat Walter Ulbricht als Leiter der operativen Abteilung und somit als der entscheidende Mann auf[87]. Typisch ist die Wahrnehmung von Hermann Rentzsch, der nach dem Besuch der Antifa-Schule an die 1. Baltische Front entsandt wurde: Er wurde „von Walter Ulbricht in seiner Eigenschaft als Mitglied des Nationalkomitees ‚Freies Deutschland' und Leiter der Operativ-Abteilung vereidigt"[88].

Die Besetzung der Frontbevollmächtigten blieb bis Kriegsende relativ konstant. Die meisten waren im August 1943 an die Front gekommen oder hatten schon vorher mit der 7. Verwaltung zusammengearbeitet. Für die Bevollmächtigten Kehler, Fleschhut, Klein, Charisius und Stresow läßt sich zudem belegen, daß sie mit der Roten Armee nach Deutschland kamen[89]. Es wurden nicht nur Frontbevollmächtigte entsandt, sondern zu deren Unterstützung auch nach und nach sogenannte Beauftragte und Helfer. Die Stärke der stetig wachsenden Frontorganisation des NKFD läßt sich schwer abschätzen. Im Juli und August 1943 wurden 13 Frontbevollmächtigte des NKFD ernannt und durch die Gründung des BDO zusätzlich vier BDO-Mitglieder (Einsiedel, von Kügelgen, Gudzent, Müller) an die Fronten delegiert[90]. Auf der fünften Vollsitzung des NKFD am 19. November 1943 berichtete Vizepräsident Zippel von 12 ständigen Bevollmächtigten (der Bevollmächtigte Kühn war gefallen), 120 Beauftragten und zusätzlich „einzelnen Helferbrigaden"[91]. Im Herbst 1943 hielten sich ungefähr 150 NKFD-Propagandisten im Frontbereich auf[92]. Im April 1944 beschloß das Plenum des Nationalkomitees im Rahmen seiner

---

[85] Starkulla, Verderber Hitler – preisgegebenes Deutschland, S. 69.
[86] Vsevolodov, Die propagandistische Tätigkeit des NKFD, S. 122.
[87] Aussagen von Seydlitz' in einer Befragung durch das Militärgeschichtliche Forschungsamt im März 1969; BArch-MA N 55/22, Bl. 21 u. 31; vgl. Scheurig, Verräter oder Patrioten, S. 95 f.
[88] Rentzsch, Es war die Schule meines Lebens, S. 273.
[89] Notizen Piecks auf der Aufstellung über „Kader der KPD in der Sowjetunion" vom 30. 5. 1945, in: „Gruppe Ulbricht", S. 441.
[90] Wolff, An der Seite der Roten Armee, S. 22. Einsiedel war von Mitte Oktober bis Mitte Dezember 1943 und von Anfang Januar bis Anfang März 1945 erst an der 4. Ukrainischen, dann an der 2. Belorussischen Front, Einsiedel, Tagebuch der Versuchung, S. 101 ff. und S. 168 ff. Von Kügelgen wurde im September 1943 an die 1. Ukrainische Front delegiert, Kügelgen, Nacht der Entscheidung, S. 402 ff.
[91] Weinert, Nationalkomitee, S. 89. Wolff (An der Seite der Roten Armee, S. 24 u. 274 f.) nennt 17 Bevollmächtigte und 43 Armeebeauftragte. Da der Frontbevollmächtigte Kühn fiel, wird die Zahl von 12 Bevollmächtigten stimmen.
[92] Die von Wolff (An der Seite der Roten Armee, S. 274 f.) geschätzte Zahl von 350 bis 400 ist zu hoch gegriffen. Wolff geht von 17 Frontbevollmächtigten, 43 Armeebeauftragten von den zentralen Antifa-Schulen, 150 Helfern von den Frontschulen, ca. 100 neuen Absolven-

3. Frontbevollmächtigte des Nationalkomitees 111

achten Vollsitzung die Nominierung weiterer Bevollmächtigter, die aber erst in Angriff genommen wurde, nachdem sich die 7. Verwaltung für den Ausbau der Frontorganisation des NKFD ausgesprochen hatte[93].

Aufstellung der 7. Verwaltung über die Frontbevollmächtigten des NKFD[94]
(September 1944)

Front	Bevollmächtigter	seit
Karelische	Oberleutnant Robiné	August 1943
Leningrader	Leutnant Kehler	September 1943
3. Baltische	Feldwebel Baindl	
	Leutnant Willms	Aug. 1943 – März 1944[95]
2. Baltische	Soldat Fleschhut	August 1943[96]
1. Baltische	Obergefreiter Gold	August 1944
3. Belorussische	Obergefreiter Gold	Juli 1943 – Aug. 1944[97]
2. Belorussische	Leutnant Willms	März 1944
1. Belorussische	Unteroffizier Klein	
1. Ukrainische	Oberst Steidle	Mai 1944[98]
2. Ukrainische	Leutnant Bürk	August 1943
3. Ukrainische	Oberleutnant Charisius	August 1943
4. Ukrainische	Feldwebel Stresow	August 1943

Mitte Mai 1944 kamen die Politoffiziere der 7. Verwaltungen der Fronten zu dem zweiten sogenannten Armeetreffen zusammen, auf dem die Ausweitung der Frontorganisation des NKFD zweifellos Hauptthema war[99]. Wie die Schlappe am Kessel von Korsun' deutlich vor Augen geführt hatte, war der erhoffte propagandistische Erfolg des Nationalkomitees ausgeblieben. Zudem hatten die Pläne des BDO über die Bildung einer Exilregierung für viel Aufregung gesorgt. Ščerbakov versuchte daher in seiner Eigenschaft als Chef des GlavPURKKA, den Politoffizieren die Haltung der Politischen Hauptverwaltung zu verdeutlichen[100]. Nun wurde die

---

ten der Frontschulen und 50–100 Propagandisten in den Frontsammellagern sowie von technischem Personal aus. Da jedoch die Frontschulen erst mit ihrer Schulungstätigkeit begannen, können die von Wolff angenommenen Absolventenzahlen (insgesamt 250) nicht so hoch gewesen sein. Vermutlich wurde im Herbst 1943 vornehmlich auf die Antifa-Schüler aus dem Hinterland zurückgegriffen.

[93] Weinert, Nationalkomitee, S. 92; Seleznev an Manuil'skij am 26. 5. 1944, RGASPI 495/77/38, Bl. 13.
[94] RGVA/K 88/3/1, Bl. 76.
[95] „Die Arbeit der Frontbevollmächtigten des NKFD" vom 11. 5. 1944, SAPMO-BArch NY 4065/15, Bl. 51.
[96] Ebenda.
[97] Ebenda; Wolff, An der Seite der Roten Armee, S. 22.
[98] Steidle wurde im Februar 1945 von der Front abberufen, Steidle, Entscheidung an der Wolga, S. 360.
[99] Burzew (Einsichten, S. 83 ff., S. 155 ff. und S. 214 ff.) berichtet von Treffen dieser Art im Mai 1942, April 1943 und Mai 1944. Offensichtlich gab es so etwas wie ein Frühjahrstreffen der 7. Verwaltungen der Fronten.
[100] „Scherbakov erinnerte daran, daß man die zwei Richtungen in der Propaganda, nämlich die der Roten Armee und die des NKFD, nicht vermengen dürfe (...)", ebenda, S. 216 f.

Frontorganisation des NKFD erheblich ausgebaut. UPVI und GlavPURKKA einigten sich auf einen Auswahlmodus für die Kriegsgefangenen, an dem das Institut 99 nur mittelbar beteiligt war[101]. Die Kaderentscheidung erfolgte analog zu der Ernennung eines Lagerbevollmächtigten des NKFD: Auf Vorschlag der Politabteilung des UPVI stellte das Institut 99 die notwendigen Personalunterlagen zusammen, mit denen die Nominierung an die 7. Verwaltung weitergereicht wurde[102]. Somit hatte das Institut zumindest den Überblick, wer aus den Kriegsgefangenenlagern bzw. den Antifa-Schulen – in der Regel mußten alle Frontpropagandisten die Antifa-Schule absolviert haben[103] – an die 7. Verwaltung überstellt wurde. Die Frontorganisation des NKFD wurde hierarchisch gegliedert. Dem Bevollmächtigten waren sogenannte Beauftragte unterstellt, die ihrerseits Helfer auf Armee- (eine Front der Roten Armee bestand aus bis zu 15 Armeen) und Divisionsebene einsetzten. Das Einsetzen von Beauftragten und Helfern hatte bereits Ende 1943 begonnen, wurde aber erst nach der Abstimmung des GlavPURKKA mit UPVI und Institut 99 im Frühjahr 1944 forciert. Die nun vermehrt benötigten Kader wurden nur zum Teil über die Antifa-Schulen ausgewählt. Ab der zweiten Jahreshälfte 1944 wurden sie zunehmend über die Frontschulen der 7. Verwaltung rekrutiert.

Antifaschistische Frontschulen waren seit dem Frühjahr 1943 an einigen Fronten der Roten Armee erprobt worden. Im März 1943 hatte die 7. Verwaltung an der 2. Baltischen Front (Nordwestfront) damit begonnen, Kriegsgefangene im Frontbereich politisch zu schulen, um damit ein Reservoir an deutschen Propagandisten zu bilden. Aus diesen Vorbereitungskursen entwickelten sich im Laufe des Jahres 1943 zuerst an der 2. Baltischen Front, dann an der Leningrader sowie der 3. und 4. Ukrainischen Front die ersten antifaschistischen Frontschulen. Vermutlich wurde auf der Armeeberatung im Mai 1944 der Ausbau der Frontschulen beschlossen, denn im Sommer 1944 kamen weitere Schulen an der 1. Baltischen, der 2. und 3. Belorussischen und der 1. Ukrainischen Front hinzu[104]. Mit Ausnahme der 1. Belorussischen Front wurden an jeder Front Schulungen durchgeführt.

Mit der Ausweitung der antifaschistischen Frontschulen einher ging offenbar auch eine Erweiterung der Aufgaben für die dort ausgebildeten Kader. Die Frontverwaltungen des GlavPURKKA hatten bereits Ende 1943 damit begonnen, im Namen des NKFD Kriegsgefangene als Diversanten im Rücken der Wehrmacht einzusetzen[105]. Im Februar 1944 wurden erstmals Absolventen der Antifa-Schule per Fallschirm weit hinter den deutschen Linien abgesetzt. Die „Gruppe 117" unter der Leitung zweier sowjetischer Offiziere hatte den Auftrag, in der Etappe der Wehrmacht eine Untergrundorganisation, eine „Wehrmachtgruppe des NKFD", aufzubauen. Die Kriegsgefangenen waren mit deutschen Uniformen, Waffen und gefälschten Papieren sowie mit Funkgerät und Druckerpresse zur Herstellung von

---

[101] „Bestimmung über die Ausnutzung der Kriegsgefangenen NKFD- und BDO-Bevollmächtigten an den Fronten zur Zersetzung der gegnerischen Truppen", ohne Datum *[vermutlich Mai 1944]*, RGASPI 495/77/42, Bl. 73.

[102] Jakovec an Dimitrov am 26. 8. 1944 und Mirov (Kaderabteilung des OMI) an Kozlov am 8. 9. 1944, RGASPI 495/77/47, Bl. 34–35; vgl. ebenda Bl. 63–64 den analogen Vorgang.

[103] Robel, Antifa, S. 87.

[104] Wolff, An der Seite der Roten Armee, S. 24 u. 178; Burzew, Einsichten, S. 196; siehe auch Engelbert, Schule des Propagandisten, S. 108 ff.

[105] Wolff, An der Seite der Roten Armee, S. 117 ff.

3. Frontbevollmächtigte des Nationalkomitees

Flugblättern ausgestattet worden. Es gelang ihnen, unerkannt bis zum Zusammenbruch der Heeresgruppe Mitte im Juli 1944 ihrer Arbeit nachzugehen, um danach unversehrt nach Moskau zurückzukehren[106].

Der Ausbau der Schulen an nahezu jeder Front hing vermutlich mit der Verstärkung der Diversionseinsätze im Rücken der Wehrmacht zusammen. So ordnete das GlavPURKKA anläßlich der Gründung der Schule an der 4. Ukrainischen Front im Januar 1944 an: „Das Programm der Schule ist auf eineinhalb bis zwei Monate Dauer auszulegen. Ihr Ziel ist die Vorbereitung von Antifaschisten, die in der Lage sind, entsprechende Aufgaben im Hinterland der deutschen Armee auszuführen und an der schriftlichen und mündlichen Propaganda zur Zersetzung der Truppen des Feindes beizutragen."[107] Durch die Frontschulen wuchs ein Kreis von Aktivisten heran, der nach erfolgreichen Einsätzen an die Frontschule zurückkehrte und weitergeschult wurde. So erhielten die Frontschulen den einmal aufgebauten Kaderstamm[108]. An der 1. Ukrainischen Front waren es beispielsweise im Schnitt 120 Aktivisten, d. h. zentral vom Institut 99 eingesetzte Frontbevollmächtigte und Beauftragte des NKFD sowie über die Frontschulen der 7. Verwaltung rekrutierte Helfer, die für den Einsatz im Hinterland ausgewählt wurden[109].

Es ist nicht eindeutig zu sagen, wie viele Kurse in welcher Stärke an den Frontschulen durchgeführt wurden. An der Schule der 2. Baltischen Front, der ersten ihrer Art, fanden mindestens fünf Durchläufe statt. Den ersten Kurs schlossen im August 1943 zweiundzwanzig und den vierten Kurs im September 1944 vierzehn Kriegsgefangene ab[110]. Eine Aufstellung vom April 1945 erfaßt insgesamt 337 Schüler an sechs Fronten, wobei allein an der 1. Ukrainischen Front 100, dagegen an der 3. Ukrainischen nur 19 Kriegsgefangene geschult wurden[111]. Wolff nimmt an, daß im Sommer 1944 die Frontorganisation des NKFD auf ca. 1 000 Kriegsgefangene ausgeweitet wurde. Im Herbst 1944 sollen es bereits 1500 Kriegsgefangene gewesen sein, und bis Kriegsende habe sich die Stärke der Frontorganisation des NKFD auf 1 800 bis 2 000 Mann belaufen[112]. Auch wenn Wolffs Schätzungen mit Vorsicht zu begegnen ist, da er die nur wenigen Angaben zu einzelnen Fronten hochrechnet, so ist doch unbestritten, daß die Zahl der deutschen Frontpropagandisten 1944/45 um ein Vielfaches wuchs.

Ab dem Frühsommer 1944 leiteten die Bevollmächtigten des NKFD eine personell stetig anwachsende Gruppe von Propagandisten und übernahmen zahlreiche

---

[106] Ebenda, S. 123ff.; Burzew, Einsichten, S. 225f.; Krohn, „Wir schossen mit Flugblättern...", S. 32ff.; Bahrs, In den Wäldern Belorußlands, S. 317ff.
[107] Zitiert nach Pogrebnoj, Dejatel'nost' nemeckich antifašistov, S. 163.
[108] Es bleibt in diesem Zusammenhang offen, wie hoch bei den Fronteinsätzen die Verluste waren, die es zweifellos gegeben hat. Weinert sprach bei der Auflösung des NKFD von „Hunderten von Toten", Protokoll der Auflösungssitzung des NKFD am 2. 11. 1945, in: Verrat hinter Stacheldraht?, S. 262.
[109] Dohm, Zur Arbeit der Frontschule, S. 57; vgl. Eildermann, Die Antifa-Schule, S. 29.
[110] MMNA 822/173; BArch-MA TS-1, Dok. 81.
[111] 1. Ukrainische: 100, 3. Ukrainische: 19, 4. Ukrainische: 48, 2. Belorussische: 51, 1. Baltische: 77 und Leningrader Front: 42 Schüler; Vsevolodov, Vzaimodejstvie politorganov, Anlage Nr. 17.
[112] Wolff, An der Seite der Roten Armee, S. 94, 150 und 213 f. Wolffs Angaben zu den Kursstärken sind ungenau. Er veranschlagt 25–150 Absolventen pro Kurs, ohne dies näher zu spezifizieren, ebenda S. 180.

Aufgaben von der 7. Verwaltung der Front. Sie schrieben Flugblätter und führten Lautsprechersendungen in den vordersten Schützengräben durch. Sie waren bei der Befragung neuer Kriegsgefangener dabei und erstellten für die 7. Verwaltung Analysen der „politisch-moralischen Stimmung unter den Soldaten des Gegners". Sie rekrutierten neue Propagandisten, indem sie kleinere Propagandaaufträge verteilten: Neue Gefangene wurden aufgefordert, über Lautsprecher zu ihren Kameraden zu sprechen oder ein Flugblatt zu schreiben. Auch wurden Neu-Gefangene auf die deutsche Seite zurückgeschickt, um dort ihre Kameraden dazu zu bewegen, sich freiwillig in Gefangenschaft zu begeben. Zugleich sollte mit dem Zurückschicken bewiesen werden, daß Gefangene nicht erschossen werden. Ferner halfen die Frontpropagandisten des NKFD dabei, Briefe deutscher Kriegsgefangener in die Feldpost der Wehrmacht einzuschleusen, um damit in der Heimat ein Lebenszeichen zu geben[113]. Den Frontbevollmächtigten selbst kam mit Ausweitung der Frontorganisation mehr und mehr die Aufgabe der Kontrolle und der Kaderrekrutierung zu. In diesem Zusammenhang wurden die Frontschulen, an denen die Bevollmächtigten zusammen mit Offizieren der 7. Verwaltung und deutschen Kommunisten[114] unterrichteten, zunehmend wichtiger.

Das Programm der antifaschistischen Frontschulen, das sich im allgemeinen an dem in den Antifa-Schulen vermittelten Curriculum orientierte[115], wandelte sich im Herbst 1944. Nun wurden konkrete Fragen der Besatzungsverwaltung einbezogen. Aber wie bei allen politischen Schulungen war der Anteil allgemein historisch-politischer Themen sehr groß, so daß sich der inhaltliche Wechsel lediglich an den Abschlußlektionen bemerkbar machte. Im vierten Kurs an der 2. Baltischen Front (August 1944) wurden folgende Themen durchgearbeitet: (1) „Die Lehren aus drei Jahren Krieg Hitler-Deutschlands gegen die UdSSR. Rolle und Bedeutung des NKFD", (2) „Die Lehren aus der Geschichte Deutschlands", (3) „Hitler als Kriegsschuldiger", (4) „Die Wahrheit über die Sowjetunion" und (5) „Hitler hat Deutschland in die Katastrophe geführt – wo ist der Ausweg für das deutsche Volk?"[116]. Für den darauffolgenden fünften Kurs, der im September 1944 begann, standen die gleichen Themen auf dem Programm. Allerdings erfolgte eine Erweiterung um die beiden Abschlußlektionen „Die Gesetze der sowjetischen Regierung über die Behandlung von Kriegsgefangenen" und „Wesen und Charakter der sowjetischen Propaganda gegenüber der deutschen Armee und der deutschen Bevölkerung"[117]. Die Frontschulen konnten allerdings nur so arbeiten, wie es das Kampfgeschehen erlaubte. Häufige Propagandaeinsätze der Schüler und ständiges Umziehen zusammen mit dem Frontstab brachten immer wieder Unterbrechungen in den Schulablauf. So wechselte die Schule an der 1. Ukrainischen Front von März 1944 bis Mai

---

[113] Vgl. den Tätigkeitsbericht von Eberhard Charisius an der 4. Ukrainischen Front, RGASPI 495/77/42, Bl. 55–72. Im Frühjahr 1944 waren an der 4. Ukrainischen Front 3 Beauftragte und 11 Helfer eingesetzt.
[114] Helene Berner an der 2. Baltischen, Bernhard Dohm an der 1. Ukrainischen und Wilhelm Eildermann an der 3. Ukrainischen Front.
[115] Eildermann, Die Antifa-Schule, S. 51 ff.; Berner, Mit der Sowjetarmee nach Berlin, S. 325; vgl. Weinert, Nationalkomitee, S. 54.
[116] BArch-MA TS-1, Dok. 82.
[117] Ebenda, Dok. 81.

1945 fünfmal ihren Standort. In dieser Zeit erfolgten „273 Einsätze"[118]. Die häufigen Einsätze der Schüler führten zu einer Zweiteilung der Schulung. In einem Kurzlehrgang wurde auf konkrete Aufgaben der Frontpropaganda, wie z.B. das Schreiben von Flugblättern, vorbereitet, während der eigentliche Antifa-Kurs als „Vertiefung der bereits erworbenen Kenntnisse" galt[119]. An der 2. Baltischen Front dagegen herrschten ab dem Jahreswechsel 1944/45 relativ stabile Bedingungen, die eine kontinuierliche Schulung zuließen[120].

Anfang 1945 wurden die Schule der 2. Baltischen und die der 1. Baltischen Front in der Nähe von Stettin zusammengelegt. Dort bezog die Frontschule auch die Zivilbevölkerung (Frauen) in ihre Arbeit ein, um Einfluß auf die Flüchtlingstrecks aus Ostpreußen zu bekommen[121]. Im April 1945 schließlich wurde die Frontschule in den Befehlsbereich der 1. Belorussischen Front, die vermutlich nie eine eigene Frontschule gehabt hatte, an den östlichen Stadtrand von Berlin nach Rüdersdorf verlegt[122]. Von dort aus wurden Ende April zwölf NKFD-Bevollmächtigte auf Berlin verteilt[123]. Andere Absolventen wurden in den folgenden Wochen abberufen, um als Bürgermeister oder Landräte in den von der Roten Armee besetzten Gebieten die kommunalen Verwaltungen in Gang zu bringen. In Vorpommern und Mecklenburg waren über die 7. Verwaltung an der 2. Belorussischen Front 18 Kriegsgefangene eingesetzt worden, die damit alle Verwaltungszentren besetzen konnten[124]. Auf diesen Nutzen der Frontschulen für die Besatzungsverwaltung der Roten Armee in Deutschland hatte Oberst Tjul'panov – seinerzeit Leiter der 7. Verwaltung an der 4. Ukrainischen Front, nach dem Krieg Chef der Propagandaabteilung der SMAD – bereits auf der Armeeberatung im Mai 1944 hingewiesen: „Zum Beispiel ist es außerordentlich wichtig, eine Gruppe zuverlässiger Antifaschisten zu seiner Verfügung zu haben, die aus den Gebieten stammen, in die nicht all zu ferner Zukunft die Truppen dieser oder jener Front einmarschieren werden. Weil es aber unter Umständen schwierig sein wird, die benötigten Leute an den Frontschulen auszuwählen, scheint es mir unerläßlich zu sein, schon jetzt in den Lagern im Hinterland oder in zentralisierter Form damit zu beginnen, solche Gruppen vorzubereiten."[125] Sprachen Tjul'panovs Anregungen vom Mai 1944 noch die Möglichkeit an, die Kaderrekrutierung über das Institut 99 zu zentralisieren, so stellte Pieck im Dezember 1944 gegenüber Dimitrov fest: „Der Vorschlag, an der Front überprüfte Antifaschisten für unseren Einsatz zu verwenden, scheint uns kaum durchführbar, da die Rote Armee diese Kader selbst einsetzt und wir ein Interesse daran haben, daß von der Front aus möglichst viele zum Einsatz kommen. Unsere Aufgabe muß darin bestehen, daß in den Kriegsgefangenenlagern (Arbeitslagern)

---

[118] Dohm, Zur Arbeit der Frontschule, S. 57.
[119] Dohm, Schule der guten Deutschen, S. 390f.
[120] Die Rote Armee hatte sich bis an das Westufer der Düna vorgekämpft und blieb bis zum Kriegsende am sogenannten Kurlandkessel westlich von Riga stehen, Sovetskaja voennaja enciklopedija, tom 6, S. 519.
[121] Wolff, An der Seite der Roten Armee, S. 233f. und S. 255.
[122] Vsevolodov, Vzaimodejstvie politorganov, S. 126; Wolff, An der Seite der Roten Armee, S. 211 und S. 262; Berner, Mit der Sowjetarmee nach Berlin, S. 329ff.
[123] Rentzsch, Mein Weg zum Frontbeauftragten, S. 415ff.; Kehler, Einblicke und Einsichten, S. 224.
[124] Ebenda, S. 257f.; Wolff, An der Seite der Roten Armee, S. 257f.
[125] Vortrag Tjul'panovs vom 4. 5. 1944, RGASPI 495/77/42, Bl. 72.

bewährte Kommunisten und Antifaschisten ausgewählt und zur Prüfung an der Front oder für die Schule *[Antifa-Schule]* vorgeschlagen werden."[126]

Im Zuge der Kaderrekrutierung für Besatzungsaufgaben in Deutschland verlor das Institut 99 seinen Einfluß auf die Frontorganisation des NKFD, denn das GlavPURKKA wollte die Einmischung anderer Institutionen vermeiden. Vor allem wollte es das Nationalkomitee nicht mit der sowjetischen Besatzungsverwaltung in Berührung kommen lassen. Um den eigenen Apparat besser auf die kommenden Besatzungsaufgaben vorzubereiten, wurde im Sommer 1944 die 7. Verwaltung umstrukturiert. Es entstand die Unterabteilung „Vorbereitung und Verwendung von Antifaschisten"[127]. Außerdem schulte das GlavPURKKA von Mitte November 1944 bis Anfang Mai 1945 in eigener Regie ihre Politoffiziere[128]. Ab dem Herbst 1944 gingen Institut 99 und GlavPURKKA in der Vorbereitung auf den Einsatz in Deutschland getrennte Wege. Symptomatisch für das daraus resultierende Spannungsverhältnis war die Beendigung des Einsatzes des NKFD-Frontbevollmächtigten Kehler. Er hatte seit Gründung des Nationalkomitees ununterbrochen an der Front gearbeitet und war über die Frontschule Rüdersdorf nach Berlin gekommen. Dort hatte er von der 7. Verwaltung den Auftrag bekommen, das Bürgermeisteramt von Berlin-Mitte einzurichten, wozu er ein Haus in der Berliner Parochialstraße requirierte. Vollkommen überraschend – so Kehler in seinen Memoiren – tauchte eines abends der über das Institut 99 nach Deutschland geschickte Walter Ulbricht auf und erklärte ihm: „Also erstens ist das nicht das Haus des Bezirksbürgermeisters von Mitte, sondern der Sitz des künftigen Oberbürgermeisters von Berlin. (...) Zweitens bist du nicht mehr Frontbevollmächtigter des Nationalkomitees ‚Freies Deutschland' an der 1. Belorussischen Front."[129]

Die Anleitung der Frontbevollmächtigten des NKFD durch das Institut 99 bestand nur nominell. Seit dem Frühjahr 1944 verlor es mehr und mehr den direkten Einfluß auf die als Propagandisten an die Front entsandten Antifaschisten. Erst bei Kriegsende konnte das Institut 99 durch die aus Moskau geschickten Kadergruppen („Gruppe Ulbricht") unmittelbaren Einfluß auf die Geschehnisse im Frontbereich, d.h. die Anfänge der sowjetischen Besatzungsverwaltung, nehmen. Der Ausbau der Antifa-Schulen in den Kriegsgefangenenlagern des sowjetischen Hinterlandes und der Einsatz ihrer Absolventen erwies sich somit als das zweite Standbein des Instituts 99.

---

[126] Pieck an Dimitrov am 9. 12. 1944, in: „Gruppe Ulbricht", S. 137.
[127] Vsevolodov, Vzaimodejstvie politorganov, Anlage Nr. 3; Burzew, Einsichten, S 236.
[128] Vsevolodov, Vzaimodejstvie politorganov, S. 142; vgl. Creuzberger, Die sowjetische Besatzungsmacht, S. 22 ff.
[129] Kehler, Einblicke und Einsichten, S. 239.

V. Verwaltung der Antifa-Schulen durch das Institut 99

Die erste Antifa-Schule wurde im Mai 1942, die zweite im Juni 1943 in Betrieb genommen. Beide waren zum Zeitpunkt der Gründung des Instituts 99 in vollem Umfang tätig. War der Unterrichtsbetrieb seinerzeit von der EKKI-Kommission für die politische Arbeit unter den Kriegsgefangenen organisiert worden, so übernahm diese Aufgabe nun das Institut 99. Unbeeinträchtigt von der Auflösung der Komintern ging der Unterrichtsbetrieb an den Antifa-Schulen weiter. Die als Lehrer tätigen Exilkommunisten wurden Mitarbeiter des Instituts 99, das bis zu seiner Auflösung Ende 1946 für die Programmgestaltung sowie Auswahl und Verwendung der Antifa-Schüler verantwortlich zeichnete.

1. Programm der Antifa-Schulen

Die Idee, Kriegsgefangene politisch zu schulen, war im Herbst 1941 im Zusammenhang mit den Delegationsreisen der Komintern in die Kriegsgefangenenlager entstanden. Dabei gingen die Kominternfunktionäre davon aus, daß deutsche Arbeitersöhne, die als Soldaten der Wehrmacht gegen die Sowjetunion hatten kämpfen müssen, über das „Wesen des Faschismus" aufgeklärt und zu „Antifaschisten" umerzogen werden könnten. In seinem Bericht über die Reise in das Lager Temnikov im August 1941 kleidete Walter Ulbricht das in die Worte: „Arbeiter, die nicht Nazis sind, aber politisch noch unterentwickelt sind, sollen in einem speziellen Kursus im Lager besonders geschult werden."[1] Ulbricht formulierte einen Richtlinienentwurf, der die Spannweite der von der KPD mit der Schulung intendierten Ziele umriß: „Die wichtigste Aufgabe in den Gefangenenlagern besteht darin, die deutschen Kriegsgefangenen von der Naziideologie zu befreien und sie zu Antifaschisten und Freunden der Sowjetunion zu erziehen. Der Aufenthalt im Lager muß zu einer Schule für die deutschen Soldaten werden, damit möglichst viele als antifaschistische Kämpfer später nach Deutschland zurückkehren."[2] Im Dezember 1941 bekräftigte die in das Lager Spaso-Zavodsk entsandte Kominterndelegation, daß Kriegsgefangene „nach mehrmonatiger Schulung zur antifaschistischen Arbeit unter den Kriegsgefangenen oder nach gründlicher Prüfung zu anderen politischen Aufgaben

---

[1] „Bericht der Kommission über die Arbeit im Kriegsgefangenenlager Temnikow vom 4. bis 12. August" vom 15. 8. 1941, in: Ulbricht, Zur Geschichte der deutschen Arbeiterbewegung, Bd. II,2, S. 252 f.

[2] Undatierter Entwurf Ulbrichts „Über die politische Arbeit unter den deutschen Kriegsgefangenen", SAPMO-BArch RY 1/I 2/3, Bd. II,2/432, Bl. 89; Edition bei Uhlig, Rückkehr aus der Sowjetunion, S. 160 f.; siehe auch ebenda, S. 47 f.

verwendet werden" können³. Auf der Basis dieses Berichtes beschloß das EKKI am 24. Januar 1942 die Einrichtung eines „antifaschistischen Schulungslagers". Dort sollten Kriegsgefangene über den Faschismus aufgeklärt, mit dem sozialistischen Sowjetstaat vertraut gemacht und nach Abschluß der Schulung in den Lagern als Propagandisten eingesetzt werden⁴. Der Leiter der Antifa-Schule, Nikolaj Janzen, beschrieb die Aufgabe der Antifa-Schule mit den Worten: „Ausbildung politisch kundiger, ehrlicher und überzeugter Antifaschisten aus den Reihen der Kriegsgefangenen, die im Anschluß an die Ausbildung in der Lage sind, aktiv am antifaschistischen Kampf teilzunehmen, ihn richtig einzuschätzen und durchführen zu können."⁵ Über einen weiteren Einsatz der geschulten Kriegsgefangenen in ihren Heimatländern, wie es Ulbricht formuliert hatte, sagte der Beschluß nichts.

Nach dem sowjetischen Sieg bei Stalingrad kam es zu einer Zweiteilung des Schulungssystems. Die erste Antifa-Schule, im Mai 1942 gegründet, zog im Frühsommer 1943 von Oranki um nach Krasnogorsk in die unmittelbare Nähe von Moskau. Im Jargon wurde sie „Politschule" oder auch analog zu der Nummer des Kriegsgefangenenlagers Krasnogorsk „Schule Nr. 27" genannt. In der ersten Jahreshälfte 1945 wechselte sie ihre Bezeichnung in „Objekt Nr. 40", wahrscheinlich um besser von dem allgemeinen Lager Nr. 27 unterschieden werden zu können⁶. Sie änderte jedoch nicht ihren Standort. Erst im Juli 1946 mußte die Schule das Gebäude in Krasnogorsk räumen. Sie setzte ihren Lehrbetrieb provisorisch in Noginsk, ca. 40 km östlich von Moskau, fort⁷. Schließlich wurde sie im November 1947 als zentrale Antifa-Schule in Krasnogorsk wiedereröffnet. Nun hieß sie „Spezobjekt Nr. 42" und setzte unter dieser Bezeichnung bis Ende 1949 ihren Unterrichtsbetrieb fort⁸. Die zweite Antifa-Schule, die für „antifaschistische Massenkurse" bestimmt war, nahm ihre Tätigkeit im Juni 1943 in dem ca. 120 km nordwestlich von Nižnij Novgorod (damals noch Gor'kij) gelegenen Juža auf. Auch sie wurde in Anlehnung an die Nummer der Lagerverwaltung „Schule Nr. 165" genannt. In der Sekundär- und Erinnerungsliteratur wird mitunter von der Schule „Taliza bzw. Talizy" gesprochen, weil sich die Schule in einem Außenlager im Dorf Talicy befand. Ab 1947 trug sie die Bezeichnung „Spezobjekt Nr. 41". Bis zu ihrer Auflösung Anfang 1950 blieb sie immer an demselben Ort⁹.

Die Kurse an beiden Schulen dauerten mit in der Regel vier Monaten Unterricht ungefähr gleich lang. Das für die „Politschule" entwickelte Programm galt in gleichem Maße auch für die „Massenkurse". In der „Politschule" in Oranki/Krasnogorsk fanden bis 1946 insgesamt acht, in den „Massenkursen" in Juža sieben

---

3 „Politischer Bericht über die Arbeit unter den deutschen Kriegsgefangenen im Lager Spassko-Sawodsk" vom 17. 1. 1942, in: Ulbricht, Zur Geschichte der deutschen Arbeiterbewegung, Bd. II,2, S. 281.
4 Protokoll der EKKI-Sitzung vom 24. 1. 1942, RGASPI 495/77/30, Bl. 10.
5 Bericht über den ersten Kurs an der Antifa-Schule Oranki, RGASPI 495/77/20, Bl. 127.
6 Das Lager Nr. 27 war in drei Zonen unterteilt: 27/I war ein reines Offizierslager, 27/II war die Antifa-Schule, 27/III war die „Reservezone", d.h. der Teil des Lagers, in dem die Antifa-Absolventen bis zu ihrem Einsatz untergebracht waren. Das Lager Nr. 27 diente zudem als Sonderlager für „prominente Kriegsgefangene"; Hoffmann, Moskau Berlin, S. 86; Robel, Antifa, S. 205; Quittner, Weiter Weg nach Krasnogorsk, S. 273.
7 „Bericht über die Antifa-Schule" vom 8. 2. 1947, SAPMO-BArch NY 4036/582, Bl. 209.
8 UPVI-Bericht über das Spezobjekt Nr. 42, MMNA 1463/23.
9 „Bericht über die Zentrale Antifa-Schule 1943–1950", RGVA/K 4p/18/23, Bl. 2.

Kurse statt. Das konkrete Ausbildungsziel an beiden Schulen war der Einsatz als Lagerpropagandist, aber im Sinne einer durch unterschiedlich intensive Schulung erlangten „politischen Reife", gab es – zumindest theoretisch – nun eine Ausdifferenzierung. Erst nach der Auflösung des Instituts 99 wurde das duale System der Antifa-Schulen ausgeweitet[10].

Das Programm der Antifa-Schulen war vom Rat für militärpolitische Propaganda ausgearbeitet worden[11]. Manuil'skij hatte der KPD die Konzeption des Lehrplans ausdrücklich entzogen mit der Begründung, man wolle kein Programm für eine Parteischule deutscher Kommunisten[12]. Aber auch Manuil'skijs Entwurf eines „Kursprogrammes zur Widerlegung des Faschismus auf der Grundlage des Marxismus-Leninismus" wurde kritisiert. Dimitrov betonte, daß es sich bei den Schülern um deutsche Kriegsgefangene handele und es daher besser sei, „wenn sich das Programm in erster Linie auf die Widerlegung des Faschismus konzentriert. Die vorzeitige Konfrontation mit den in die Tiefe gehenden Fragen der marxistisch-leninistischen Lehre würde die Leute nur verschrecken und ihnen den Drang zu lernen nehmen." Als Überschrift des Programmes wählte er die neutrale Formulierung „Kursprogramm für die Kriegsgefangenen-Schule"[13]. Aber obwohl bei der Ausarbeitung des Antifa-Programmes darauf geachtet wurde, eine zu enge Anlehnung an Parteischulungsprogramme zu vermeiden, gingen deutsche Kommunisten wie auch sowjetischen Funktionäre gleichermaßen von einem marxistisch-leninistischen Faschismusbegriff aus. Danach wurde der deutsche Faschismus aus dem Imperialismus des deutschen Kaiserreiches abgeleitet und galt als letzte Stufe der kapitalistischen Gesellschaftsform, die letztlich dem Kommunismus unterlegen sei[14]. Antifaschismus war demnach mittelbar mit Kommunismus gleichzusetzen, denn die Überwindung spätkapitalistischer Gesellschaftsverhältnisse war nur durch den Übergang zum Sozialismus (sowjetischer Prägung) als Übergangsform zum Kommunismus möglich. Allerdings wurden während des Krieges, als der Kampf gegen den Faschismus noch wörtlich zu nehmen war, die theoretischen Grundlagen bei-

---

[10] Kurse in Krasnogorsk: Bericht über den 1. Kurs (Mai – Juli 1942) vom 17. 8. 1942, RGASPI 495/77/20, Bl. 124; Bericht über den 2. Kurs (Oktober – Dezember 1942) vom 16. 1. 1943, ebenda Akte 26, Bl. 7; zum 3. Kurs (Mai – August 1943) Hoffmann, Moskau Berlin, S. 82; Bericht über den 4. Kurs (Dezember 1943 – April 1944) vom 22. 5. 1944, RGASPI 495/77/40, Bl. 4; zum 5. Kurs (Mai – Oktober 1944) siehe Rühle, Genesung in Jelabuga, S. 329 u. 374; undatierter Plan für den 6. Kurs (November 1944 – Februar 1945), RGASPI 495/77/39, Bl. 14; undatierter Plan für den 7. Kurs (Mai – September 1945), MMNA 1463/13; Lehrplan für den 8. Kurs (Dezember 1945 – April 1946), MMNA 910/11; Kurse in Juža: Aufstellung des Instituts über den 1.–4. Kurs (Juni – Oktober 1943, Dezember 1943 – März 1944, Mai – Juni 1944, Juni – September 1944), RGVA/K 88/2/2, Bl. 180–183; zum 5. Kurs (Dezember 1944 – April 1945) siehe Rechenschaftsbericht des Spezobjekts 42 von 1950, RGVA/K 4p/18/23, Bl. 3; Berichte über den 6. und 7. Kurs (Juni – Oktober 1945, Januar – Mai 1946), SAPMO-BArch DY 30/IV 2/11, Akte 198, Bl. 1 u. Akte 202, Bl. 2.
[11] Protokoll der EKKI-Kommission vom 13. 2. 1942, RGASPI 495/77/17, Bl. 4.
[12] „Bei mir ruft der Vorschlag *[Ulbrichts]* Widerspruch hervor, weil er den *[Programm-]*Teil über die kommunistische Partei Deutschlands ausweitet und den Charakter des Kurses umwandelt in eine Parteischule.", Manuil'skij an Dimitrov am 6. 4. 1942, RGASPI 495/77/12, Bl. 46.
[13] Dimitrov an Ščerbakov (ohne Datum, handschriftlicher Vermerk Ščerbakovs vom 3. 4. 1942), RGASPI 495/77/12, Bl. 42–45.
[14] Vgl. Programm antifaschistischer Kurse, 1943, RGASPI 495/77/12, Bl. 15–17.

seite gelassen, so daß mit „Antifaschismus" auch der bloße Kampf gegen Hitler gemeint sein konnte. Erst nach dem Krieg wurde die Theorie des Marxismus-Leninismus explizit in das Antifa-Programm einbezogen[15].

Das 1942 entworfene Programm bestand aus drei großen Unterrichtseinheiten und sogenannten Abschlußlektionen, die den vierten Teil bildeten. In den insgesamt acht Jahren antifaschistischer Schulung in den sowjetischen Kriegsgefangenenlagern wurde diese Einteilung des Curriculums durchgehend beibehalten. Immer war ein Teil des Antifa-Programms der „Sowjetunion als Land des Sozialismus" gewidmet. Bei dem im Jahre 1942 konzipierten Programm stand dieser Unterrichtsblock an dritter Stelle. Die Überschriften der ersten beiden Themenblöcke lauteten: „Die Lehren aus zwei Jahren Krieg Hitler-Deutschlands gegen die Sowjetunion" und „Entlarvung der Theorie und Praxis des deutschen Faschismus". Während der erste Teil des Programms mit der als Appell formulierten Lektion „der Sturz Hitlers als erste Bedingung zur Rettung Deutschlands" zum Abschluß kam, endete der zweite Teil mit der Lektion „Der Hitler-Staat muß vernichtet werden". Umfaßten die ersten beiden Abschnitte sechs bzw. fünf Themenbereiche („Lektionen"), so nahm im Vergleich dazu der dritte Teil mit elf Lektionen den doppelten Umfang ein. Damit lag der Schwerpunkt des Programms eindeutig auf der Vermittlung der Grundlagen des politischen Systems der Sowjetunion, obwohl die „Entlarvung des Faschismus" nominell als oberstes Lernziel galt. Die beiden Abschlußlektionen waren allgemein gefaßt. Sie waren überschrieben mit: „Die Aufgabe des Kampfes deutscher Antifaschisten für ein freies, unabhängiges Deutschland" und „Die Aufgaben des antifaschistischen Aktivs zur Umerziehung der deutschen Kriegsgefangenen"[16].

Der Unterricht in der Antifa-Schule bestand aus vier unterschiedlichen Formen von Lehrveranstaltungen. In den „Lektionen" wurde das Schulungsprogramm in Form von Vorlesungen vermittelt. Daneben gab es „Konsultationen", in denen die Fragen der Schüler zu den Lektionen aufgearbeitet wurden, und „Seminare", in denen von den Lehrern Kontrollfragen zu dem referierten Stoff gestellt wurden. Die vierte Unterrichtsform war die „Selbstarbeit", in der die während der Lektion gemachten Notizen mit den in den Konsultationen und Seminaren durchgesprochenen Fragen – und vor allem Antworten – von den Schülern abgeglichen und in Reinschrift in das Kursheft eingetragen wurden[17]. Zum Seminarbetrieb bemerkte der deutsche Sektorleiter Gottfried Grünberg selbstkritisch: „Das System der Stellung der Seminarfragen vor dem Selbststudium gibt dem Unterricht etwas Starres, Einseitiges. Der Schüler konzentriert sich auf die Beantwortung der Fragen, er sucht in der Literatur die Antwort auf die Fragen und wird im Seminar schematisch antworten, so daß es oft schwer fällt, einigermaßen Leben in die Diskussion zu bringen."[18] Trotz dieser Kritik vom Oktober 1943 wurde der Unterrichtsstil offen-

---

[15] Vgl. Robel, Antifa, S. 98 ff.
[16] „Programm-Schema für die antifaschistischen Kurse für deutsche Kriegsgefangene", ohne Datum (April 1942), handschriftlicher Vermerk „Themen des Programms mit Genosse Aleksandrov *[Leiter Propagandaabteilung des ZK der VKP (b)]* abgesprochen", RGASPI 17/125/183, Bl. 85–89. Dieses Schema entspricht dem 1943 von der 7. Verwaltung als Broschüre herausgegebenen Kursprogramm, vgl. RGASPI 495/77/12, Bl. 1–41.
[17] Bericht über den 1. Kurs in Juža, SAPMO-BArch NY 4009/28, Bl. 255; vgl. Robel, Antifa, S. 252 ff.; Engelbert, Die Antifa-Schule Talizy, S. 75.
[18] Bericht über den 1. Kurs in Juža, SAPMO-BArch NY 4009/28, Bl. 257.

bar nicht verändert. Auch der Abschlußbericht des sechsten Kurses in Juža vom Oktober 1945 bemängelte ein „schulmäßiges Herangehen an die Probleme" und forderte: „Es ist unbedingt darauf zu achten, das selbständige politische Denken bei den Kursanten zu entwickeln."[19] Das hob jedoch nicht ab auf das intellektuelle Erfassen und eine individuelle Beantwortung der Fragen durch die Schüler. Dazu war der weltanschauliche Bezugsrahmen zu starr und die Stoffmenge bei weitem zu groß[20]. Mit politischer Erkenntnis war vielmehr die Erlangung des gewünschten (Klassen-)Standpunktes gemeint, von dem aus jeder Schüler in vielfach geübten Gruppendiskussionen die allgemeine politische Lage kommentieren und interpretieren können sollte. In den fortwährenden Diskussionszirkeln und Versammlungen war dabei – ab Sommer 1943 – die Propaganda des NKFD die verbindliche Leitlinie[21].

Das Leben an der Antifa-Schule erfolgte in einem straff durchorganisierten Tages- und Wochenablauf. In Krasnogorsk wurde an sechs Tagen in der Woche jeweils zehn Stunden unterrichtet. Ein Tag in der Woche war frei. In Juža wurde – bei ähnlichem Tagesablauf – fünf Tage in der Woche unterrichtet, ein Tag war für die zur Aufrechterhaltung des Lagerbetriebs notwendigen Arbeiten („gesellschaftliche Arbeit") vorgesehen, und ein Tag war frei[22]. Außerhalb der Lektionen, Konsultationen, Seminare und der Selbstarbeit wurden die Schüler in der sogenannten politischen Massenarbeit betreut, die sich auf alle Aktivitäten außerhalb des kanonisierten Unterrichtes bezog. Sie reichte von Freizeitaktivitäten wie Sport, Musik oder Werken über Lesekreise und Wandzeitungen bis hin zu politischen Versammlungen. Die Versammlungen wurden in der Regel in den Gruppen abgehalten und dienten dazu, die im Unterricht vermittelten Interpretationsschemata einzuüben. Sie waren der Ort von „Kritik und Selbstkritik", über die die eigentliche Erziehung zum Antifaschisten erfolgen sollte[23]. Dieser „politischen Massenarbeit" wurde im Tagesplan – vermutlich erst in den Nachkriegskursen – bis zu einem Drittel der zur Verfügung stehenden Zeit eingeräumt[24].

Mit dem Ende des Krieges kam es zu einer Umgestaltung des Antifa-Programms. Die Vorlesungen über den Kriegsverlauf und die Theorie des Faschismus wurden ersetzt durch den Unterrichtsblock „Der Sieg der Sowjetunion über Hitlerdeutschland". Mit 48 Unterrichtsstunden im Curriculum, d.h. für alle Arten von Lehrveranstaltungen, war dieser Teil des Programms am schwächsten repräsentiert. Sehr viel umfangreicher war der zweite Themenblock, der die Behandlung der deutschen Geschichte unter dem Blickwinkel „Der Kampf der fortschrittlichen und reaktionären Kräfte in Deutschland" beinhaltete (222 Unterrichtsstunden). Die Darstellung der deutschen Geschichte orientierte sich eindeutig an sowjetischen Interpretati-

---

[19] SAPMO-BArch DY 30/IV 2/11/198, Bl. 2.
[20] Die Lehrer wiesen in ihren Berichten immer wieder auf die nicht ausreichende Zeit zum Lesen und Durcharbeiten des zu vermittelnden Stoffes hin; Berichte über den 1. Kurs (SAPMO-BArch NY 4009/28, Bl. 256), 2. Kurs (ebenda, NY 4091/89, Bl. 96 RS), 4. Kurs (ebenda, Bl. 98 RS), 6. Kurs (ebenda DY 30/IV 2/11/198, Bl. 1 RS) und 7. Kurs (ebenda, Bl. 5).
[21] Vgl. Bericht über den 4. Kurs in Juža, SAPMO-BArch NY 4091/89, Bl. 99.
[22] Romanov an Suslov am 6. 6. 1946 über die Aufstellung der Stundenpläne an den beiden Antifa-Schulen, RGASPI 17/128/846, Bl. 70–72.
[23] Dazu siehe unten S. 128 ff.
[24] Bericht über den 6. Kurs in Juža, SAPMO-BArch DY 30/IV 2/11/198, Bl. 2.

onsschemata, wie etwa die Schlußlektion „Der Kampf für Demokratie und Fortschritt in engster Verbindung mit der Sowjetunion als nationale Aufgabe des deutschen Volkes" zeigt. Das Schwergewicht des Antifa-Programmes lag nach wie vor auf dem dritten Themenblock: „Die Sowjetunion – Land des Sozialismus". Dieser Block war mit 304 Unterrichtsstunden die größte Themeneinheit.

Die beiden Abschlußthemen, die mit je 16 Unterrichtsstunden den vierten Teil ausmachten, wurden im Rahmenplan des Curriculums in allgemeinen Formulierungen beschrieben: „Ausrottung des deutschen Faschismus mit seinen Wurzeln, dem Militarismus und Imperialismus – der einzige Weg des deutschen Volkes zu einem neuen Leben" und „Aktuelle praktische Aufgaben der deutschen Antifaschisten: a) in Deutschland, b) in den Gefangenenlagern". Sie sollten vom Lehrerkollegium konkret ausgestaltet werden, mußten aber vom Institut 99 bestätigt werden, bevor sie in den Unterricht aufgenommen werden konnten. So war im Oktober 1945, nach Abschluß des sechsten Kurses in Juža, vom Lehrerkollegium vorgeschlagen worden: „Entsprechend den mit der Beendigung des Krieges neu auftauchenden Problemen sind in den IV. Abschnitt folgende Themen neu aufzunehmen: 1. Der Weg zur Lösung der Agrarfrage im neuen Deutschland, 2. Der Aufbau der Gewerkschaften und ihre Rolle im demokratischen Deutschland, 3. Die Genossenschaften und ihre Rolle beim Aufbau des demokratischen Deutschland, 4. Fragen der Kommunalpolitik, 5. Die Demokratisierung der Volksbildung, der Presse und der Kunst im neuen Deutschland."[25] Diese aus Sicht des Lehrerkollegiums sinnvollen Vorschläge fanden jedoch keine Bestätigung. Zum Jahresbeginn 1946 wurde das Antifa-Programm abermals umgestellt. Konkrete Bezüge zur aktuellen Situation in Deutschland blieben dabei vollkommen unberücksichtigt.

Das neue, von 1946 bis 1949/50 gültige Programm behielt die bisherige Dreiteilung bei. Den ersten Abschnitt bildete nun der Unterrichtsblock „Philosophie", in dem eine Einführung in den historischen und dialektischen Materialismus, d.h. in die Kernfächer der marxistisch-leninistischen Geschichtsauffassung, gegeben wurde. Die bisherigen ersten beiden Themenkomplexe wurden zu dem an zweiter Stelle folgenden Abschnitt „Deutsche Geschichte" zusammengelegt, der mit der Darstellung des sowjetischen Sieges über Deutschland begonnen wurde, um dann in einem Rückgriff einen historischen Durchlauf von 1500 bis zur Gegenwart zu geben. Der dritte Themenblock befaßte sich in unveränderter Form mit der Sowjetunion. Nach diesem Programm wurde ab 1947 in einer reduzierten Fassung auch an den sogenannten Gebiets- und Lagerschulen unterrichtet[26].

Ab 1946 gab es an den beiden Antifa-Schulen in Inhalt und Umfang unterschiedliche Programme (insgesamt 960 Stunden in Krasnogorsk und 750 Stunden in Juža)[27]. Die Schulung in Krasnogorsk war nun stärker auf die Vermittlung einer theoretischen Bildung ausgelegt. Sie umfaßte das „Studium der Klassiker" Marx,

---

[25] „Bericht über die Ergebnisse des 6. Kurses der Antifa-Schule beim Lager 165", SAPMO-BArch DY 30/IV 2/11/198, Bl. 1 RS.
[26] Robel (Antifa, S. 210ff.) gibt eine sehr detaillierte Aufschlüsselung des gesamten Programmes. Demnach wurde der Unterrichtsblock „Sowjetunion" in der ganzen Zeit von 1942–1949 in seiner Struktur nicht verändert.
[27] „Lehrplan der Politschule des Instituts 99" und „Lehrplan der antifaschistischen Kurse des Instituts 99", Romanov an Suslov am 6. 6. 1946, RGASPI 17/128/846, Bl. 70–72; vgl. Robel, Antifa, S. 210ff.

Engels, Lenin und damals auch Stalin, der Politökonomie und des Historischen bzw. Dialektischen Materialismus (204 Stunden in Krasnogorsk gegenüber 35 in Juža). In Juža dagegen wurde stärker auf die Vermittlung der geschichtlichen Grundlagen Deutschlands geachtet (217 gegenüber 85 Stunden in Krasnogorsk). An beiden Schulen ging das Programm – wie bisher – sehr ausführlich auf die Sowjetunion ein, wobei in Juža der sowjetische Staatsaufbau überproportional intensiv durchgenommen wurde (210 gegenüber 26 Stunden in Krasnogorsk). Den aktuellen politischen Fragen widmeten beide Schulen in etwa gleich viel Zeit. Allerdings machten sie lediglich ca. zehn Prozent des gesamten Unterrichtsplans aus (94 bzw. 84 Stunden).

Während des Krieges unterschied sich der Unterricht an den Antifa-Schulen lediglich in der unterschiedlich intensiven Durcharbeitung des für beide Schulen gleichermaßen gültigen Programms. Die ursprünglich vom EKKI vorgesehene Unterscheidung, daß in Krasnogorsk leitende Politarbeiter und in Juža Lageraktivisten ausgebildet werden sollten, fand ihre inhaltliche Ausgestaltung erst ab 1946, als die theoretischen Fächer an den beiden Schulen unterschiedlich stark berücksichtigt wurden. Die meiste Zeit wurde darauf verwendet, die Grundlagen des politischen Systems der Sowjetunion zu vermitteln. Bis 1945 war die Schulung zudem auf die „Widerlegung des Faschismus" ausgerichtet und bezog das Programm des Nationalkomitees mit ein. Eine Vorbereitung auf den Einsatz in Deutschland ließ sich allenfalls in der Behandlung der aktuellen Themen erkennen. Nach Auflösung des NKFD aber gab es keine spezielle Ausrichtung auf die Aufgaben in Deutschland, sondern das Programm hob nun stärker auf die Vermittlung der theoretischen Grundlagen des Marxismus-Leninismus ab. Eine gezielte Schulung für den Einsatz in Deutschland durch die Antifa-Schulen fand nicht statt.

2. Auswahl und Erziehung der Antifa-Schüler

Zu Beginn der Antifa-Schulung im Frühjahr 1942 waren die Kriterien zur Auswahl der Schüler noch nicht eindeutig festgelegt. An dem ersten Kurs bemängelte der Zwischenbericht des Schulleiters Janzen „eine nicht genügend strenge Auslese". Von 108 aufgenommenen deutschen und rumänischen Kriegsgefangenen seien 25 bis 30 „untüchtig"[28]. Auch die Vertreter von KPD und KPR waren mit der Auswahl der ersten Antifa-Schüler nicht zufrieden. Sie sahen das Problem jedoch vorrangig in der sozialen Zusammensetzung der Gruppe. Es seien zu wenige Arbeiter aus Großbetrieben und zu viele Angestellte aufgenommen worden. Für das Aufnahmeverfahren des zweiten Antifa-Kurses wurde eine Kommission aus Vertretern des ZK der VKP (b), des UPVI, der EKKI-Kaderabteilung, von KPD bzw. KPR und dem Schulleiter (7. Verwaltung des Glav PURRKA) berufen. Als Maßstab für die Auswahl der Antifa-Schüler wurde nun festgelegt, „bei gleichen Voraussetzungen, Überläufern und denjenigen, die sich freiwillig gefangen gegeben haben, den

---

[28] Janzen an Dimitrov am 23. 6. 1942, RGASPI 495/77/20, Bl. 14.

Vorzug zu geben und anzustreben, in größerer Zahl Arbeiter aus Großbetrieben und auch Landarbeiter in die Schule aufzunehmen"[29].

Nach den Vorstellungen der KPD, die von der Annahme ausging, daß „aufrechte Kommunisten" bei jeder sich bietenden Möglichkeit desertieren würden, sollte sich die Antifa-Schulung in erster Linie auf kommunistisch eingestellte Soldaten konzentrieren. Bezeichnend für diese Fixierung auf die eigenen Mitglieder war die Zurückstellung von Sozialdemokraten und parteipolitisch nicht organisierten Kriegsgefangenen. Für die Aufnahme in die Antifa-Schule legte die KPD im Dezember 1942 die Reihenfolge fest: (1) Überläufer und Kriegsgefangene, die sich freiwillig in Gefangenschaft begeben hatten, (2) KPD- und KJVD-Mitglieder sowie ehemals in der Arbeiterbewegung organisierte Kriegsgefangene (die nicht desertiert waren), (3) Sozialdemokraten und Katholiken, die gegen Hitler eingestellt sind, (4) Kriegsgefangene, die sich im Lager als aktive Antifaschisten betätigt haben[30]. Die Überlegungen der KPD hatten ihren konkreten Grund darin, daß sich unter den Kriegsgefangenen KPD oder KJVD-Miglieder befanden, die gezielt auf die Seite der Roten Armee übergelaufen waren, um Anschluß an die Exil-KPD zu bekommen. Diesen Weg wählte z.B. der Absolvent des ersten Antifa-Kurses Fritz Luddeneit[31]. Auch Max Emendörfer – später einer der Vizepräsidenten des NKFD – fand nach nur zwei Wochen an der Front die Möglichkeit zur Desertion[32]. Die Erwartungen der kommunistischen Überläufer an die Parteileitung waren entsprechend hoch gespannt. Der Brief Rudi Grossers und Hans Zippels – ebenfalls spätere NKFD-Mitglieder – an den KPD-Vorsitzenden Wilhelm Pieck zeigt dies in charakteristischer Weise: „Zwecks Identifizierung unserer Personen bitten wir Sie, zu veranlassen, die von uns nachstehend gemachten Angaben zu prüfen, um alsbald unsere Internierung als Kriegsgefangene aufheben zu können. (...) Wir nehmen mit Bestimmtheit an, in der Sowjetunion eine besonders intensive marxistische Schulung zusammen mit anderen desertierten deutschen Genossen zu erhalten und Gelegenheit zu haben, den praktischen Sozialismus endlich kennen[lernen] und studieren zu können."[33] Kommunistische Kriegsgefangene wurden von der KPD bevorzugt für die ersten Kurse an der Antifa-Schule vorgeschlagen. Da aber auch das UPVI schnell den Nutzen dieser loyalen Kommunisten erkannt hatte, gelang es erst nach Intervention bei Dimitrov, auch Zippel und Grosser, die gleich als Instrukteure im Lager behalten worden waren, zur Schulung zu delegieren[34]. Allerdings unterstützte Dimitrov nicht das Begehren der KPD, kommunistische Überläufer nach Abschluß

---

[29] „Über die Arbeit der Kommission zur Aufnahme des zweiten Kurses in die Schule für kriegsgefangene Antifaschisten", RGASPI 495/77/20, Bl. 70–71.
[30] Entwurf eines Briefes an Soprunenko, RGASPI 495/77/20, Bl. 180. Försterling sandte diesen Entwurf am 5. 12. 1942 mit der Bitte an Dimitrov, den Brief an Soprunenko absenden zu dürfen. Dimitrov genehmigte dies durch Gegenzeichnen am 7. 12. 1942, ebenda, Bl. 181.
[31] Siehe Luddeneits „Autobiographie", die er an die KPD-Leitung schickte, SAPMO-BArch RY 1/I 2/3, Bd. II,2/432, Bl. 149–150.
[32] Emendörfer, Rückkehr an die Front, S. 6ff.; zum Lebensweg Emendörfers siehe auch Jan Emendörfer, Verfemt, insbes. S. 89ff.
[33] SAPMO-BArch RY 1/I 2/3, Bd. II,2/432, Bl. 138.
[34] Ulbricht an Dimitrov am 10. 3. 1942 und am 18. 6. 1942, RCChDINI 495/77/17, Bl. 17 und ebenda Akte 20, Bl. 40; vgl. „Namensverzeichnis des 2. Schulungskurses", ebenda, Bl. 188.

2. Auswahl und Erziehung der Antifa-Schüler

der Antifa-Schule auf der Kominternschule in Kušnarenkovo einer Parteischulung zu unterziehen[35].

Die von der KPD geforderten Kriterien für die Auswahl der Antifa-Schüler ließen das Eigeninteresse an einer Parteischulung deutlich hervortreten. Sie wurden aber nach den ersten beiden Kursen immer weniger berücksichtigt, was vor allem mit der Ausweitung der Antifa auf die Offiziersdienstgrade zusammenhing. Im Mai 1942 war die erste „antifaschistische Offiziersgruppe" gegründet worden, für deren Mitglieder mit dem im Oktober 1942 an der Antifa-Schule beginnenden zweiten Kurs eine eigene, gesondert vom allgemeinen Schulbetrieb geführte Schulungsgruppe gebildet wurde. Aufgrund der bisherigen Politik der Komintern ging die EKKI-Kommission nur zögerlich auf diese neue Gruppe von Antifa-Schülern ein. Ulbricht, der sich zwar den Beschlüssen der sowjetischen Führung fügte, blieb hinsichtlich der Gesinnung der Offiziere skeptisch: „Selbstverständlich kann man diese Offiziere noch nicht als Antifaschisten bezeichnen, insbesondere da ein Teil sich nur den gegebenen Verhältnissen anpaßt. Fast alle lesen aber eifrig unsere Literatur."[36] Die bei Mannschaftsdienstgraden zumindest als hinreichend gewertete Zugehörigkeit zu einem Antifa-Aktiv machte die als Makel betrachtete bürgerliche Herkunft der Offiziere nicht wett, und schon gar nicht eine Mitgliedschaft in der NSDAP. Daran wird abermals deutlich, daß – zumindest aus Sicht der KPD – die Schulung nicht nur der Loslösung vom Faschismus dienen, sondern vor allem pro kommunistische Kader hervorbringen sollte. Aus Sicht der KPD konnte nur ein Kommunist auch „Antifaschist" sein. Demgegenüber war die Haltung der 7. Verwaltung pragmatischer. Schulleiter Janzen hielt in seinem Abschlußbericht über das Offiziersseminar fest: „Natürlich ist bei der Arbeit mit den Offizieren der Erfolg geringer als mit den Soldaten, und die Ergebnisse sind weniger bemerkenswert. Unter den Offizieren gibt es zahlreiche, die sich bis an ihr Lebensende nicht entscheiden können, die ‚nicht Fisch, nicht Fleisch' sind. Dennoch, selbst wenn sie nicht zu aktiven Kämpfern der antifaschistischen Bewegung werden, so können sie doch unter geeigneter Anleitung zu einer gewissen Kraft in der antifaschistischen Bewegung in der Armee werden."[37] Janzens Einschätzung bewahrheitete sich schon bald darauf, als die Gründung des Nationalkomitees „Freies Deutschland" nur unter Hinzunahme von Offizieren – zum Teil Absolventen des zweiten Kurses – bewerkstelligt werden konnte. Offiziere wurden zum festen Bestandteil der Antifa-Schulungen.

Durch die Einbeziehung von Offizieren verschob sich die Zusammensetzung der Schulungsgruppen enorm. Im ersten Kurs waren noch zu 96% Mannschaftsdienstgrade und lediglich 4% Unteroffiziere geschult worden. Der Kurs hatte einen sehr

---

[35] Außer Fritz Luddeneit wurden vorgeschlagen: Robert Michaelis, Arno Spielmann, Helmut Fleschner, Heinz Keßler, Günther Kleiner, Georg Wirsgala, Rudolf Zwiefelhofer, Georg Leisner, Max Förster, Franz Gold, Vassili Hegoipa; Antrag und Auskünfte vom 20. 8. 1942 RGASPI 495/77/20, Bl. 101–112. Ein Teil der hier Genannten wurde ab September 1944 auf der „Schule Nr. 12" geschult (siehe Anlage Nr. 2), andere machten auf anderem Wege eine „Kaderkarriere".

[36] Bericht der EKKI-Kommission für die politische Arbeit unter den Kriegsgefangenen über den Abschluß des ersten und die Aufnahme des zweiten Kurses der Antifa-Schule vom 20. 8. 1942, RGASPI 495/77/20, Bl. 95–96.

[37] „Bericht über die Ergebnisse des zweiten Durchgangs der Schule", Janzen an Dimitrov am 16. 1. 1943, RGASPI 495/77/26, Bl. 8 RS–9.

hohen – in der Folgezeit wahrscheinlich nie wieder erreichten – Anteil an Überläufern von 24%. 68% der Schüler waren Arbeiter und über ein Viertel der Kursteilnehmer politisch in den Arbeiterparteien organisiert (22,5% kommunistisch, 5,6% sozialdemokratisch). Mit dem zweiten Kurs – unter Einbeziehung der „bürgerlichen" Offiziere – verringerte sich der Anteil der Arbeiter auf 34%. Der Prozentsatz politisch organisierter Antifa-Schüler nahm zwar zu, allerdings nur dadurch, daß sich zusätzlich zu den immer noch bevorzugt ausgewählten Kommunisten (25%) der Anteil der Sozialdemokraten fast verdreifachte (auf 15%) und nun auch 5% der Schüler (Offiziere) NSDAP-Mitglieder waren[38]. Offiziere wurden fast ausschließlich an der Antifa-Schule Krasnogorsk unterrichtet. Vermutlich – die quantitativen Angaben darüber sind nur sehr spärlich – wurden im sogenannten deutschen Sektor im Schnitt ungefähr zu einem Drittel Offiziere geschult. Im dritten Kurs (Mai bis August 1943) waren zwei von fünf Seminargruppen für Offiziere eingerichtet[39]. Der deutsche Sektor des vierten Kurses (Dezember 1943 bis April 1944) setzte sich aus 72 Offizieren und 138 Mannschaftsdienstgraden zusammen[40]. Im fünften Kurs (Mai bis Oktober 1944) war das Verhältnis mit 90 Offizieren und 190 Mannschaftsdienstgraden in etwa gleich, was auf der Basis der Planungen des Instituts 99 auch für den folgenden sechsten Kurs (November 1944 bis Februar 1945) angenommen werden kann[41].

In Juža dagegen waren in den Jahren 1943 – 1949 nur insgesamt 1,6% aller Antifa-Schüler Offiziere. Diese wurden wahrscheinlich auch erst nach 1947, nachdem Juža zu einer Zentralen Antifa-Schule aufgewertet worden war, aufgenommen. Die „antifaschistische Massenschulung" war eindeutig ausgerichtet auf Arbeiter, Bauern und Angestellte, die in der Regel in der Wehrmacht Mannschaftsdienstgrade bekleideten. Berufsoffiziere spielten in Juža keine Rolle, und auch „Bürgerliche" wurden erst ab 1946 in größerer Zahl aufgenommen. In den Jahren 1943–45 kamen mindestens zwei Drittel der Schüler aus der Arbeiterklasse (inklusive Bauern), und knapp ein Drittel waren Angestellte. Die Zahl der übrigen unter „Sonstige" erfaßten Schüler schwankte sehr stark, nicht zuletzt wegen der unscharfen Eingrenzung der Kategorie. Ihr Anteil an den „Massenkursen" lag während des Krieges bei unter fünf Prozent. Für den 2. Kurs (Dezember 1943 bis März 1944) sind darunter „Handwerker, Gewerbetreibende, Schüler und Studenten" zusammengefaßt, für den 4. Kurs (Juni bis September 1944) werden in dieser Kategorie „Intellektuelle, Bauern, städtischer Mittelstand, Beamte usw." erfaßt. Nur für den 6. und 7. Kurs (Juni bis Oktober 1945 und Januar bis Mai 1946) beschreibt diese Kategorie übereinstimmend „Mittelstand und Intellektuelle". Da der in den Berichten verwendete Begriff „Intellektuelle" im allgemeinen Personen mit Hochschulbildung bezeichnet, kann er gleichgesetzt werden mit der Bezeichnung „Bürgerliche", Künstler und mittelständische Selbständige eingeschlossen. Diese wurden erst nach Kriegsende stärker in die Antifa-Schule Juža aufgenommen. Im 6. Kurs hatten „Bürgerliche" einen Anteil

---

[38] Berichte über den 1. und 2. Kurs, RGASPI 495/77/20, Bl. 124 u. 122.
[39] Fey, Ein Totgesagter kehrt zurück, S. 290.
[40] Bericht über den 4. Kurs an der Antifa-Schule Krasnogorsk vom 22. 5. 1944, RGASPI 495/77/40, Bl. 9.
[41] Auskunft des Instituts 99 über den laufenden 5. und Planung für den 6. Kurs, ohne Datum, RGASPI 495/77/39, Bl. 13–14; vgl. Rühle, Genesung in Jelabuga, S. 327: „Unter den deutschen Teilnehmern *[des 5. Kurses]* waren gleich viele Offiziere wie Mannschaften."

von 12,5%, der sich im 7. Kurs auf 25% verdoppelte. Gleichzeitig sank nach dem Krieg der Arbeiteranteil (inklusive Bauern) auf 50%. Die Gruppe der „Angestellten" blieb konstant bei rund 25%[42].

Neben der sozialen Herkunft spielte bei der Auswahl der Antifa-Schüler auch die Parteimitgliedschaft des Kandidaten eine Rolle. Allerdings wurde die von der KPD angestrebte Schulung der eigenen, kriegsgefangenen Parteimitglieder nur für den ersten Kurs an der Antifa-Schule Oranki (Mai bis Juni 1942) verwirklicht (22,5% Kommunisten, 5,6% Sozialdemokraten). Schon der zweite Kurs brachte deutliche Veränderungen. Der Anteil kommunistischer Hörer (KPD oder KJVD) erhöhte sich zwar auf knapp 25%, aber nun waren rund 15% Sozialdemokraten (SPD/SAJ) und 5% NSDAP-Mitglieder. In beiden Kursen betrug der Anteil von HJ-Mitgliedern fast 10%, was aus kommunistischer Sicht einer „faschistischen Parteimitgliedschaft" gleichkam, aber ebensogut mit der faktischen Zwangsmitgliedschaft in der HJ entschuldigt werden konnte. Da die Schule in Oranki bzw. Krasnogorsk im weiteren zunehmend mehr Offiziere ausbildete, und diese nicht selten Mitglieder der NSDAP waren, konnte die von der KPD gewünschte Schulung von bevorzugt kommunistisch eingestellten Kriegsgefangenen besser in den „antifaschistischen Massenkursen" für Mannschaftsdienstgrade realisiert werden.

In Juža lag der Anteil von in der Arbeiterbewegung organisierten Kriegsgefangenen insgesamt bei 30%, bezogen auf alle Kurse von 1943 bis 1949. Diesen Wert näher zu spezifizieren fällt aufgrund der wenigen verfügbaren Angaben zu den einzelnen Kursen schwer. Noch um die Jahreswende 1943/44 (2. Kurs) wurden deutlich mehr Kommunisten als Sozialdemokraten geschult (12,7% gegenüber 5,6%). Aber mit dem Ende des Krieges nahm der Anteil sozialdemokratisch organisierter Antifa-Schüler zu: Im 6. Kurs (Juni – Oktober 1945) waren knapp 10% Mitglieder in KPD/KJVD und 6,0% in SPD/SAJ. Der zugleich sich verdoppelnde Anteil „faschistischer" Schüler von 20% auf 40% ist vor allem auf den hohen Anteil der HJ-Mitglieder (um 30%) zurückzuführen. Betrachtet man nur den Anteil der NSDAP-Mitglieder, so ist er während des Krieges mit 5% gering, verdreifacht sich jedoch 1946 auf knapp 16%. Daraus kann geschlossen werden, daß sich auch in Juža der politische Hintergrund der ausgewählten Antifa-Schüler radikal änderte, allerdings erst nach dem Krieg[43].

Mit der Aufnahme in die Antifa-Schule wurden den ausgewählten Kriegsgefangenen günstige Lebensbedingungen zugesichert: gute Ernährung (Offiziersnorm) und Unterbringung in geheizten und intakten Baracken, saubere Kleidung sowie keine bzw. geringfügige Arbeit[44]. Wegen dieser bevorzugten Behandlung wurden die Antifa-Schüler von den Mitgefangenen häufig als „Kaschisten" („Kascha" ist das russische Wort für Brei) bezeichnet: Gefangene, die wegen ihres Engagements

---

[42] Errechnet auf der Basis absoluter Zahlen aus den Berichten über den 2. Kurs (SAPMO-BArch NY 4091/89, Bl. 96), den 5. Kurs (RGVA/K 88/2/2, Bl. 282), den 6. Kurs (SAPMO-BArch DY 30/IV 2/11/198, Bl. 1), den 7. Kurs (ebenda Akte 202, Bl. 2) und dem Rechenschaftsbericht der Antifa-Schule Juža für die Jahre 1943–1949 (RGVA/K 4p/18/23, Bl. 8).

[43] Bericht über den 1. und 2. Kurs in Oranki, RGASPI 495/77/20, Bl. 124 u. 122; Berichte über den 2., 6. und 7. Kurs in Juža, SAPMO-BArch NY 4091/89, Bl. 96, DY 30/IV 2/11, Akte 198, Bl. 1 und Akte 202, Bl. 2; Rechenschaftsbericht über das Spezobjekt 42, RGVA/K 4p/18/23, Bl. 8–9.

[44] Robel, Antifa, S. 206.

in der Antifa mehr zu essen bekamen. Aber viele der ausgewählten Antifa-Schüler brachten aufgrund ihrer politischen Grundeinstellung ohnehin eine positive bzw. loyale Haltung gegenüber der Sowjetunion mit. Oft hatten sie sich in den Lagern schon vorher als kooperationswillig erwiesen. Und sicherlich fiel während des Krieges eine prosowjetische Parteinahme schwerer als nach dem Krieg, als das nationalsozialistische Regime politisch und militärisch am Ende war. Die in der Regel große Bereitschaft bei den ausgewählten Kriegsgefangenen wurde noch dadurch verstärkt, daß vor Beginn des Unterrichts durch eine Auswahlkommission und dann im folgenden während des gesamten Kurses durch Schulausschlüsse die Zahl der Kandidaten abermals reduziert wurde. Der dadurch erzeugte Anpassungsdruck verfehlte seine Wirkung auf die Antifa-Schüler nicht: „Die Zurückgebliebenen klammerten sich an die letzte Möglichkeit, die ihnen bleibt: mitmachen, mitreden, die anderen noch zu übertreffen suchen, alles, alles tun, nur um auf der Schule zu bleiben."[45]

Um bei der intendierten Umerziehung der ausgewählten Kriegsgefangenen zu den gewünschten Erfolgen zu kommen, bedienten sich die Lehrer des Verfahrens der „Kritik und Selbstkritik" und sogenannter „Selbstberichte"[46]. Dabei mußte ein Kriegsgefangener in seiner Seminargruppe über seine Vergangenheit sprechen und auf „falsche" politische Einstellungen eingehen, die er nun durch das Lernen an der Antifa-Schule überwunden habe. Dahinter stand die Vorstellung, daß ein Soldat der Wehrmacht sich direkt oder indirekt durch unterlassenen Widerstand gegen den Nationalsozialismus schuldig gemacht habe. Nur durch ein offenes Bekenntnis zu dieser Schuld, das entweder aus eigenem Entschluß oder durch Nachfragen der Mitschüler und Lehrer herbeigeführt wurde, könne die Entwicklung zu einem aufrechten Antifaschisten eingeleitet werden. Eine wichtige Rolle bei dieser Form der Erziehung spielten die Wandzeitungen, die das innere Leben der Gruppen und des Sektors widerspiegeln und damit zu Kritik und Selbstkritik anregen sollten[47]. Die öffentlich vorgebrachten Vorwürfe gegenüber Mitschülern bezogen sich aber nicht nur auf die „Entlarvung von Faschisten" – z.B. wenn ein Schüler seine NSDAP-Mitgliedschaft verschwiegen hatte –, sondern auch auf Ordnungsverstöße gegen Disziplin, Pünktlichkeit, Sauberkeit und Vernachlässigung der „Wachsamkeit", d.h. „mangelhaftes" Vorgehen gegen politisch vermeintlich „falsche" Ansichten. Zwangen Sekundärtugenden wie Disziplin und Pünktlichkeit die Schüler, den ohnehin straff durchorganisierten Tagesablauf peinlich genau einzuhalten, so weitete der ständige Appell an die politische Wachsamkeit die öffentliche Kritik am (Fehl)Verhalten der Mitschüler von der organisierten Form in den Gruppenversammlungen auf den gesamten Lebensbereich der Schüler aus. In der Antifa-Schule gab es kein Privatleben. Jedem Vorwurf – „Kritik" – wurde seitens der Schulleitung nachgegangen, es sei denn, der Schüler kam dem durch Selbstanzeige –

---

[45] Engelbert, Die Antifa-Schule Talizy, S. 70. Engelbert wurde von der Wissenschaftlichen Kommission für die Geschichte der deutschen Kriegsgefangenen des Zweiten Weltkrieges befragt; siehe die Aussagen Engelberts bei Robel, Antifa, S. 206, als „WKS-939".
[46] Hanna Wolf auf der Lehrerversammlung der Antifa-Schule Krasnogorsk am 14. 5. 1946, MNNA 1463/15; vgl. die Erinnerungen der Antifa-Lehrer Hoffmann (Moskau Berlin, S. 50ff.) und Rühle (Genesung in Jelabuga, S. 342f.).
[47] Vgl. die Forderungen in den Berichten über den 2. und 4. Kurs in Juža, SAPMO-BArch NY 4091/89, Bl. 97 und Bl. 99 RS.

„Selbstkritik" – zuvor. Die geforderten Sekundärtugenden an der Antifa-Schule waren so gesehen weniger eine Kompensation für geistige Überforderung, wie Robel mit Hinweis auf die lückenhafte Schulbildung der meisten Schüler annimmt[48], als vielmehr Teil eines bewußt inszenierten Sozialisationsrituals, das von einem Schüler mit den Worten beschrieben wurde: „Diese Selbstentblößung hat eine merkwürdige Folge. Kehrt also der Bloßgestellte wieder in die Reihen der Kameraden zurück, so hat er kein Schamgefühl, sondern bemüht sich nach Kräften, als ob nichts vorgefallen sei. Auch seine Gegner unter den Zuhörern bemühen sich, ihm Wohlwollen zu erweisen. (…) Es ist ein Schaukampf, geheiligt durch die Forderungen: Wachsamkeit, Sauberkeit, Selbstkritik, bei dem aber, auch wenn er diese Forderungen nicht erreicht, doch unbemerkt wichtige Grundlagen der Persönlichkeit zerstört werden."[49]

Aus Sicht der Lehrer fügte sich die Form der politischen Erziehung durch Kritik und Selbstkritik nahtlos in die Methode der Stoffvermittlung. Als es zum Beispiel in der Antifa-Schule Juža um die Verschiebung der zukünftigen deutschen Ostgrenze nach Westen ging, wurde dieses Thema mit den Verbrechen der Wehrmacht vermischt. Die Schüler wurden aufgefordert, die von ihnen miterlebten Wehrmachtsverbrechen aufzuschreiben, wodurch sie sich in einem Dilemma befanden. Denn wenn sie nichts zu berichten hatten, standen sie in dem Verdacht, etwas verheimlichen zu wollen. Schilderten sie jedoch eigene Erlebnisse, mußten sie darlegen, daß sie nicht involviert gewesen waren. In dieser moralisch schwachen Position konnte es sich niemand erlauben, die territorialen Verluste des Deutschen Reiches als Kompensation für erlittenes Unrecht in Frage zu stellen. Die von den Lehrern in dieser Unterrichtssituation bei den Schülern beobachteten „Hemmungen" wurden als politische Orientierungslosigkeit interpretiert, die durch das Lernen an der Antifa-Schule zu überwinden sei: „Zu den Grausamkeiten *[der Wehrmacht]* wurden viele Beispiele aus der Erfahrung *[der Schüler]* gebracht und schriftlich niedergelegt. Die Hemmungen waren zuerst sehr groß. Ebenso in der Polenfrage. Aber als die ganze Größe der Grausamkeiten aufgerissen wurde, war die nationale Überempfindlichkeit in der Polenfrage in den meisten Fällen bald zu überwinden. Auch die Selbstbiographien der Kursanten hat die ernstere Stellungnahme zu Kritik und Selbstkritik vertieft. Das Politaktiv *[Lehrer und Assistenten]* hat einige Besprechungen im Zusammenhang mit den vorgenannten politischen Fragestellungen durchgeführt und angefangen in den Gruppen die Anleitung zu geben für die Diskussion der Fragen."[50] In diesen Gruppendiskussionen mußten die Schüler eine „Wandlung zum Antifaschisten" erkennen lassen, d.h. die vorgegebene Interpretation der zur Debatte stehenden politischen Ereignisse (deutsche Ostgrenze) übernehmen, um damit die Distanzierung von der eigenen Tatenlosigkeit (Teilnahme an der deutschen Eroberung als Soldat der Wehrmacht) oder die Reue über eigene Verfehlungen (Teilnahme an Kriegsverbrechen) glaubhaft zu machen. Dieser öffentliche Prozeß führte keinesfalls automatisch zu dem Sozialisationsritual, durch das ein Antifa-

---

[48] Robel, Antifa, S. 258; an anderer Stelle (ebenda, S. 271) bemerkt Robel zutreffend, daß es aus Sicht der kommunistischen Partei keine Trennung von privater und öffentlicher Sphäre gebe.
[49] Engelbert, Die Antifa-Schule Talizy, S. 72 f.
[50] Bericht über den 4. Kurs in Juža, SAPMO-BArch NY 4091/89, Bl. 99 + RS.

Schüler in den Kreis der „Antifaschisten" aufgenommen wurde. Für den einzelnen bestand immer die Gefahr des Schulausschlusses mit allen für ihn negativen Konsequenzen[51].

Über das Schicksal ausgeschlossener Antifa-Schüler können nur Mutmaßungen angestellt werden. Zumindest verlor der Kriegsgefangene seine privilegierten Lebensumstände und hatte es in den Lagern vermutlich schwer, von den übrigen Kriegsgefangenen wieder in die Gemeinschaft aufgenommen zu werden. Je nach Art des ihm gemachten Vorwurfes – z. B. Kriegsverbrechen – wird ein relegierter Schüler aber auch mit Verurteilung und Haftstrafe zu rechnen gehabt haben. Die Begründungen für Ausschlüsse vor oder während des Kurses waren diffus. Aufgrund der wenigen zugänglichen Quellen kann der Mechanismus nur grob skizziert werden. In den zweiten Kurs in Juža wurden 618 deutsche Kriegsgefangene aufgenommen, von denen im laufenden Kurs 114 (18%) die Schule verließen: 45 wegen Krankheit, 21 „weil zum Lernen ungeeignet", 22 wegen „Diebstahl und sonstiger moralischer Vergehen" und 26 wegen „politischer Unzuverlässigkeit"[52]. Anders war es beim sechsten Kurs, bei dem bereits vor Beginn des Unterrichts 45% (226 von 507) der aus den Lagern delegierten Kandidaten abgelehnt wurden, weil „in der Hauptsache ungenügend geistig und politisch entwickelt und politisch unzuverlässig". Im Verlauf des Kurses verließen noch einmal aus denselben Gründen 30 Kriegsgefangene die Schule[53]. Ähnliche Zahlen gibt es vom siebten Kurs in Juža[54]. Auf der Basis dieser wenigen Angaben läßt sich der Eindruck formulieren, daß mit zunehmender Zahl der Kriegsgefangenen gegen Ende des Krieges deutlich mehr Schüler nominiert wurden. Von diesen wurde allein schon aus Gründen der Kapazität der Schulen ein Großteil abgelehnt, aber auch, weil die Vorauswahl durch die Lagerleitungen im Aufnahmeverfahren an der Antifa-Schule korrigiert wurde. Hinzu kam, daß die Lagerchefs des UPVI ihre besten Lager-Aktivisten nicht verlieren wollten und daher nur die schwächeren zur Antifa-Schule delegierten. Zur Begründung der zahlreichen Ausschlüsse vor Beginn des sechsten Kurses an der Schule Juža hieß es: „Sehr oft läßt sich feststellen, daß die Lager ihre besten Leute, meistens den größten Teil des Aktivs, nicht zur Schule schicken, und einfach Leute schicken, die sie leicht ersetzen können. (...). Im Allgemeinen muß die politische Vorbereitung der Kandidaten als absolut ungenügend bezeichnet werden, was auf schwache allgemeine politische Arbeit in den Lagern schließen läßt."[55] Die Antifa-Schüler wurden nicht nur während des Auswahlverfahrens, sondern bis zum Abschluß der Schulung permanent überprüft. Selbst wenn die Aufnahme in die Schule bestimmten sozialen und politischen Kriterien folgte, so brachte das für den Kriegsgefangenen keinerlei Garantie für den erfolgreichen Abschluß der Anti-

---

[51] Vgl. die meines Erachtens zu euphemistische Darstellung des Erziehungsprozesses in der Antifa-Schule bei Uhlig, Rückkehr aus der Sowjetunion, S. 49f. u. 56f.
[52] Bericht über den 2. Kurs in Juža, SAPMO-BArch NY 4009/28, Bl. 255.
[53] Bericht über den 6. Kurs in Juža, SAPMO-BArch DY 30/IV 2/11 198, Bl. 1.
[54] Angereist waren 962 Kandidaten. Von ihnen wurden 290 wegen „politischer und moralischer Mängel" und 14 wegen Krankheit abgelehnt. Während des laufenden Kurses wurden weitere 32 Kriegsgefangene ausgeschlossen, davon 21 (65%) wegen politischer Unzuverlässigkeit; SAPMO-BArch DY 30/IV 2/11 202, Bl. 2.
[55] Statistische Angaben zum 6. Kurs an der Schule Juža vom Sommer 1945, SAPMO-BArch NY 4091/89, Bl. 77 RS.

fa-Schule mit sich. Politische Grundüberzeugungen oder intellektuelle Einsichten halfen bei der in der Schule angewandten Form sozialer Kontrolle wenig, sich von eventuellen Anschuldigungen zu befreien.

Von den Antifa-Schülern wurde ein enormes Anpassungsvermögen verlangt. Die Erziehung zum „Antifaschisten" hing von den Sozialisationsritualen an der Schule ab. Das schloß individuelles, ehrliches Umdenken nicht aus, förderte aber doch eher Opportunismus und Anpasserei. Somit wurde der Unterschied zwischen „typischen Kaderbiographien" (Soldat, Überläufer, Kommunist) und „untypischen" (Offizier, NSDAP-Mitglied) sekundär. Im Laufe eines Kurses wurden aus den Kriegsgefangenen Kader geformt, die die gültige politische Linie – für die deutschen Antifa-Schüler hieß das die Propaganda des NKFD – und ihre Auslegung durch das UPVI bzw. die 7. Verwaltung kannten, diese Standpunkte zu ihren eigenen machten und sie gegenüber Dritten, insbesondere Mitgefangenen, zu vertreten wußten. Die Erziehung basierte auf dem Prinzip der Reue: „Falsche" Einstellungen mußten eingestanden werden, und die aus Kritik und Selbstkritik resultierende „richtige" Entwicklung mußte von dem Antifa-Schüler durch sein Verhalten bestätigt werden. Das Interpretationsmonopol über „richtig" und „falsch" lag dabei immer bei den Lehrern. Mit dem Abschluß der Antifa-Schule sollte bei den Kursanten erreicht werden, Theorie und Praxis, d.h. vermittelte Deutungsmuster und erlebte Wirklichkeit in Einklang zu bringen. In den Augen der Betroffenen führte das zu einer „Bewußtseins- und Denkspaltung"[56].

3. Verwendung der Antifa-Schüler

In den Anfängen der Antifa war von der EKKI-Kommission für die politische Arbeit unter den Kriegsgefangenen wiederholt eine systematische „Kaderarbeit" mit den Kriegsgefangenen gefordert worden. Dazu sollten Kommunisten, Überläufer und Aktivisten in den Lager-Aktivs erfaßt und die selbstverfaßten Lebensläufe, die die Kriegsgefangenen als Aufnahmeanträge für die Antifa-Schule einreichten, gesammelt werden. Anhand dieses Materials sollte die Kaderabteilung des EKKI entscheiden können, in welchem Umfang der Kriegsgefangene „für unsere Arbeit" verwendet werden könne[57]. Aber wegen des zunehmenden Interesses von UPVI und 7. Verwaltung, Kriegsgefangene zur Unterstützung der eigenen Arbeit in den Lagern bzw. an der Front zu verwenden, bekam die Komintern nie den von ihr angestrebten Einfluß auf die Kaderverwaltung. Im September 1942 berichtete Ulbricht nach einem Gespräch mit UPVI-Chef Soprunenko an Dimitrov: „Für die Kriegsgefangenen interessieren sich eine ganze Anzahl Organe, aber alle die Fragen werden über Soprunenko erledigt. Er meint, es sei nicht zweckmäßig, daß wir uns direkt mit anderen Instanzen in Verbindung setzen. Die jetzige Regelung ist so, daß die Instanz, die bestimmte Kriegsgefangene anfordert oder aussucht, über diese ver-

---

[56] Engelbert, Die Antifa-Schule Talizy, S. 80. Diese Einschätzung deckt sich mit der Leonhards (Revolution, S. 208) über den Mechanismus der Parteischulung an der Komintern-Schule in Kušnarenkovo.
[57] Protokoll der EKKI-Kommission vom 18. 7. 1942, RGASPI 495/77/49, Bl. 22.

fügt."58 Von der Auswahl der Antifa-Schüler, die für den zweiten Kurs vereinbart worden war, wurde die EKKI-Kommission wieder ausgeschlossen59. Die begonnene Registrierung der Antifa-Aktivisten durch die Komintern mußte im April 1943 eingestellt werden60.

Erst durch das Institut 99 wurde die Kaderverwaltung, d.h. Auswahl, Schulung und Einsatzplanung der kriegsgefangenen Antifaschisten vereinheitlicht. Die Auswahl der Schüler erfolgte durch die Lehrer der Antifa-Schulen, die nun Angestellte des Instituts 99 waren. Das Institut 99 übernahm die „laufende Registrierung des deutschen antifaschistischen Aktivs in den Kriegsgefangenenlagern und Kriegsgefangenenschulen im Einvernehmen und mit Hilfe der Verwaltung für die Kriegsgefangenenlager der NKWD"61. Vor allem verwaltete das Institut 99 die Kaderakten der Absolventen der Antifa-Schulen. An beiden Schulen gab es – von Kurs zu Kurs wechselnd – deutsche, österreichische, rumänische, ungarische, italienische und – sehr kleine – tschechische Schulungsgruppen (sogenannte Sektoren). Außerdem wurden Kleingruppen von Jugoslawen, Polen und Franzosen geschult. Ungefähr 60% aller Antifa-Schüler waren Wehrmachtsoldaten, d.h. Deutsche, Österreicher oder Tschechen. Die Zahl der durch das Institut 99 bis Ende 1946 erfaßten Antifa-Schüler belief sich auf „über 8000 Soldaten und Offiziere unterschiedlicher Nationalitäten"62.

*Umfang der Antifa-Schulungen 1942–1946*63

Antifa-Schule Krasnogorsk 1942–1946

Kurs	1.	2.	3.	4.	5.	6.	7.	8.	Gesamt
Deutsche	71	89	88	210	196	144	163	256	1217
Österr.	–	–	15	41	56	52	62	85	311
Rumänen	22	26	83	91	–	24	34	43	323
Ungarn	–	–	36	61	79	57	59	61	353
Italiener	–	–	61	92	71	61	74	–	359
Tschechen	–	–	18	–	–	–	–	–	18
Sonstige	–	–	81	30	–	–	–	–	11164
	93	115	382	525	402	338	392	445	2692
(fortlaufend	93	208	590	1115	1517	1855	2247	2692)	

---

58 Ulbricht an Dimitrov am 15. 9. 1942, RGASPI 495/77/19, Bl. 24.
59 Ulbricht an Dimitrov am 8. 5. 1943, RGASPI 495/77/27, Bl. 65.
60 Protokoll der EKKI-Kommission vom 7. 4. 1943, RGASPI 495/77/27, Bl. 5.
61 „Vorschlag zur Bildung des deutschen Komitees zum Kampf gegen Hitlerkrieg und Nazityrannei" vom 27. 5. 1943, SAPMO-BArch NY 4036/575, Bl. 5.
62 Suslov an Ždanov und Kuznecov am 5. 6. 1946, RGASPI 17/128/846, Bl. 66.
63 Bericht über die Kurse an den Schulen Krasnogorsk und Juža vom 7. 2. 1946, MMNA 1463/14; Bericht über die antifaschistischen Kurse im Lager 165, RGVA/K 88/2/2, Bl. 180–183, Bericht über die Zentrale Antifa-Schule Juža 1943–1950, ebenda 4p/18/23, Bl. 1–37.
64 55 Jugoslawen, 26 Polen, 30 Franzosen.

3. Verwendung der Antifa-Schüler

Antifa-Schule Juža 1943–1946

Kurs	1.	2.	3.	4.	5.	6.	7.	Gesamt
Deutsche	227	503	–	497	470	274	609	2580
Österr.	51	115	–	113	102	83	141	605
Rumänen	197	–	291	209	83	70	–	850
Ungarn	62	70	282	118	77	60	–	669
Italiener	124	113	–	108	106	97	–	548
Tschechen	–	–	–	–	30	23	–	53
Polen	26	–	–	–	–	–	–	26
	687	801	573	1045	868	607	750	5331
(fortlaufend	687	1488	2061	3106	3974	4581	5331)	

Der Abschluß der Antifa-Schule allein hatte noch keine spezifizierte Verwendung zur Folge. Erst die Verteilung an eine Dienststelle machte aus einem geschulten Kriegsgefangenen einen Antifa-Kader. „Verteilung" (raspredelenie) ist hier als terminus technicus zu verstehen: Einer Dienststelle wurde – auf Anforderung – ein Absolvent der Antifa-Schule als Kader zugewiesen, der damit in den Personalplan („štat") der anfordernden Institution überwechselte; d.h. er wurde von der Kaderabteilung des Instituts 99 abgegeben. Als Antifa-Kader werden hier Kriegsgefangene bezeichnet, die nach Abschluß der Schule eine bestimmte Aufgabe übernahmen und dabei fortlaufend von derjenigen Institution überwacht und betreut wurden, an die sie „verteilt" worden waren. Grundlage der Kaderentscheidung bildete die am Ende des Antifa-Kurses ausgestellte Charakteristik eines jeden Schülers. Sie enthielt die persönlichen Daten, Schulbeurteilungen, einen selbstverfaßten Lebenslauf, der die Wandlung zum Antifaschisten darlegen sollte, Angaben über die soziale Herkunft, das politische Engagement – auch das der Familienangehörigen – und Bemerkungen über das Verhalten bei der Gefangennahme, im Kriegsgefangenenlager und in der Schule. Gemäß der allgemeinen Zielstellung der Schule sollten die Absolventen als Propagandisten tätig werden. So wurden die Abgänger der ersten beiden Kurse im Frühjahr und Herbst 1942 zur Unterstützung der Arbeit der Politinstrukteure des UPVI auf sieben Durchgangs- und siebzehn Arbeitslager verteilt. Zu dem damaligen Zeitpunkt waren das vermutlich fast alle sowjetischen Kriegsgefangenenlager für deutsche Kriegsgefangene[65].

Mit der Gründung der zweiten Antifa-Schule verschob sich das Ausbildungsziel ein wenig. Waren in den ersten beiden Kursen der Schule Oranki (später Krasnogorsk) lediglich deutsche und rumänische Kriegsgefangene geschult worden, so wurde die Schulung auf alle kriegsgefangenen Nationalitäten ausgeweitet. Außerdem regte das EKKI eine weitere Verwendungsmöglichkeit für die Absolventen an: „Die große Anzahl kriegsgefangener Deutscher, Rumänen, Ungarn und Italiener schafft die Notwendigkeit, die gesamte politische und organisatorische Arbeit unter den Kriegsgefangenen besser zu organisieren und auf eine solidere und breitere Basis zu stellen. Unter den Kriegsgefangenen muß sich eine massenhafte antifaschi-

---

[65] Aufstellung über die Verteilung der Absolventen des 1. und 2. Kurses der Antifa-Schule Oranki vom 7. 2. 1943, RGASPI 495/77/26, Bl. 17–18 RS.

stische Bewegung entwickeln mit dem Ziel ihrer Befreiung von der faschistischen Ideologie, der Erziehung zu bekennenden und aktiven Antifaschisten, der Vorbereitung nationaler Kampfverbände für die entsprechenden Länder und auch neuer Kader für die kommunistische Bewegung dieser Länder."[66] Im Februar 1943 verabschiedeten rumänische Kriegsgefangene eine Resolution zur Aufstellung einer Militärformation auf dem Territorium der Sowjetunion, der die sowjetische Regierung Anfang Oktober 1943 zustimmte. Der Aufbau der rumänischen Freiwilligen-Division, in die auch Mannschaftsdienstgrade ungarischer Nationalität aufgenommen wurden, erfolgte bis zum Frühjahr 1944[67]. In der Division wurden ungefähr 200 Absolventen des dritten und vierten Kurses in Krasnogorsk (August 1943 und April 1944) als Politkommissare eingesetzt. Da diese Antifa-Kader offenbar nicht reichten, wurden in Juža im Mai/Juni 1944 (dritter Kurs) zusätzlich je 300 ungarische und rumänische Kriegsgefangene in einem sechswöchigen Schnelldurchgang geschult[68]. Für deutsche Kriegsgefangene gab es diese Form des Einsatzes nicht. Aber mit dem Aufbau der Frontorganisation des NKFD ab Herbst 1943 wurden deutsche Antifa-Kader ebenfalls an der Front als Propagandisten wie auch in Diversionstrupps mit militärischem Auftrag eingesetzt. Allerdings wird der rasche Ausbau der antifaschistischen Frontschulen bereits im Laufe des Jahres 1944 dafür gesorgt haben, daß ein Großteil der kriegsgefangenen Frontpropagandisten von dort und nicht von einer der beiden Antifa-Schulen kam.

Eine Aufstellung des Instituts 99 vom Februar 1946 läßt sechs Verwendungsbereiche für die Absolventen des 1. bis 7. Kurses (von insgesamt 8 Kursen) an der Antifa-Schule Krasnogorsk (alle Nationalitäten) erkennen: der Einsatz als Lagerpropagandist („Lager"), der Einsatz als Frontpropagandist („Front"), die Verwendung in nationalen Kämpfverbänden („Kampf"), die Teilnahme an von Partisaneneinheiten geführten Diversionseinsätzen („Partisanen"), die Verwendung für den Eigenbedarf des Instituts 99 als Lehrerassistent an den Antifa-Schulen („Institut 99") und schließlich die Repatriierung als Antifa-Kader („Heimat"). Allerdings sah die Verteilung der Absolventen den Einsatz für nur 1255 der insgesamt 2217 Absolventen vor (57%)[69]. D. h. 43% aller Absolventen gingen ohne näher beschriebene Funktion als „Aktivist" zurück in die Lager, in denen sie vermutlich als Brigadiere für einen reibungslosen und effizienten Einsatz der Arbeitskommandos sorgen sollten. Zusätzlich zu diesen Aktivisten kehrten insgesamt 16% aller „verteilten" Absolventen (356 von 2217) als Propagandisten ebenfalls in die Lager zurück, vermutlich mit den Aufgaben eines Politinstrukteurs. Sie organisierten das jeweilige Antifa-Aktiv, die Wandzeitung, Versammlungen und Kulturveranstaltungen im Lager. Somit gingen insgesamt 59% aller Absolventen der Antifa-Schule Krasnogorsk in die Lager zurück (962 „nicht verteilte" Aktivisten und 356 als Lagerpropagandisten ausgewiesene). Anfang 1945 (Abschluß des 6. Kurses im Februar 1945) gab es eine deutliche Zäsur: Es wurden keine Lager- oder Frontpropagandisten mehr ver-

---

[66] Beschluß des EKKI vom 5. 2. 1943, RGASPI 17/125/183, Bl. 2.
[67] Dazu siehe Gosztony, Stalins fremde Heere, S. 103 ff.; Rudenko, Propagandistskaja dejatel'nost' politorganov, S. 139 ff. Eine ungarische Division kam nie zustande, Gosztony, Stalins fremde Heere, S. 111 ff.
[68] Auskunft des Instituts 99 über die Schüler der Antifa-Schule Juža im Herbst 1944 (RGASPI 495/77/39, Bl. 13) und am 7. 2. 1946 (RGVA/K 4p/4/36, Bl. 214–215).
[69] Diese Zahl berücksichtigt nicht die 30 französischen Absolventen des 4. Kurses.

teilt. Offensichtlich wurde nur noch für den Einsatz als Lageraktivist geschult, oder die Absolventen wurden direkt als Kader in ihre Heimatländer repatriiert: 73 Absolventen des 6. Kurses (22%), 170 des 7. Kurses (43%).

„Verteilung" der Absolventen der Antifa-Schule Krasnogorsk[70]
(alle Nationalitäten)

Kurs	1.	2.	3.	4.	5.	6.	7.	Gesamt
Lager	82	89	–	92	93	–	–	356
Front	11	22	74	81	29	–	–	217
Kampf	–	–	182	17	–	74	–	273
Partisanen	–	–	13	32	53	–	–	98
Institut 99	–	–	–	15	43	–	10	68
Heimat	–	–	–	–	–	73	170	243
nicht verteilt	0	4	113	258	184	191	212	962
gesamt	93	115	382	495	402	338	392	2217

Über die Verwendung der Absolventen aus Juža liegen kaum Zahlen vor. Allgemein soll die Schule einen Teil ihrer Absolventen an das GlavPURKKA abgegeben haben, d. h. sie wurden als Frontpropagandisten eingesetzt. Die übrigen Schüler fanden demnach Verwendung in der Lagerpropaganda[71]. Eine Aufstellung vom Frühjahr 1944 zeigt, wie die deutschen Absolventen des 2. Kurses in Juža (März 1944) verteilt wurden. Auch diese Erhebung ist unvollständig; die als „Kaderreserve" bezeichnete Liste nennt die Namen von 195 Antifa-Schülern, aber der 2. Kurs wurde von insgesamt 503 deutschen Kriegsgefangenen absolviert. Bezieht man daher die Verwendung auf die Gesamtzahl der deutschen Absolventen (503 = 100%) ergibt sich folgendes Bild: 46 Absolventen (9%) wurden zur Weiterschulung in Krasnogorsk empfohlen, 85 (17%) als Frontpropagandisten und 64 (13%) für Diversionseinsätze eingeplant und schließlich 308 Absolventen (61%) ohne spezifizierte Verwendung als Aktivisten in die Lager zurückgeschickt[72]. Für den sechsten und siebten Kurs in Juža (Oktober 1945 und Mai 1946) galt eine ähnliche Verteilung: 152 bzw. 390 deutsche Abgänger wurden in den Lagern eingesetzt (62 bzw. 64%). Vom sechsten Kurs wurden 95 Schüler zur Weiterschulung nach Krasnogorsk delegiert, vom siebten 139 (38% bzw. 23%). Der Anteil der weiterzuschulenden Absolventen in Juža lag offenbar deswegen erheblich höher als in den vorangegangenen Kursen, weil nach dem Kriegsende der Einsatz als Frontpropagandist entfiel. Spezifikum des 7. Kurses war, daß 75 Kriegsgefangene (12%) „zur besonderen Verfügung" standen. Möglicherweise wurden sie direkt repatriiert[73]. Die „antifaschistischen Massen-

---

[70] Auskunft des Instituts 99 über die Verteilung der Absolventen der Antifa-Schule Krasnogorsk (1.–7. Kurs), MMNA 1463/14.
[71] „Bericht über die Zentrale antifaschistische Schule 1943–1950", RGVA/K 4p/18/23, Bl. 1–2.
[72] „Kaderreserve März/April 1944", RGASPI 495/77/35, Bl. 49+RS; vgl. die Charakteristiken der Absolventen des 2. Kurses in Juža, RGVA/K 4p/4/3, Bl. 3–102.
[73] Einige Absolventen (1 bzw. 5) beider Kurse blieben als Lehrerassistenten an der Schule; Berichte über den deutschen Sektor des 6. und 7. Kurses an der Antifa-Schule Juža, SAPMO-BArch DY 30/IV 2/11, Akte 198, Bl. 1 und Akte 202, Bl. 2.

kurse" dienten – entgegen der ursprünglichen Intention – ebenso wie die „Politschule" zur Ausbildung von Front- und Lagerpropagandisten. Von beiden Schulen kehrten – bezogen auf alle Kurse – ca. 60% der Absolventen in die Lager zurück. Erst nach Kriegsende wurde ungefähr ein Drittel aller Absolventen aus Juža zur Weiterschulung auf die „Politschule" geschickt.

Nach Kriegsende wurde ein Teil der Antifa-Schüler über die Kaderverwaltung des Instituts 99 repatriiert. Aus der Zahl der Absolventen des 7. Kurses an der Schule Juža stellte das Institut 99 im Juni 1946 eine Auswahl von 481 deutschen Kriegsgefangenen zusammen, die sie dem OMI zur Repatriierung vorschlug. Allerdings wurde aus dieser Gruppe nochmals eine Auswahl getroffen, denn letztlich beschloß das ZK der VKP (b) am 2. August 1946 die Repatriierung von nur 257 Antifa-Schülern, d.h. 42% der Absolventen des 7. Kurses in Juža[74]. Möglicherweise analog zu diesem Auswahlverfahren beschloß das ZK ebenfalls im August 1946 die Repatriierung von „168 Antifaschisten", die vermutlich Absolventen der Antifa-Schule Krasnogorsk waren[75]. Dort hatten im Mai 1946 256 deutsche Kriegsgefangene abgeschlossen. Demnach wurden 66% der Absolventen des 8. Kurses in Krasnogorsk repatriiert. Zusammengenommen wurde im Sommer 1946 fast die Hälfte der Absolventen beider Schulen (49%) als Kader nach Deutschland geschickt[76]. Der direkte Einsatz von Antifa-Schülern in Deutschland ist insofern erstaunlich, als die Umstellung des Schulungsprogramms zum Jahreswechsel 1945/46 keine effektive Vorbereitung auf einen Heimateinsatz gewährleistete.

Antifa-Schulen sollten, gemessen an ihrer Zielsetzung und ihrem Programm, Kriegsgefangene nicht auf einen Kadereinsatz in ihren Heimatländern vorbereiten, sondern sie als Propagandisten für den Einsatz in den Kriegsgefangenenlagern bzw. in der Frontpropaganda der Roten Armee ausbilden. Sie galten nicht als Parteischulung, selbst wenn sich die Lehrinhalte deutlich an dem sozialistischen Gesellschaftsmodell der Sowjetunion orientierten und ab 1946 explizit Marxismus-Leninismus in den Fächerkanon aufgenommen wurde. Der Haupteffekt der Antifa-Schulung bestand darin, loyale Kader hervorzubringen, die, wie die nach dem Krieg fortgesetzte Schulung zeigte, unabhängig von ihrer inhaltlichen Vorbereitung beliebig eingesetzt werden konnten. So konnte – und wurde – bei der Rekrutierung von Kadern für den Einsatz in Deutschland auf die Antifa-Schulen zurückgegriffen werden. Aber im Hinblick auf die Nachkriegsplanung und die Vorbereitung von Kadern für den Einsatz in Deutschland wurden vom Institut 99 andere Wege beschritten.

---

[74] Romanov an Suslov am 18. 6. 1946 und 27. 6. 1946, RGASPI 17/128/58, Bl. 16 und Bl. 32. Romanov bemerkt dort, daß er sieben Listen mit 481 Namen geschickt habe und aufgrund des ZK-Beschlusses vom 2. 8. 1946 von 61 auf der vierten Liste genannten Antifa-Schüler nur 55 und 60 von den 77 auf der siebten Liste genannten nach Deutschland gefahren seien. Die Notiz Wilhelm Piecks vom 19. 9. 1946 von einer Besprechung mit Tjul'panov (Wilhelm Pieck – Aufzeichnungen zur Deutschlandpolitik, S. 81) vermerkt die Repatriierung von 257 Kriegsgefangenen aus Juža am 20. 8. 1946, bei denen es sich offensichtlich um die Gruppe der durch das Institut 99 ausgewählten und vom ZK der VKP (b) beschlossenen Absolventen handelt. Zu ihrer Verwendung siehe unten S. 189.
[75] Kruglov an Stalin am 11. 8. 1946, GARF 9401/2/139, Bl. 180.
[76] 257 Absolventen der Schule Juža und 168 der Schule Krasnogorsk, insgesamt 425 Kriegsgefangene, wurden repatriiert. Dem steht die Zahl von insgesamt 865 Absolventen (609 in Juža und 256 in Krasnogorsk) gegenüber.

VI. Deutschlandpolitische Implikationen des Instituts 99

Im Sommer 1944 kam zu den bisherigen Aufgaben des Instituts 99 eine neue hinzu. In Vorbereitung auf die baldige Besetzung deutschen Territoriums durch die Rote Armee begann unter tatkräftiger Mithilfe der Exil-KPD die Schulung kommunistischer Parteifunktionäre für den Aufbau eines antifaschistischen Nachkriegsdeutschland. Im ZK der VKP (b) entstand die Abteilung „Außenpolitische Information" (otdel meždunarodnoj informacii – OMI), die die Institute 99, 100 und 205 in ihre Verwaltung übernahm. Der Zeitpunkt der Gründung des OMI ist durchaus als Zäsur zu begreifen. Im Volkskommissariat für Äußere Angelegenheiten wurden die Pläne für die zukünftige Besatzungsverwaltung in Deutschland erarbeitet[1] und die 7. Verwaltung des GlavPURKKA im August umstrukturiert, um besser auf die Besatzungsaufgaben der Roten Armee vorbereitet zu sein[2]. Der Rat für militärpolitische Propaganda, bis dahin das für die Anleitung des NKFD politisch maßgebliche Gremium (Ščerbakov), wurde im Juli 1944 aufgelöst. Manuil'skij verließ die Politische Hauptverwaltung und trat als Koordinator in der politischen Arbeit unter den Kriegsgefangenen nicht mehr in Erscheinung. Seine Rolle übernahm der ehemalige Generalsekretär der Komintern Dimitrov, der in seiner Eigenschaft als Leiter der neuen ZK-Abteilung zugleich oberster Vorgesetzter des Instituts 99 wurde. Ohnehin war durch das „Büro Dimitrov" auch nach Auflösung der Komintern das Anleitungsverhältnis zu den exilkommunistischen Parteien immer aufrechterhalten worden[3]. Aber erst mit den institutionellen Änderungen des Sommers 1944 begannen die Mitarbeiter des Instituts 99, sich konkret mit den kommenden Aufgaben sowjetischer Besatzungspolitik in Deutschland zu beschäftigen.

1. Parteischulungen

Die Vorbereitungen auf die durch den bevorstehenden Einmarsch der Roten Armee nach Deutschland zu erwartenden Besatzungsaufgaben begannen im Juli 1944. Zu der turnusgemäßen Zivilsektorsitzung am 10. Juli 1944 kamen die maßgeblichen Vertreter der 7. Verwaltung (Burcev, Braginskij) und der operativen Abteilung des UPVI (Švec) hinzu. Auf dieser Sitzung wurde über organisatorische Schritte gesprochen, obwohl die politischen Beschlüsse, auf deren Grundlage das Institut 99

---

[1] Siehe die entsprechenden Dokumente, in: SSSR i germanskij vopros, tom I, S. 489 ff.
[2] Vsevolodov, Vzaimodejstvie politorganov, Anlage Nr. 3; vgl. Burzew, Einsichten, S. 236.
[3] Adibekov, Kominform, S. 14; SSSR – Polša, S. 7; Foitzik, Zur Anleitung der kommunistischen Parteien, S. 509 ff.; vgl. den Bestand „Büro Dimitrov" im RGASPI fond 495 opisi 73–77, Kratkij putevoditel', S. 82.

hätte aktiv werden können, noch fehlten. Gerö wurde daher beauftragt, politische Instruktionen einzuholen, „um nächste Sitzung konkrete Maßnahmen zu beschließen"[4]. Bereits am 10. Juli wurde eine Kommission (Kozlov, Braginskij und Ackermann) zur Aktualisierung der Schulungsprogramme an den Antifa-Schulen eingesetzt. Vermutlich sollte die Ausbildung an den Schulen besser auf die zu erwartenden Bedürfnisse der Roten Armee bei der Bewältigung von Besatzungsaufgaben in Deutschland abgestimmt werden, denn es wurde noch eine zweite Kommission gebildet (Ulbricht, Försterling, Bredel, Köppe, Wolf, Noffke), die eine Auswahl von 200 Absolventen der Antifa-Schulen „für die bevorstehenden Aufgaben" treffen sollte[5].

Über die Beratungen im Institut 99 gibt auch der Brief Wilhelm Piecks an Dimitrov vom 13. Juli 1944 Aufschluß. Pieck schlug darin vor, daß noch vor dem Einmarsch der Roten Armee ausgewählte Kriegsgefangene in den Kreisstädten („Hauptstadt des Bezirks") den Aufbau von Untergrundorganisationen in die Wege leiten („Schaffung von Vertrauensleuten"), Sabotageakte durchführen („Verhinderung der Kriegsproduktion") und allgemein Parolen für den Sturz Hitlers verbreiten sollten. In Übereinstimmung mit den Beschlüssen des Instituts 99, Auswahl und Zusammenstellung der Antifa-Kader „bezirksweise" vorzunehmen, machte Pieck konkrete quantitative und qualitative Vorgaben. Allgemein solle auf die Rekrutierung von Spezialisten („Wirtschaftler, Lehrer und dergleichen") geachtet werden. Als „Kader für politisch besonders verantwortliche Aufgaben nach der Besetzung" seien je 25 Kriegsgefangene als Zeitungs- bzw. Radioredakteure und 30 Kriegsgefangene als Schulungsleiter sowie Mitarbeiter zur Einrichtung eines zentralen Pressedienstes auszubilden. Für den Einsatz in staatlichen Verwaltungen und Massenorganisationen – Pieck nannte Gewerkschaften, Bauernbund und Jugendorganisationen – seien Antifa-Schüler zu verwenden, „die mit dem betreffenden Bezirk verbunden sind, die politisch zuverlässig sind, die Spezialkenntnisse haben. Wir schlagen vor, daß zu diesem Zweck je nach der Größe des Bezirks im Durchschnitt 200 Mann je Bezirk ausgewählt werden."[6] Als weiteren Punkt sprach Pieck die „Vorbereitung der ideologischen Umerziehung des deutschen Volkes" und die Zusammenstellung von Informations- und Aufklärungsmaterial für diese Zwecke an. Mit der Ausarbeitung von Materialien sei bereits begonnen worden, womit Pieck einerseits die Ergebnisse der Arbeitskommission der KPD, andererseits die Aktivitäten des Instituts 99 in der sogenannten Broschürenkommission gemeint haben könnte[7].

Pieck stützte sich in seinem Brief auf Beschlüsse des Instituts 99, ohne dies explizit zu erwähnen. Seine detaillierten Vorschläge gingen unmittelbar auf die Ergebnisse der Zivilsektorsitzung des Instituts 99 vom 10. Juli zurück, wurden aber als zu beratende „Probleme" dargestellt, mit denen sich die KPD an das ZK der VKP (b) wandte. Es ist nicht ausgeschlossen, daß die KPD auf diese Weise versuchte, nicht nur im Institut 99, sondern auch im OMI an den Absprachen beteiligt zu werden.

---

[4] Beschlußprotokoll des Instituts 99 vom 10. 7. 1944, RGASPI 495/77/46, Bl. 4, erster Tagesordnungspunkt „politische und propagandistische Aufgaben der nächsten Zukunft".
[5] Ebenda, zweiter Tagesordnungspunkt: „Frage der Beschaffung und Verwendung von Kadern für die bevorstehenden Aufgaben".
[6] Pieck an Dimitrov am 13. 7. 1944, in: „Gruppe Ulbricht", S. 110f.
[7] Ebenda, S. 111; zur Broschürenkommission siehe unten S. 150f.

Wahrscheinlicher ist es jedoch, daß in alter Kominterntradition die KPD als scheinbar eigenständig agierende Partei auftreten sollte, während die Entscheidungen im ZK der VKP (b) fielen und mit dessen Apparat, dem Institut 99, umgesetzt wurden. Nicht ohne Grund hatte Pieck über den fehlenden Einfluß der KPD auf Kaderentscheidungen geklagt: „Seit Bestehen des Nationalkomitees werden alle Kaderfragen der Kriegsgefangenenschulen ausschließlich von Genossen der NKWD erledigt. Wir haben bisher weder Kenntnis über die Charakteristiken, noch konnten wir an der Arbeit teilnehmen, und auch die Schulungsprogramme der letzten zwei Schulen *[Antifa-Kurse]* wurden ohne unsere Kenntnis ausgearbeitet."[8] Es bleibt kein Zweifel daran, daß OMI und Institut 99 die organisatorisch entscheidenden Instanzen waren und es auch im weiteren blieben.

Die Vorschläge des Instituts 99 respektive Piecks blieben einige Wochen liegen, da durch das Attentat auf Hitler vom 20. Juli und den Beitritt von Generalfeldmarschall Paulus die Propaganda des NKFD stark im Vordergrund stand. Aber am 7. August kam der Zivilsektor im Institut 99 auf seine Vorschläge zurück und drängte auf eine Klärung: „Es wird beschlossen, die Genossen Pieck und Gerö zu beauftragen, sich mit den zuständigen Organen in Verbindung zu setzen, um durch diese eine Unterstützung bei der Realisierung der in Angriff zu nehmenden Arbeit zu erwirken."[9] Am Tag darauf erinnerte Pieck Dimitrov an seine Vorschläge vom 13. Juli: „Ich äußerte schon vor einiger Zeit in einem Briefe den Wunsch, daß Du mich, Ulbricht und Ackermann zu einer Besprechung über die Kaderfragen für Deutschland einladen solltest."[10] Am 9. August wurden die Vertreter der KPD (Pieck, Ulbricht, Ackermann) zu Dimitrov in das OMI gebeten. Im Mittelpunkt der Gespräche standen – wie Pieck notierte – „Kaderfragen für das Land". Es wurde die Frage der in der Emigration verstreuten und in Deutschland befindlichen KPD-Mitglieder erörtert („Wo sind die kommunistischen Kader?"). In diesem Zusammenhang wurde das Problem der Exil-KPD angesprochen, daß sie zu den Parteimitglieder in Deutschland keine Verbindung hatte: „... im Lande = 8000 – 10000, die ohne Verbindung und verwendungsfähig in Gebieten". Ähnliche Schwierigkeiten galten für die im sowjetischen Exil lebenden KPD-Mitglieder. Sie waren weit über die Republiken der Sowjetunion verstreut[11], so daß sie für einen zentral von Moskau aus gesteuerten Einsatz als Parteikader, dem ohnehin eine Prüfung vorausgehen mußte, nicht unmittelbar zur Verfügung standen („Kaderfrage, herholen von Gebieten zur Prüfung, ob geeignet"). Als ersten, organisatorisch machbaren Schritt trug Dimitrov der KPD daher auf, eine Liste „von Genossen, die sehr bald ins Land *[Deutschland]* geschickt werden, nach Gebieten und Funktionen" aufzustellen[12]. Diese von der KPD in den folgenden Wochen erstellte Auflistung wurde dann allerdings erst am 28. November 1944 im OMI beraten[13]. Einziger unmittelbarer Kader-

---

[8] Pieck an Dimitrov am 13. 7. 1944, in: „Gruppe Ulbricht", S. 110.
[9] Beschlußprotokoll des Instituts 99 vom 7. 8. 1944, RGASPI 495/77/46, Bl. 10.
[10] Pieck an Dimitrov am 8. 8. 1944, in: „Gruppe Ulbricht", S. 125.
[11] Zu dem wechselhaften Schicksal deutscher Emigranten in der Sowjetunion siehe Tischler, Flucht in die Verfolgung, insbes. S. 150 ff. und 176 ff.
[12] „Kaderfragen für das Land, Bericht Ulbricht, Briefe vom 12. 7. + 8. 8.", Notizen Piecks vom 9. 8. 1944, in: „Gruppe Ulbricht", S. 118. Pieck meinte ganz offensichtlich den Brief vom 13. 7. 1944, vgl. ebenda, Anm. 2.
[13] „Vorschläge zur Vorbereitung leitender Kader" und handschriftlicher Vermerk am unteren

einsatz nach der Besprechung im OMI am 9. August war die Einschleusung von fünf Kommunisten nach Deutschland, die im Institut 100 auf derartige Einsätze vorbereitet worden waren. Sie sollten Kontakt mit im Untergrund befindlichen Parteifunktionären aufnehmen. Die Einsätze scheiterten jedoch und blieben somit für die weitere Planung des OMI ohne Auswirkung[14].

Im Mittelpunkt der deutschlandpolitischen Planungen des OMI stand im Herbst 1944 die Rekrutierung neuer Kader unter Einbeziehung von Kriegsgefangenen. Allerdings sollte nicht – wie vom Institut 99 vorgeschlagen – die Ausbildung für den Einsatz in Deutschland in die Antifa-Schulung integriert werden. Dimitrov ordnete statt dessen an, kommunistische Emigranten zusammen mit vertrauenswürdigen Kriegsgefangenen in separat durchgeführten Parteischulungen vorzubereiten. Als „Ausführung der Beschlüsse vom 9. 8. 1944" notierte sich Pieck: „Aufstellung einer Liste von Genossen, die für die Parteischule (bei Moskau) in Frage kommen. Vorbereitung für das Land. Zusammen mit kriegsgefangenen Kommunisten aus verschiedenen sozialen Schichten und Berufen. Lehrplan ausarbeiten – Abendkurse in Moskau – Lehrer auswählen – Lehrprogramm."[15] Damit reaktivierte das OMI die mit Auflösung der Komintern eingestellte Schulung ausländischer Parteifunktionäre auf sowjetischem Boden. Vom Frühjahr 1941 bis Juni 1943 waren teils militärisch (in Puškino), teils als Parteischulung (in Kušnarenkovo) ausländische Kommunisten entsprechend ausgebildet worden, um in ihren Heimatländern den Untergrundkampf gegen die faschistischen Regime fortzuführen[16]. Die deutschen Kommunisten waren aber nur zu einem sehr geringen Teil eingesetzt worden. Viele von ihnen wurden nach Auflösung der Komintern vom Institut 100 übernommen und überwiegend erst 1944 mit dem Fallschirm auf deutschem Reichsgebiet abgesetzt. Einige der Kominternschüler, wie Heinz Hoffmann und Gottlieb Grünberg, wurden Politinstrukteure in Kriegsgefangenenlagern oder Lehrer an Antifa-Schulen. Erst mit der Entscheidung des OMI vom 9. August 1944 wurden diese Kominternkader wieder für den Einsatz in Deutschland eingeplant. Im Unterschied zur Kominternschulung wurden nun auch kommunistisch eingestellte Kriegsgefangene („kriegsgefangene Kommunisten") einbezogen[17].

Die Parteischulung deutscher Kommunisten und Kriegsgefangener begann am 20. September 1944 in Schodna, ca. 20 Kilometer nordwestlich von Moskau unter der Tarnbezeichnung „Schule Nr. 12". Wilhelm Pieck nannte sie auch „Schule für

---

Blattrand der letzten Seite „Die Angelegenheit wird auf der Sitzung bei Genosse Dimitrov am 28. 11. 44 besprochen", RGASPI 495/74/161, Bl. 146–148.
[14] Ferdinand Greiner, Artur Hoffmann, Joseph Gieffer, Josef Kiefel und Rudolf Gyptner wurden am 23. 8. 1944 mit dem Fallschirm in der Nähe von Lublin abgesetzt. Gyptner und Gieffer fielen bei dem erfolglosen Unternehmen; Hoffmann, Als Partisan des Nationalkomitees, S. 360 ff.; Otten, Memento einer Nacht, S. 365 ff.; vgl. Anm. 15 und 16 in: „Gruppe Ulbricht", S. 124.
[15] Notizen Piecks „Ausführung der Beschlüsse vom 9. 8. 1944", in: „Gruppe Ulbricht", S. 121.
[16] Vgl. Leonhard, Revolution, S. 186 ff.; allgemein siehe Herlemann, Der deutschsprachige Bereich der Kaderschulen der Kommunistischen Internationale, S. 205 ff.; Morré, Die Parteischulung der KPD in der Sowjetunion.
[17] Die KPD hatte das bereits nach den ersten Erfolgen der Antifa-Schulung vorgeschlagen, das war aber von Dimitrov abgelehnt worden; siehe oben, S 125.

das Land"[18]. Den Organisationsplan hatte die KPD nach den Anweisungen Dimitrovs entworfen: In einem sechswöchigen Kurs sollten 40 bis 50 Funktionäre geschult werden. Zuerst sollten die in Moskau und Umgebung befindlichen, dann die in den sowjetischen Republiken lebenden KPD-Mitglieder und Kriegsgefangenen die Schule besuchen. Als Lehrer waren Hermann Matern (zugleich sogenannter Sektorleiter), Willi Kropp und Gottfried Grünberg vorgesehen. Tatsächlich übernahmen diese Funktionen – für den ersten Kurs – Kropp und Fred Oelßner[19]. Der Beschluß zur Errichtung der Schule Nr. 12 legte die organisatorischen Formen dann so fest, daß eine vollständige Kontrolle durch das OMI gewährleistet war. Zum Schulleiter wurde der OMI-Funktionär Konstantin Vilkov ernannt[20]. Die Ausstattung der Schule oblag ebenfalls dem OMI (Baranov) und die Finanzierung erfolgte durch die Geschäftsabteilung des ZK der VKP (b) (Sucharev). Die Schulungsdauer wurde, wie von der KPD vorgeschlagen, auf sechs Wochen, beginnend am 20. September 1944, festgesetzt. Die Zahl der Schüler aber wurde auf 35 Personen pro Lehrgang begrenzt. Schulungsziel war die Ausbildung von „Parteikadern der mittleren Führungsschicht der KP Deutschlands". Verantwortlich für die Auswahl der Schüler und der Lehrer sowie die Gestaltung des Programms war das Institut 99 (Kozlov)[21].

Die Auswahl der Parteischüler begann am 7. September unter der Leitung Kozlovs zusammen mit dem Schulleiter Vilkov, einem Mitarbeiter der Kaderabteilung des OMI (Mirov) und zwei Vertretern der KPD (Ulbricht, Försterling). Zuerst wurden die Mitglieder der KPD ausgewählt. Am 20. September folgte die Nominierung der Kriegsgefangenen[22]. Diese waren in der Regel Absolventen der Antifa-Schule oder hatten sich in den Lager-Aktivs hervorgetan. Sie waren zumeist Mitglieder der KPD bzw. des KJVD. Allerdings wichen in den ersten beiden Kursen Nominierung und tatsächliche Aufnahme in die Parteischule erheblich voneinander ab. Viele der nominierten Schüler nahmen erst am zweiten oder gar dritten Kurs teil. Insbesondere bei den Emigranten bestand das Hauptproblem darin, sie aus den fern ab von Moskau gelegenen Landesteilen herbeizuholen, wobei sich – worauf noch einzugehen sein wird – das Institut 99 als nicht sonderlich kooperativ gegenüber der KPD zeigte. In allen Kursen der Parteischule wurden immer mehr Kriegsgefangene als Zivilisten geschult[23].

Das Schulungsprogramm ging auf einen Entwurf der KPD zurück. Es baute auf den Vorkenntnissen aus den Antifa-Schulen auf und verstand sich als deren Anpas-

---

[18] Vgl. Tischler, Flucht in die Verfolgung, S. 217ff.; Hoffmann, Moskau Berlin, S. 111 ff.; Grünberg, Kumpel, Kämpfer, Kommunist, S. 207; Dengler, Zwei Leben in einem, S. 133f.

[19] „Entwurf eines Organisationsplanes der Parteischule" als Anlage zu dem Brief Piecks an Dimitrov am 15. 8. 1944, RGASPI 495/74/161, Bl. 12–13 (= SAPMO-BArch NY 4036/544, Bl. 47 und NY 4036/530, Bl. 2); vgl. Protokoll der Aufnahmekommission der Schule Nr. 12 vom 7. 9. 1944, ebenda, Bl. 52.

[20] Vilkov war seit Herbst 1939 stellvertretender Leiter der Kaderabteilung der Komintern und gehörte auch nach Auflösung der Komintern zum engsten Mitarbeiterstab Dimitrovs; Huber, Stalins Schatten in die Schweiz, S. 458.

[21] Beschlußvorlage für das OMI als Anlage zum Brief Vilkovs an Mirov (Sekretariat des OMI) vom 8. 9. 1944, RGASPI 495/74/161, Bl. 43–44.

[22] „Protokoll Nr. 1" vom 7. 9. 1944 und „Protokoll Nr. 2" vom 20. 9. 1944, RGASPI 495/74/161, Bl. 52–53 RS und Bl. 69–72.

[23] Siehe Anlage Nr. 2.

sung an die aktuellen Gegebenheiten[24]. Zu einem großen Teil war es jedoch eine Wiederholung dessen, was auch auf den Antifa-Schulen vermittelt wurde. In fünf ungefähr gleich großen Themenblöcken von 40–45 Unterrichtsstunden wurde eine Einführung in den Marxismus-Leninismus, eine Auseinandersetzung mit dem Nationalsozialismus („Widerlegung der faschistischen Theorie"), die Geschichte der Arbeiterbewegung bis 1933, die Geschichte der Arbeiterbewegung nach 1933 sowie die Geschichte der Sowjetunion vermittelt. Lediglich der sechste Unterrichtsblock – mit 79 Stunden doppelt so umfangreich wie die vorhergehenden Themeneinheiten – ging über das Antifa-Programm hinaus. Hier wurde konkret das Vorgehen in Deutschland nach dem Krieg dargelegt. Dieser Teil des Programms stützte sich auf die Ausarbeitungen der KPD-Arbeitskommission, deren Referenten über die Entnazifizierung (Johannes R. Becher), die Wirtschaft (Anton Ackermann), die Landwirtschaft (Edwin Hoernle), die Jugendorganisationen (Hans Mahle), die Gewerkschaften (Hermann Matern), die Genossenschaften (Otto Winzer) und das Vorgehen beim Aufbau der KPD (Wilhelm Pieck) sowie die Einbeziehung der Sozialdemokraten im Sinne der „Einheit der Arbeiterklasse" (Walter Ulbricht) sprachen[25].

Der sechswöchigen theoretischen Schulung in Schodna folgte eine praktische Ausbildung in der technischen Schule des Instituts 100[26]. Die dort vermittelte „Parteitechnik" sollte die Absolventen befähigen, Parteizellen im Untergrund aufzubauen und mit Hilfe einfacher Drucktechniken Flugblätter herzustellen. Außerdem gab es eine Einweisung in Waffenkunde[27]. In der Sprache der KPD diente die Zusatzausbildung als Vorbereitung auf den „illegalen Einsatz", d. h. für den Einsatz in dem noch nicht von der Roten Armee besetzten Gebiet des Deutschen Reiches. Analog zu den zukünftigen Einsatzgebieten wurden die Schüler auf Seminargruppen verteilt. Dafür waren die Gebiete Berlin, Hamburg, Rhein/Ruhr, Sachsen, Baden/Pfalz und Bayern vorgesehen. Da es sich um einen „illegalen Einsatz" handeln würde, bekamen die Schüler – ebenso wie seinerzeit an der Komintern-Schule – Decknamen[28].

---

[24] „Die grundsätzlichen Fragen des Marxismus-Leninismus wie Partei, Strategie und Taktik, Nationale Frage, Bauernfrage, Staat und andere sollen immer in Verbindung mit den entsprechenden aktuellen Themen behandelt werden.", „Themenplan für die Parteischule", RGASPI 495/74/161, Bl. 14.
[25] Themenplan der Schule Nr. 12, deutsche und russische Variante, beide ohne Datum, SAPMO-BArch NY 4036/530, Bl. 20–23 und RGASPI 495/74/161, Bl. 54–56; vgl. Abschlußbericht des 1. Kurses (Vilkov) vom 29. 1. 1945, RGASPI 17/128/837, Bl. 37–38; zu den Referaten in der Arbeitskommission der KPD siehe „Nach Hitler kommen wir", S. 161 ff.
[26] Vilkov an Dimitrov am 27. 10. 1944, RGASPI 495/74/157, Bl. 213; vgl. Pieck an Dimitrov am 18. 11. 1944, RGASPI 495/74/162, Bl. 83 (= SAPMO-BArch NY 4036/544, Bl. 83).
[27] Themenplan für die Schule Nr. 12, SAPMO-BArch NY 4036/530, Bl. 20–23; russische Variante mit leicht abweichenden Stundenzahlen, RGASPI 495/74/161, Bl. 54–56; vgl. Vorlage vom 15. 8. 1944, ebenda Bl. 14–17 (= SAPMO-BArch NY 4036/530, Bl. 4–7); vgl. Vilkovs Abschlußbericht über den 1. Kurs vom 29. 1. 1945, RGASPI 17/128/837, Bl. 33–36.
[28] Aufstellung Vilkovs vom 23. 10. 1944, RGVA/K 88/2/2, Bl. 235. Pieck notierte sich die regionale Aufteilung ein wenig anders, vor allem ging er – wofür es in den russischen Dokumenten keinen Beleg gibt – auch von einer schlesischen Gruppe aus. Nach dem Pieck-Notat waren es die Gebiete Berlin, Wasserkante, Sachsen, Schlesien, Rheinland-Westfalen und Bayern/Baden/Hessen, SAPMO-BArch NY 4036/530, Bl. 18.

1. Parteischulungen

Der erste Kurs an der Schule Nr. 12 endete am 15. November 1944. Pieck kümmerte sich um den Einsatz der Absolventen. Bereits am 1. November schickte er an Dimitrov eine Liste mit Namen und Einsatzgebieten der Parteikader. Außerdem bemühte er sich um die Beschaffung von deutschen Formularen und Stempeln, um Falschpapiere anfertigen zu können, mit denen die Absolventen nach Deutschland eingeschleust werden könnten[29]. Das OMI jedoch vertagte die Entscheidung über den Einsatz auf den 28. November[30]. Ebenso wurde die Entscheidung über den Beginn des zweiten Kurses auf diesen Termin verschoben[31]. Damit wurde die Parteischulung bereits nach dem ersten Kurs bis zur weiteren Klärung durch das OMI ausgesetzt. Dies stand offenbar in Zusammenhang mit den alliierten Beratungen in der European Advisory Commission, die am 11. November 1944 mit einer Einigung über die Kapitulationsbedingungen für das Deutsche Reich, die Besatzungszonen und die alliierte Kontrolle in Deutschland zu einem Abschluß kamen. Über den mit diesen Vereinbarungen erreichten Status quo wurde dann erst wieder auf der alliierten Konferenz von Jalta im Februar 1945 verhandelt[32]. Außenpolitisch wurde die sowjetische Deutschlandplanung Mitte November „faktisch eingestellt"[33]. Dem OMI ging es nun darum, angepaßt an die durch die EAC gesetzten Rahmenbedingungen die deutschlandpolitischen Vorstellungen der Sowjetunion zu konkretisieren.

Mitte November forderte das OMI die Ergebnisse der Programmkommission der KPD ein, die parallel zu den sowjetischen Verhandlungen in der EAC seit dem Frühjahr 1944 getagt hatte. Das Abschlußpapier war unter dem Titel „Programm des Blockes der kämpferischen Demokratie" im Laufe des Oktobers 1944 zusammengefaßt worden, wurde aber in Reaktion auf die alliierten Absprachen in der EAC überarbeitet. Die vierte, endgültige Fassung wurde am 28. November im OMI diskutiert[34]. Inhaltlich unterschieden sich die Entwürfe von der Endfassung vor allem dadurch, daß diese noch von einem „Sofortprogramm unter den Bedingungen der militärischen Besetzung" ausgegangen waren, in der Schlußfassung dagegen nur noch allgemein gehaltene „Forderungen des Blockes der kämpferischen Demokratie für einzelne Gebiete des öffentlichen Lebens" aufgestellt wurden[35]. Das Programm hatte einen vollkommen anderen Charakter bekommen. Ursprünglich war es, einer Notiz Anton Ackermanns aus dem Jahre 1964 zufolge, gedacht gewesen „als Aktionsprogramm überparteilicher Art für alle Besatzungszonen in Deutsch-

---

[29] Pieck an Dimitrov am 1. 11. 1944, RGASPI 495/74/154, Bl. 117; Liste mit Namen und Einsatzgebieten, ebenda Akte 161, Bl. 158–159, vgl. Liste der Absolventen des ersten Kurses, SAPMO-BArch NY 4036/530, Bl. 107.
[30] Auf der von Pieck eingereichten Liste machte die Kanzlei des OMI den handschriftlichen Vermerk „die Frage wird auf der Sitzung bei Genosse Dimitrov am 28.11.44 entschieden", RGASPI 495/74/161, Bl. 159.
[31] Aufstellung über Lehrer und Schüler für den 2. Kurs an der Schule Nr. 12, RGASPI 495/74/161, Bl. 150–151.
[32] Kowalski, Die „European Advisory Commission", S. 279 ff.
[33] Einleitung von Laufer/Kynin, in: SSSR i germanskij vopros, tom I, S. 39.
[34] Rekonstruktion der Chronologie in „Nach Hitler kommen wir", S. 93 ff.; siehe auch Morré, Kommunistische Emigranten, S. 289 ff.
[35] „Aktionsprogramm des Blockes der kämpferischen Demokratie", in: „Nach Hitler kommen wir", S. 292; vgl. die vorherigen Versionen, ebenda, S. 241 f., 244 f. und 266 ff.

land"³⁶; nun war es die Einstimmung auf ein alliiertes Besatzungsregime. Diese veränderte Herangehensweise der KPD an die Nachkriegsplanung war schon in den Wochen zuvor angeklungen, als Pieck vor den Schülern der Schule Nr. 12 erläuterte: „Dabei müssen wir natürlich berücksichtigen, daß Deutschland militärisch besetzt sein wird, daß also vorläufig von der Wahl eines Parlaments und der Bildung einer Regierung keine Rede sein wird, ja sogar ein einheitliches inneres Regime nicht geschaffen wird. Trotzdem muß das Aktionsprogramm doch die politischen Grundgedanken enthalten, die der Block der kämpferischen Demokratie vertritt und für die er kämpft. Es handelt sich also weniger um Forderungen als um Erklärungen, was das deutsche Volk an die Stelle des Hitlerismus setzen will, was das neue Deutschland sein soll."³⁷

Was als konkrete Vorbereitung im Laufe des Jahres 1944 begonnen worden war, wurde gegen Jahresende erheblich eingeschränkt. Nicht nur das Programm der KPD wurde in der Verbindlichkeit seiner Aussagen relativiert, auch die Auswahl und Schulung von Kadern ging nicht weiter voran. Nach Abschluß des ersten Kurses wartete die Leitung der Schule Nr. 12 auf weitere Instruktionen. Pieck drängte Dimitrov zu einem Besprechungstermin. In seinem Brief vom 25. November 1944 präsentierte er ein ganzes Bündel anstehender Entscheidungen: (1) die Frage der Herausgabe „konkreter Kampfaufgaben", (2) die Frage nach dem Einsatz der Absolventen der Parteischule und (3) die Fortsetzung der Parteischulung. Als weiteren ungeklärten Punkt warf Pieck (4) die Frage nach dem Einsatz der KPD-Mitglieder und ausgewählter Kriegsgefangener unter einem sowjetischen Besatzungsregime auf. D. h. im Unterschied zu dem geplanten „illegalen" Einsatz der in der „Schule Nr. 12" bereits ausgebildeten Kader sollte auch die Kaderauswahl für einen Einsatz unter „legalen Bedingungen" getroffen werden. Piecks vorgebrachte Fragen sollten am 28. November im OMI beantwortet werden³⁸.

Über die Besprechung am 28. November 1944 liegen leider keine Dokumente, auch keine Aufzeichnungen Piecks vor. Lediglich das von Dimitrov oder der Kanzlei des OMI bearbeitete Schreiben Piecks vom 25. November, in dem er die Tagesordnung für die Sitzung vorschlug, gibt einen Hinweis auf die Haltung des OMI. Gestrichen waren die Tagesordnungspunkte über die Veröffentlichung von „Kampfaufgaben", den Einsatz der Parteischüler und den zweiten Kurs der Schule Nr. 12. Und tatsächlich wurde das deutschlandpolitische Programm der KPD nicht veröffentlicht, die Parteischüler des ersten Kurses nicht eingesetzt und die Arbeit der Schule Nr. 12 unterbrochen. Dagegen waren die Punkte auf der Tagesordnung nicht gestrichen worden, die sich auf den Kadereinsatz in Deutschland unter alliierter Besatzung bezogen. Diese waren: „Vorbereitung des Einsatzes kommunistischer Kader für die Aufgaben im Lande unter legalen Bedingungen", „Auswahl von entwicklungsfähigen kommunistischen und antifaschistischen Kadern in den Kriegsgefangenenlagern zur Vorbereitung für Aufgaben in Deutschland unter legalen Bedingungen" und „Durchführung des beschlossenen Literaturplanes"³⁹. Damit rückte

---

³⁶ Ebenda, S. 290, Anm. 166.
³⁷ Piecks Rededisposition zum Aktionsprogramm der KPD, vorgetragen am 18. 10. 1944 in der Schule Nr. 12, ebenda, S. 263.
³⁸ Pieck an Dimitrov am 25. 11. 1944, RGASPI 495/74/161, Bl. 149; ebenda handschriftlicher Kanzleivermerk, daß die Entscheidung auf den 28. 11. 1944 vertagt werde.
³⁹ Ebenda.

1. Parteischulungen

die Vorbereitung der Besatzungsverwaltung in der zukünftigen sowjetischen Besatzungszone in Deutschland in das Zentrum der weiteren Tätigkeit des Instituts 99.
Die Vorbereitung auf eine „legale" Tätigkeit kommunistischer Kader unter alliierter Besatzung war mit der sogenannten Abendschule geplant worden. Diese sollte parallel zu der Schule Nr. 12 die in Moskauer Einrichtungen des ZK der VKP (b) – hauptsächlich in den „Instituten" des OMI – arbeitenden KPD-Mitglieder entsprechend ausbilden. Damit war vom OMI eine zweigleisige Strategie gewählt worden. Am 5. Oktober, der erste Kurs in Schodna war gerade angelaufen, hatte Pieck Themenplan und Teilnehmerliste für die „Abendschule" in den Räumen des Instituts 99 an Dimitrov geschickt. Geplant war, mit den Moskauer Spitzenfunktionären der KPD in wöchentlichen Vorträgen das gleiche Programm wie in der Schule Nr. 12 in geraffter Form durchzuarbeiten[40]. Aber die Abendschule begann erst nach der Entscheidung des OMI vom 28. November. Nun erst, in der Zeit vom 10. Dezember 1944 bis zum 4. März 1945, wurde die Vorbereitung „legaler Kader" begonnen. Die ursprünglich ausgewählte Gruppe von KPD-Mitgliedern – im Oktober waren 73 nominiert worden – wurde geteilt und geringfügig erweitert. An den Abendvorträgen im Institut 99 nahmen 52 „einfache Mitglieder" teil. Parallel dazu kam der „engere Zirkel" von 34 Personen im Hotel Lux, dem Wohnheim der Emigranten, zusammen. Dieser Zirkel bestand überwiegend aus den ehemaligen Kominternfunktionären der KPD, die nun in den Instituten 99 und 205 arbeiteten[41]. Verteilt auf elf Vortragsabende und drei Seminare zur Vertiefung des Stoffes behandelte das Programm die Geschichte des Imperialismus und des Faschismus, die Geschichte der Sowjetunion und der KPdSU, die Politik der KPD seit der Weimarer Republik. Und es ging auf die kommende Agrar-, Gewerkschafts- und Parteipolitik im Sinne des Blockes der kämpferischen Demokratie („Aufgaben der Kommunisten") ein[42].

Die Aufteilung der Parteischüler auf die „Schule Nr. 12", die Abendschule im Institut 99 und den „engeren Zirkel" im Hotel Lux korrelierte mit der Kaderaufstellung der KPD, die dem OMI am 28. November 1944 als „Vorschläge zur Vorbereitung leitender Kader" präsentiert worden waren[43]. Darin wurden namentlich 257 Politemigranten für die Besetzung von Ämtern im Staats- und Parteiapparat vorgeschlagen. Quantitativ stand der Aufbau des Parteiapparates im Vordergrund. Es wurden 37 Funktionäre für den zentralen Parteiapparat, 59 für die Beset-

---

[40] Pieck an Dimitrov am 5. 10. 1944, RGASPI 495/74/161, Bl. 113; ebenda Bl. 114: „Liste der Kursusteilnehmer im Haus Obucha Nr. 6 *[Institut 99]*; ebenda Bl. 144–146: „Themenplan für den Abendkursus".

[41] Teilnehmerliste mit 73 Namen vom 5. 10. 1944, RGASPI 495/74/161, Bl. 114; „Liste der Kursus-Teilnehmer (Abendkurs)" mit 50 Namen, SAPMO-BArch NY 4036/531, Bl. 7; Feststellung der Teilnahme von 52 Personen bei Abschluß der Abendschule am 4. 3. 1945, ebenda Bl. 26; Aufstellung über den „engeren Zirkel" vom 5. 12. 1944, SAPMO-BArch NY 4036/531, Bl. 8; die Teilnehmerliste für beide Zirkel ist wiedergegeben bei Tischler, Flucht in die Verfolgung, S. 221, Anm. 142; Tischler führt die Verzögerung der „Abendschule" auf Raumprobleme zurück.

[42] Vgl. „Themenplan für den Abendkursus" (Vorlage vom 5. 10. 1944), RGASPI 495/74/161, Bl. 144–145 (inhaltlich identisch mit dem Exemplar im SAPMO-BArch NY 4036/531, Bl. 2–3); vgl. Notizen Piecks über Eröffnung (10. 12. 1944) und Abschluß (4. 3. 1945) des Vorbereitungskurses, SAPMO-BArch NY 4036/531, Bl. 9–14 und Bl. 25–27.

[43] „Vorschläge zur Vorbereitung leitender Kader", RGASPI 495/74/161, Bl. 146–148.

zung der Bezirksleitungen, 100 „Genossen, die zur Verfügung des ZK stehen" und – ohne namentliche Nennung – „ca. 50 Genossen für untergeordnete Funktionen" benannt. Demgegenüber wurden lediglich 38 Emigranten für die Übernahme von Ämtern im Staatsapparat und 23 für den Einsatz in Massenorganisationen (Gewerkschaften, Jugend-, Bauern-, Schriftsteller- und Sportverbände, Genossenschaften und Volkshilfe) eingeplant. Diese sollten jedoch alle einflußreichen Regierungsressorts besetzen[44]. Die Aufstellung berücksichtigte ausschließlich kommunistische Emigranten[45] bzw. geschulte Kriegsgefangene, aber keine Parteimitglieder in Deutschland. Ganz offensichtlich berücksichtigte die Exilführung der KPD möglichst alle Spitzenpositionen im zukünftigen Partei- und Regierungsapparat mit zuvor in Moskau vorbereiteten Kadern zu besetzen. Im „engeren Zirkel" wurden die Funktionäre für den zentralen Parteiapparat, die zukünftigen Inhaber staatlicher Ämter dagegen im „Abendkurs" geschult. Die Absolventen der Schule Nr. 12 wurden vorwiegend für den Parteiapparat in den „Hauptgebieten" Nordwest- (Ruhrgebiet, Hamburg, Bremen), Südwest- (Frankfurt, Mannheim, Stuttgart, Nürnberg, München), Mittel- (Thüringen, Halle-Merseburg) und Ostdeutschland (Berlin, Sachsen, Magdeburg, Schlesien, Pommern-Mecklenburg) eingeplant[46]. Die Kaderplanung der KPD sah demzufolge vor, den regionalen Parteiapparat noch vor der alliierten Besetzung – unter „illegalen Bedingungen" – zu errichten, während die reichsweite Parteizentrale erst nach der Okkupation – unter „legalen Bedingungen" – gebildet werden sollte. Auf jeden Fall hatte der Aufbau der Partei absoluten Vorrang vor der Besetzung von Ämtern in der staatlichen Verwaltung[47]. Die Ende 1944 bereits abzusehende Aufteilung Deutschlands in Besatzungszonen, über die in der EAC beraten worden war, wurde in der Kaderaufstellung nicht berücksichtigt, sondern die Stellenbesetzungen reichsweit geplant.

Die im Dezember 1944 begonnenen Schulungen im Institut 99 galten ausschließlich der Vorbereitung auf die Besetzung von Partei- und Verwaltungsposten in Deutschland unter den Bedingungen alliierter Okkupation, d.h. unter „legalen Bedingungen". Die Abendschulung war nicht für einen konkreten Einsatz gedacht. Auf einen Zeitpunkt wollte und konnte sich das OMI nicht festlegen. So sprach Wilhelm Pieck in der Eröffnungssitzung der Abendschule lediglich von der „Möglichkeit, daß sich sehr schnell die Lage zu einer ernsten Krise des Naziregimes zuspitzt"[48]. Diese vorsichtige Formulierung wird die Konsequenz aus der Entscheidung des OMI vom 28. November gewesen sein. Die Vorbereitung auf einen „lega-

---

[44] Im Staatsapparat sollten die Ressorts „Arbeitsbeschaffung und Demobilmachung", „Wiedergutmachung", „Wirtschaft, Finanzen, Steuern", „Wohnungs- und Kommunalpolitik", „Schule und Erziehung", „Radio", „Film, Theater, Freizeitgestaltung", „Sozialfürsorge, Gesundheitswesen", „Eisenbahn, Verkehr und Post" und „Rechtswesen" mit kommunistischen Funktionären besetzt werden.

[45] Bis auf 36 Spitzenfunktionäre befanden sich alle im sowjetischen Exil.

[46] Das ergibt ein namentlicher Vergleich der hier vorgestellten Kaderaufstellung mit den Teilnehmern an den Schulungen, die im Anhang genannt werden.

[47] Vgl. Erler (Heerschau und Einsatzplanung, S. 60) zu den Kaderplanungen der KPD Anfang 1944: „Die Tatsache, daß die Moskauer Führung in ihrem Selbstverständnis bereits davon ausging, die KPD würde zukünftig eine staatstragende Partei sein, kommt nicht zum Ausdruck. Eine Orientierung auf den Einsatz in Bereichen von Staat, Verwaltung und Wirtschaft fehlt völlig."

[48] Notizen Piecks für die Eröffnungsrede am 10. 12. 1944, SAPMO-BArch NY 4036/531, Bl. 9.

len Einsatz" galt nun auch für die Schule Nr. 12. Parallel zu dem Abendkurs im Institut 99 wurde die Nominierung der Schüler für den zweiten Kurs, die bereits im September 1944 begonnen hatte[49], wieder aufgenommen.

Wegen der Auswahl des zweiten Kurses an der Schule Nr. 12 kam es zum heftigen Streit zwischen KPD und Institut 99. Auslöser war, daß die KPD die Kaderrekrutierung unter den Kriegsgefangenen kaum beeinflussen konnte. Zwar versuchte sie, über die Politinstrukteure in den Lagern aktiv auf die Auswahl einzuwirken[50], aber mehr als ein persönliches Gespräch mit dem Kandidaten im Lager konnte damit nicht erreicht werden. Für die sowjetischen Anforderungen an eine Kaderentscheidung reichte das nicht aus. Försterling, der Kaderleiter des KPD-Auslandsbüros, war auf das Entgegenkommen des Instituts 99 angewiesen, das über die Kaderunterlagen der Kriegsgefangenen verfügte. Aber Kozlov gewährte diesen Einblick nicht. Ebensowenig gelang es der KPD, die von ihr gewünschten Parteimitglieder zur Schulung heranzuziehen. Das Bestreben der KPD war es, zum Ausbau der eigenen Kaderbasis die weit verstreut in der Sowjetunion lebenden Emigranten, vor allem die „bewährten Genossen", die als Politinstrukteure in den Lagern oder als Lehrer in den Antifa-Schulen arbeiteten, zur Parteischulung nach Moskau zu holen. Das Institut 99 dagegen wählte bevorzugt ehemalige Kominternfunktionäre aus, die in den Moskauer Apparaten arbeiteten und – so Kozlov – bereits über die notwendige Organisationserfahrung verfügten. Försterling beschwerte sich bei Dimitrov: „Genosse Kozlov, der zukünftige Vorsitzende der Kommission für die Angelegenheiten der Schule Nr. 12, wird dieser Aufgabe nicht gerecht. Eine Reihe von Genossen, die von uns schon als Hörer für den ersten Kurs vorgeschlagen worden waren, wurde nicht angefordert, so daß der zivile Teil mit Mitarbeitern aus dem Moskauer Apparat ergänzt werden mußte. Auf meine nachdrückliche Aufforderung bereits vor einigen Wochen, sich ernsthaft mit der Freistellung der durch die Aufnahmekommission berufenen Hörer (zivile) des zweiten Kurses zu beschäftigen, die für das NKVD oder das GlavPURKKA arbeiten (Genossen Scheib, Abraham, Dohm, Welker-Börner), hat er es abgelehnt, irgendetwas zu unternehmen. Er berief sich darauf, daß dies eine Angelegenheit Guljaevs *[OMI]* sei und daß er viele andere Dinge zu erledigen und keine Zeit habe."[51]

Das Institut 99 umging bewußt das Problem, diejenigen kommunistischen Emigranten für die Parteischulung anzufordern, die als Politinstrukteure in den Kriegsgefangenenlagern arbeiteten. Denn da diese dort dringend für die politische Arbeit unter den Kriegsgefangenen gebraucht wurden, hätte ihre Abberufung den Protest des UPVI hervorgerufen. Diesem Konflikt ging Kozlov aus dem Weg, indem er sich auf die Kaderverwaltung des NKVD berief, auf die er keinen Einfluß nehmen könne. Bei der Auswahl der Kriegsgefangenen dagegen hielt er am Monopol des Instituts 99 fest. Auf die Anschuldigungen Försterlings entgegnete er, die KPD könne nicht an der Kaderentscheidung beteiligt werden, da sie die dafür notwendigen Unterlagen nicht kenne: „Den Grund für das Auftreten Försterlings mit unvorbereite-

---

[49] Vgl. Pieck an Dimitrov am 26. 9. 1944, SAPMO-BArch NY 4036/544, Bl. 53–54.
[50] Vgl. „Zur Charakteristik der Schüler aus Schule 12" an Kijatkin (Leiter der Antifa-Schule in Juža), ohne Datum, SAPMO-BArch NY 4091/87, Bl. 22. Wahrscheinlich wurden die Kriterien von Bernhard Koenen, dem deutschen Sektorleiter an der Antifa-Schule Juža, im Herbst 1944 formuliert.
[51] Försterling an Dimitrov am 6. 12. 1944, RGASPI 495/77/39, Bl. 42–44.

tem Material *[unvollständigen Kaderunterlagen]* sehe ich darin, daß er Material über die deutschen Kader erhalten und das Institut umgehen will, indem er uns lediglich die technische Seite (Überstellung der Kriegsgefangenen) überläßt, da er selbst mit dieser Aufgabe nicht fertig wird. Er wird diese Aufgabe auch nicht bewältigen können, da er keine Quellen hat, die ihn mit Material versorgen. Seine einzige Möglichkeit sind zufällige Gespräche mit den über Moskau reisenden deutschen Politinstrukteuren. Ich muß Sie *[Dimitrov]* darauf hinweisen, daß die systematische Befragung im Lux *[Wohnheim der KPD-Emigranten in Moskau]* von zufällig durchreisenden Politinstrukteuren über die Lage in den Lagern auf Widerstände der Lagerverwaltung des NKVD *[UPVI]* stößt."[52] Auf die Auswahl kriegsgefangener Parteischüler konnte das Institut 99 wesentlich stärker einwirken, da ihm die Registrierung „antifaschistischer Kriegsgefangener" oblag. Die Emigranten aber waren für die Kaderverwaltung des Instituts 99 nicht erreichbar.

Die Streitigkeiten zwischen KPD und Institut 99 spiegeln sich in der tatsächlichen Zusammensetzung der ersten beiden Kurse an der Schule Nr. 12 wider. Für den ersten Kurs waren insgesamt 36 Kriegsgefangene und 27 Emigranten vorgeschlagen worden, absolviert haben ihn lediglich 20 Kriegsgefangene und 11 Emigranten. Die meisten Nominierungen wurden für den zweiten Kurs wiederholt[53]. Der zweite Kurs begann am 9. Januar und dauerte bis zum 18. März 1945[54]. Im Grunde bestand er aus denjenigen, die bereits für den ersten Kurs vorgeschlagen, aber nicht aufgenommen worden waren. Wie beim ersten Durchgang wurde auch dieser Kurs auf einen reichsweiten Einsatz vorbereitet: Die „1. Gruppe" mit den Einsatzgebieten Berlin/Brandenburg, Schlesien, Ostpreußen, Hamburg und Sachsen und die „2. Gruppe" in Thüringen, Süd- und Westdeutschland[55]. Das waren die „Hauptgebiete", die die KPD für den Aufbau des Parteiapparates vorgesehen hatte. Allerdings hatten sich die Rahmenbedingungen geändert. So lange es keine konkreten alliierten Absprachen über das Besatzungsregime gab, blieb der Zeitpunkt des Einsatzes der geschulten Kader offen. Die Absolventen des ersten Kurses befanden sich nach wie vor in Nagornoe, wo sie ungeduldig warteten[56].

Das OMI stoppte die Vorbereitung auf den „illegalen" Kadereinsatz in Deutschland. Es wurde nur noch auf die Übernahme von Verwaltungsposten und Parteifunktionen in Deutschland unter regulären („legalen") Bedingungen einer alliierten Besetzung vorbereitet. Bis Anfang Februar 1945 wurde das gesamte Reichsgebiet in die Kaderplanungen einbezogen. Damit waren keine weitergehenden Okkupationspläne intendiert, sondern diese Planung war vermutlich auf die Annahme zurückzuführen, die Rote Armee werde wesentlich weiter nach Westen vorstoßen, als sie das dann tatsächlich tat. Alle Maßnahmen hinsichtlich einer zukünftigen Besatzungsverwaltung wurden vom OMI eher zögerlich ergriffen. Es wurden nicht, wie von der KPD gewünscht, „konkrete Kampfaufgaben" oder ein „Sofortprogramm" verabschiedet. Die planerischen Vorbereitungen, die in Form des „Aktionsprogrammes

---

[52] Kozlov an Dimitrov am 10. 12. 1944, RGASPI 495/77/39, Bl. 39–41.
[53] Siehe Anlage Nr. 2.
[54] „Bericht über den deutschen Parteikursus", SAPMO-BArch NY 4036/500, Bl. 121.
[55] Aufstellung von Försterling vom 8. 1. 1945, SAPMO-BArch NY 4036/530, Bl. 90–92. Die beiden Gruppen beziehen sich auf die Seminargruppen an der Schule Nr. 12, eine dritte (Thüringen, Sachsen, Schlesien) war geplant.
[56] Vgl. Pieck an Dimitrov am 14. 12. 1944, RGASPI 495/77/162, Bl. 92.

des Blocks der kämpferischen Demokratie" komplett vorlagen, wurden zurückgestellt[57]. Statt dessen griff das OMI auf die durch das Nationalkomitee vorhandenen Ansätze sowjetischer Deutschlandpolitik zurück.

2. Kommissionen des Nationalkomitees

Einen Tag nachdem der „illegale" Kadereinsatz aufgeschoben worden war, wurde am 29. November im OMI über die weitere Arbeit im Nationalkomitee beraten. Als Vorlage diente eine Aufstellung „Über die Vorbereitung antifaschistischer Kriegsgefangener für Aufgaben in Deutschland", die vermutlich unmittelbar nach der Sitzung bei Dimitrov vom Vortag ausgearbeitet worden war. In enger Anlehnung an die Themen der KPD-Arbeitskommission sollten nun auch innerhalb des Nationalkomitees entsprechende Arbeitsgruppen gebildet werden. Vorgesehen war die Bearbeitung der Fragen einer Schul- und Agrarreform, der Umstellung der Wirtschaft, der Kommunal- und Jugendpolitik, der Entnazifizierung von Kunst und Literatur sowie der generellen Entnazifizierung des deutschen Volkes („Liquidierung der Rassenideologie"). Offensichtliches Ziel war es dabei, durch die Arbeitsgruppen des NKFD Fachleute heranzuziehen: „Es ist notwendig, die antifaschistischen Fachkräfte unter den Kriegsgefangenen im Prozeß der Arbeit zu prüfen und sie bei uns zu registrieren."[58] Das OMI besann sich mit diesem Beschluß auf Initiativen, die vom Institut 99 seit dem Frühjahr 1944 betrieben worden waren, wenn auch ohne den notwendigen Nachdruck.

Erste Überlegungen zu Fragen einer Schulreform in Deutschland nach dem Krieg hatte es im Zusammenhang mit der Arbeit der KPD-Arbeitskommission im April 1944 gegeben. Erich Weinert sollte sich in seiner Eigenschaft als Mitglied der KPD-Kommission sowie in Personalunion mit dem Amt des Präsidenten des NKFD mit Fragen der „ideologischen Umerziehung des deutschen Volkes" beschäftigen[59]. Gleichzeitig begann eine beim Institut 99 angesiedelte „Übersetzergruppe" (Noffke, Wendt) sowjetische Standardwerke aus den Bereichen Philosophie, Pädagogik und Naturwissenschaften ins Deutsche zu übertragen sowie Schulbücher der Rußlanddeutschen aus der Wolgarepublik für den Gebrauch in Deutschland zu bearbeiten. Auf diese Weise sollte Ersatz für die nationalsozialistischen Schulbücher und eine Grundlage für die Lehrerumschulung nach dem Krieg geschaffen werden[60]. Diese Arbeiten kamen aber nicht richtig in Gang und blieben bis zum Sommer 1944 liegen. Erst nach der Gründung des OMI beschloß das Institut 99 am

---

[57] Vgl. Erler/Laude/Wilke („Nach Hitler kommen wir", S. 98), die auf die Frage, warum das Aktionsprogramm nicht veröffentlicht wurde, antworten, daß das gemeinsame Vorgehen der Alliierten nicht gefährdet werden sollte. Siehe demgegenüber Fischer (Sowjetische Deutschlandpolitik, S. 119), daß der durch die Beschlüsse der EAC gesetzte Rahmen mit dem Programm des Blockes der kämpferischen Demokratie gefüllt worden sei.
[58] „Über die Vorbereitungen antifaschistischer Kriegsgefangener für Aufgaben in Deutschland" vom 28. 11. 1944, RGASPI 495/74/161, Bl. 161. Die Vorlage trägt den handschriftlichen Vermerk „Die Frage wird am 29. 11. 44 auf der Sitzung bei Genosse Dimitrov beraten."
[59] Vgl. Arbeitsplan der Kommission, in: „Nach Hitler kommen wir", S. 134.
[60] Notizen Piecks vom 12. 4. 1944 von einer Besprechung mit Ulbricht, Ackermann, Noffke, Bolz, Hörnle, Willmann und Wendt, SAPMO-BArch NY 4036/499, Bl. 108–113.

10. Juli 1944, eine „Broschürenredaktion" (Rudolf Herrnstadt, Willi Bredel, Peter Florin und Dora Gordeeva) einzusetzen und für die Fertigstellung der im April begonnenen Übersetzungen zu sorgen[61]. Nach Rücksprache mit Dimitrov wurde vom Institut 99 am 14. August eine Erweiterung des Redaktionskollegiums beschlossen[62]. In die als „Broschürenreihe des Nationalkomitees" titulierte Publikationsserie sollten – das war neu – nun auch kriegsgefangene Autoren aufgenommen werden[63]. In Analogie zu den zweigeteilten Radio- und Zeitungsredaktionen des NKFD setzte das Institut 99 eine Kommission zur Erstellung eines „antifaschistischen Schulbuches" ein. Mitglieder waren die Kriegsgefangenen Hadermann, Kertzscher und Rücker – alle im Zivilberuf Lehrer – und Johannes R. Becher, der sich in der KPD-Kommission mit der Kulturpolitik beschäftigte[64]. Damit waren die aus der Arbeitskommission der KPD erwachsenen Ansätze personell mit den Aktivitäten des NKFD vermengt worden.

Im Spätsommer 1944 wurde im Institut 99 ein ausführlicher Literaturplan entworfen, der eine „Schriftenreihe des Nationalkomitees" mit 16 Bänden und eine „Schriftenreihe der KPD" mit ca. 75 Bänden vorsah. Pieck bezeichnete die ausgewählte Literatur als diejenige, „die am dringlichsten in Deutschland für die Mobilisierung der Massen zum Kampf gegen den Hitlerismus, für ihre Loslösung und Umerziehung und für die Schaffung eines demokratischen Deutschlands benötigt wird".[65] Da der Literaturplan aber zu einem großen Teil ganz allgemein Klassiker des Marxismus-Leninismus (4 Bände Marx, 1 Band Engels, 12 Bände Lenin, 8 Bände Stalin) und Werke „antifaschistischer Schriftsteller" (Bredel, Weinert, Wolf, Plivier, Scharrer) umfaßte, mahnte Dimitrov an, sich auf einige der wichtigsten Titel zu konzentrieren. Dimitrov erinnerte an die Einbeziehung der kriegsgefangenen Autoren in die Schriftenreihe. Im Gespräch waren die Generäle Seydlitz, Hoffmeister und Lattmann, Wehrmachtspfarrer Krummacher sowie die Offiziere Bechler und Rudi Pallas[66]. Am 18. September beschloß der Zivilsektor im Institut 99 zudem, eine Delegation in das Offizierslager Nr. 150 (Grjazovec) zu schicken, um dort unter der Leitung des Mitglieds der „Schulbuchkommission" Rücker eine „Lehrergruppe" aufzubauen[67]. Dem OMI konnte darüber am 29. November berichtet werden: „Über die Schulfragen fanden bereits einige Beratungen statt. Im Offizierslager Nr. 150 wurde eine Besprechung mit 100 Lehrern durchgeführt."[68]

Ein anderer Anknüpfungspunkt für die Bildung von Arbeitsgruppen aus Mitgliedern des Nationalkomitees war die „innere Schulung", die nach Beilegung der Krise

---

[61] Beschlußprotokoll des Instituts 99 vom 17. 7. 1944, RGASPI 495/77/46, Bl. 6; Notizen Piecks vom 17. 7. 1944, SAPMO-BArch NY 4036/499, Bl. 152.
[62] Notizen Piecks „Ausführung der Beschlüsse vom 9. 8. 1944", in: „Gruppe Ulbricht", S. 122.
[63] Als kriegsgefangene Autoren waren Seydlitz, Hoffmeister, Krummacher, Lattmann und Pallas vorgesehen.
[64] Protokoll des Instituts 99 vom 14. 8. 1944, RGASPI 495/77/46, Bl. 12–13.
[65] „Entwurf eines Planes für die Herausgabe von Literatur", SAPMO-BArch NY 4036/499, Bl. 156–160. Der Literaturplan wurde am 15. 8. 1944 von Pieck an Dimitrov geschickt, ebenda Akte 544, Bl. 46.
[66] Notizen Piecks von einer Besprechung am 9. 9. 1944 bei Dimitrov, in: „Gruppe Ulbricht", S. 128.
[67] Beschlußprotokoll des Instituts 99 vom 18. 9. 1944, RGASPI 495/77/46, Bl. 21.
[68] „Über die Vorbereitung antifaschistischer Kriegsgefangener für Aufgaben in Deutschland" vom 28. 11. 1944, RGASPI 495/74/161, Bl. 161.

um das Seydlitz-Memorandum am 10. April 1944 im Institut 99 beschlossen worden war: „Änderung in der Spitze des BDO – noch nicht befriedigend – mehr ideologisch bearbeiten."[69] Als erste Maßnahme wurde im Sommer 1944 eine Gruppe von NKFD-Mitgliedern in der Antifa-Schule Krasnogorsk geschult, um anschließend im Lager Lunevo auf die übrigen Komiteemitglieder einzuwirken. Hauptmann Dengler, der wie auch NKFD-Vizepräsident Einsiedel zu diesen Antifa-Schülern gehörte, beschrieb das mit den Worten: „An Hinweisen der KPD-Genossen merkten wir, daß man von uns vor allem erwartete, in Gesprächen und Diskussionen mit den so unterschiedlichen Mitgliedern des NKFD in Lunowo daran mitzuwirken, daß ihre politische Entwicklung mit der sich rasch verändernden Lage Schritt hielt, daß wir uns also an einer Art von ,innerer Schulung' beteiligten."[70] Einsiedel dagegen stellte „innere Schulung" in die Nähe von Spitzeldiensten, die die Antifa-Absolventen im Lager Lunevo zu leisten gehabt hätten[71]. Aber auch wenn es diese Form der Beeinflussung immer gegeben hat, so entschied das Institut 99, die innere Schulung des Nationalkomitees über Privatgespräche und Vorträge zu organisieren, die im Haus des Nationalkomitees in Lunevo („Objekt Nr. 15") und im Generalslager in Voikovo („Objekt Nr. 20") regelmäßig abgehalten werden sollten[72]. Als Vortragsthemen für die Mitglieder des Nationalkomitees in Lunevo wurden folgende Titel aufgestellt: „a) Sowjetdemokratie in der Praxis, b) Sozialistische Planwirtschaft, c) Aus dem Leben der Kollektivwirtschaften, d) Sowjetwissenschaft und Sowjetliteratur, e) Die gegenwärtige Krise in Deutschland, f) Aus der Vergangenheit der deutschen Arbeiterbewegung, g) Die Lehren von 1918". Die Vorträge wurden von sowjetischen Politoffizieren und deutschen Kommunisten gehalten[73]. Die im Sommer 1944 neu für den BDO gewonnenen Generäle im Lager Voikovo hörten ebenfalls Vorträge. Hier waren die Referenten jedoch kriegsgefangene Offiziere, die sich vornehmlich mit dem Nationalsozialismus auseinandersetzten: Hauptmann Hadermann sprach über „Der Charakter des Hitlerkrieges", Hauptmann Fleischer über „Die Wirtschaft unter dem Hitlersystem" und Generalmajor von Lenski zu dem Thema „Der deutsche Imperialismus". Ergänzt wurden diese Lesungen von einer Vortragsreihe des sowjetischen Politinstrukteurs „Professor Arnold"[74]. Ab September 1944 wurde eine stärkere Angleichung an das Programm der Antifa-Schule intendiert: „Zur Verstärkung unserer Schulungsarbeit im Hause des Nationalkomitees sollen in den nächsten Wochen einige antifaschistische Lektionen mit anschließender Diskussion gehalten werden. Als Referenten sollen Lektoren aus dem Lager 27 *[Antifa-Schule Krasnogorsk]* verwandt werden."[75]

Ab Oktober 1944 wurde damit begonnen – so ein Beschluß des Instituts 99 –, die Mitglieder des Nationalkomitees auf die „Aufgaben in der Endphase des Krie-

---

[69] Notizen Piecks vom 10. 4. 1944, SAPMO-BArch NY 4036/499, Bl. 101; vgl. Beschlußprotokoll des Instituts 99 vom 10. 4. 1944, RGASPI 495/77/46, Bl. 2–3.
[70] Dengler, Zwei Leben in einem, S. 114.
[71] Einsiedel, Tagebuch der Versuchung, S. 149f.
[72] Beschlußprotokoll des Instituts 99 vom 14. 8. 1944, RGASPI 495/77/46, Bl. 11; vgl. Puttkamer, Irrtum und Schuld, S. 75; Emendörfer, Rückkehr an die Front, S. 251.
[73] Beschlußprotokoll des Instituts 99 vom 7. 8. 1944, RGASPI 495/77/46, Bl. 9.
[74] Beschlußprotokoll des Instituts 99 vom 21. 8. 1944, ebenda, Bl. 15.
[75] Beschlußprotokoll des Instituts 99 vom 4. 9. 1944, ebenda, Bl. 18.

ges" einzustimmen[76]. In Vorbereitung auf die 14. Vollsitzung des NKFD wurde eine Kommission eingesetzt, „die sich mit den Fragen des Kampfes gegen die faschistische Ideologie in Deutschland und den Aufgaben des deutschen Volkes, die nach der Besetzung stehen, beschäftigen soll"[77]. General Korfes sollte als Mitglied dieser Kommission auf der Vollsitzung am 25. Oktober ein richtungsweisendes Referat halten. Auftragsgemäß beschäftigte er sich ausführlich mit dem Problem der „Vernichtung der nationalsozialistischen Ideologie", wobei er versuchte, an die demokratischen Traditionen der Weimarer Republik anzuknüpfen. Aber das Ziel des Instituts 99, auf diesem Weg im Nationalkomitee eine Reflexion über den Nationalsozialismus und eine Diskussion über Fragen der Entnazifizierung zu initiieren, wurde nicht erreicht. Korfes ließ wenig Verantwortungsbewußtsein für die politische Entwicklung in Deutschland seit 1933 erkennen. So sei die „Wurzel der nationalsozialistischen Wirkung" in der „Anlage des deutschen Volkes zur Aufnahmefähigkeit für den Rausch" zu suchen. Das deutsche Volk sei getäuscht worden: „Diese verderbliche Macht hat über uns alle die Gewalt gewonnen, als der greise Feldmarschall und Reichspräsident bewogen wurde, dem Führer der nationalsozialistischen deutschen Arbeiterpartei, wie sie sich, schon in der Namensgebung lügend, nach eigener wohlüberlegter Wahl nannte, den höchsten deutschen Beamtenposten übergab. Die Mehrheit des deutschen Volkes, die weitaus größte Mehrheit sogar, sah diesen Regierungswechsel mit gemischten, bangenden, ja mit feindlichen Gefühlen entgegen. Die Begeisterung des Fackelzuges durch die Wilhelmstraße war nur beschränkt auf die, die dort im braunen Hemde marschierten, und auf die Anhänger, die auf den Bürgersteigen die Straßen säumten."[78]

Korfes Referat löste eine heftige Diskussion zwischen den Kommunisten und den kriegsgefangenen NKFD-Mitgliedern aus. Dengler erinnert sich, daß dabei die Kommunisten für eine „tiefgreifende gesellschaftliche Umgestaltung" plädierten, weil ihnen die Konsequenzen, die Korfes gezogen hatte, nicht weit genug gingen: „Während einige NKFD-Mitglieder aus Lunewo die Umerziehung auf die Änderung einiger unter dem Nazisystem eingeführten faschistischen Erziehungsmethoden vor allem bei der Jugend reduzieren wollten, zeigte Wilhelm Pieck sehr überzeugend, daß die Ideologie der herrschenden Klasse immer die herrschende Ideologie ist, es also das kapitalistische System sei, das den Faschismus hervorgebracht und damit Millionen Deutsche infiziert habe. Die Umerziehung müsse daher in tiefgreifenden gesellschaftlichen Veränderungen wurzeln, wenn im deutschen Volk wirklich der Ungeist des Nationalsozialismus, des Chauvinismus, Rassisimus und Militarismus ausgerottet werden solle."[79] Die Kritik der Kommunisten hatte, unab-

---

[76] Beschlußprotokoll des Instituts 99 vom 2. 10. 1944 über die Vorbereitung der 14. Vollsitzung des NKFD, ebenda, Bl. 23.
[77] Beschlußprotokoll des Instituts 99 vom 9. 10. 1944, ebenda, Bl. 25. Als Kommissionsmitglieder waren Emendörfer, Hadermann, v. Lenski, Lattmann, Korfes, Rücker, Schröder, Kertzscher, Becher und Ulbricht vorgesehen.
[78] „Vortrag des Generalmajors Dr. Otto Korfes auf der 14. Plenarsitzung des Nationalkomitees Freies Deutschland am 25. Oktober 1944: Die Vernichtung der nationalsozialistischen Ideologie", SAPMO-BArch 90 KO 10/30, Bl. 18 und 20; vgl. Wegner-Korfes, Weimar – Stalingrad – Berlin, S. 156 ff. Korfes Referat ist in der für die DDR-Geschichtsschreibung maßgeblichen Darstellung Weinerts nicht erwähnt, Weinert, Nationalkomitee, S. 96; ebenso Steidle, Nationalkomitee, S. 44.
[79] Dengler, Zwei Leben in einem, S. 121.

hängig von den weltanschaulichen Unterschieden, ihre Berechtigung. Denn die Offiziere des BDO scheinen sich im Herbst 1944 nur zögerlich an den Gedanken gewöhnt zu haben, daß ein gründliches Umdenken in Deutschland notwendig werden würde, um den Nationalsozialismus zu überwinden.

Bis zum Herbst 1944 waren – zumindest nominell – zwei Kommissionen des NKFD eingesetzt worden: die „Schulbuchkommission" unter Leitung von Leutnant Rücker und die „Kulturkommission" zur Entnazifizierung der deutschen Gesellschaft unter General Korfes[80]. Als quasi dritte Kommission kann der „Arbeitskreis für kirchliche Fragen" hinzugezählt werden, der jedoch hauptsächlich wegen seines propagandistischen Effektes von Bedeutung war. So erläuterte Manuil'skij gegenüber Ščerbakov den Gründungsaufruf des kirchlichen Arbeitskreises: „Der Aufruf kann einen gewissen Einfluß auf religiöse Kreise in Deutschland haben. Auf der Grundlage dieses Aufrufes können wir eine stärkere Radiopropaganda, unterstützt durch Flugblätter und Broschüren, entwickeln. (...) Ich nehme an, daß das Auftreten deutscher Geistlicher einen für uns positiven Eindruck auch außerhalb Deutschlands, insbesondere in England und in den USA, macht."[81] Abgesehen von regelmäßigen Predigten über den Sender des Nationalkomitees scheint der Arbeitskreis keine eigenständigen Ausarbeitungen hervorgebracht zu haben[82]. Als vierte Arbeitsgruppe entstand – laut der Notizen Piecks – bereits auf der ersten Vollsitzung des NKFD am 14. Juli 1943 eine Wirtschaftskommission unter der Leitung von Hauptmann Fleischer[83]. Aber es lassen sich keine Spuren finden, die auf eine tatsächliche Tätigkeit dieser Kommission hinweisen. Insgesamt nennt Weinert in seinem Tätigkeitsbericht über das NKFD sogar fünf „Fachgruppen": Wirtschaft, Sozialpolitik, Recht, Kultur und als spätere Gründung die Kommission für die Gebiete „faschistische Ideologie und reaktionäre Geschichtslügen". Die Arbeitsgruppen seien durch die operative Abteilung des NKFD – d.h. das Institut 99 – gelenkt worden und hätten Schulungs- und Propagandamaterial ausgearbeitet[84]. In der Propaganda des NKFD spielten die Fachkommissionen jedoch keine Rolle[85], und es scheint wenig wahrscheinlich, daß in den Kommissionen des NKFD vor dem Jahresbeginn 1945 konsequent inhaltlich gearbeitet worden ist.

Den fragmentarischen Charakter der inhaltlichen Arbeit im NKFD bzw. der vom Institut 99 gesteuerten Initiativen verdeutlicht die personelle Besetzung von Schulbuch- und Kulturkommission. Zum Teil hielten sich die nominierten Mitglieder gar nicht in Lunevo auf. Zudem stützen sich beide Kommissionen auf denselben Kreis von Aktivisten, so daß es sich faktisch um ein und dasselbe Gremium handelte[86]. Emendörfer brach Mitte Oktober 1944 zu einem Fronteinsatz auf, von dem

---

[80] Vgl. Puttkamer, Irtum und Schuld, S. 75 und S. 85.
[81] Manuil'skij an Ščerbakov am 30. 5. 1944, RGASPI 495/77/37, Bl. 29–30.
[82] Vgl. Ihme-Tuchel, Arbeitskreis für kirchliche Fragen, S. 70ff.: Hinter den Artikeln und Aufrufen des kirchlichen Arbeitskreises sei „kein stringentes Schema zu erkennen". Die Mitglieder des Arbeitskreises widmeten sich hauptsächlich der Organisation der Kriegsgefangenenseelsorge, ohne sich um ihre propagandistische Instrumentalisierung durch das NKFD zu kümmern; vgl. Puttkamer, Irrtum und Schuld, S. 71.
[83] Notizen Piecks, „Daten der Bewegung", SAPMO-BArch NY 4036/575, Bl. 244.
[84] Weinert, Nationalkomitee, S. 30f.
[85] Vgl. die Untersuchungen von Petrick, „Freies Deutschland" und Diesener, Propagandaarbeit.
[86] Hadermann, Kertzscher, Rücker, Becher in der „Schulbuchkommission" und dieselben zu-

er erst Ende Dezember 1944 wieder zurückkehrte[87]. Kommissionsmitglied Rücker besuchte von Oktober 1944 bis März 1945 die Antifa-Schule in Krasnogorsk[88]. Die schließlich von ihm geleitete „Schulbuchkommission" nahm ihre eigentliche Arbeit erst im Februar 1945 auf. Nun bestand sie aus elf Mitgliedern, die einen klaren Auftrag erhalten hatten. Sie sollten Richtlinien für den Schulunterricht in deutscher Geschichte erstellen, die sowohl für die Gestaltung des Unterrichts als auch für die Umschulung der Lehrer verwendet werden könnten. Inhaltlich wurden die Planungen stark von dem Schulungsprogramm der Antifa-Schule beeinflußt, die Rücker soeben beendet hatte. Ein erster Entwurf der Unterrichtsrichtlinien wurde Mitte März fertiggestellt, die Arbeit der Kommission aber bis Ende Juli 1945 fortgesetzt[89]. Hadermann, der im August 1945 repatriiert wurde, soll den fertigen Richtlinienentwurf mit nach Deutschland genommen haben. Hadermann und Rücker, der ebenfalls im August 1945 repatriiert wurde, arbeiteten anschließend beide im Bildungswesen der SBZ/DDR[90].

Ebenso wie die Schulbuchkommission, so kam auch die Umsetzung des vom Institut 99 im Herbst 1944 mit dem OMI abgestimmten Literaturplans erst im Frühjahr 1945 richtig in Gang. Ein Grund für die Verzögerung waren die fehlenden Bearbeiter. Rudolf Herrnstadt fiel wegen schwerer Krankheit bis zum Frühjahr 1945 aus, so daß im September 1944 Lothar Bolz die Leitung der Broschürenredaktion übernahm. In der Zeitungsredaktion, der nun der Chefredakteur fehlte, mußte Erich Weinert aushelfen[91]. Die somit permanent schwache Besetzung der Zeitungs- und Radioredaktionen ließ das Institut 99 wiederholt auf die Verstärkung durch Kriegsgefangene drängen, wobei es vermutlich aber bei der Zweiteilung in Lager- und Stadtredaktion blieb[92]. Die Verzögerungen bei der Fertigstellung der vorgesehenen Manuskripte war zudem auf das mangelnde sowjetische Interesse zurückzuführen. Ein am 18. Februar 1945 dem OMI vorgelegter Maßnahmenplan der KPD bemängelte: „Da sich ergeben hat, daß Genosse Korotkewitsch *[Verlag für fremdsprachige Literatur]* in mehreren Monaten nicht die Zeit hatte, seine Meinung über die vorliegenden Manuskripte auszuarbeiten, schlagen wir vor zu bestimmen, welcher Genosse innerhalb einer Woche die Broschüren druckfertig macht. Wir halten es für notwendig, daß die Arbeitsgruppen, die in das deutsche besetzte Gebiet fah-

---

sammen mit Emendörfer, Lenski, Lattmann, Schröder und Ulbricht in der „Kulturkommission"; Beschlußprotokolle des Instituts 99 vom 14. 8. und 9. 10. 1944, RGASPI 495/77/46, Bl. 13 und Bl. 25.
[87] Emendörfer, Rückkehr an die Front, S. 256f.
[88] Rücker, Die Arbeit der Lehrer im Nationalkomitee, S. 375.
[89] Ebenda, S. 373ff.; vgl. Uhlig, Rückkehr aus der Sowjetunion, S. 57ff.; „Entwurf eines Lehrplans zur Schulung antifaschistischer Volksschullehrer" vom 15. 3. 1945, in: Laschitza, Kämpferische Demokratie, S. 242ff.
[90] Hadermann war in der deutschen Zentralverwaltung für Volksbildung, Rücker war von 1946–50 Volksbildungsminister in Brandenburg; Berthold, Die Ausarbeitung von „Richtlinien für den Unterricht in deutscher Geschichte", S. 495 und S. 506.
[91] Beschlußprotokoll des Instituts 99 vom 11. 9. 1944, RGASPI 495/77/46, Bl. 19; zu Herrnstadt siehe Müller-Enbergs, Der Fall Rudolf Herrnstadt, S. 53.
[92] Beschlußprotokoll des Instituts 99 vom 9. 10. 1944, RGASPI 495/77/46, Bl. 26. Kügelgens Memoiren (Die Nacht der Entscheidung, S. 469f.) bleiben in dieser Frage offen. Mayenburg (Blaues Blut und rote Fahnen, S. 345) dagegen berichtet von kriegsgefangenen Redakteuren, die im Institut 99 frei ein und aus gegangen seien.

ren, Broschüren mitnehmen."⁹³ Pieck erinnerte damit an seinen Vorschlag vom Juli 1944, daß die von Moskau aus eingesetzten Kader zur „Vorbereitung der ideologischen Umerziehung des deutschen Volkes" Informations- und Aufklärungsmaterial mitnehmen sollten. Damals schon verwies er darauf, daß mit der Ausarbeitung bereits begonnen worden sei, womit er vermutlich die Tätigkeit der Übersetzergruppe meinte⁹⁴. Aber erst nach Kriegsende, am 15. Mai 1945, einigten sich Pieck und Kozlov darauf, die Manuskripte von sechs Broschüren – ehedem waren 90 Bände geplant gewesen – bis zum 19. Mai fertigzustellen. Der „Broschüren-Sektor" im Institut 99 wurde zum 21. Mai 1945 eingestellt⁹⁵. Als Ulbricht Anfang Juni 1945 im OMI den Mangel an „antifaschistischer Literatur" in Deutschland ansprach, verwies Dimitrov auf das Vorhandensein einer „polygraphischen Basis"⁹⁶. Damit könnten die im Mai vereinbarten Manuskripte gemeint gewesen sein, die aber nicht gedruckt worden waren.

Aus den wenigen Anhaltspunkten zur Tätigkeit der Kommissionen des Nationalkomitees ist erkennbar, daß ihnen erst nach der Entscheidungssitzung im OMI vom 28. November 1944 eine Funktion zugedacht wurde. Nachdem das „Programm des Blockes der kämpferischen Demokratie" vom OMI abgelehnt worden war, diente die darauf folgende zweite Arbeitsphase der KPD-Kommission offensichtlich dazu, deren Ausarbeitungen mit den Ergebnissen aus den NKFD-Kommissionen zusammenzuführen. Den Sitzungen über „Rassentheorie des Hitlerfaschismus" (am 4. und 8. Januar) folgten die Auseinandersetzung mit „Fragen des reaktionären Preußentums" (am 22. Januar und 5. Februar) und schließlich – die Schulbuchkommission des NKFD hatte ihren Entwurf bereits vorgelegt – die Diskussion von „Richtlinien für die Gestaltung des Geschichtsunterrichts in den deutschen Schulen" (am 22. und 26. März)⁹⁷. Die Kommissionen des NKFD dienten nun als Regulativ zu den Ausarbeitungen der KPD, wobei aufgrund der personellen Verflechtungen die gegenseitige Einflußnahme kaum auseinanderzuhalten ist. Laschitza urteilt, daß sich die Kommissionen von KPD und NKFD in ihrer Arbeit „wechselseitig fruchtbar gestalteten"⁹⁸. Deutlich legt das Uhlig für den Kulturbereich dar. Die Vorlage zur Planung der Schulpolitik stammte von Edwin Hoernle, der professionelle pädagogische Sachverstand aber kam aus den Reihen der Schulbuchkommission des NKFD⁹⁹. Die Unterrichtsrichtlinien fanden schließlich, ebenso wie der Literaturplan der „Broschüren-Kommission", Eingang in die „Richtlinien für die Arbeit der deutschen Antifaschisten in dem von der Roten Armee besetzten deutschen Gebiet" vom 5. April 1945¹⁰⁰. Diese Richtlinien bildeten somit den inhaltlichen Ersatz des seinerzeit verworfenen „Programms des Blockes der kämpferischen Demokratie".

---

93 „Vorschlag für die nächsten Maßnahmen der deutschen Kommunisten" vom 18. 2. 1945, in: „Gruppe Ulbricht", S. 214.
94 Pieck an Dimitrov am 13. 7. 1944, in: „Gruppe Ulbricht", S. 111.
95 Notizen Piecks „Besprechung mit Koslow am 16. 5. 1945", SAPMO-BArch NY 4036/500, Bl. 67; vgl. Laschitza, Kämpferische Demokratie, S. 168 ff.
96 Laufer, „Genossen, wie ist das Gesamtbild?", S. 371.
97 Laschitza, Kämpferische Demokratie, S. 160 ff.
98 Ebenda, S. 175.
99 Uhlig, Rückkehr aus der Sowjetunion, S. 58, Anm. 206.
100 „Nach Hitler kommen wir", S. 382 und S. 385.

Anfang 1945 standen OMI und Institut 99 ohne Alternative zu den Planungen der KPD-Arbeitskommission da. Diese mußte in aller Eile durch die parallel arbeitenden Gremien von NKFD und KPD erst geschaffen werden. Abermals mußte das Institut 99 seiner Koordinierungsfunktion gerecht werden. Ende Januar 1945 beschloß der Zivilsektor, die verantwortlichen Politfunktionäre zusammen zu holen, um die „zukünftigen Aufgaben" der „Erziehungsarbeit" abzusprechen[101]. Wie beschlossen, kam es am 5. Februar zu dem Koordinierungstreffen im Institut 99. Pieck fertigte zu dieser Beratung eine längere Notiz an, was darauf schließen läßt, daß es eine ausgiebige Diskussion gab. Anfangs ging es um die Frage der weiteren Einbindung der Offiziere und Generäle des BDO in die Arbeit des Nationalkomitees („Ideologische Arbeit unter Antifaschisten"). Im Generalslager ruhte seit zwei Wochen die innere Schulung, und von einzelnen Generälen (Lattmann, Paulus) kamen Proteste, weil sie nicht in die laufende Arbeit eingebunden worden waren. Mit Blick auf die Jaltaer Konferenz stellte Ulbricht jedoch fest, daß man, solange alliierte Absprachen noch nicht getroffen seien, nicht über die weitere Beteiligung der Generäle an der zukünftigen Arbeit des NKFD entscheiden könne[102]. Ackermann konstatierte einen „Wendepunkt" in der Arbeit des NKFD/BDO, da das deutsche Volk nicht zum erfolgreichen Widerstand gegen Hitler fähig gewesen sei. Er fügte gleich hinzu: „Schuld tragen die deutschen Generäle, konnten sich nicht von Hitler trennen". Als Konsequenz daraus folgerte er, daß eine „Krise im Nationalkomitee" unvermeidlich sei. Jetzt seien diejenigen gefragt, die für einen Umschwung seien[103]. Braginskij schließlich stellte klar, daß sich die außenpolitische Situation der Sowjetunion „wesentlich geändert" habe. Zu der Frage der anstehenden „Umwälzung" stellte er jedoch nur fest, daß „Frieden und Freundschaft *[zur Sowjetunion]*" zwei Grundbedingungen seien. Als Orientierung für die weitere Deutschlandplanung war das kaum ausreichend. Der abschließende Passus in den Pieck-Notizen zu der Aussprache im Institut 99 läßt zumindest auf eine Desorientierung der KPD schließen: „Wir haben vielfach die Resultate unserer Arbeit überschätzt. Die Situation hat sich wesentlich geändert – Außenpolitik der SU. Die Lage in Deutschland ist schwer – Umwälzung – Was liegt im Interesse des deutschen Volkes? – Frieden und Freundschaft. Ob Großindustrie – Kleinindustrie? Retten,

---

[101] „In der nächsten Zeit soll eine Sitzung der Zivilisten des Nationalkomitees stattfinden, die sich mit den neuen Aufgaben beschäftigen wird", Beschlußprotokoll des Instituts 99 vom 29. 1. 1945, RGASPI 17/128/788, Bl. 12; vgl. Notizen Piecks „Büro Nationalkomitee – 29. 1. 1945", SAPMO-BArch NY 4036/575, Bl. 258.

[102] „Solange nicht Konferenz der drei Großmächte abgeschlossen, keine Aussprache möglich", Notizen Piecks „Büro NK *[Nationalkomitee]* – 5. 2. 1945", SAPMO-BArch NY 4036/575, Bl. 259.

[103] Ebenda, Bl. 260: „Ackermann – Wendepunkt – an Arbeit im NK und BDO; Manifest neue Lage – deutsches Volk hat Chance nicht ausgenutzt – Schuld tragen die deutschen Generäle, konnten sich nicht von Hitler trennen. Die Losung, durch den Sturz Hitlers einen besseren Frieden, ist überholt. Eine Krise im Nationalkomitee ist unvermeidlich, weil Generäle nicht mehr gleiche Rolle in der Propaganda spielen wie vorher – mehr im Vordergrund – die ehrlich für einen Umschwung sind." Vor dem Hintergrund der „ideologisch-politischen" Vorbereitungen, die zu dieser Zeit durch das Institut 99 initiiert wurden, kann angenommen werden, daß sich dieser von Ackermann angesprochene Umschwung auf eine radikale Abkehr vom nationalsozialistischen Gedankengut bezog und weniger auf eine Umwälzung des politischen Systems in Deutschland.

2. Kommissionen des Nationalkomitees

was zu retten ist, was ist das, was gerettet werden soll? – Wehrmacht nicht nötig. Reaktionäres Preußentum. Was wird am Ende sein? Für Deutschland? – Mit Dimitrov besprechen."[104]

Am 6. Februar 1945, zwei Tage nach Beginn der alliierten Konferenz von Jalta, machte Dimitrov den deutschen Kommunisten die für die Deutschlandplanung vollkommen veränderte Lage klar. Es gehe nicht mehr um die Niederringung des nationalsozialistischen Regimes, sondern ausschließlich nur noch um die Formen der Besetzung Deutschlands. Das Nationalkomitee, das vom OMI als Synonym für ein souveränes Deutschland betrachtet worden war, solle seine Propaganda einschränken. Als „Ausführungen von D." notierte sich Pieck: „Jetzt nicht Kurs auf neue Regierung. Deutschland wird militärisch besetzt und ökonomisch entwaffnet werden."[105] Mit dieser Anweisung Dimitrovs waren die von der KPD noch am 1. Februar 1945 vorgelegten Richtlinien obsolet geworden, die von der Organisierung eines Volksaufstandes im Namen der Bewegung Freies Deutschland und zur Unterstützung der Roten Armee ausgegangen waren[106]. Ebensowenig interessierten die Ergebnisse der gerade wieder in den Kommissionen von KPD und NKFD aufgenommenen Planungsarbeit. Noch am Vortag hatte sich Pieck in Vorbereitung auf das Treffen mit Dimitrov einen Bericht über die „Vorarbeiten für den ideologischen Kampf zur moralisch-politischen Vernichtung des Nazismus" zurechtgelegt. Er hatte vier Themengebiete notiert, die bearbeitet worden seien: „Rassenfrage", „Reaktionäres Preußentum", „Geschichtsfälschungen der Nazis" und „Schulbildung im neuen Deutschland". Es seien „Lehrerzusammenkünfte" in den Antifa-Schulen und dem Offizierslager Nr. 150 abgehalten und „provisorische antifaschistische Lehrbücher" erstellt worden. Als weitere Punkte hatte er „Übersetzungen aus dem Russischen" sowie Ausarbeitungen zur Literatur, zum Theater und zum Kino, die in der Kulturkommission der KPD besprochen worden seien, festgehalten[107]. Im Mittelpunkt der Zusammenkunft aber standen nicht inhaltliche Planungen, sondern der Einsatz der vom Institut 99 seit Monaten geschulten Emigranten und Kriegsgefangenen. Als „Anweisungen von D." hieß es in dem Notat Piecks von der Sitzung am 6. Februar im OMI: „Einsetzen von Kadern (vorbereiten); mit Front in Ostpreußen, Brandenburg, Schlesien; im Kontakt mit Rote Armee. Absolut feste, zuverlässige Genossen, die dort Arbeit als Kommunisten leisten. Verbindung mit dortigen Kommunisten herstellen. Erst Regime der Roten Armee, dann Volksausschüsse."[108] Dem OMI ging es nun ausschließlich um die personelle Unterstützung des sowjetischen Besatzungsregimes in Deutschland durch die Kader des Instituts 99. Um inhaltliche Planungen von KPD oder NKFD ging es nicht.

---

[104] Ebenda.
[105] Notizen Piecks „Ausführungen von D. am 6. 2. 1945", in: „Gruppe Ulbricht", S. 183.
[106] „Richtlinien für die Propaganda in Deutschland" vom 1. 2. 1945, ebenda, S. 169 ff.
[107] Notizen Piecks „Besprechung mit D. am 6. 2. 1945", ebenda, S. 181.
[108] Notizen Piecks „Ausführungen von D. am 6. 2. 1945", ebenda, S. 182.

3. „Initiativgruppen"

Den ersten konkreten Plan für den Einsatz vorbereiteter Kader in Deutschland entwarf das OMI, während die Alliierten in Jalta über die Einzelheiten des Besatzungsregimes verhandelten. Nachdem Dimitrov der KPD die entsprechende Anweisung gegeben hatte, wurde noch am 6. Februar von einem Vertreter des OMI (Chvostov) und dem Leiter des Ausbildungscamps in Nagornoe (Guljaev) ein Einsatzplan für die dem Institut 99 zur Verfügung stehenden Kader ausgearbeitet. Die Absolventen der Schule Nr. 12 (1. Kurs), wurden für „Kommandierungen" in das gesamte Reichsgebiet vorgesehen. Sie sollten ungeachtet der zukünftigen alliierten Besatzungszonen in die Regionen Bremen, Schlesien, Leipzig, Chemnitz, Ruhrgebiet/ Rheinland, Südwestdeutschland und Bayern entsandt werden. Der einzige derartige Einsatz blieb jedoch der von Fritz Krenkel, der am 16. März 1945 mit dem Fallschirm im Erzgebirge abgesetzt wurde[109]. In dem von der Roten Armee okkupierten Gebiet – der zukünftigen sowjetischen Besatzungszone – dagegen sollten „politische Arbeitsgruppen" eingesetzt werden. Diese wurden aus den im Abendkurs und im „engeren Zirkel" geschulten Kommunisten rekrutiert. Geplant war je eine Gruppe im Bereich der 1. Belorussischen Front („Berlin-Brandenburg"), der 1. Ukrainischen Front („Schlesien-Lausitz und eventuell Sachsen") und der 2. Belorussischen Front („Pommern und Mecklenburg"). Drittens wurde die Schulung weiterer Kader vorgeschlagen. Dafür sollte das Institut 99 zuverlässige und fachlich qualifizierte Kriegsgefangene in einem speziellen, auf einen anschließenden Einsatz in Deutschland ausgerichteten Antifa-Kurs ausbilden. Zudem sollten 35 der außerhalb Moskaus, d.h. über die sowjetischen Republiken verteilt lebenden Politemigranten in einer einmonatigen Schulung auf die Rückkehr vorbereitet werden. Darüber hinaus sollten alle KPD-Mitglieder, die sich im Exil außerhalb der Sowjetunion befanden, auf eine mögliche Verwendung hin geprüft werden[110].

Es stand damit ein altes Problem zum wiederholten Male zur Debatte, wie nämlich die Kaderbasis durch das Hinzuziehen derjenigen KPD-Mitglieder, die bislang nicht in die Aktivitäten des OMI einbezogen worden waren, erweitert werden könne. Pieck reichte am 16. Februar 1945 eine Liste mit 79 Namen von Parteimitgliedern ein – doppelt so viel wie vom OMI vorgesehen –, die er für eine Schulung vorschlug: „Die Teilnehmer des Kurses sind in der Regel alte Parteimitglieder, die längere Zeit bereits in der SU als Emigranten leben, jedoch in den letzten Jahren ohne Verbindung mit der Parteiorganisation waren. Ein Teil von ihnen war als Politinstrukteure in Kriegsgefangenenlagern tätig. Der Kursus muß daher im wesentlichen darauf konzentriert sein, die Genossen vor ihrer Abreise nach Deutschland mit der Politik der Sowjetunion vertraut zu machen."[111] Die am

---

[109] Ebenda, S. 187, Anm. 1.
[110] „Vereinbarung von Vorschlägen auf der Sitzung vom 6. Februar mit Genossen Chwostow und Guljajew", ebenda, S. 185 f.
[111] Einleitung zum „Lehrplan für den Monatskurs in Nagornoje", Anlage zum Brief Piecks an Dimitrov vom 16. 2. 1945, SAPMO-BArch NY 4036/531, Bl. 92–96. Der Kurs war auf 20 Lektionen angelegt, die theoretischen Themen (Imperialismus/Faschismus), die Politik der KPD seit dem Ersten Weltkrieg und den „historischen Sieg des Sowjetvolkes über den deutschen Imperialismus" sowie die daraus folgenden Aufgaben der deutschen Kommunisten abhandelten.

30. April als „erneute Abschrift" abermals eingereichte Liste – beim zweiten Mal wurde eine Auswahl von 32 Kommunisten vorgeschlagen – zeigt jedoch, daß bis dahin seitens des OMI nichts unternommen worden war. Auch der dritte Vorschlag vom 31. Mai führte nicht zur der von der KPD gewünschten Schulung. Der „Monatskurs" fand nie statt[112].

Die Kaderbasis blieb trotz konkreter Vorschläge schmal. Der Grund dafür wird darin zu suchen sein, daß die Kaderrekrutierung ausschließlich über das Institut 99 lief. Auseinandersetzungen mit dem UPVI, das zahlreiche der für den Monatskurs vorgeschlagenen Kommunisten als Politinstrukteure beschäftigte, aber wollte das Institut 99 aus dem Weg gehen. Es wäre ihnen wohl auch nicht gewachsen gewesen. So wurde ein Teil der für den Monatskurs vorgeschlagenen KPD-Mitglieder aus der Provinz im dritten und vierten Kurs an der Schule Nr. 12 geschult[113]. Ebenso gab es Beschränkungen bei der Rekrutierung antifaschistisch geschulter Kriegsgefangener über die Fronten der Roten Armee. Die antifaschistischen Frontschulen unterstanden der 7. Verwaltungen des GlavPURKKA und wurden somit nie in die Planungen des Instituts 99 bzw. des OMI einbezogen. War dieser Umstand bereits im Zusammenhang mit der Frontpropaganda des NKFD deutlich geworden, so stellte Pieck in der „Leitungssitzung" der KPD-Führung am 17. Februar 1945 diese Zuständigkeiten nochmals klar: „Mitarbeit von Kriegsgefangenen beim Einsatz: 1) Auswahl durch Pur *[GlavPURKKA]* aus den in der Frontarbeit der Pur bewährten Antifaschisten, 2) Auswahl durch Kaderabteilung Institut 99."[114] Eingedenk dieser Möglichkeiten hieß es in den am 18. Februar 1945 vorgelegten Richtlinien über Auswahl und Einsatz von Kadern: „Wir schlagen vor, die Kaderabteilung beim Institut 99 zu beauftragen, folgende Kriegsgefangene zu prüfen und die Geeigneten für die Arbeit im besetzten Gebiet auszuwählen: a) die bisherigen Frontbeauftragten des Nationalkomitees und Armeebeauftragten, die nicht mehr von der Roten Armee direkt verwendet werden; b) die Schüler des gegenwärtigen Lehrganges der Schule 27 *[Krasnogorsk]* und der Schule 165 *[Juža]* sowie die Schüler, die sich als Reserve im Lager 27, Zone 3, befinden und die Antifaschisten auszuwählen, die für die Arbeit im sowjetisch besetzten deutschen Gebiet geeignet sind; c) Auswahl der zuverlässigen Antifaschisten aus den Reihen des Nationalkomitees und seiner Mitarbeiter im Haus Nr. 15 *[Lager Lunevo]* (...); d) Auswahl von 100 der besten antifaschistischen Kriegsgefangenen aus den Arbeitslagern, die eine gewisse Vorschulung haben und die sich im ideologischen Kampf und in der Produktionsarbeit bewährt haben; e) Auswahl von 100 Intellektuellen, die antifaschistisch gesinnt sind (Lehrer, Ärzte, Ingenieure und dergleichen aus den Offizierslagern); f) Auswahl einer Anzahl antifaschistischer Geistlicher der evangelischen und katholischen Kirche."[115]

---

[112] Es handelte sich immer um denselben Personenkreis, der zwei- bzw. dreimal vorgeschlagen wurde, Teilnehmerlisten vom 16. 2. 1945 (79 Personen), 30. 4. 1945 (32 Personen) und 31. 5. 1945 (40 Personen), SAPMO-BArch NY 4036/531, Bl. 97–107; ebenda Bl. 91 der Vermerk „KPD Monatskurs in Nagornoje, Mai 1945, hat nicht stattgefunden".
[113] Albert Baum, Erwin Born, Sali Glogowsky, Hermann Lask, und Heinrich Wieland (3. Kurs), Jonny Dietrich, Hans Kahlmüller und Käthe Stange (4. Kurs); vgl. SAPMO-BArch NY 4036/532, Bl. 97–107, siehe Anlage Nr. 2.
[114] Notizen Piecks „Besprechung der Leitung am 17. 2. 1945", in: „Gruppe Ulbricht", S. 203.
[115] „Vorschlag für die nächsten Maßnahmen der deutschen Kommunisten" vom 18. 2. 1945, ebenda, S. 213f.

Der Kreis der dem Institut 99 zur Verfügung stehenden und der potentiell auszuwählenden Kader war am 18. Februar festgelegt. Nun ging es darum, die Aufgaben der Einsatzgruppen festzulegen, wobei es zu langwierigen Abstimmungsschwierigkeiten zwischen OMI und KPD kam. Nachdem zu Jahresbeginn eine Überarbeitung des „Blockes der kämpferischen Demokratie" angeordnet, im weiteren im OMI aber über deutschlandpolitische Konzepte nicht mehr geredet worden war, waren sich die deutschen Kommunisten nicht im klaren über die zukünftige sowjetische Besatzungspolitik. Nach ihren Vorstellungen sollten die in Deutschland einzusetzenden Kader Volksausschüsse gründen, die die spätere Basis für den Aufbau einer Parteiorganisation bilden würden. Aber das waren die Ideen der KPD. Pieck erkundigte sich am 15. Februar vorsichtshalber bei Dimitrov: „Welche Konsequenzen ergeben sich aus den Beschlüssen der Krim-Konferenz: a) im öffentlichen Auftreten des Nationalkomitees Freies Deutschland und unserer Genossen, die Mitglieder des Nationalkomitees sind? b) Ist es möglich, in den von der Roten Armee besetzten Gebieten neben den im Aufruf des Berliner Volksausschusses und in den Richtlinien *[vom 1. Februar 1945]* gestellten Aufgaben auch die Radio-, Flugblatt- und Zeitungspropaganda der Bewegung ‚Freies Deutschland' nach den hitlerdeutschen Gebieten zu entfalten und die entsprechenden Maßnahmen mit Unterstützung der Roten Armee durchzuführen? c) Gibt es schon Beschlüsse über die von der Roten Armee in den besetzten Gebieten zu treffenden Maßnahmen und wie soll die von den Parteigruppen durchzuführende Arbeit eingegliedert werden?"[116] Da es auch nach Abschluß der Jaltaer Konferenz noch keine konkreten Vorgaben für die Errichtung einer sowjetischen Besatzungsverwaltung in Deutschland gab, gingen die deutschen Kommunisten vorerst von ihren bisherigen Planungen aus. Noch auf der am 17. Februar abgehaltenen „Leitungssitzung" rechnete die KPD-Spitze mit der „Entfaltung einer breiten Massenbewegung zur Bildung von lokalen und gebietl*[ichen]* Volksausschüssen, die sich stützen auf die Bewegung ‚Freies Deutschland' als der breitesten Zusammenfassung aller fortschrittl*[ichen]* demokratischen, antinazistischen Kräfte, wobei wir die feste Arbeiter-Einheitsfront der komm*[unistischen]*, sozial*[demokratischen]* und gewerkschaftlich org*[anisierten]* Arbeiter erstreben."[117]

Das OMI präzisierte seine deutschlandpolitischen Vorstellungen erst am Abend des 17. Februar. Dimitrovs Stellvertreter Panjuškin erläuterte Pieck, Ulbricht und Ackermann das geplante Vorgehen: Zuerst müsse die Lage in Deutschland erkundet, dann darüber in Moskau berichtet, und danach erst könne über den Aufbau der KPD, die Schaffung von Volksausschüssen und die Herausgabe von Zeitungen entschieden werden. Den sofortigen Aufbau von Partei und Gewerkschaften lehnte das OMI eindeutig ab: „Über Schaffung von Gewerkschaften und Parteiorganisation noch keine Direktive." Auf der anderen Seite wurde die „Linie des Nationalkomitees" faktisch für beendet erklärt. Auf keinen Fall, so betonte Panjuškin, würden die

---

[116] Pieck an Dimitrov am 15. 2. 1945, in: „Gruppe Ulbricht", S. 191; in der Anlage „Entwurf zu Anweisungen für die Anfangsmaßnahmen zum Aufbau der Parteiorganisation in den besetzten Gebieten", ebenda, S. 194 ff.

[117] Ebenda, S. 200; siehe auch die Überlegungen der KPD zum Aufbau der Partei und von Massenorganisationen in den von der Roten Armee besetzten Gebieten (ebenda, S. 202 f.), die bereits dem Schreiben an Dimitrov vom 15. 2. 1945 als Anlage beigefügt worden waren, ebenda S. 194.

3. „Initiativgruppen" 161

Volksausschüsse eine Fortsetzung des Nationalkomitees sein. Das Nationalkomitee solle nur deswegen weiterarbeiten, „weil zur Zersetzung des Offizierskorps wichtig" und weil darüber benötigte Kader wie Lehrer und Geistliche rekrutiert werden könnten („Pfarrer ausnutzen zu Ausrottung des Nazismus und Militarismus")[118]. Nach den Ausführungen Panjuškins sollte der Kadereinsatz in Deutschland lediglich die organisatorischen Voraussetzungen schaffen, um dann in einer zweiten Phase diejenigen Aufgaben zu erfüllen, die Mitte Februar vom OMI noch gar nicht klar definiert wurden. Zuerst würden Volksausschüsse geschaffen, dann deren Aufgaben festgelegt werden. Gemäß dieser Vorgaben überarbeitete die KPD ihre Richtlinien vom 1. Februar, die nie Grundlage einer Diskussion geworden waren, und legte am 18. Februar eine Neufassung vor. Nun wurde in „Vorbereitungen" und „weitere Aufgaben" unterschieden. Danach sollte der erste Kadereinsatz dazu dienen, in Deutschland kommunistische Funktionäre ausfindig zu machen und den „organisatorisch-ideologischen Zustand sozialdemokratischer, christlicher und bürgerlicher Gruppierungen" zu prüfen, um für die „weitere Arbeit" wie den Aufbau der KPD, der Gründung von Volksausschüssen und der Schaffung von Massenorganisationen gewappnet zu sein[119].

Von dem Konzept der Volksausschüsse rückte das OMI zwei Tage später ab. Die von der KPD gerade erst fixierte Aufgabenbeschreibung für den Kadereinsatz in Deutschland entsprach somit abermals nicht den sowjetischen Vorstellungen. Am 19. Februar folgte eine weitere Besprechung im OMI. Dimitrov konkretisierte die kommenden Aufgaben: Es seien „Gruppen zur Unterstützung der Roten Armee" zu bilden, die zusammengesetzt würden aus kommunistischen Remigranten und Kriegsgefangenen aus der Sowjetunion sowie Kommunisten und Antifaschisten aus der Ortsbevölkerung in den besetzten Gebieten. An der Spitze dieser – wie es nun hieß – „provisorischen Ortskommissionen" sollten „geprüfte Kommunisten" stehen. Von Volksausschüssen war nicht mehr die Rede. Pieck übermittelte der KPD-Spitze Dimitrovs Anweisungen, wobei er ausdrücklich betonte: „Provisorische deutsche Ortskommissionen (nicht Volksausschüsse), eingesetzt von Armeekommandos, bestehend aus überprüften Kommunisten und Antifaschisten; Aufgaben – Hilfe erweisen im Leben der Gemeinden. Volksausschüsse erst später."[120] Der am 20. Februar erneut von der KPD vorgelegte Aufgabenplan für die einzusetzenden Kader sprach nun von der „Mithilfe bei der Schaffung provisorischer Ortskommissionen". Im Unterschied zur ursprünglichen, mit Chvostov und Guljaev erarbeiteten Vorlage für den Kadereinsatz war auch nicht mehr von „Kommandierungen" in das gesamte Reichsgebiet, sondern lediglich vom Einsatz vier- bis fünfköpfiger Gruppen von KPD-Mitgliedern „zur Unterstützung der Roten Armee in den von ihr besetzten deutschen Gebieten" die Rede[121]. Erst später, „sobald die Vorausset-

---

[118] Notizen Piecks über die „Besprechung bei Panuschkin ZK" am 17. 2. 1944, ebenda, S. 206.
[119] „Übersicht über die Aufgaben" vom 18. 2. 1945, ebenda, S. 216ff.; vgl. „Richtlinien für die Propaganda in Deutschland" vom 1. 2. 1945, ebenda, S. 169ff.
[120] Notizen Piecks „Besprechung bei Dimitrov am 19. 2. 1945" und „Besprechung am 19. 2. 1945", ebenda, S. 228ff.; zur Zuordnung der Notizen siehe ebenda, Anm. 1, S. 233.
[121] Gustav Sobottka, Richard Gyptner, Fritz Appelt und Käthe Wald an die 1. Ukrainische Front, Otto Winzer, Stanislaw Switalla, Wolfgang Leonhard, Margarete Keilson und Selma Gabelin an die 1. Belorussische Front und Hermann Matern, Fritz Kahmann, Heinz Abraham und Ernst Noffke an die 2. Belorussische Front.

zungen gegeben sind", sollten Redaktionsstäbe für Zeitungen und Radiostationen sowie eine Gruppe unter Leitung des Auslandsbüros der KPD (Walter Ulbricht und Anton Ackermann) folgen. Diese sollte vermutlich den Aufbau des Parteiapparates in Angriff nehmen[122].

Die Planungen im OMI kamen am 20. Februar zu einem Ende. Aber erst einen Monat später, am 19. März, entschied die sowjetische Führung über das Vorgehen in Deutschland. Dimitrov sprach bei Stalin vor[123]. Dem Gespräch folgte ein Bericht, in dem die Absprachen mit der KPD von Mitte Februar 1945 zusammenfaßt und das zukünftige Verhältnis zum NKFD – nach außen immer noch die tragende Säule der sowjetischen Propaganda – klargestellt wurde. Das OMI benannte drei Aufgabenfelder: die Propaganda, die Zusammenarbeit mit „deutschen Antifaschisten" und die Vorbereitung von Kadern für den Einsatz in Deutschland. Unter Propaganda wurde die politische Aufklärung über Zeitung und Rundfunk sowohl von Seiten der Roten Armee als auch von Seiten „deutscher Antifaschisten" verstanden. Es war damit nicht die Frontpropaganda des NKFD gemeint. Das Nationalkomitee wurde von allen weiteren, die sowjetische Besatzungspolitik betreffenden Planungen ausgenommen. Seine Propaganda sollte nur noch für das Gebiet gelten, das nicht von der Roten Armee besetzt werden würde. Die Verwaltung des sowjetischen Besatzungsgebietes aber sollte in Zusammenarbeit mit „Antifaschisten (Mitgliedern der Kommunistischen Partei und anderen)" als „vorläufige Hilfsorgane" erfolgen. Als Aufgaben dieser Hilfsorgane wurden genannt: „Unterstützung der sowjetischen Militärbehörden beim Aufspüren von versteckten Faschisten und bei der Verhinderung von Sabotage; Hilfe bei der Organisierung der kommunalen Versorgung, beim Bau und der Reparatur von Straßen, bei der Mobilisierung der Bevölkerung; Hilfe bei der Einrichtung von Gerichten für kleinere Zivilangelegenheiten, des Schul- und Bibliothekswesens, der Versorgung, insbesondere beim Ausfindigmachen von Nahrungsmittelvorräten wie auch Vermögen, das der Beschlagnahme unterliegt. Die Hilfsorgane unterstützen beim Ausfindigmachen und Überprüfen von Kommunisten und anderen Antifaschisten aus den Reihen der örtlichen Bevölkerung."[124]

Die dritte vom OMI benannte Aufgabe betraf die Rekrutierung zuverlässiger Kader durch das Institut 99, wie sie seit dem Sommer 1944 immer wieder diskutiert worden war. Zur Vorbereitung neuer Lehrer für deutsche Schulen sollte in der Antifa-Schule Krasnogorsk ein zweimonatiger Kurs mit 300 Kriegsgefangenen, die durch ihren Zivilberuf eine entsprechende pädagogische Ausbildung hatten, durchgeführt werden. In diesem Zusammenhang wurde auch an die Vorbereitung neuer Schulbücher – an denen das Institut 99 seit knapp einem Jahr arbeitete – erinnert. Außer Lehrern sollten „antifaschistisch eingestellte Intellektuelle und sonstige Spezialisten", insbesondere Ärzte in einem für 100 Teilnehmer geplanten Antifa-Kurs in Krasnogorsk geschult werden. Ferner wollte man 30–40 Geistliche – offensichtlich die Aktivisten aus dem Arbeitskreis des NKFD für kirchliche Fragen – in einem

---

[122] „Vorschlag für den Einsatz von Kadern der KPD" vom 20. 2. 1945, in: „Gruppe Ulbricht", S. 234.
[123] Posetiteli kremloskogo kabineta, S. 95.
[124] Dimitrov und Panjuškin an Molotov und Malenkov im März 1945, in: Sowjetische Politik in der SBZ, S. 5f.

3. „Initiativgruppen"   163

Lager zusammenlegen und mit ihnen die „entsprechende Arbeit" durchführen, d. h. sie politisch schulen[125].

Anfang April kam die Bestätigung der vom OMI gemachten Vorschläge zu Auswahl und Einsatz deutscher Kader. Dimitrov bestellte die KPD-Spitze zu sich und legte den Beschluß der sowjetischen Führung dar. Inhaltlich wich er nicht von den im Februar erarbeiteten Konzepten ab, jedoch hieß es nun, daß die für den Einsatz vorgesehenen 30 Kriegsgefangenen – Absolventen der Schule Nr. 12 – „viel zu wenig" seien. Dimitrov verlangte weitere Kadervorschläge und lockerte zugleich die Auswahlkriterien. So sei die Mitgliedschaft in der NSDAP kein Hindernis für den Einsatz, sofern der Kriegsgefangene sich als Aktivist bewährt habe. Diese Anweisung bezog sich ganz offensichtlich auf die Rekrutierung von Offizieren, von denen vor allem die Reserveoffiziere zu dem vom OMI gewünschten Kreis der „intellektuellen Spezialisten" wie Lehrer, Ärzte und Ingenieure zählten[126]. Das Institut 99 prüfte daraufhin die Mitglieder des NKFD im Lager Lunevo auf ihre mögliche Verwendung in Deutschland. Das Ergebnis entsprach nur zum Teil den Erwartungen. Eine Aufschlüsselung nach Berufen ergab, daß von 61 erfaßten NKFD-Mitgliedern 24 Berufsoffiziere waren. Berufssoldaten aber, die keine zivile Berufsausbildung besaßen, entsprachen nicht der Kategorie der „intellektuellen Spezialisten". Zudem setzte das OMI Anfang Juni fest, daß keine kriegsgefangenen Generäle eingesetzt würden[127]. Die Spitze des BDO war damit von einem Einsatz in Deutschland ausgeschlossen. Somit kamen unter Berücksichtigung der vom OMI gemachten Kriterien von den Aktivisten des BDO/NKFD nur sieben Geistliche, sechs Lehrer, vier Ingenieure, drei Ärzte, sechs Reserveoffiziere aus sonstigen akademischen und neun aus kaufmännischen Berufen, ein Handwerker und ein Bauer in Betracht (37 Personen)[128].

Für den sofortigen Einsatz in Deutschland wurden insgesamt nur 20 Mitglieder des Nationalkomitees ausgewählt. Kriterium war, daß die Komiteemitglieder sich loyal gegenüber der Sowjetunion verhalten würden. Gradmesser dafür war die Teilnahme an der „inneren Schulung" oder der Antifa-Schule[129]. Ein weiterer Ansatzpunkt, auf den zur Rekrutierung „intellektueller Spezialisten" zurückgegriffen werden konnte, war die im Herbst 1944 im Offizierslager Grjazovec initiierte „Lehrer-

---

[125] Ebenda, S 6.
[126] „Einsatz von kommunistischen und antifaschistischen Kadern im besetzten Gebiet; auf eingereichter Liste nur 30 Antifaschisten, viel zu wenig, keine Begrenzung wegen Zwangsmitgliedschaft in der Nazipartei; neue Liste mit Charakteristiken, auch von Kommunisten", Notizen Piecks von der Besprechung mit Dimitrov am 1. 4. 1945, in: „Gruppe Ulbricht", S. 256.
[127] „Einsatz von Kadern, bei Kriegsgefangenen bis zum Oberst", Notizen Piecks vom 4. 6. 1945, ebenda, S. 471.
[128] Undatierte Liste mit Namen, Dienstgrad, Beruf und eine ebenfalls undatierte „Zusatzliste der außerhalb des Hauses Lunevo befindlichen Vorstandsmitglieder des BDO", SAPMO-BArch NY 4065/19, Bl. 1–3; vgl. „Einschätzung und Verwendung der Kriegsgefangenen in Objekt Nr. 15" (ohne Datum), die die Berufsoffiziere nicht berücksichtigt, RGVA/K 88/3/1, Bl. 164–179.
[129] Unter Berücksichtigung dieser Gesichtspunkte wurden vorgeschlagen: Stößlein, Schröder, Hadermann, Fleischer, Rücker, von Kügelgen, Gerlach, Klement, Helmschrott, Kertzscher, Grandy, Krausnick, Emendörfer, Achilles, Krummacher, Dengler, Abel, Strampfer, von Knobelsdorff und Hartmann; Weinert an Kijatkin, Pieck und Kozlov am 4. 6. 1945, SAPMO-BArch NY 4036/517, Bl. 142–144.

gruppe". Deren Erfolge aber waren gering geblieben. Die Anfang April 1945 plötzlich erteilte Anweisung des OMI, die Zahl der einzusetzenden Kader zu erhöhen, entbehrte somit jeglicher Grundlage. Am 3. April 1945 mußte Pieck an Dimitrov berichten: „Auch die Prüfung aller Kriegsgefangenen, die als Kandidaten in Frage kommen, hat die Zahl der Volksschullehrer nicht nennenswert erhöht. Es gibt keinen anderen Ausweg, als aus den Kriegsgefangenenlagern alle geeigneten Lehrer herauszuholen sowie solche intelligente Werktätige, die für die künftige Arbeit als Hilfslehrer geeignet sind. Diese müßten den nächsten Lehrgang der Schule Nr. 27 besuchen und dort die notwendige antifaschistische Grundschulung erhalten."[130]

Die Vorschläge zur Rekrutierung zusätzlicher Kader wiederholten sich. Pieck schlug für den sofortigen Einsatz die Absolventen der Schule Nr. 12 (49 Personen) und „für leitende Funktionen" diejenigen kommunistischen Funktionäre vor, die das OMI bereits im Februar ausgewählt hatte (47 Personen)[131]. Außerdem drängte er darauf, den „Monatskurs" für die kommunistischen Emigranten außerhalb Moskaus endlich zu realisieren. Zudem fügte er eine Liste mit den Namen derjenigen KPD-Mitglieder bei, die sich in westlichen Exilländern befanden[132]. Das OMI aber ging auf die Kadervorschläge der KPD nicht ein. Es konzentrierte sich auf den einmal durch das Institut 99 ausgewählten Kaderstamm. Allerdings entsprach die im Herbst 1944 begonnene Ausbildung nicht mehr den aktuellen Anforderungen, weil die Aufgaben der einzusetzenden Kader auf reine Kommunalverwaltung reduziert worden waren. Für die Absolventen der „Abendschule" in Moskau wurden daher vom 15. April bis zum 8. Mai 1945 erneut Schulungsabende angesetzt. Nun wurden den Teilnehmern detailliert die kommunalen Verwaltungsaufgaben erklärt[133]. Leonhard, der als Mitarbeiter des Instituts 99 und Nachwuchsfunktionär der KPD daran teilnahm, erinnert sich, daß die Unterstützung der sowjetischen Besatzungstruppen und die Umerziehung des deutschen Volkes im Vordergrund standen. Von einer Neugründung der Parteien, insbesondere der KPD, sei nicht gesprochen worden[134]. Dem entsprachen auch die Richtlinien vom 5. April 1945, die die KPD in Analogie zu den zwischen OMI und sowjetischer Führung beschlossenen Aufgaben für den Kadereinsatz ausgab: „Die auf dem besetzten deutschen Gebiet tätigen Antifaschisten arbeiten in vollem Einvernehmen mit der Besatzungsbehörde und sorgen durch ihre Arbeit unter der Bevölkerung dafür, daß die Befehle und Anweisungen der Besatzungsbehörde als im Interesse des deutschen Volkes liegend unbedingt durchgeführt werden. Die Hauptaufgaben sind: Die Herstellung der Ordnung, Schaffung der Bedingungen des täglichen Lebens der Bevölkerung, Unterstützung der Roten Armee bei der Liquidierung der nazistischen Terror- und Provokationsnester und Organisierung des Kampfes für

---

[130] Pieck an Dimitrov am 3. 4. 1945, in: „Gruppe Ulbricht", S. 258.
[131] 33 von ihnen waren bereits im Februar vorgeschlagen worden, SAPMO-BArch NY 4036/517, Bl. 116–121. Diese Liste trägt den Kanzleivermerk „24. 2. 1945. Nochmalige Abschrift am 30. 4. 1945". 14 Kader wurden in der „Ergänzungsliste" (SAPMO-BArch NY 4036/517, Bl. 122–123) neu vorgeschlagen.
[132] Pieck an Dimitrov am 3. 4. 1945, in: „Gruppe Ulbricht", S. 258.
[133] Vgl. die von Pieck geführte Anwesenheitsliste und seine Notizen über die Sitzungen am 15. 4., 20. 4., 24. 4., 27. 4., 4. 5. und 8. 5. 1945, ebenda, S. 266 ff.
[134] Leonhard, Revolution, S. 324 ff. Leonhard geht von etwa 150 Teilnehmern aus. Dies läßt sich allerdings auf Grundlage der Quellen nicht belegen.

die politisch-moralische Ausrottung des Nazismus, Militarismus aus dem Leben des deutschen Volkes."[135]

Am 25. April erfolgte die Einweisung der Kader in den unmittelbar bevorstehenden Einsatz. Kurz zuvor (am 20. April) waren die Frontstäbe der Roten Armee per Direktive des sowjetischen Oberkommandos (stavka) über die Bildung deutscher Ortsverwaltungen instruiert worden. In den Stäben waren Abteilungen für die Zivilverwaltung geschaffen worden, über die sowjetische Offiziere in dem besetzten Gebiet als Ortskommandanten eingesetzt wurden[136]. In dieses organisatorische Geflecht integrierte das OMI den Einsatz deutscher Kader aus Moskau. Pieck notierte gewissenhaft Dimitrovs Instruktionen: „Pol[itische] Arbeit nach Anweisung der Pur [GlavPURKKA], wozu von uns Vorschläge, keine eigene Org[anisation] u[nd] Initiative."[137] Am 29. April gab Dimitrov grünes Licht für den Einsatz der ersten drei Gruppen: die „Ulbricht-Gruppe" am 30. April an der 1. Belorussischen Front, die „Ackermann-Gruppe" am 2. Mai an der 1. Ukrainischen Front (es wurde der 1. Mai) und an der 2. Belorussischen Front – noch ohne Nennung eines Datums – die „Sobottka-Gruppe" (es wurde der 6. Mai)[138]. Die nach Deutschland geschickten Gruppen bestanden insgesamt aus 30 Politemigranten und 29 Kriegsgefangenen. Die Emigranten kamen aus dem ehemaligen Kominternapparat. Zwei Drittel von ihnen hatten im Institut 99, fast alle übrigen in den Instituten 100 und 205 gearbeitet. Sie hatten in die Regel die „Abendschule" im Institut 99 besucht. Absolventen der Schule Nr. 12 aber wurden nicht eingesetzt. Die Kriegsgefangenen waren „bewährte Antifaschisten", die als Frontpropagandisten gearbeitet hatten, oder als Absolventen der Antifa-Schule aus der „Reserve" des Instituts 99 kamen[139].

Beim ersten Einsatz deutscher Kader wurde auf organisationserfahrene Kominternfunktionäre und in der Zusammenarbeit mit der Politischen Hauptverwaltung erprobte Kriegsgefangene zurückgegriffen. Einzige Aufgabe war die Hilfestellung für die Rote Armee bei der Bewältigung kommunaler Versorgungs- und Ordnungsaufgaben. Selbst die in den Richtlinien erwähnte Unterstützung der sowjetischen Besatzungsmacht bei der Entnazifizierung wurde nicht den „deutschen Antifaschisten" überlassen. Dafür hatte das NKVD einen eigenen, umfangreichen Apparat aufgebaut[140]. In Berlin hielt sich Ulbricht strikt an die Vorgabe, lediglich die Stadtverwaltung in Gang zu bringen. Alle weitergehenden politischen Aktivitäten von Kommunisten oder Mitgliedern anderer Parteien wurden unterbunden[141].

Die Bezeichnung der Kadergruppen unter Leitung von Ulbricht, Ackermann und Sobottka als „Initiativgruppen der KPD" ist daher ein Euphemismus. Die deut-

---

[135] „Richtlinien für die Arbeit der deutschen Antifaschisten in dem von der Roten Armee besetzten deutschen Gebiet" vom 5. 4. 1945, in: „Nach Hitler kommen wir", S. 380.
[136] Foitzik, Sowjetische Militäradministration, S. 76 ff. und 331 ff.
[137] Notizen Piecks von der Besprechung bei Dimitrov am 25. 4. 1945, in: „Gruppe Ulbricht", S. 277.
[138] Notizen Piecks von der Besprechung bei Dimitrov am 29. 4. 1945, ebenda, S. 284.
[139] Siehe Anlage Nr. 3.
[140] Am 18. 4. 1945 ordnete das NKVD die Errichtung von Internierungslagern für NS- und Kriegsverbrecher auf dem Territorium der zukünftigen sowjetischen Besatzungszone an; dazu siehe Possekel, Sowjetische Lagerpolitik in Deutschland, insbes. S. 49 ff.
[141] Vgl. Ulbricht an Pieck am 9. 5. 1945, in: „Gruppe Ulbricht", S. 318 ff.; siehe auch Creuzberger, Die Liquidierung antifaschistischer Organisationen, S. 1266 ff.

4. Einsatz der Parteischüler

Die Parteikader, die das Institut 99 in der Schule Nr. 12 ausgebildet hatte, wurden erst eingesetzt, als die Entscheidung darüber gefallen war, die KPD als Partei in der SBZ zuzulassen. Bereits am 29. April war im OMI die Rede davon gewesen, „Aktivistengruppen" in der Stärke von drei bis fünf Personen nach Berlin, Stettin und Dresden – den Einsatzorten der Gruppen Ulbricht, Sobottka und Ackermann – zu schicken, damit sie dort damit beginnen, Verbindungen zu den ehemaligen Parteigruppen in Deutschland aufzubauen. Solange es aber noch keine sowjetische Entscheidung über die Zulassung der KPD gab, hätten diese Gruppen verdeckt arbeiten müssen, was offensichtlich einkalkuliert wurde[142]. In seinem Bericht an das OMI vom 17. Mai drängte Ulbricht auf die Genehmigung zum verdeckten Aufbau einer kommunistischen Parteiorganisation: „Es wird notwendig sein, eine nicht legale provisorische Leitung für Berlin aus fünf Genossen zu schaffen. Wenn unsere Politik richtig durchgeführt werden soll, so müssen wir eine Partei schaffen, die zu Dreiviertel aus neuen Mitgliedern bestehen muß. Auch in eine später zu schaffende Parteileitung müssen wir neue Antifaschisten hineinbringen, wenn auch die alten ZK-Mitglieder in der Minderheit sind."[143]

Bei der Mitte Mai beginnenden Zusammenstellung weiterer Kadergruppen zur Unterstützung der ersten drei Gruppen wurden Ulbrichts Vorschläge nur teilweise berücksichtigt. Mit der vierten Gruppe fuhren zwar erstmals Absolventen der Schule Nr. 12 nach Deutschland (33 Kriegsgefangene und 21 Politemigranten), aber ihnen wurden 57 Antifa-Schüler ohne spezielle Parteischulung zur Seite gestellt. Insgesamt wurden somit 90, nur bedingt auf einen Parteieinsatz vorbereitete Kriegsgefangene und lediglich 21 Politemigranten entsandt[144]. Wie bei den ersten drei Gruppen erhielt Pieck den Hinweis „Abreisende stehen nicht zur Verfügung der KPD – sondern zur Verfügung der R[oten] A[rmee] [und] ihrer Organe". Aber er notierte sich auch: „Es wird Zeit kommen, wenn KPD als Partei, dann leichter zu arbeiten."[145] Auch wenn damit ganz offensichtlich die Bewältigung allgemeiner kommunaler Verwaltungsaufgaben nach wie vor im Vordergrund stand, so schufen die nach Deutschland geschickten Absolventen der Parteischule eine erste kaderpolitische Grundlage für den Aufbau der KPD in Deutschland. Die Entscheidung über die Zukunft der KPD fiel sogar noch vor der Abreise der vierten Gruppe am 28. Mai. Zwei Tage zuvor, am 26. Mai, hatte Pieck die Anweisung zur Ausarbeitung eines Gründungsmanifestes der KPD erhalten. Der daraufhin vorgelegte Entwurf wurde auch am 30. Mai im OMI besprochen, allerdings ging es auf dieser Sit-

---

[142] Notizen Piecks von der Besprechung vom 29. 4. 1944, in: „Gruppe Ulbricht", S. 286.
[143] Ulbricht an Dimitrov am 17. 5. 1945, ebenda, S. 354.
[144] Siehe Anlage Nr. 3.
[145] Notizen Piecks von der Besprechung bei Dimitrov am 25. 5. 1945, in: „Gruppe Ulbricht", S. 385 f.; anwesend waren außerdem Braginskij (7. Verwaltung), Kijatkin (Leiter der Antifa-Schule in Juža), Chvostov (Kaderabteilung OMI) und Kozlov (Institut 99).

4. Einsatz der Parteischüler 167

zung noch nicht um die tatsächliche Zulassung der KPD in der SBZ, sondern lediglich um die Formulierung eines Aufrufes. Alle von Pieck gestellten Fragen zum konkreten Aufbau der Parteiorganisation blieben unbeantwortet. Darüber wurde erst gesprochen, als Ulbricht, Ackermann und Sobottka Anfang Juni nach Moskau zurückkehrten, um über ihre Eindrücke und Erfahrungen zu berichten[146].

Zu den Anfang Juni 1945 in Moskau durchgeführten Gesprächen der deutschen Kommunisten mit der sowjetischen Führung gibt es ein auf den 4. Juni datiertes Notat Wilhelm Piecks, dessen Interpretation jedoch strittig ist[147]. Zusammengefaßt können die Ereignisse folgendermaßen rekonstruiert werden: Ulbricht, Ackermann und Sobottka berichteten direkt nach ihrer Ankunft in Moskau am frühen Abend („18.45 – 20.30 Uhr") bei Stalin und Molotov[148]. Bei diesem nicht ganz zweistündigen Treffen – über das keine Aufzeichnungen vorliegen – ging es vermutlich nur um einen knappen Bericht über die Lage in Deutschland, bei dem offenbar die Frage der Kontrolle über das besetzte Gebiet im Mittelpunkt stand. Außer den Leitern der deutschen Kadergruppen war nur noch der verantwortliche Bevollmächtigte des NKVD im Frontbereich der Roten Armee, General Serov, anwesend, der für die Sicherung des sowjetisch besetzten Gebietes die entscheidende Rolle spielte[149]. Se-

---

[146] Vgl. Notizen Piecks „Besprechung bei Dimitrov am 30. 5. 1945" und vom 4. 6. 1945, ebenda, S. 435 ff. und S. 470 f. Die auf den 30. 5. 1945 datierten Notizen bestehen aus zwei Teilen, die von Keiderling als Vorbereitung Piecks auf das Gespräch und als Protokoll des Gespräches selbst charakterisiert werden (ebenda, S. 440, Anm. 1). Demnach hatte sich Pieck zwar vorgenommen, die organisatorischen Fragen zum Parteiaufbau anzusprechen, was aber am 30. 5. offenbar nicht geschah, sondern erst am 4. 6. 1945. In dem auf den 4. 6. 1945 datierten Notat vermerkt Pieck die am 26. 5. 1945 ergangene Anweisung, die Gründung der KPD vorzubereiten, und läßt im Notat den Punkt „Aufbau der KPD" folgen. Im weiteren Verlauf des Gespräches am 4. 6. 1945 ging es dann anscheinend auch um die konkreten Personalfragen („Zusammensetzung der Parteiorgane"); siehe auch Kubina, Der Aufbau des zentralen Parteiapparates, S. 53 ff.

[147] Die auf den 4. 6. 1945 datierten Notizen Piecks wurden ediert von Badstübner, „Beratungen" bei J. W. Stalin, S. 99 ff.; Keiderling, „Gruppe Ulbricht", S. 468 ff.; Badstübner/Loth, Wilhelm Pieck – Aufzeichnungen zur Deutschlandpolitik, S. 48 ff. und Bodensieck, Wilhelm Piecks Moskauer Aufzeichnungen, S. 28 ff. Insbesondere aus der Kritik Bodensiecks, aber auch der von Benser (Quellenveröffentlichungen, S. 101 ff.), ist deutlich geworden, daß es sich bei den Notizen nicht um eine Mitschrift eines Gespräches bei Stalin handelt. In der Vergangenheit haben mehrere Autoren in den Pieck-Notizen vom 4. 6. 1945 eine unmittelbare Willensäußerung Stalins gesehen: Staritz, Die SED, Stalin und die Gründung der DDR, S. 4 f.; Badstübner, Zum Problem der historischen Alternativen, S. 580 ff.; Raack, Stalin plans his post-war Germany, S. 59 ff.; Loth, Stalins ungeliebtes Kind, S. 21 ff.; zur Diskussion siehe vor allem Loth, Stalin, die deutsche Frage und die DDR, S. 290 ff. und die sich daran anschließende Kontroverse zwischen Loth und Wettig in: DA 28 (1995), S. 743 ff., S. 749 f. und S. 973; siehe auch Wettig, Neue Aufschlüsse über Moskauer Planungen, S. 151 ff.

[148] Posetiteli kremlevskogo kabineta, S. 103. Das Besucherbuch Stalins vermerkt die Anwesenheit von: Molotov von 17.55 bis 22.00 Uhr und Serov, Ulbricht, Ackermann, Sobottka [fehlerhaft mit „Šapotko" eingetragen] von 18.45 bis 20.30 Uhr sowie als weitere Besucher Chruščev, Antonov, Štemenko, Bulganin, Berija, Malenkov und Mikojan, die aber alle erst nach 20.30 Uhr vorgelassen wurden.

[149] „Sicherung" ist in diesem Zusammenhang ein sehr problematischer Begriff, denn das NKVD ging rigoros gegen tatsächlichen und vermeintlichen Widerstand (der Zivilbevölkerung) vor, und war verantwortlich für eine Verhaftungs- und Internierungswelle, die weit über ein sowjetisches Bedürfnis an „Sicherheit" hinausging; zum Vorgehen des NKVD im Frontbereich der Roten Armee siehe Kilian, Stalins Prophylaxe, S. 543 ff.; Semiryaga, Wie

rov wurde zwei Tage später zum Vize-Chef der SMAD ernannt, der verantwortlich war für die Ziviladministration. Gleichzeitig war er der Geheimdienstkoordinator in der SBZ[150]. Dimitrov und Pieck, die bei diesem Gespräch nicht dabei waren, wurden erst im Anschluß an den Empfang bei Stalin, am späteren Abend des 4. Juni informiert[151]. Die von Pieck auf den 4. Juni 1945 datierten Notizen beziehen sich auf diesen Bericht der Kadergruppenleiter im OMI, über den außerdem das von Laufer veröffentlichte „Stenogramm der Mitteilungen der Genossen Ackermann, Ulbricht und Sobottka über die Lage in Deutschland" vorliegt[152].

In seinen Notizen über den Bericht im OMI vermerkte Pieck unter dem Absatz „Beschlüsse" die sofortige Ausarbeitung eines Entwurfs für die Gründung der KPD „bis 5. 6. mittags". Die Anweisung muß somit in der Nacht vom 4. auf den 5. Juni erfolgt sein. Auch die Anweisung „Liste der Kader für Berlin, Dresden, Rostock; Liste der Kriegsgefangenen vom Nat. Kom. *[Nationalkomitee]*" muß am 4. Juni erteilt worden sein, denn Serov erhielt am 5. Juni „auf Grund der gestrigen Anweisungen" die entsprechenden Kaderlisten über die Mitglieder des NKFD[153]. Über den Aufruf der KPD und die Kaderlisten war bereits am 30. Mai im OMI gesprochen worden, d.h. die Entwürfe waren vorbereitet und konnten innerhalb von Stunden überarbeitet werden[154]. In Anlehnung an Bodensiecks Edition der Piecknotizen vom 4. Juni, der allerdings als Gesprächspartner nur die KPD-Spitze annimmt, spiegelt das Notat den Entscheidungsablauf getreu wider: Die von eins bis sechs durchnumerierten Absätze halten den Bericht fest, der Stalin vorgetragen und anschließend im OMI wiederholt worden war. Die folgenden Stichpunkte – im Notat ab „Perspektiven" – beziehen sich auf die Aussprache, in der Dimitrov den deut-

---

Berijas Leute in Ostdeutschland die Demokratie errichteten, S. 741 ff.; allgemein siehe Zeidler, Kriegsende im Osten.
[150] Zur Stellung Serovs siehe Foitzik, Sowjetische Militäradministration, S. 161 ff.; Sacharov/Filippovych/Kubina, Tschekisten in Deutschland, S. 298 ff.
[151] Pieck vermerkte im Kopf seiner Notizen „Bericht Walter, Ackermann, Sobottka am 4. 6. nachm. 8 Uhr" und fügte außerdem hinzu „um 6 Uhr bei Stal., Mol., Shdan.". Löst man diese Angaben auf, könnten sie bedeuten, daß es um 18.00 Uhr den Bericht bei Stalin, Molotov und Ždanov – der laut Besucherbuch nicht anwesend war – und um 20.00 Uhr die Sitzung im OMI gab; vgl. Bodensieck, Wilhelm Piecks Moskauer Aufzeichnungen, S. 39. Die Bezeichnung „nachmittags" halte ich für einen Russizismus, der – abgeleitet von „posle obeda/nach dem Mittagessen" (so wie im Englischen „p.m.") – anzeigt, daß es sich nicht um 8.00 Uhr früh, sondern um 20.00 Uhr abends handelte.
[152] Laufer, „Genossen, wie ist das Gesamtbild?", S. 355 ff. Laufer datiert das Stenogramm des OMI auf den 7. 6. 1945, aber meines Erachtens protokolliert es genau das Gespräch, von dem auch Pieck Notizen angefertigt hat. Inhaltlich passen Notizen und Stenogramm zusammen, wobei das Stenogramm nur den Bericht, aber nicht die Diskussion festhielt. Die Erklärung dafür könnte darin bestehen, daß das OMI nach dem nicht protokollierten Gespräch bei Stalin den Bericht über die Situation in Deutschland schriftlich fixieren sollte, während die daran anschließende Diskussion und die „Beschlüsse" nicht in das Stenogramm aufgenommen wurden, weil es über das OMI hinaus verbreitet wurde. Laufer datiert das Stenogramm auf den Zeitpunkt der Erstellung der Klarschrift am 7. 6. 1945. An diesem Tag gab es ein zweites Gespräch bei Stalin, für das das Stenogramm möglicherweise die Gesprächsgrundlage bot.
[153] Pieck an Serov am 5. 6. 1945, SAPMO-BArch 4036/517, Bl. 145–146; unvollständige Wiedergabe in: „Gruppe Ulbricht", S. 475; vgl. ebenda, S. 471 die Notizen Piecks vom 4. 6. 1945.
[154] Notizen Piecks „Besprechung bei Dimitrov am 30. 5. 1945", ebenda, S. 435 ff.; vgl. Keiderlings Kommentar ebenda, S. 472 f., Anm. 1.

schen Kommunisten den sowjetischen Standpunkt erläuterte, und die mit den Anweisungen Dimitrovs an die KPD – im Notat als „Beschlüsse" gekennzeichnet – endete[155].

Im Mittelpunkt des Berichtes an das OMI, den in der Hauptsache Ackermann vortrug, standen die allgemeine Haltung der Bevölkerung, die Meinungen der NS-Gegner, die aus dem Untergrund auftauchten oder aus Konzentrationslagern und Gefängnissen befreit worden waren, das Auftreten von Sozialdemokraten, die Versorgungs- und Verkehrslage und nicht zuletzt die Situation in den Besatzungszonen der Westalliierten[156]. Bei der Schilderung über den Aufbau der Kommunalverwaltungen („Selbstverwaltungen") ging Ackermann auf alle vom OMI im März 1945 benannten Aufgaben ein: Ernennung von Bürgermeistern und Besetzung der Verwaltungsstellen, Sicherung der kommunalen Wirtschaft (Strom, Wasser), Räumung der Straßen und Versorgung der Bevölkerung[157]. Auch Ulbricht, der in seinem Vortrag allerdings den Aufbau einer Parteiorganisation stärker in den Vordergrund stellte und damit den anstehenden Entscheidungen offenbar vorgreifen wollte, ging ebenfalls ausführlich auf die „Selbstverwaltungen" ein. Er schilderte das Problem, daß örtliche Initiativen bereits die Aufgaben übernommen hätten, die den aus Moskau angereisten Kadern aufgetragen worden seien. Um eine „Doppelherrschaft" zu vermeiden, seien die Komitees aufgelöst worden. Ulbricht kleidete das in die für sein Denken bezeichnende Worte, mit denen er seinen Vortrag begann: „Als unsere Gruppe nach Berlin kam, wurde in einigen Stadtteilen noch gekämpft. In anderen Stadtteilen herrschte bereits unsere Macht."[158]

Die Sorge um die politische Kontrolle der Roten Armee war das zentrale Anliegen des OMI. Die während des Vortrags gestellten Nachfragen bezogen sich auf das Verhalten der Jugendlichen, insbesondere auf befürchtete Partisanenaktionen des „Werwolf", und auf politische Aufrufe, die möglicherweise aus dem Westen hätten kommen können. In diesem Zusammenhang erkundigte sich das OMI vor allem nach dem Verhalten von Thomas Mann[159]. Zudem interessierte sich das OMI für das Verhalten der Kriegsgefangenen, die der 7. Verwaltung zur Unterstützung geschickt worden waren. Auch bei diesen Kadern dominierte die Sorge, man könne die Kontrolle verlieren. Ackermanns rundum positive Beurteilung der organisatorischen Arbeit der Kriegsgefangenen wurde mit der Bemerkung unterbrochen, „Die Rede ist vom politischen Benehmen". Ulbricht nannte daraufhin den erfolgreichen

---

[155] Bodensieck, Wilhelm Piecks Moskauer Aufzeichnungen, S. 38.
[156] Laufer, „Genossen, wie ist das Gesamtbild?", S. 358 ff.
[157] Ebenda, S. 360 f.; vgl. Dimitrov und Panjuškin an Molotov und Malenkov im März 1945, in: Sowjetische Politik in der SBZ, S. 5 f.
[158] Laufer, „Genossen, wie ist das Gesamtbild?", S. 364 f.
[159] Thomas Mann war nach der Gründung des NKFD von einem sowjetischen Korrespondenten in den USA zu einer Stellungnahme gedrängt worden. Seine Haltung schwankte jedoch, da er der moskautreuen Haltung des Nationalkomitee mißtraute. Die von kommunistischer Seite schließlich stolz präsentierte Zustimmung Manns zum NKFD (Weinert, Nationalkomitee, S. 104) war lediglich „auf Bitten der sowjetischen Nachrichtenagentur TASS eine verhalten zustimmende Erklärung zur Bildung des NKFD" (Bungert, Deutsche Emigranten im amerikanischen Kalkül, S. 264). Thomas Mann wurde im Herbst 1943 in den USA mehrmals gefragt, ob er bereit sei, in einem „Gegenkomitee" mitzuwirken, was er jedoch ablehnte. Da der sowjetische Geheimdienst darüber vermutlich Kenntnis hatte, ist die Nachfrage des OMI im Juni 1945 verständlich.

Einsatz eines „Jugendinstrukteurs", der Antifa-Schüler sei (vermutlich Heinz Keßler)[160]. Offenbar ging die vom OMI den Kriegsgefangenen zugedachte Funktion nicht über die rein pragmatische Hilfe beim Aufbau der Kommunalverwaltungen hinaus. Antifa-Kader sollten den Kontakt zur deutschen Bevölkerung herstellen, deren innere Einstellung der sowjetischen Besatzungsmacht fremd, wenn nicht sogar ein wenig unheimlich war, und damit für eine gesellschaftliche Kontrolle – im konkreten die Angst vor jugendlichen Werwölfen – sorgen.

Am Abend des 4. Juni wurde im OMI außerdem über die weitere Entwicklung des von alliierten Truppen besetzten Deutschland gesprochen. Der von Pieck notierte Satz „Perspektive – es wird 2 Deutschlands geben – trotz allem Einheit der Verbündeten"[161] bedeutete in diesem Zusammenhang lediglich, daß es in Deutschland eine östliche und eine westliche Besatzungszone, aber trotz der eigenständigen Militärverwaltungen in den Zonen durch den alliierten Kontrollrat eine einheitliche Kontrolle über Deutschland geben werde. In eben dieser Weise erläuterte Pieck den KPD-Mitgliedern in Moskau am 27. Juni 1945 die Situation: „Entwicklung der Lage in zwei Monaten seit dem 2. 5. 1945. Teilung in zwei Besatzungszonen, sowjet- und alliierte, östliche und westliche (...) Perspektiven – demokratische Erneuerung: kämpferische Demokratie – Aufbau – wirtschaftliche, geistige und moralische Gesundung der Völker – nationale Selbständigkeit. Freies Deutschland – Nationalkomitee."[162] Auch wenn die sowjetische Führung damit ein Zusammengehen der Westalliierten als gegeben voraussetzte – die westlichen Zonen wurden zusammengefaßt zu einer „alliierten Zone" –, so sollte die Entwicklung in der sowjetischen Zone jedoch nicht anders verlaufen. In der Diskussion mit den KPD-Funktionären am Abend des 4. Juni stellte Dimtrov klar, daß ebenso wie in den westlichen Zonen auch in der SBZ zuerst die Verwaltungen in Ordnung gebracht würden. Auf Orts- und Kreisebene war das bereits begonnen worden, aber nun sollte auch die Etablierung von Landesverwaltungen in Angriff genommen werden. Eine zonenübergreifende, gesamtdeutsche Verwaltung war damit allerdings nicht vorgesehen. Pieck notierte: „Administrative Regelung: Engländer – Amerikaner schaffen Regierungen für Bayern, Thüringen, Rheinlandpfalz-Rheinland. Wir Landesregierung für Sachsen, Provinzialregierungen für Berlin-Brandenburg, Mecklenburg-Pommern; ob später fürs ganze Okkupationsgebiet ist noch nicht klar. Schaffung von Verwaltungen für Bezirk, Kreis, Stadt, Gemeinde."[163]

Am 4. Juni wurde zudem die Tätigkeit politischer Parteien in den gesellschaftlichen Aufbau in der SBZ einbezogen. Vor dem Einsatz deutscher Kader war davon noch nicht die Rede gewesen. Nach dem erfolgten Einsatz wurde diese Frage schon nicht mehr diskutiert, denn die Zulassung von Parteien stand bereits fest. In Piecks Aufzeichnungen heißt es kommentarlos, daß außer den Verwaltungen und den Par-

---

[160] Laufer, „Genossen, wie ist das Gesamtbild?", S. 371.
[161] Siehe Bodensieck (Wilhelm Piecks Moskauer Aufzeichnungen, S. 37), der überzeugend darlegt, daß es im Original „trotz allem Einheit der Verbündeten" heißt und nicht wie in den meisten Arbeiten, die aus der Klarschrift zitieren, „trotz aller". Die Konnotation ist daher: „Die Alliierten gehen gemeinsam vor, obwohl es zwei Zonen gibt".
[162] „Information der Parteimitglieder in Moskau im Lux" am 27. 6. 1945, in: „Gruppe Ulbricht", S. 589f.
[163] Zitiert nach der Edition von Bodensieck, Wilhelm Piecks Moskauer Aufzeichnungen, S. 52; dort gekennzeichnet als „[A II: 2]" und „[A II: 3]".

teien keine weiteren Korporationen wie Antifa-Komitees oder Verbände zugelassen werden sollten: „Schaffung besonderer Bauernbund nicht zweckmäßig, sondern innerhalb der Partei einbeziehen. Bildung antifaschistischer Komitees auch nicht zweckmäßig – weil Gefahr, daß neben Stadt und Gemeindeverwaltung eigenmächtig."[164] Ebenso übergangslos hieß es nun „alte Schulbücher benutzen, von Weimar und Österreich"[165], obwohl sich das Institut 99 mit viel Aufwand um die Umgestaltung des Bildungswesens gekümmert hatte. Planungen und Vorarbeiten wurden beiseite geschoben. Es ging dem OMI – vorerst – um eine Anknüpfung an die gesellschaftlichen Verhältnisse in Deutschland vor der nationalsozialistischen Machtergreifung. Allerdings gab es eine wesentliche Ausnahme: Die ländlichen Besitzverhältnisse sollten durch eine Bodenreform radikal verändert werden[166]. Über die Grundzüge der sowjetischen Politik in der SBZ im Sommer 1945 notierte Pieck:„Charakter des antifaschistischen Kampfes: Vollendung der bürgerlichdemokratischen Revolution – bürgerlich-demokratische Regierung – Macht der Rittergutsbesitzer brechen – Rest des Feudalismus beseitigen."[167]

Das von Pieck auf den 4. Juni 1945 datierte Notat hält die Diskussion Dimitrovs – sowie weiterer Personen, von denen nur Panjuškin (stellvertretender Chef des OMI) im Protokoll namentlich erwähnt wird – mit der KPD-Spitze und nicht ein Gespräch mit Stalin fest. Es entsprach dabei den sowjetischen Gepflogenheiten, daß auf der ZK-Ebene – dem OMI – die inhaltlichen Diskussionen geführt wurden, während der politischen Spitze – Stalin – nur knapp berichtet wurde. Dessen Zustimmung oder Ablehnung entschied jedoch über den weiteren Gang der Dinge. Die zweite, am 7. Juni folgende Besprechung bei Stalin war somit die unbedingt notwendige Bestätigung der in der Zwischenzeit erarbeiteten Vorlagen. Bis zu dieser zweiten Besprechung wurden die am 4. Juni verabschiedeten „Beschlüsse" abgearbeitet. Es gab tägliche Beratungen im OMI[168].

Parallel zu den konzeptionellen Arbeiten im OMI wurden in den Tagen zwischen dem 4. und 7. Juni die maßgeblichen Beschlüsse zur Errichtung der Sowjetischen Militäradministration in Deutschland (SMAD) verabschiedet. Der ursprünglich vorgesehene Termin (1. Juni)[169] war nicht zu halten gewesen, vermutlich weil der alliierte Beschluß über die Übernahme der Regierungsgewalt in Deutschland erst am 5. Juni fiel. Am 6. Juni entschied der Rat der Volkskommissare über die sowjeti-

---

[164] Ebenda; als „[A II: 6]" und „[A II: 7]" gekennzeichnet.
[165] „[A II: 4] Schulfragen – Entwurf *[damit war offensichtlich der Richtlinienentwurf der NKFD-Kommission gemeint:* Alte Lehrbücher benutzen von Weimar und Österreich", ebenda. Einzige Einschränkung war der Religionsunterricht, der nur noch außerhalb der Schule zugelassen werden sollte, ebenda „[A II: 5]".
[166] In der Rückschau kann zu diesem Punkt ergänzt werden, daß es der Sowjetunion beim deutschen Einigungsvertrag von 1990 besonders wichtig war, die Bodenreform in der SBZ nicht rückgängig zu machen. Bis auf die Enteignungen durch die Bodenreform wurden alle anderen Besitzverhältnisse in der ehemaligen DDR getreu des Grundsatzes „Rückgabe vor Entschädigung" revidiert.
[167] Bodensieck, Wilhelm Piecks Moskauer Aufzeichnungen, S. 52, „[A II: 1]". Dieser Punkt wurde in der Diskussion im OMI zuerst angesprochen und kann daher als eine Art Eingangsvoraussetzung für alle folgenden Punkte, auf die Dimitrov im weiteren zu sprechen kam, betrachtet werden.
[168] Vgl. den von Benser (Quellenveröffentlichungen, S. 102) zitierten Kalender Piecks.
[169] Creuzberger, Die sowjetische Besatzungsmacht, S. 27.

sche Militäradministration. Diese Entscheidung wurde als SMAD Befehl Nr. 1 am 9. Juni veröffentlicht, gefolgt vom Befehl Nr. 2 vom 10. Juni über die Zulassung antifaschistischer Parteien in der SBZ[170]. Rein vom chronologischen Ablauf her fügte sich die Berichterstattung deutscher Kommunisten bei Stalin und im OMI nahtlos in den Aufbau der sowjetischen Militärverwaltung in Deutschland. Mit den deutschen Kommunisten sind diese Erlasse aber nicht diskutiert worden, auch wenn ganz offensichtlich vom OMI Wert auf die Berichterstattung gelegt wurde. Es ist dabei nicht auszuschließen, daß sich das OMI neben der Politischen Hauptverwaltung der Roten Armee und dem Volkskommissariat für Äußere Angelegenheiten, das seinerseits politische Berater nach Deutschland geschickt hatte, eine eigene Informationsbasis sichern wollte[171].

Am 7. Juni sprachen Ulbricht, Ackermann und Sobottka abermals bei Stalin vor, nun zusammen mit Pieck und Dimitrov. Im Unterschied zu der kurzen Sitzung drei Tage zuvor tagte man dieses Mal fast vier Stunden lang („21.35 – 1.30 Uhr")[172]. Obwohl die verhandelten Beschlußvorlagen in den vergangenen Tagen in enger Absprache mit Dimitrov erarbeitet worden waren, bestand immer noch großer Klärungsbedarf. Vor allem in der Frage der Neugründung der KPD sowie des Parteiensystems insgesamt gab es ganz offensichtlich Meinungsverschiedenheiten. Dimitrov notierte in sein Tagebuch: „Treffen bei Stalin (und Molotov). Berieten den Entwurf der deutschen KP. Es wurden wesentliche Änderungen vorgenommen. (...). Stalin schlug vor, definitiv zu erklären, daß im gegebenen Moment die Einführung des sowjetischen Systems in Deutschland unrichtig ist; notwendig ist die Errichtung eines antifaschistischen, demokratischen, parlamentarischen Regimes. Die kommunistische Partei schlägt einen Block antifaschistischer Parteien auf einer gemeinsamen Plattform vor."[173] Die erneute Überarbeitung der vom OMI und der KPD gemeinsam formulierten Vorlagen läßt darauf schließen, daß die sowjetische Führung in ihrer Haltung zu Einzelfragen wie dem Parteiensystem und der Stellung der KPD schwankend war. Hatte bis zur Einstellung der Kampfhandlungen und

---

[170] Ebenda, S. 29 ff.; Foitzik, Sowjetische Militäradministration, S. 84 und 97 ff.
[171] Foitzik (Sowjetische Militäradministration, S. 334 f.) verweist zu recht auf die vollkommen unabhängig von den deutschen Kommunisten errichteten Verwaltungsstrukturen der SMAD, unterschätzt aber die oben dargestellte Koinzidenz der Entscheidungsabläufe in Moskau. Die später fortwährenden Konflikte zwischen Außenministerium und Zentralkomitee bei der Bewertung – und Beeinflussung – der politischen Entwicklung in der SBZ basierte meines Erachtens auf eben diesen parallelen Strukturen, die sowohl die Wahrnehmung in Moskau als auch die daraus resultierenden Entscheidungen beeinflußten. In der Forschung sind Form und Stellenwert der jeweiligen Kommunikationswege der SMAD über die Informationsabteilung (Tjul'panov) oder den politischen Berater des Außenministeriums (Semenov) umstritten. Foitzik schreibt Semenov den maßgeblichen Einfluß zu (S. 247) und betont, daß die SED auch über direkte Verbindungswege in den Moskauer ZK-Apparat verfügte (S. 261); demgegenüber siehe Naimark, Russen in Deutschland, S. 403 ff. Als nicht haltbar hat sich Loths Interpretation (Stalins ungeliebtes Kind, S. 129 ff.) erwiesen, wonach die sowjetische Deutschlandpolitik entgegen der Intention Stalins von Ulbricht und Tjul'panov ausgestaltet worden sei. Siehe auch die umfangreichen Dokumentationen zu den Berichten des Außenministeriums (SSSR i germanskij vopros, tom II) und der Propagandaverwaltung der SMAD (Sowjetische Politik in der SBZ).
[172] Poseliteli kremlevskogo kabineta, S. 103.
[173] Eintrag in Dimitrovs Tagebuch vom 7. 6. 1945; zitiert nach Wolkow, Die deutsche Frage aus Stalins Sicht, S. 26.

4. Einsatz der Parteischüler 173

dem anschließenden Aufbau einer Militärverwaltung das Gesetz des Handelns gegolten, so ging es nun um zukunftsweisende Strukturentscheidungen, mit denen sich die Sowjetunion festlegen mußte. Der Bericht bei Stalin war dabei eine wichtige Zäsur für die sowjetische Deutschlandpolitik wie auch für die weiteren Kadereinsätze. Er war vom OMI von Anfang an eingeplant worden. Mitte Februar hatte Panjuškin den Ablaufplan entworfen, daß in der „1. Phase" lediglich Hilfestellung für den Aufbau einer sowjetischen Besatzungsverwaltung in Deutschland geleistet werden, dann Bericht in Moskau erstattet und schließlich eine „2. Phase" mit „erweiterten Aufgaben" folgen solle[174]. Die laut Stenogramm des OMI vom 4. Juni von Ackermann in seinem Vortrag gebrauchten rhetorischen Fragen („Genossen, wie ist das Gesamtbild?") verdeutlichen, daß es dem OMI – wie auch vermutlich Stalin – am 4. Juni vorerst nur um ein Stimmungsbild ging, um daraufhin in der am 7. Juni folgenden Sitzung Entscheidungen für die „2. Phase" treffen zu können. Ganz offensichtlich war sich die sowjetische Führung vor dem Bericht Ackermans, Sobottkas und Ulbrichts noch gar nicht im konkreten klar darüber, was in der „2. Phase" in der SBZ geschehen sollte. Die Festlegung erfolgte tatsächlich erst am 7. Juni. Im Anschluß an die Sitzung bei Stalin überarbeitete die KPD abermals ihre Vorlagen zur Neugründung der KPD in Deutschland[175]. Pieck übersandte dieses Material am 9. Juni an Dimitrov, der es am 11. Juni an Stalin weiterleitete[176]. Am 12. Juni wurde der Gründungsaufruf der KPD veröffentlicht.

Nach der Berichterstattung in Moskau wurde eine fünfte Kadergruppe nach Deutschland geschickt. In der Mehrzahl setzte sie sich aus Politemigranten zusammen (59 Kommunisten, 20 Kriegsgefangene), deren Zahl nach dem zweiten Treffen mit Stalin von 31 auf 59 nahezu verdoppelt worden war. In der Hauptsache waren für die fünfte Gruppe kommunistische Intellektuelle ausgewählt worden, die sich zum Teil in der sogenannten Kulturkommission der KPD mit den Fragen der Entnazifizierung auseinandergesetzt hatten (Becher, Plivier, Bredel, Wangenheim, Vallentin, Wolf). Allerdings rückte durch die nach dem 7. Juni eingereichte „Ergänzungsliste" der Aufbau des Parteiapparates der KPD stärker in den Vordergrund. Nachträglich wurden 28 Parteifunktionäre für die Bezirke Berlin, Halle-Merseburg, Thüringen und Pommern benannt[177]. Diese zusätzlich nominierten Kommunisten waren ursprünglich vorgesehen für den Monatskurs, der jedoch nicht zustande gekommen war. Wegen des akuten Personalmangels wurde daher bei der Nominie-

---

[174] Vgl. Notizen Piecks über die Besprechung bei Panjuškin am 17. 2. 1945, in: „Gruppe Ulbricht", S. 206.
[175] Ebenda, S. 509 ff.: „Nächste zentrale Aufgaben der Parteiführung aufgrund des Aufrufes des ZK der KPD", „Grundlage für den Etat des ZK der KPD", „Grundlage für einen Etat der Parteizeitungen". Inhaltlich wurden alle diese Beschlüsse bereits in den Notizen Piecks vom 4. 6. 1945 erwähnt.
[176] Pieck an Dimitrov am 9. 6. 1945, SAPMO-BArch NY 4036/544, Bl. 204; Dimitrov an Stalin am 11. 6. 1945 (inklusive Anlagen), RGASPI 17/128/716, Bl. 63–72; Die Anlagen waren außer der „Ergänzungsliste": „Übersicht über die Verteilung der im Mai *[und im Juni]* 1945 zum Einsatz gelangten Genossen auf die einzelnen Gebiete", ebenda, Bl. 152–154; „Übersicht über die bei den einzelnen Institutionen in Moskau verbleibenden Genossen", ebenda, Bl. 155–156. In „Gruppe Ulbricht", S. 507 f. (Ergänzungsliste), S. 441 f. und 506 f. (Liste eingesetzter Kader), sind diese Dokumente nur unvollständig wiedergegeben.
[177] „Ergänzungsliste zur Liste vom 5. 6. 1945", ohne Datum, SAPMO-BArch NY 4036/517, Bl. 147–150; siehe Anlage Nr. 3.

rung weiterer Kader auf eine vorangegangene Parteischulung verzichtet. Sie wurde allerdings noch vor Abreise der Gruppe nachgeholt. Die Nominierung der Politemigranten entsprach somit – zumindest quantitativ – genau dem von Ulbricht gegenüber dem OMI angemeldeten Bedarf. Von einer Verwendung von Kriegsgefangenen für den Aufbau des KPD-Apparates in Deutschland hatte er abgeraten: „Was die weitere Verwendung der Kriegsgefangenen anbelangt, so ist die Lage folgende. Jetzt brauchen wir Leute, die eine mehr oder minder hohe politische Ausbildung haben. Was die übrigen Genossen betrifft, so werden etwa 50 Mann für die Arbeit gebraucht."[178]

Mit der fünften Gruppe kehrten aber auch Kriegsgefangene nach Deutschland zurück. Sie waren vorgesehen für die Gebiete Sachsen, Berlin-Brandenburg und Mecklenburg-Pommern, den Einsatzgebieten der ersten vier Gruppen. Ausgewählt wurden Aktivisten des Nationalkomitees, deren loyale Haltung zur Sowjetunion als erwiesen galt. Nur die wenigsten von ihnen hatten die Antifa-Schule besucht. Als Qualifikation galt bei der Kaderbeurteilung die Mitarbeit in den Redaktionen des NKFD ebenso wie die Tätigkeit als Lager- oder Frontbevollmächtigter[179]. Die den Kadern zugedachte gesellschaftspolitische Funktion ist aus den Kaderbeurteilungen zu ersehen. Zu dem katholischen Oberst Steidle hieß es: „Er könnte bei der Arbeit in Deutschland ein wichtiges Bindeglied zwischen den katholischen Volksgruppen und den Arbeiterparteien darstellen." Über den evangelischen Wehrmachtspfarrer Schröder wurde geurteilt, daß er sich „in seinen Predigten und Reden mehr von den Interessen des antifaschistischen Kampfes als von denen der evangelischen Kirchen leiten" lasse. Und die Kaderbeurteilung über den Truppenarzt Dr. Rudi Pallas lautete: „In Anbetracht seiner Herkunft aus der bürgerlichen Jugendbewegung dürfte er bei seiner Arbeit in Deutschland als Bindeglied zwischen der bürgerlichen und der Arbeiterjugend eine erhebliche Rolle spielen."[180] Ursprünglich hatte die Zusammenstellung der fünften Kadergruppe das Ziel gehabt, den Aufbau antifaschistischer Massenorganisationen, insbesondere des Kulturbundes, sowie den Aufbau neuer Landesverwaltungen zu unterstützen. Erst durch die „Ergänzungsliste" wurden Parteifunktionäre im engeren Sinne zum Aufbau des Parteiapparates hinzugenommen. Auch das ist ein Indiz für den Stellenwert der Berichterstattung Ackermanns, Ulbrichts und Sobottkas bei Stalin bzw. im OMI.

Zusammenstellung und Einsatz der fünften Gruppe bedeuteten das Ende der Parteischulung der KPD in der Sowjetunion. Die Rückreise der Gruppe zog sich bis zum Jahresende 1945 hin. Diejenigen kommunistischen Intellektuellen, deren Ein-

---

[178] Laufer, „Genossen, wie ist das Gesamtbild?", S. 371.
[179] Pieck an Serov am 5. 6. 1945, SAPMO-BArch 4036/517, Bl. 145–146; unvollständige Wiedergabe in: „Gruppe Ulbricht", S. 475. Als „ergebene", „zuverlässige" oder „bewährte Antifaschisten" wurden vorgeschlagen: Rücker, Kohlmay, von Kügelgen, Emendörfer, Krummacher, Krausnick (für den Einsatz in Berlin), Hadermann, Kertzscher, Röckl, Gerhard Krüger, Reyher, Klement, Achilles (für den Einsatz in Sachsen) und Grandy, Hartmann, Dengler, Strampfer, Helmschrott, Luddeneit, Gentzen (für den Einsatz in Mecklenburg). Ein weiteres Auswahlkriterium wird der Wohnort gewesen sein, bzw. die Bereitschaft der eingesetzten Kriegsgefangenen, sich von der Familie zu trennen, sofern sie nicht dazu bewegt werden konnte, in die SBZ überzusiedeln; vgl. Steidle, Entscheidung an der Wolga, S. 399.
[180] Von Weinert am 15. 9. 1945 ausgestellte Charakteristiken, RGASPI 17/128/839, Bl. 126–129.

satz am 5. Juni beschlossen worden war, fuhren Mitte Juni nach Deutschland[181]. Diejenigen aber, die in der „Ergänzungsliste" zusätzlich nominiert worden waren, wurden vor der Abreise zusammen mit den ausgewählten Aktivisten des NKFD politisch geschult. Nach den Erinnerungen der Beteiligten kamen sie in der Schule Nr. 12 in Schodna zusammen[182]. Aber offenbar wurde die Gruppe unter der Bezeichnung „Schule der 30" in dem Ausbildungscamp Nagornoe als eigenständige Schulungsgruppe, d. h. nicht als Kurs an der Parteischule, ausgebildet[183]. Ihre Rückreise erfolgte im November 1945, nach Auflösung des Nationalkomitees[184]. Ungeachtet dessen führte die Schule Nr. 12 von Oktober bis November 1945 noch den vierten und letzten Kurs durch. Die vom Institut 99 organisierte Parteischulung der KPD in der Sowjetunion brachte somit insgesamt 210 ausgebildete Emigranten und Kriegsgefangene hervor. Von ihnen wurden 121 Kader (ca. 90 von ihnen waren Kriegsgefangene) in der Schule Nr. 12 vorbereitet. In der Abendschule wurden 89 Mitglieder der Exil-KPD geschult. Nachweislich kehrten in der Zeit von April bis Dezember 1945 insgesamt 249 Kader in fünf Gruppen zurück: 139 Kriegsgefangene und 110 Politemigranten. Von den Kriegsgefangenen hatten 33 die Schule Nr. 12 beendet, 15 zählten zu den Aktivisten des NKFD. Von den Emigranten absolvierten acht die Schule Nr. 12 und 23 die Abendschule. Demnach hätten lediglich 64 der unmittelbar nach Kriegsende in Deutschland eingesetzten Kader die dafür vorgesehenen Parteischulungen besucht[185]. D. h. zusätzlich zu den fünf Kadergruppen waren ca. weitere 150 Kommunisten für den Einsatz in Deutschland ausgebildet, aber nicht sofort eingesetzt worden. Möglicherweise sind sie erst nach dem Jahresende 1945 eingesetzt worden. Laut Erler sind bis Ende 1945 nachweisbar 116 Politemigranten nach Deutschland zurückgekehrt. Weitere 102 folgten in den Jahren 1946 und 1947[186].

Erler bezeichnet die in den Jahren 1945–1947 aus der Sowjetunion zurückkehrenden kommunistischen Emigranten als „Moskau-Kader", die im Parteiapparat der KPD/SED und in der staatlichen Verwaltung der SBZ/DDR die entscheidenden Führungspositionen übernahmen. Als Gruppe seien sie durch folgende „Integrations- und Identifikationsfaktoren" zusammengehalten worden: „Erlebnisse und Erfahrungen im gemeinsamen Emigrationsland, die dort erhaltene Ausbildung, die politisch-emotionale Bindung an die Sowjetunion, die prinzipielle Bejahung des sowjetischen Gesellschaftsmodells auch für Deutschland und der widerspruchslose Gehorsam gegenüber sowjetischen Funktionären."[187] Dabei ist allerdings zu berücksichtigen, daß der Aufbau des Parteiapparates und die Besetzung der Schlüsselpositionen mit „Moskau-Kadern" mitnichten so stringent war, wie es in der Rückschau scheinen mag. Bereits die Absolventen des dritten Kurses an der Schule Nr. 12 (Mai 1945) waren bei der Kaderauswahl im Juni 1945 nicht berücksichtigt

---

[181] Erler, „Moskau-Kader", S. 252.
[182] Dengler, Zwei Leben in einem, S. 131 ff.; Kügelgen, Nacht der Entscheidung, S. 473 f.; vgl. Puttkamer, Irrtum und Schuld, S. 87; Steidle, Entscheidung an der Wolga, S. 396 f.
[183] Erler, „Moskau-Kader", S. 251. Erler täuscht sich, wenn er die „Schule der 30" mit dem gescheiterten „Monatskurs" gleichsetzt.
[184] Ebenda, S. 252.
[185] Siehe Anlage Nr. 3.
[186] Erler, Moskau-Kader, S. 253 u. 255.
[187] Ebenda, S. 231.

worden, weil offensichtlich in Deutschland mehr organisationserfahrene Parteifunktionäre angetroffen worden waren als angenommen. Zumindest hatte der aus Berlin zurückgekehrte Ulbricht gegenüber dem OMI auf die ausreichend vorhandenen Funktionäre hingewiesen: „Überhaupt, an Kadern ist kein Mangel, sogar leitende Kader sind ausreichend vorhanden. Die Bezirksleitungen bestehen alle aus ehemaligen Funktionären der Kommunistischen Partei Deutschlands und aus einer ganzen Reihe ehemaliger Reichstagsabgeordneter, die jetzt mitarbeiten. Großer Bedarf besteht an Leuten, die ideologisch beschlagen sind."[188] Die für die fünfte Gruppe zusätzlich nominierten Parteifunktionäre wurden offenbar als besonders qualifiziert von der KPD-Führung angefordert, dafür spricht auch ihre von der regulären Parteischulung abgesonderte Vorbereitung. Gleichzeitig war damit der Bedarf an Parteifunktionären gedeckt. Die mit der fünften Gruppe nach Deutschland zurückkehrenden Kader reichten für den Apparat der KPD in Deutschland offensichtlich vollkommen aus. Auch Erler konstatiert, daß etliche „Moskau-Kader" erst im Zuge der gesellschaftlichen Veränderungen in der SBZ in entsprechende Schlüsselpositionen aufrückten. Einzige Ausnahme war die Besetzung des Zentralkomitees der KPD bzw. des Zentralsekretariat der SED, in dem von Anfang an fast nur „Moskau-Kader" vertreten waren[189].

Die in der Sowjetunion auf den Einsatz in Deutschland vorbereiteten Kader – Kriegsgefangene wie kommunistische Emigranten – dienten nicht bevorzugt dem Aufbau des Parteiapparates der KPD in Deutschland. Ihre Verwendung stand unter Leitung der Propagandaverwaltung der SMAD, die aus den 7. Verwaltungen der Fronten hervorgegangen war, und deren Mitarbeiter auf einschlägige Erfahrungen in der Zusammenarbeit mit Antifa-Schülern in der Frontpropaganda zurückgreifen konnten[190]. Insbesondere der Leiter der Propagandaverwaltung, Oberst Tjul'panov, hatte während seiner Tätigkeit als Chef einer 7. Verwaltung an der Front frühzeitig auf das Potential der geschulten Kriegsgefangenen für den Aufbau der Verwaltungen in dem besetzten Gebiet hingewiesen[191]. Analog zu den vom OMI im März 1945 formulierten Aufgaben der Kadergruppen berichtete auch die politische Hauptverwaltung Anfang Juli: „Gemäß den Direktiven der Stavka *[Oberkommando der Roten Armee]* ist von den Politorganen eine intensive Arbeit zur Schaffung von Organen der lokalen Selbstverwaltung (Magistrate in den Städten, Bürgermeistern in den Dörfern), der Polizei und des Gerichtswesens sowie der Auswahl entsprechender antifaschistischer Kader aus der örtlichen Bevölkerung durchgeführt worden. (...) Zur Ausfindigmachung und Auswahl der Kader der Oberbürgermeister, Bürgermeister, deren Stellvertreter, der Leiter der Magistratsabteilungen, der Bürgermeister in den Landgemeinden und anderer Mitarbeiter der lokalen deutschen Verwaltung sind Hunderte von Gesprächen mit der örtlichen Bevölkerung durchgeführt worden. Das hat es ermöglicht, Antifaschisten zu finden und zur Arbeit heranzuziehen. Viele der Bürgermeister und ihrer Stellvertreter und

---

[188] Laufer, „Genossen, wie ist das Gesamtbild?", S. 371.
[189] Erler, „Moskau-Kader", S. 277 ff.
[190] Zur Propagandaverwaltung der SMAD siehe Naimark, Russen in Deutschland, S. 26 ff.; Bonwetsch in der Einleitung von: Sowjetische Politik in der SBZ, S. XXVII ff.
[191] Vgl. Tjul'panovs Äußerungen auf dem zweiten Armeetreffen im Mai 1944; siehe oben S. 115.

Räte sind ehemalige Mitglieder der KPD."[192] Im Sommer 1945 wurden sogar mehr Kader unmittelbar über die Fronten der Roten Armee als zentral über das Institut 99 bzw. das OMI in Moskau eingesetzt. Das GlavPURKKA berichtet im Juli über den Einsatz von 300 Kriegsgefangenen und 70 kommunistischen Emigranten[193]. Zu diesem Zeitpunkt aber waren erst vier Gruppen aus Moskau geschickt worden (52 Kommunisten und 119 Kriegsgefangene), und lediglich ein Teil der fünften Gruppe (nominiert waren 31 kommunistische Intellektuelle) auf dem Weg nach Deutschland. Demnach wurden ca. zwei Drittel aller unmittelbar nach Kriegsende in Deutschland als Kader eingesetzten Kriegsgefangenen über die antifaschistischen Frontschulen der 7. Verwaltung und nicht über das Institut 99 rekrutiert. Sie halfen der SMAD beim Aufbau der Verwaltung in der SBZ.

[192] „Auskunft der Politischen Hauptverwaltung der Streitkräfte der UdSSR über die politische Arbeit unter der Bevölkerung Deutschlands" vom 5. 7. 1945, in: Sowjetische Politik in der SBZ, S. 9.
[193] Ebenda, S. 8.

VII. Auflösung des Instituts 99

Mit dem Kriegsende verlor das Institut 99 einen wesentlichen Teil seiner Aufgaben. Standen im Frühsommer 1945 noch die Kadereinsätze in Deutschland im Mittelpunkt der Tätigkeit, so wurde zum Jahresende die Parteischulung eingestellt. Ebenfalls zum Ende des Jahres 1945 erfolgte die Auflösung des Nationalkomitees „Freies Deutschland", das seinerzeit der Impuls für die Gründung des Instituts 99 gewesen war. Ab 1946 wurde in den Lagern die politische Erziehung unter den Kriegsgefangenen wieder unter der alten Bezeichnung „antifaschistische Bewegung" (Antifa) fortgesetzt. Die Antifa-Schulung lief weiter, änderte im Laufe des Jahres 1946 aber ihr Profil. Damit einher ging die Diskussion um die Verwendung der Antifa-Schüler als Kader in Deutschland. Schließlich wurden die Antifa-Schulen Anfang 1947 umstrukturiert. Das Ende des Nationalkomitees war der eine, die Profiländerung der Antifa-Schulung der andere Schritt, die beide zusammen zur Auflösung des Instituts 99 führten.

1. Das Ende des Nationalkomitees

Anfang Juni 1945 begann im Institut 99 die Diskussion um die zukünftige Tätigkeit von Zeitung und Sender „Freies Deutschland". Die Radioredaktion „Freies Deutschland" hielt eine Veränderung des Profils für notwendig, „um das Nationalkomitee nicht zu diskreditieren". Künftig solle über das Leben in der Sowjetunion und in der SBZ berichtet werden. Aus dem Lager des NKFD in Lunevo sollten Vorträge über die Umziehung des deutschen Volkes übertragen sowie Grüße und Berichte deutscher Soldaten aus den Lagern in die Heimat gesendet werden[1]. Auch der Leiter der Zeitungsredaktion, Lothar Bolz, wies auf die vollkommen veränderte Aufgabe der Zeitung hin. Sie solle nicht mehr zur „Zersetzung der deutschen Fronttruppen" beitragen, sondern habe „bei der Umziehung und Schulung der deutschen Kriegsgefangenen im Geiste des Antifaschismus zu helfen und ihre Arbeitsproduktivität zu steigern". Diese neue Zielstellung erfordere eine personelle Aufstockung der Redaktion – etliche Mitarbeiter waren nach Deutschland zurückgekehrt – und eine direkte Unterstellung unter das UPVI. Denn die Zeitungsredaktion müsse endlich Verbindung mit allen Kriegsgefangenenlagern bekommen, die bislang nicht bestanden habe: „Da das Material, dessen die Redaktion bedarf, zum Teil streng vertraulichen Charakter hat und das Volkskommissariat für innere Angelegenheiten einer ihr nicht unmittelbar unterstellten Organisation solches Material nicht zugänglich machen wird und sie auch nicht über seine laufenden Maßnah-

---

[1] „Defizite der derzeitigen Sendungen", SAPMO-BArch NY 4065/18, Bl. 11; vgl. das dem Papier zugrundeliegende Konzept, ebenda Bl. 1–4.

men unterrichten kann, erscheint es als zweckmäßigste Lösung, die Redaktion derselben Behörde zu unterstellen, der die Kriegsgefangenenlager unterstehen, das heißt: der Verwaltung der Kriegsgefangenenlager beim Volkskommissariat für Innere Angelegenheiten."[2] Die Vorschläge der Redaktionen wurden von NKFD-Präsident Weinert an Burcev, den Leiter der 7. Verwaltung weitergereicht. Allerdings schwächte Weinert die Forderung nach strukturellen Veränderungen ab, indem er immer noch von einer „Fortsetzung der publizistischen Tätigkeit des Nationalkomitees Freies Deutschland" sprach. Eingedenk des Funktionierens sowjetischer Verwaltungsstrukturen präzisierte aber auch er: „Unter Fortsetzung der Arbeit der Zeitungs- und Radioredaktion verstehe ich nicht, daß sie nur existieren, sondern daß die beiden Organe auch nach Beendigung des Krieges die vor ihnen stehenden und politisch wichtigen Aufgaben erfüllen sollen. Diese Aufgaben müssen politisch und technisch einwandfrei ausgeführt werden."[3]

Gegenüber dem OMI wurde die Frage nach dem Fortbestand des Nationalkomitees erst am 9. Juli 1945 angesprochen. Offensichtlich hatte die 7. Verwaltung die Gründung „antifaschistisch-demokratischer" Parteien in der SBZ abgewartet – als letzte der vier neuen Parteien wurde die Liberaldemokratische Partei Deutschlands am 5. Juli gegründet –, bevor sie nun die Auflösung des NKFD vorschlug[4]. Burcev und Braginskij begründeten dies mit der Zusammenarbeit der Parteien in der „Einheitsfront der antifaschistisch-demokratischen Parteien". Bevor der Block der Parteien in der SBZ an die Öffentlichkeit treten werde – was am 15. Juli 1945 geschah – solle sich das Nationalkomitee auflösen. Der Parteienblock könne dann – so die Absicht der 7. Verwaltung – öffentlich das Erbe des Nationalkomitees antreten. Dem OMI wurde vorgeschlagen: „Da in Deutschland der demokratische Block *[der Parteien]* seine Tätigkeit aufgenommen hat, scheint es entsprechend der bereits vorliegenden Meinungen *[Weinerts]* in dieser Angelegenheit zweckmäßig zu sein, die Frage nach der Liquidierung des Nationalkomitees ‚Freies Deutschland' zu stellen. Am 12. Juli ist der zweite Jahrestag der Gründung des Komitees. Möglicherweise wäre es zweckmäßig, zu diesem Tag eine öffentliche Erklärung des Nationalkomitees herauszugeben, daß es seine Tätigkeit einstelle, weil im Zusammenhang mit der Gründung des demokratischen Blockes in Deutschland die Aufgaben der Bewegung Freies Deutschland als erfüllt angesehen werden können. Entsprechend dieser Verlautbarung könnten die Radiosendungen eingestellt und die Zeitung ‚Freies Deutschland' umgewandelt werden in eine Zeitung für deutsche Kriegsgefangene in der Sowjetunion mit dem Namen ‚Wöchentliche Rundschau'"[5] Die 7. Verwaltung forcierte Weinerts Vorschläge. Sie bezog sich aber in ihrer Argumentation nicht auf die politische Erziehung in den sowjetischen Kriegsgefangenenlagern, sondern auf die aktuelle Entwicklung in der SBZ. Denn die 7. Verwaltung war in Deutschland intensiv mit dem Aufbau antifaschistischer Selbstverwaltungen, Zeitungen und Radiostationen beschäftigt, worüber sie Anfang Juli in Moskau berichtet hatte. Es war daher nur konsequent, die Auflösung des NKFD in diesen Kontext zu stellen, zumal es abschließend in dem Bericht hieß: „Die Wiedergrün-

---

[2] Bolz an Weinert am 6. 6. 1945, ebenda, Bl. 7.
[3] Weinert an Burcev am 10. 6. 1945, ebenda, Bl. 12.
[4] Zur Entwicklung der Parteien in der SBZ siehe Weber, Geschichte der DDR, S. 69ff.
[5] Burcev und Braginskij an Dimitrov am 9. 7. 1945, RGASPI 17/128/839, Bl. 124.

1. Das Ende des Nationalkomitees

dung der Kommunistischen Partei Deutschlands und die bevorstehende Bildung der anderen antifaschistischen Parteien und der freien Gewerkschaften mit ihrer Presse erweitern die Möglichkeiten zur Beeinflussung der deutschen Bevölkerung in beträchtlichem Maße."[6] Die Frage der Fortsetzung der politischen Arbeit unter den Kriegsgefangenen in der Sowjetunion und der damit eventuell notwendigen strukturellen Veränderungen von Institut 99 bzw. UPVI wurden ausgeklammert. Im weiteren Verlauf der sowjetischen Entscheidungsfindung über die Auflösung des NKFD standen deutschlandpolitische Bezüge im Vordergrund.

Im Juli 1945 kam es nicht zur Auflösung des Nationalkomitees. Da aber der fortgesetzte Sendebetrieb des NKFD zunehmend störte[7] – in Deutschland arbeiteten inzwischen mehrere „antifaschistische" Stationen –, stellte das Institut 99 den Betrieb des Senders „Freies Deutschland" am 8. September 1945 „schlagartig" ein[8]. Dadurch verlor das Nationalkomitee nicht nur seine Außenwirkung, sondern faktisch jegliche Wirkung, denn die Zeitung „Freies Deutschland" war nur einem sehr kleinen Kreis von Lesern in den Kriegsgefangenenlagern zugänglich. Im Grunde war damit die Auflösung des Nationalkomitees vollzogen. Es erstaunt daher auch nicht, daß sich der Chef des GlavPURKKA bei Weinert erkundigte, „ob es noch irgendeinen Beweggrund für den Fortbestand des Nationalkomitees gebe"[9]. Vom GlavPURKKA zu einer Stellungnahme aufgefordert, wandte sich Weinert an Dimitrov, wobei er sich die Argumentation der Politischen Hauptverwaltung zu eigen machte: Das Nationalkomitee habe angesichts der „Schaffung einer breiten antifaschistischen Front in Deutschland" seine Aufgabe erfüllt. Der Sender könne seine Tätigkeit einstellen, die Zeitung jedoch solle in ein „zentrales Organ der Kriegsgefangenen" umgewandelt werden. Weinert blieb angesichts der vollendeten Tatsachen wie dem bereits existierenden Parteienblock in der SBZ sowie dem ohnehin schon eingestellten Sendebetrieb des NKFD als einziges Argument der außenpolitische Effekt der Komiteeauflösung: „Ich halte es angesichts der Tatsache, daß die Gründung des Nationalkomitees im Juli 1943 *[in der sowjetischen Presse]* veröffentlicht worden ist, für unabdingbar, den Beschluß des Nationalkomitees über seine Selbstauflösung besonders in den in Deutschland erscheinenden Zeitungen mit einer kurzen Erklärung zu publizieren, insbesondere deshalb, weil sich zahlreiche antifaschistische deutsche Gruppen als Filialen des Nationalkomitees betrachten."[10] Weinerts Vorschläge wurden am 21. September von Dimitrov an Stalin geschickt mit dem Vorschlag, einen „begründeten" Beschluß des Nationalkomitees über seine Selbstauflösung herbeizuführen. Die Zeitung „Freies Deutschland" solle in eine Zeitung für deutsche Kriegsgefangene umgewandelt werden und – darum hatte Weinert gebeten – der privilegierte Status der ehemaligen NKFD-Mitglieder erhalten bleiben, um die loyal zur Sowjetunion stehenden Aktivisten später zum Einsatz

---

[6] „Auskunft der Politischen Hauptverwaltung der Streitkräfte der UdSSR über die politische Arbeit unter der Bevölkerung Deutschlands" vom 5. 7. 1945, in: Sowjetische Politik in der SBZ, S. 10.
[7] Vgl. Ulbricht an Dimitrov am 9. 5. 1945, in: „Gruppe Ulbricht", S. 323: „Die Propaganda des Senders ‚Freies Deutschland' führt ebenfalls in die Irre, da wir die Örtlichen Komitees ‚Freies Deutschland' liquidieren.".
[8] Diesener, Propagandaarbeit, S. 165.
[9] Darüber berichtete Weinert am 19. 9. 1945 an Dimtrov, RGASPI 17/128/839, Bl. 138.
[10] Ebenda, Bl. 139–140.

nach Deutschland zu schicken bzw. für die Arbeit unter den deutschen Kriegsgefangenen zu nutzen[11].

Bevor die Erlaubnis zur Auflösung des NKFD erging, wurde das Einverständnis des NKVD eingeholt. Berija erklärte seine Zustimmung gegenüber Stalin am 30. September mit der lakonischen Begründung, der Bedarf an NKFD und BDO, die in der letzten Zeit ohnehin nicht gearbeitet hätten, sei entfallen[12]. Einen identischen Brief schickte Berija auch an Molotov, der am 5. Oktober seine Einwilligung gab[13]. Schließlich überreichte Dimitrov am 5. Oktober Bulganin „den Brief an Genosse Stalin (inklusive Anlagen) zu der Frage des Nationalkomitees ‚Freies Deutschland', entsprechend unserer Absprachen"[14]. Die endgültige Entscheidung über die Auflösung des NKFD fiel höchstwahrscheinlich am Abend des 5. Oktober, als sich Molotov, Bulganin und zeitweilig auch Berija bei Stalin einfanden[15]. Allerdings hatte es mit der Umsetzung der Entscheidung keine Eile. Der entsprechende NKVD-Befehl erging erst am 2. November 1945, an dem Tag, an dem das Nationalkomitee seine Selbstauflösung beschloß[16]. Offiziell wurde das Ende des Nationalkomitees damit begründet, daß – wie seit Juli 1945 immer wieder als Argument vorgebracht – „nach der völligen Vernichtung des Hitlerstaates und nach der Entfaltung der Tätigkeit des demokratischen Blocks der antifaschistischen Parteien in Deutschland" die weitere Tätigkeit von NKFD und BDO entfalle[17]. Für die sowjetische Deutschlandpolitik ist diese Begründung nicht mehr nutzbar gemacht worden. Der Block antifaschistisch-demokratischer Parteien berief sich nie auf das NKFD[18].

[11] Dimitrov an Stalin am 21. 9. 1945, RGASPI 17/128/716, Bl. 107–108. Die als Anlage beigefügten Vorschläge Weinerts befinden sich nicht in der Akte.
[12] Berija an Stalin am 30. 9. 1945, GARF 9401/2/99, Bl. 399.
[13] Berija an Molotov am 30. 9. 1945, GARF 9401/2/104, Bl. 2; ebenda handschriftlicher Zusatz „Ich bin einverstanden, V. Molotov, 5. 10. 45"; Edition des Briefes in: SSSR i germanskij vopros, tom II, S. 245.
[14] Dimitrov an Bulganin am 5. 10. 1945, RGASPI 17/128/839, Bl. 136. Bulganin war Mitglied des Politbüros und des Staatlichen Verteidigungskomitees, außerdem stellvertretender Volkskommissar für Verteidigung und damit formal Stalins Stellvertreter.
[15] Posetiteli kremlevskogo kabineta, S. 112. Siehe demgegenüber Reschin (Feldmarschall im Kreuzverhör, S. 187), der die Absprachen zwischen OMI und operativer Abteilung des UPVI zur Auflösung des NKFD auf den 26. 10. 1945 und den endgültigen Beschluß des Politbüros auf den 30. 10. 1945 datiert. Das Besucherbuch Stalins weist aus, daß Stalin zu dieser Zeit im Urlaub war, so daß die Abstimmung mit ihm vermutlich schon Anfang Oktober erfolgte.
[16] Handschriftlicher Vermerk des Sekretariats des NKVD auf dem Schreiben Berijas an Molotov vom 30. 9. 1945 mit dessen Zustimmung vom 5. 10. 1945 „NKVD-Befehl Nr. 0268 vom 2. 11. 45 ergangen", GARF 9401/2/104, Bl. 2. Der Brief ging, nachdem er von Molotov abgezeichnet worden war, wieder zurück an das NKVD; siehe ebenda Eingangsstempel des NKVD vom 3. 11. 1945.
[17] „Beschluß des Nationalkomitees Freies Deutschland", in: FD Nr. 44/1945 vom 3. 11. 1945, S. 1.
[18] Vgl. Benser, Zur Auflösung des Nationalkomitees, S. 906. Ebenda, S. 914 versucht Benser dennoch, eine ideelle Verbindung herzustellen: „Wenn es auch den direkten politisch-organisatorischen Brückenschlag vom NKFD zum politischen Neuansatz nach der Befreiung vom Faschismus nicht gegeben hat, so war dennoch die Bewegung ‚Freies Deutschland' geschichtsträchtig nicht allein im allgemeinen Sinne dieses Wortes, sondern auch im Sinne einer vielfältigen, nachweisbaren Einflußnahme auf den Prozeß der antifaschistisch-demokratischen Umgestaltung auf deutschem Boden."

1. Das Ende des Nationalkomitees

Die Auflösung des Nationalkomitees war allein deswegen von Bedeutung, weil das NKFD seinerzeit mit großer Aufmerksamkeit bedacht worden war und nun nicht einfach verschwinden konnte. Sie war wichtig im Hinblick auf das sich verschlechternde Verhältnis zu den Westalliierten, um den Gerüchten über eine zukünftige Funktion der NKFD-Mitglieder in der SBZ oder gar einer versteckten Aufrüstung („Paulus-Armee") keine Nahrung zu geben[19]. Leider geben die vorhandenen Quellen keine weiteren Einblicke in die sowjetische Motivation zur Auflösung des NKFD. Zumindest ist es nicht ausgeschlossen, daß gerade die argwöhnische Haltung der Westalliierten dazu führte, das NKFD nicht in die Tätigkeit des Blockes antifaschistischer Parteien in der SBZ münden zu lassen.

Nach der Auflösung des Nationalkomitees übernahm das UPVI die alleinige Regie bei der politischen Arbeit in den Kriegsgefangenenlagern. Es griff dabei auf das Erziehungskonzept zurück, das schon vor der Gründung des Nationalkomitees unter der Bezeichnung „Antifaschistische Bewegung" etabliert worden war. Ausgehend von dem Bestreben, Kriegsgefangene zu „Freunden der Sowjetunion" zu erziehen, wurde Antifaschismus nun mit der „Pflicht zur Wiedergutmachung", d. h. dem Arbeitseinsatz in der Sowjetunion, gleichgesetzt. Die Zeitung „Freies Deutschland" stellte ihr Erscheinen ein, und die ab Januar 1946 erscheinende Kriegsgefangenenzeitung „Nachrichten" erklärte die Wiedergutmachung zur Hauptaufgabe der Kriegsgefangenen. Der Schwerpunkt der politischen Arbeit unter den Kriegsgefangenen verlagerte sich auf die Aktivs in den Lagern, auf die das NKFD ohnehin keinen Einfluß bekommen hatte. Laut Robel begann damit die dritte Phase der Antifa, deren erste Phase (Sommer 1941 bis Sommer 1943) lediglich durch die Gründung des NKFD – die zweite Phase der Antifa – unterbrochen worden war: „Nach der Auflösung des NKFD und BDO tat sich der Wandel, der sich vollzogen hatte, auch nach außen hin kund: An ihre Stelle trat die ‚antifaschistische Bewegung', kurz ‚Antifa' genannt. Dieser Rückgriff auf eine Bezeichnung, unter der bis zur Gründung des NKFD die politische Arbeit in den Kriegsgefangenenlagern firmiert hatte, war programmatisch, und den ‚Antifaschistischen Aktivs' der Lager, die auch in der Zeit des NKFD weiterbestanden hatten, wurde nun die alleinige Umerziehungsarbeit übertragen."[20]

Die Rückbesinnung auf die Antifa hatte eine Umstellung der politischen Arbeit in den einzelnen Kriegsgefangenenlagern zur Folge. Robel folgerte daraus, die Kriegsgefangenen seien erst 1946 von der Politischen Hauptverwaltung an das UPVI überstellt worden[21]. Diese Beobachtung ist nur insofern zutreffend, als sich das GlavPURKKA nach Auflösung des Nationalkomitees vollkommen von der politischen Arbeit mit den Kriegsgefangenen zurückzog. Das Institut 99 aber wurde nicht aufgelöst, sondern hatte nach wie vor die Aufgabe, die politische Arbeit unter den Kriegsgefangenen zu organisieren. Mit Auflösung des Nationalkomitees wechselte zwar die Institutsleitung, Kozlov wurde durch Romanov abgelöst, und die

---

[19] Zu den Wahrnehmungen des NKFD durch die Briten, Franzosen und Amerikaner siehe Bungert, Das Nationalkomitee und der Westen, S. 257 ff.
[20] Robel, Antifa, S. 95; vgl. ebenda S. 15 ff., 59 ff. und 165 ff.
[21] Ebenda, S. 101.

Abteilung für das Nationalkomitee fiel weg. Alle anderen Aufgaben aber – Antifa-Schulen, Redaktionen, Lagerbevollmächtigte, Kaderregistrierung – blieben wie bisher bestehen[22].

Struktur des Instituts 99 (1946)[23]

Institutsleitung
Verlagsabteilung
Kaderabteilung
geheime Abteilung
Wirtschaftsabteilung
Buchhaltung

Antifa-Schule Krasnogorsk	*Bevollmächtigte für die Arbeit in den Kriegsgefangenenlagern*	*Kriegsgefangenenzeitungen*
deutscher Sektor		deutsche Redaktion
österreichischer Sektor		österreichische Redaktion
rumänischer Sektor		rumänische Redaktion
ungarischer Sektor		ungarische Redaktion
		italienische Redaktion
Antifa-Schule Juža		
deutscher Sektor	*Registratur kriegsgefangener Antifaschisten*	
österreichischer Sektor		

Für die organisatorischen Strukturen der politischen Arbeit unter den Kriegsgefangenen blieb die Auflösung des NKFD ohne Konsequenzen. Dabei hatte der Chefredakteur der Zeitung „Freies Deutschland", Lothar Bolz die Notwendigkeit insbesondere einer Strukturveränderung angesprochen, sollte die Wirkung der Kriegsgefangenenzeitung nicht verpuffen. Gemeinsam mit dem NKFD-Präsidenten Weinert und dem Leiter des Auslandsbüros der KPD, Försterling, hatte er „im Hinblick darauf, daß das Nationalkomitee in naher Frist in der SU nicht mehr bestehen dürfte", einen kompletten Plan zu Reorganisation der Antifa ausgearbeitet[24]. Dieser Plan wurde in einer leicht überarbeiteten Fassung am 17. August 1945 dem OMI mit der Erläuterung übergeben: „Die gegenwärtige Stagnation der politischen Arbeit unter den Kriegsgefangenen ist wohl als ein Übergangsstadium zu betrachten, das möglichst bald überwunden werden muß."[25] In dem Papier wurde grundsätzlich zu der Fortführung der politischen Arbeit unter den Kriegsgefangenen Stellung genommen: Nach dem Ende des Krieges bestünden die hauptsächlichen Aufgaben in den Kriegsgefangenenlagern in der Wiedergutmachung durch den Arbeitseinsatz von deutschen Kriegsgefangenen und in deren Umerziehung, damit

---

[22] Das Protokoll über die Auflösung des NKFD am 2. 11. 1945 vermerkt noch die Anwesenheit Kozlovs; Verrat hinter Stacheldraht?, S. 254.
[23] Schema des Instituts 99, RGASPI 17/128/1150, Bl. 4.
[24] „Plan der Organisierung der Arbeit unter den deutschen Kriegsgefangenen" von Weinert, Försterling und Bolz, ohne Datum (vermutlich Juni/Juli 1945), SAPMO-BArch NY 4065/12, Bl. 12–13.
[25] Försterling an Dimitrov am 17. 8. 1945, SAPMO-BArch DY 30/IV 2/11/197, Bl. 7. Es handelt sich um eine Abschrift, auf der der Adressat nicht genannt ist. Aber aufgrund aller bisher dargestellten strukturellen Zusammenhänge des sowjetischen ZK-Apparates kann es sich nur um Dimitrov bzw. das OMI handeln.

1. Das Ende des Nationalkomitees

sie als „aktive Kämpfer für eine demokratische Umgestaltung Deutschlands" in ihre Heimat zurückkehren könnten. Um diese Ziele erreichen zu können, sei die „ständige unmittelbare operative Zusammenarbeit" von NKVD, GlavPURKKA und den einzelnen Lagerleitungen notwendig, die aber, wie die Erfahrung des Nationalkomitees gezeigt habe, „bei der bisherigen Organisationsstruktur" nicht zustande gekommen sei. Försterling schlug daher vor, aus Vertretern der KPD, des NKVD und des GlavPURKKA eine „zentrale Leitung" zu schaffen, die dem ZK der VKP (b) unmittelbar zu unterstellen sei. Es solle eine operative („sekrete") Abteilung, eine Abteilung für Agitation und Propaganda und eine Schulungsabteilung eingerichtet werden. Ferner solle von der Zentrale eine Kriegsgefangenenzeitung herausgeben, ein Sender für Kriegsgefangene betrieben und Informationen für die Politinstrukteure erstellt werden. In den Lagern selbst solle ein der Zentrale verantwortlicher Lagerbevollmächtigter eine Lagergruppe („Aktiv") leiten. Regelmäßige Delegationsreisen von der Zentrale aus sollten außerdem eine Überprüfung der Arbeit in den Lagern ermöglichen[26].

Mit ihren Vorschlägen zur Reorganisation der politischen Arbeit unter den Kriegsgefangenen sprach die KPD den „Geburtsfehler" des Instituts 99 an. Bedingt durch die Rivalitäten zwischen GlavPURKKA und NKVD hatte das Institut die ihm zugedachte Koordinierungsfunktion immer nur in sehr eingeschränktem Maße wahrnehmen können. Auch die Gründung des OMI, und die damit gewährleistete Anbindung an das ZK der VKP (b), hatten das Institut 99 nicht aufwerten können. Die Interessen aller beteiligten Institutionen, die am deutlichsten bei der Verwendung der Kriegsgefangenen als Kader zutage traten, waren zu unterschiedlich. So scheute das Institut 99 bei der Auswahl der Schüler für die Schule Nr. 12 im Herbst 1944 den Konflikt mit dem UPVI. Ebenso wurden bei den Kaderplanungen für die Einsätze in Deutschland die Kriegsgefangenen an den Fronten der Roten Armee vom OMI nicht einbezogen. Da aber die KPD – wenn überhaupt – nur über die Mitarbeit im Nationalkomitee Einfluß auf die Kaderrekrutierung nehmen konnte, befürchtete sie mit der Auflösung des Nationalkomitees den kompletten Verlust der Kaderbasis durch die Antifa-Schulen. Diese Sorge teilte Weinert am 3. November, einen Tag nach der Auflösung des NKFD, Wilhelm Pieck in Berlin mit: „Unter den Schülern ist eine große Anzahl sehr entwickelter und brauchbarer Leute. Ich habe aber festgestellt, daß das politische Kapital, das sie für uns darstellen könnten, schlecht angelegt wird. Wenn die Absolventen in die Reserve kommen und Holz hacken oder als ‚Aktivisten' in Arbeitslager, wo sie weder weiterstudieren noch politische Arbeit leisten können, so geht alles wieder verloren, was mit Mühe erreicht worden war. Aber trotz aller Beschwerden darüber, die ich sogar persönlich beim obersten Chef [des UPVI] vorgebracht habe, hat sich bisher nichts geändert. Ähnlich liegen die Dinge mit den Kommunisten unter den Kriegsgefangenen."[27]

Nach der Auflösung des Nationalkomitees und der Rückbesinnung auf die Antifa überschnitten sich ab Januar 1946 die Zuständigkeiten von UPVI und Institut 99 zunehmend. Das störte vermutlich solange nicht, wie der Aufbau der Antifa-

---

[26] Ebenda, Bl. 8–9.
[27] Weinert an Pieck am 3. 11. 1945, SAPMO-BArch NY 4065/5, Bl. 41–43.

Aktivs in den Lagern noch nicht abgeschlossen war[28]. Aber wegen des wachsenden Bedarfs des UPVI an antifaschistisch geschulten Kriegsgefangenen eskalierte der Streit um die Verwendung der Antifa-Schüler im Laufe des Jahres 1946.

2. Kader für Deutschland

Bereits Mitte Mai 1945 war die Umstrukturierung der Antifa-Schulen thematisiert worden. Nach der Abreise der ersten Kader nach Deutschland hatte Wilhelm Pieck vorgeschlagen, die Schulen verstärkt zur Ausbildung von Kadern für die SBZ zu nutzen. Nach den Vorstellungen der KPD sollte dafür im Lager Krasnogorsk ein sogenannter Spezialkurs eingerichtet werden. Gleichzeitig sollten die beiden bisherigen Antifa-Schulen im Lager Juža zusammengelegt, dort allerdings nach wie vor eine unterschiedlich intensive Schulung in einem zweigeteilten Schulsytem durchgeführt werden. Pieck unterschied dabei den Einsatz als Brigadiere in Arbeitslagern („Aktivisten, die als antifaschistische Agitatoren und durch ihr persönliches Beispiel die Umerziehung der Massen der Kriegsgefangenen im Produktionsprozeß fördern") oder als Politinstrukteure, um damit die bisher für das UPVI tätigen KPD-Funktionäre zu ersetzen („Propagandisten, die in den Lagern durch Vorträge, Kurse, Herausgabe von Wandzeitungen, Organisierung des Kulturlebens und durch Mitarbeit an der zentralen Kriegsgefangenenzeitung in der politischen Aufklärungsarbeit und der antifaschistischen Umschulung der Kriegsgefangenen stärker hervortreten")[29]. Die dem OMI Mitte Mai unterbreiteten Vorschläge erläuterte Pieck dem bereits in Deutschland befindlichen Ulbricht, wobei er die Hoffnung auf Kaderzuwachs für die KPD in Deutschland ein wenig dämpfte, weil er sich über die Widerstände des UPVI im Klaren war: „Im wesentlichen sollen sich beide Schulen in 165 *[Juža]* in ihrem Lehrprogramm einstellen auf die Ausbildung von Kadern für die Arbeit in den Kriegsgefangenenlagern, da doch ein großer Teil der Kriegsgefangenen längere Zeit zur Arbeit in der SU bleiben wird und hier mit dem Wesen der sozialistischen Arbeit und der Sowjetunion aufs engste vertraut gemacht werden müssen und gleichzeitig im Prozeß der Produktionsarbeit ihre antifaschistische Umschulung erhalten. Natürlich sollen aus beiden Kursen der Schule und auch aus den Lagern die geeigneten Kader für die Vorbereitung auf die Arbeit im Lande genommen werden, die zu einer Spezialschule geschickt werden, die an Stelle der jetzigen Schule 40 *[Krasnogorsk]* treten soll. Du weißt, daß die bisherige Schwierigkeit darin liegt, daß auf dieser Schule das Lehrprogramm an dem Widerspruch leidet, der Ausbildung für die Arbeit in den Kriegsgefangenenlagern und der Arbeit für das Land, wobei die aktuellen Probleme für das Land sehr unzulänglich behandelt werden. Die unterschiedliche Verwendung der Kursanten macht natürlich auch eine unterschiedliche Ausbildung notwendig."[30]

---

[28] Ende 1946 war der Aufbau der Antifa-Aktivs beendet; Robel, Antifa, S. 116ff.
[29] „Vorschläge für eine Reorganisation der deutschen Kriegsgefangenenschulen", SAPMO-BArch NY 4036/582, Bl. 200–202; als Anlage zu dem Schreiben Piecks an Dimitrov vom 15. 5. 1945, ebenda NY 4036/544, Bl. 192.
[30] Pieck an Ulbricht am 22. 5. 1945, in: „Gruppe Ulbricht", S. 370.

Den aus Sicht der KPD plausiblen Vorschlägen stand das Interesse des UPVI entgegen, das die Absolventen der Antifa-Schule als Lagerpropagandisten einsetzen wollte. Zudem war das UPVI nicht gewillt, die in den Schulen als Lehrer tätigen Exilkommunisten nach Deutschland zurückkehren zu lassen, denn damit wäre schlagartig fast der gesamte Lehrkörper an den Schulen weggefallen[31]. Die Vorschläge der KPD zur Reorganisation der Schulen standen somit von vornherein im Widerspruch zu den Plänen des UPVI, worauf Pieck Dimitrov hinwies: „Diese Notwendigkeit *[unterschiedlicher Schulung]* hat bereits in der höheren Kriegsgefangenenschule in Krasnogorsk zu gewissen Schwierigkeiten bei der Gestaltung des Lehrplanes geführt. Der Leiter dieser Schule, Genosse Parfinow *[Parfionov]*, legt in stärkerem Maße Gewicht auf die Ausbildung von Kadern für die Arbeit in den Kriegsgefangenenlagern und demzufolge weniger Gewicht auf die Behandlung der aktuellen Probleme in Deutschland."[32] Noch im Mai warb Pieck im OMI für die Reorganisation der Antifa-Schulen[33]. Mitte August 1945 wiederholte das Auslandsbüro der KPD (Försterling) die Vorschläge zur Umbildung der Antifa-Schulen: „a) Aufgabe der Schule in Krasnogorsk ist es, Funktionäre für die Massenarbeit im Lande zu schulen, die durch die Partei auf den verschiedensten Gebieten des öffentlichen Lebens (Gewerkschaften, Massenorganisationen, Jugendbewegung, Kontrolle des Wirtschaftslebens, Erziehungswesen, Tätigkeit im Magistrat usw.) eingesetzt werden können. b) Die besten Schüler aus Krasnogorsk, die für die Arbeit von Bezirksparteifunktionären und Redakteuren in Frage kommen, müssen wie bisher im Objekt Nr. 12 geschult werden. c) (...) In ihrer Masse sind die Absolventen der Schule *[Juža]* in den Lagern der Kriegsgefangenen als Leiter der Produktionsarbeit, als Propagandisten und Agitatoren einzusetzen. d) Es wird notwendig sein, unter den Massen von Kriegsgefangenen in den größeren Lagern lokale politische Schulen einzurichten."[34]

Trotz der Bemühungen der KPD wurde die Antifa-Schulung nicht umstrukturiert. Es gab auch keine Unterstützung durch das Institut 99. Nach Kriegsende wurde der Lehrplan zwar ein wenig umgestellt, blieb aber hinsichtlich einer Vorbereitung auf Aufgaben in Deutschland nach wie vor sehr vage. Das Programm der um die Jahreswende 1945/46 beginnenden Antifa-Kurse wurde dann zwar geändert, aber es berücksichtigte immer noch nicht die praktischen Anforderungen an einen Einsatz in Deutschland. Im Gegenteil, der Schwerpunkt wurde durch die Einführung des Faches Marxismus-Leninismus auf eine mehr theoretische Schulung verlagert. Die einzige Chance für die KPD, ihre Kaderwünsche zu realisieren, bestand somit in der Fortführung der Parteischulung. Doch durch die Schließung der Schule Nr. 12 im Dezember 1945 wurde ihr auch diese Möglichkeit genommen.

Der Interessenkonflikt um die Fortsetzung der Kader-Schulung spitzte sich zu. Nach dem Abschluß der ersten Nachkriegskurse mit dem leicht veränderten Antifa-Programm kamen Mitte Mai 1946 die Lehrer der Schulen in Krasnogorsk

---

[31] Vgl. Erler, „Moskau-Kader", S. 255.
[32] Pieck an Dimitrov am 15. 5. 1945, SAPMO-BArch NY 4036/544, Bl. 192.
[33] Vgl. Notizen Piecks über die Besprechungen bei Dimitrov am 25. 5. und 30. 5. 1945, ebenda, S. 387 und S. 437.
[34] Schreiben Försterlings vom 17. 8. 1945. Ein Adressat ist nicht genannt, kann aber nach dem bisher Dargestellten nur Dimitrov gewesen sein, SAPMO-BArch DY 30/IV 2/11/197, Bl. 7+RS.

zusammen. Auf dieser Versammlung mußte sich die Führung des Instituts 99 schwere Vorwürfe anhören. Heftig kritisierte der Leiter des deutschen Schulungssektors, Wilhelm Zaisser, die fehlende Initiative der Institutsleitung, die trotz der evidenten Mängel des gesamten Unterrichtsprogramms nichts unternehme. Er beklagte, daß durch die schwankende sowjetische Haltung die gesamte Zielsetzung der Antifa-Schulung nicht mehr zu erkennen sei. Es fehle der Bezug zu der politischen Entwicklung in Deutschland: „Wen bilden wir aus? Anfangs hieß es, daß wir Kader für die deutsche KP ausbildeten, dann sagte man uns, daß es Kader für die Arbeit in den Lagern seien. Die Leitung des Instituts ist nicht zu erkennen. Zum Beispiel gab es die politische Situation, daß sich KPD und SPD vereinigten. Wir wußten nicht, ob wir diese Frage thematisieren sollten. Genosse Parfionov *[der Schulleiter]* sagte, solange es keine Erläuterungen gebe, solle diese Frage nicht zum Thema gemacht werden. Ich denke, daß das richtig war. Er sagte, daß ich Anweisung vom Genossen Černikov *[Institut 99]* bekommen werde. Aber diese Anweisung ist bis heute nicht eingetroffen."[35] Auch die übrigen Lehrer – des deutschen wie des rumänischen Sektors – beklagten, daß ihnen die Institutsleitung nichts mitteile und sie daher nicht wüßten, worauf sie die Schüler eigentlich vorbereiten sollten[36]. Černikov, der Leiter der Unterrichtsabteilung im Institut 99, erwiderte auf die „gerechtfertigten Vorwürfe", daß man nicht wisse, „ob wir für den Einsatz im Lager oder im Land ausbilden". Er schloß mit dem Eingeständnis: „Es gab keine programmatische und methodische Anleitung. Das ist richtig, darüber gibt es nichts weiter zu sagen."[37] Diese Einlassung, der sich der Leiter des Instituts (Romanov) im Schlußwort der Versammlung anschloß, macht deutlich, daß es im Mai 1946 von Seiten des Instituts 99 keine klare Zielsetzung bei der Schulung von Kriegsgefangenen gab.

Die passive Haltung des Instituts 99 war insofern erstaunlich, als sich die Politische Hauptverwaltung noch Ende März 1946 sehr zufrieden über den Einsatz der Kriegsgefangenen in Deutschland geäußert hatte. Šikin – nun Leiter des GlavPURKKA[38] – forderte von der Propagandaabteilung des ZK der VKP (b) (Aleksandrov) sogar mehr Antifa-Kader an: „Angesichts der guten Erfahrungen mit der Arbeit deutscher antifaschistischer Kriegsgefangener, die von uns in Deutschland eingesetzt wurden, ist es unumgänglich zusätzlich 2000 deutsche Kriegsgefangene aus den Reihen derjenigen, die die antifaschistische Schule und Kurse in der UdSSR absolviert haben, der Verwaltung der SMAD für politische Kontrolle zur Verfügung zu stellen, um sie in den Selbstverwaltungsorganen und in demokratischen Organisationen zu verwenden."[39] Šikins Forderung nach dem vermehrten Einsatz von Antifa-Schülern in der SBZ stand in direktem Zusammenhang mit der

---

[35] Beitrag Wilhelm Zaissers (Leiter des deutschen Sektors) auf der Sitzung; „Protokoll über die Versammlung der Lehrer der Politschule am 13./14. 5. 1946", MMNA 1463/15 (= RGVA/K 4p/4/36, Bl. 226).
[36] Vgl. die Wortbeiträge von Zöllner, Dürr und Spiru (rumänischer Sektorleiter), ebenda (= Bl. 230–233).
[37] Ebenda (= Bl. 234).
[38] Ščerbakov war am 10. 5. 1945 gestorben.
[39] „Bericht des Leiters des GlavPURKKA an den Leiter der Abteilung für Propaganda und Agitation des ZK der VKP (b) Aleksandrov über die Ergebnisse der Überprüfung der Propagandaverwaltung der SMAD" vom 30. März 1946, ebenda, S. 147.

Tätigkeit der Propagandaverwaltung der SMAD. Diese Abteilung war im Oktober 1945 gegründet worden, nachdem deutlich geworden war, daß durch die Zulassung von Parteien das politische Leben in der SBZ mit dem bestehenden Apparat der SMAD nicht zu kontrollieren war[40]. Die Mitarbeiter der 7. Verwaltung des GlavPURKKA, die tragende Säule beim Aufbau der neuen Abteilung, knüpften dabei an ihre Erfahrungen mit antifaschistisch geschulten Kriegsgefangenen in der Frontpropaganda bzw. beim Aufbau der Kommunalverwaltung in der SBZ an, insbesondere der Leiter der Propagandaverwaltung, Oberst Tjul'panov. So war es nur konsequent, daß die Politische Hauptverwaltung im Frühjahr 1946, nachdem der Aufbau der Propagandaverwaltung abgeschlossen war, auf diese Erfahrungen zurückgriff.

Der einzige unmittelbare Nutznießer bei der Verwendung von Antifa-Schülern in der SBZ war aber nicht die Propagandaverwaltung, sondern – so weit es sich nachweisen läßt – der Sicherheitsapparat der SMAD. Dessen Leitung lag in der Hand des NKVD-Generals Serovs, der zugleich stellvertretender Chef der SMAD für Zivilangelegenheiten war. Parallel zu den Ortskommandanturen hatte das NKVD ein flächendeckendes Netz sogenannter operativer Sektoren und Gruppen aufgebaut, die unter anderem maßgeblich an der Verhaftung und Internierung von NS-Funktionsträgern beteiligt waren[41]. Im Juni 1946 schlug das Institut 99 eine Gruppe von 481 Antifa-Schülern zur Repatriierung vor[42], von denen 257 im August nach Deutschland geschickt wurden. Dort standen sie dem operativen Sektor Berlin (Generalmajor Aleksej Sidnev)[43] zur Verfügung. Erst im nachhinein wurde die SED durch die Propagandaverwaltung der SMAD von der Repatriierung der Gruppe informiert. Sie hatte jedoch keinen Zugriff auf die Kader. In einem Gespräch mit Tjul'panov am 19. September notierte sich Wilhelm Pieck: „20. 8. Gruppe Kriegsgef.*[angener]* aus Juscha *[Juža]* – 257 – General Sietjew soll hier sein – zu dessen Verfügung."[44]

Im Spätsommer 1946 machte die Propagandaverwaltung der SMAD noch einen zweiten Versuch, Antifa-Schüler für die Arbeit in der SBZ zu bekommen. Dabei ging es nicht mehr um den Aufbau der Kommunalverwaltungen, sondern um die bevorstehenden Wahlen in der SBZ. Den Antifa-Schülern wurde nun die Aufgabe von Wahlhelfern für die SED zugedacht. Dieser Funktionswandel stand im Zusammenhang mit der Arbeitsweise der Propagandaverwaltung, die sich seit dem Zusammenschluß der beiden Arbeiterparteien im April 1946 fast ausschließlich auf den gesellschaftspolitischen Einfluß der SED verließ. So hieß es in dem Bericht der 7. Verwaltung des GlavPURKKA vom 2. September 1946: „Zur Gewährleistung des Sieges der SED bei den Wahlen in Berlin ist es notwendig, sofort alle Maßnah-

---

[40] Zur Propagandaverwaltung siehe Creuzberger, Die sowjetische Besatzungsmacht, S. 35 ff.; Foitzik, Sowjetische Militäradministration, S. 143 ff.; Bonwetsch, in: Sowjetische Politik in der SBZ, S. XXVII ff.

[41] Foitzik, Sowjetische Militäradministration, S. 161 ff.; Petrov, Die Apparate des NKVD/MVD, S. 143 ff.; Sacharov/Filippovych/Kubina, Tschekisten in Deutschland, insbes. S. 301 ff.

[42] Romanov an Suslov am 18. 6. 1946 und 27. 6. 1946, RGASPI 17/128/58, Bl. 16 u. Bl. 32.

[43] Foitzik, Sowjetische Militäradministration, S. 452 u. 477.

[44] Notizen Piecks über eine Besprechung bei Tjul'panov am 19. 9. 1946, in: Wilhelm Pieck – Aufzeichnungen zur Deutschlandpolitik 1945–1953, S. 81.

men zur Beseitigung der erwähnten Mängel zu ergreifen und schon jetzt alle Aufmerksamkeit der Propagandaverwaltung und des Parteivorstandes der SED auf Berlin zu lenken. Außerdem ist folgendes nötig: (...) 2. Die Frage der Entsendung von 200 überprüften Antifaschisten zur Arbeit unter der deutschen Intelligenz sowohl in Berlin als auch in der Provinz muß dringend entschieden werden."[45] Aber die Politik der Propagandaverwaltung war in die Kritik geraten. Auf Veranlassung von Ždanov und Kuznecov wurde eine Überprüfungskommission eingesetzt[46]. Die näheren Zusammenhänge zwischen der Krise der Propagandaverwaltung und dem Einsatz von Antifa-Kadern in der SBZ können leider nicht belegt werden, aber zu dem Einsatz von Kriegsgefangenen als Wahlhelfer der SED ist es nicht gekommen, obwohl das offensichtlich von der sowjetischen Führung geprüft wurde.

Anfang Juni 1946 berichtete das OMI über die Schulungstätigkeit des Instituts 99 an eben jene Funktionäre, die die Überprüfung der Propagandaverwaltung der SMAD veranlaßt hatten (Ždanov und Kuznecov). Es sprach sich für eine Fortsetzung des Kadereinsatzes aus: „Nach dem Krieg sind die Antifaschisten, die in ihre Heimatländer geschickt wurden, teilweise von der sowjetischen Militärkommandantur verwendet worden, und die Mehrzahl von ihnen ist in demokratischen Organisationen aktiv. Von ihnen wurden viele Mitglieder kommunistischer Parteien. (...) Die Führungen der kommunistischen Partei Deutschlands, Österreichs und Ungarns bitten darum, die Absolventen der antifaschistischen Schule *[Krasnogorsk]* und der Kurse *[Juža]* in ihre Heimatländer zu schicken. Diese Gesuche werden auch von den sowjetischen Militäradministrationen befürwortet. Wir meinen, daß die Vorbereitung von kriegsgefangenen Antifaschisten auf die Arbeit in den entsprechenden Ländern auch in Zukunft fortgesetzt werden sollte."[47] Aber trotz der Befürwortung durch das OMI wurde der Kadereinsatz von Kriegsgefangenen gestoppt. Im Sommer 1946 kam es zu einem grundlegenden Wandel in der sowjetischen Bewertung des Einsatzes von Antifa-Schülern in der SBZ.

3. Reorganisation der Antifa-Schulen

Seit der Auflösung des Nationalkomitees wurden Antifa-Schüler nicht mehr zum Nutzen der KPD/SED in Deutschland eingesetzt. An dieser Entwicklung waren die deutschen Kommunisten nicht ganz unbeteiligt. Unmittelbar nach der Auflösung des NKFD hatte Weinert an die Parteileitung der KPD appelliert, daß von Deutschland aus „noch einmal mit allem Nachdruck auf die Sorge um diese Kader" hingewiesen werden solle[48]. Nachdem er nach Deutschland zurückgekehrt war, mußte er

---

[45] „Bericht des Mitarbeiters der 7. Verwaltung der politischen Hauptverwaltung Oberstleutnant Konstantinovskij über den Verlauf der Vorbereitungen auf die Stadt- und Bezirksverordnetenwahlen in Berlin" vom 2. 9. 1946, in: Sowjetische Politik in der SBZ 1945-1949, S. 68; vgl. Naimark, Russen in Deutschland, S. 415; Creuzberger, Die sowjetische Besatzungsmacht, S. 91.
[46] Siehe Naimark, Russen in Deutschland, S. 410 ff.; Bonwetsch, in: Sowjetische Politik in der SBZ, S. XXXII ff.; Dokumente, ebenda, S. 221 ff.
[47] Suslov an Ždanov und Kuznecov am 5. 6. 1946, RCChDINI 17/128/846, Bl. 66-67.
[48] Weinert an Pieck am 3. 11. 1945, SAPMO-BArch NY 4065/5, Bl. 43.

jedoch feststellen, daß seitens der Partei nichts unternommen worden war[49]. Zwar beschloß das Zentralsekretariat der SED auf seiner Sitzung am 4. Mai 1946, wegen der bevorzugten Entlassung antifaschistisch geschulter Kriegsgefangener „Besprechungen aufzunehmen"[50], aber schon Ende Mai kam die ernüchternde Antwort: „Eine nochmalige Anfrage bei der SMA Karlshorst *[SMAD]* wurde dahingehend beantwortet, daß es bei der SMA keine Stelle gibt, die eine bevorzugte Entlassung aus russischer Kriegsgefangenenschaft bearbeitet. Anträge und Anfragen sind daher zwecklos. Antifaschisten kommen im Rahmen der allgemeinen Entlassungen nach Hause."[51]

Das Interesse der SED an „antifaschistischen Kriegsgefangenen" aus der Sowjetunion bezog sich auf einen eng gefaßten Personenkreis. Allein der Abschluß der Antifa-Schule war für die Kaderverwaltung der SED (Personalpolitische Abteilung – PPA) keine ausreichende Qualifikation. Ihre Aufmerksamkeit galt nahezu ausschließlich der Repatriierung von Parteimitgliedern, bevorzugt Parteifunktionären mit Organisationserfahrung. Lediglich für diese Gefangenen setzte sich die PPA ein. Nach der abschlägigen Auskunft der SMAD im Frühjahr 1946 konzentrierte sich die SED auf die Repatriierung folgender Kategorien von Kriegsgefangenen: (1) „Frühere Funktionäre der Partei, die von der Parteiorganisation zur Parteiarbeit angefordert wurden", (2) „Ehemalige Mitglieder der Partei und Funktionäre von proletarischen Massenorganisationen", (3) „Söhne von Funktionären, Parteimitgliedern sowie Antifaschisten, für welche die Parteiorganisationen die politische Bürgschaft über ihre Zuverlässigkeit übernehmen."[52] Abgesehen von den sehr spezifischen Kadervorstellungen der SED bestand ihr größtes Problem darin, daß sie ihre Wünsche bei der SMAD anmelden sollte[53], diese sich aber nicht kooperativ zeigte. Es war für die SED nicht möglich, über das immer noch in Moskau existierende Auslandsbüro der KPD (Försterling) entsprechende Kaderanforderungen zu stellen. Und da die Verbindung nach Moskau – abgesehen von persönlichen Spitzengesprächen – nicht funktionierte, war die SED ohne jeglichen Einfluß auf die Repatriierung von kriegsgefangenen Kadern. Darüber entschieden allein das OMI bzw. das Institut 99 in Moskau. Im Sommer 1946 ergab sich damit die Konstellation, daß sich das OMI für die Repatriierung von Antifa-Kadern zur Unterstützung der SED aussprach, diese Kader tatsächlich aber nur für die SMAD verwendet wurden. SMAD und OMI handelten nach eigenem Gutdünken und ohne auf die Bedürfnisse der SED einzugehen, vor allem ohne die Verfügungsgewalt über die eingesetzten Antifa-Kader abzugeben. Man konnte den Eindruck gewinnen – so Bonwetsch –, „daß sich die Vertreter der Propagandaverwaltung für die Aktivitäten der SED verantwortlicher fühlten als deren eigene Funktionäre."[54]

---

[49] Weinert an das ZK der KPD am 1. 4. 1946, SAPMO-BArch DY 30/IV 2/11/196, Bl. 28.
[50] SAPMO-BArch DY 30/IV 2/2.1/4, Bl. 3.
[51] Aktenvermerk der Personalpolitischen Abteilung der SED vom 31. 5. 1946, SAPMO-BArch NY 4182/1191, Bl. 135.
[52] „Zur Frage der Entlassung antifaschistischer Kriegsgefangener" vom 13. 7. 1946, SAPMO-BArch DY 30/IV 2/11/196, Bl. 46.
[53] Vgl. Berija an Molotov am 22. 12. 1945, GARF 9401/2/105, Bl. 385; Kruglov an Molotov am 5. 4. 1946, ebenda Akte 142, Bl. 168.
[54] Bonwetsch in der Einleitung zu: Sowjetische Politik in der SBZ, S. XLIV; vgl. Creuzberger, Die sowjetische Besatzungsmacht, S. 57 ff.

Ebenso wie OMI und SMAD machte sich das UPVI ungefragt zum Fürsprecher der SED. Im Juni 1946 brachte die operative Abteilung des UPVI den Plan ins Gespräch, anstelle des aufgelösten Nationalkomitees einen SED-Soldatenbund zu schaffen, der als Nachfolgeorganisation des NKFD auftreten solle. Kobulov, seit Anfang 1945 Leiter der operativen Abteilung des UPVI, berichtete am 12. Juni 1946 Innenminister Kruglov[55], Generalfeldmarschall Paulus habe sich bereit erklärt, nach den Vorgaben des UPVI einen entsprechenden Vorschlag auszuarbeiten[56]. Vorgesehen war die Schaffung eines Soldatenbundes als reguläre Parteiorganisation der SED. Da das offensichtlich auf Kritik stieß, wurde wenige Tage später eine überarbeitete Fassung vorgelegt. Aber immer noch waren die Organisationsprinzipien einer kommunistischen Kaderpartei bestimmend. Der zweite Entwurf, tituliert mit „Die SED und die Kriegsgefangenen in der Sowjetunion", unterschied zwischen „Anhängern", d. h. Mitgliedern, und „Sympathisanten", d. h. Kandidaten des Soldatenbundes. Der Gedanke einer Parteienpluralität wurde mit dem Hinweis auf die „führende Rolle der SED" verworfen: „Eine derartige Lösung der Frage könnte Erinnerungen an die bereits überholte Bewegung des Nationalkomitees aus dem Jahre 1943 wachrufen. Insbesondere könnten erneut verschwommene Vorstellungen über Parität *[paritätische Gremienbesetzung]* und Stimmgleichheit aufkommen, obwohl heutzutage nur die Rede von einer zeitweiligen Taktik der Zusammenarbeit unter der Führung der SED sein kann."[57] Gegenüber dem ZK der VKP (b) trat das dem UPVI vorgesetzte Innenministerium allerdings zurückhaltender auf. In dem Bericht Kruglovs an Ždanov vom 15. Juni 1946 ist lediglich von einem „Demokratischen Bund deutscher Kriegsgefangener in der Sowjetunion" die Rede, der zur „Stärkung und Vereinigung antifaschistischer Elemente unter den Kriegsgefangenen, die sich der *[Politik der]* Sowjetunion und der Sozialistischen Einheitspartei Deutschlands anschließen, und gleichzeitig zur Eindämmung faschistischer Propaganda" dienen solle. Die Organisationsprinzipien entsprachen exakt dem Vorgehen bei Gründung des NKFD: Bildung einer Initiativgruppe (unter Leitung von Paulus), Ausarbeitung eines Statuts und Gründungskonferenz[58].

Der Vorstoß des UPVI läßt die Vermutung aufkommen, daß es möglicherweise nie mit dem Konzept des NKFD konform gegangen war und sich nur der Politik des ZK der VKP (b) (Manuil'skij, Dimitrov) gebeugt hatte. Bereits im August 1944 hatte das UPVI versucht, den Generalfeldmarschall als Leitfigur eines „Gegenkomitees" aufzubauen, war aber vom Institut 99 gestoppt worden[59]. So stützte sich das UPVI auf Paulus erst wieder zu einem Zeitpunkt, zu dem sich die politische Situation in der SBZ und die personellen Entscheidungsstrukturen in Moskau entscheidend gewandelt hatten. Im April 1946 war das Parteiensystem in der SBZ durch die Schaffung der SED grundlegend verändert worden. Gleichzeitig wurde das OMI,

---

[55] Kruglov löste Berija am 30. 12. 1945 in der Leitung des NKVD ab, das Mitte März 1946 in Ministerium für Innere Angelegenheiten (MVD) umbenannt wurde; Lubjanka, S. 46 ff.
[56] Kobulov an Kruglov am 12. 6. 1946, in: Rešin, „Bol'šaja čast' voennoplennych", S. 103 f.; vgl. ders., Feldmarschall im Kreuzverhör, S. 186 ff. Im folgenden wird aus der russischen Veröffentlichung Rešins zitiert, die im Vergleich zu der deutschen Publikation, die wissenschaftlichen Standards überhaupt nicht entspricht, wenigstens etwas exakter ist.
[57] Ebenda, S. 104.
[58] Kruglov an Ždanov am 15. 6. 1946, ebenda, S. 107.
[59] Siehe oben, S. 88 f.

nachdem Dimitrov bereits im Dezember 1945 nach Bulgarien zurückgekehrt war, reorganisiert[60]. War die Auflösung des Nationalkomitees noch mit der Schaffung des Blockes antifaschistischer Parteien in der SBZ begründet worden, so ergab sich nach der Vereinigung von KPD und SPD eine deutliche Hegemonialstellung der SED. Unverblümt hieß es daher in dem Vorschlag zur Gründung des SED-Soldatenbundes: „Die Hauptaufgabe besteht darin, unter den Kriegsgefangenen eine möglichst große Anzahl überzeugter und überprüfter ‚Anhänger' sowie Sympathisanten zu gewinnen und zu vereinen. Sie müssen bereit und zugleich in der Lage sein, zukünftig in der Heimat nach den Prinzipien und Zielen der SED an der Stelle, an die sie beordert werden, zu arbeiten."[61]

Das OMI zeigte sich mit der Initiierung einer neuen Bewegung prinzipiell einverstanden, da seit der Auflösung des Nationalkomitees die politische Arbeit unter den deutschen Kriegsgefangenen „erheblich schwächer" geworden sei. Jedoch kritisierte der neue OMI-Chef Suslov in seiner Antwort vom 4. Juli die Nominierung von Paulus, „weil das im Ausland als Maßnahme zur Gründung einer deutschen Armee aus Kriegsgefangenen auf dem Territorium der Sowjetunion ausgelegt werden kann". Um dieser Kritik vorzubeugen, schlug er vor, den Soldatenbund als „innere Maßnahme" ohne öffentliche Erwähnung in der sowjetischen Presse zu gründen[62]. Das OMI bevorzugte damit ein Vorgehen, wie es Ende 1944 bereits mit dem Antifaschistischen Büro österreichischer Kriegsgefangener praktiziert worden war. Der mit diesem Vorschlag verbundene Hintergedanke war, einen unmittelbaren deutschlandpolitischen Bezug zu vermeiden. Das österreichische Antifa-Büro war für die sowjetische Außenpolitik nie funktionalisiert worden.

Das Projekt eines SED-Soldatenbundes scheiterte. Die außenpolitischen Bedenken, die das OMI äußerte, waren dabei sicherlich ein ernst zu nehmender Einwand. Gerade im Sommer 1946 kursierten in der britischen Presse Gerüchte über eine „Paulus-Armee"[63]. Außenpolitischem Schaden hätte man aber – das OMI hatte es selbst vorgeschlagen – dadurch aus dem Weg können, daß der Soldatenbund als „innere Maßnahme" des UPVI organisiert worden wäre. Entscheidender war, daß das OMI das Interesse an der Verwendung von Kriegsgefangenen als Kader in der SBZ verloren hatte. War schon die Antifa-Schulung nicht entsprechend den Wünschen der KPD umgestellt worden, so war auch die Initiierung eines SED-Soldatenbundes nur sinnvoll, wenn man dessen Mitglieder auch in der SBZ einsetzen wollte. Statt dessen schlug Suslov vor, die gesamte politische Arbeit dem Verantwortungsbereich des UPVI zu unterstellen: „Zieht man in Betracht, daß sich in den Lagern des MVD in der Sowjetunion gegenwärtig über zwei Millionen Kriegsgefangene befinden, und daß eine erzieherische Arbeit unter diesen Kriegsgefangenen unerläßlich ist, wäre es notwendig, durch eine Entscheidung des ZK das MVD zur Durchführung einer systematischen politisch-erzieherischen und kulturell-aufklärerischen Arbeit unter den Kriegsgefangenen zu verpflichten."[64]

---

[60] Adibekov, Kominform, S. 14f.
[61] „Die SED und die Kriegsgefangenen in der Sowjetunion", in: Rešin, „Bol'šaja čast' voennoplennych", S. 105.
[62] Suslov an Ždanov am 4. 7. 1946, RGASPI 17/128/846, Bl. 93.
[63] Bungert, Das Nationalkomitee und der Westen, S. 277.
[64] Suslov an Ždanov am 4. 7. 1946, RGASPI 17/128/846, Bl. 94.

Im September 1946 wurde schließlich im Zuge einer allgemeinen Reorganisation des OMI die Auflösung des Instituts 99 zum 31. Dezember 1946 beschlossen. Die Schließung war vor dem Hintergrund dauernder Kompetenzstreitigkeiten zwischen Institut 99 und UPVI eine plausible Lösung[65]. Aber das späte Einlenken des OMI zeigt, daß bis zum Spätsommer 1946 alle Möglichkeiten offengehalten werden sollten. Erst im Juni 1946 wurde dem UPVI per ZK-Beschluß wieder eine eigenständige Politabteilung zugestanden. Und der für die Umsetzung dieser Entscheidung notwendige MVD-Befehl erging sogar erst im Oktober 1946, nachdem die Auflösung des Instituts 99 zum 31. Dezember beschlossen worden war. Der Aufbau der Politabteilungen in den Lagern sollte bis zum 1. Januar 1947 abgeschlossen sein[66]. Eine weitere Verfügung des MVD regelte im Dezember 1946 die Übernahme der Antifa-Schulen, der Redaktionen der deutschen, ungarischen, rumänischen und österreichischen Kriegsgefangenenzeitungen und der Registratur der Antifa-Kader. Dafür wurde der Politabteilung des UPVI eine eigenständige Abteilung für die antifaschistische Arbeit unter den Kriegsgefangenen (mit 55 Mitarbeitern) beigeordnet. Dieser wurden die Politinstrukteure in den Lagern, die immer ausschließlich dem UPVI und nie dem Institut 99 unterstanden hatten, unterstellt[67]. Nun erst war das UPVI alleinverantwortlich für die gesamte politische Arbeit unter den Kriegsgefangenen[68]. Unter der Regie der neuen Abteilung wurde das System der Antifa-Schulen erheblich ausgebaut. Zu den bisherigen beiden Schulen in Krasnogorsk und Juža (nun sogenannte Zentrale Antifa-Schulen) kamen ab 1947 etwa 50 Gebiets- und ca. 120 Lagerschulen hinzu. Alle Schulen bildeten in unterschiedlich intensiven Lehrgängen Propagandisten aus, die die Antifa organisieren, insbesondere aber als Aktivisten die Leistung der Arbeitsbrigaden in den Kriegsgefangenenlagern steigern sollten[69].

Anfang 1947 war das Interesse des ZK der VKP (b) an einem Einsatz politisch geschulter Kriegsgefangener in der SBZ erlahmt. Das bekam auch die Führung der SED zu spüren, die Ende Januar 1947 nach Moskau reiste. Auf die Bitte der SED, sich doch intensiver um die Antifa-Kader in den Kriegsgefangenenlagern zu kümmern, wurde lapidar auf fehlendes Personal des UPVI – viele Emigranten, die als Politinstrukteure gearbeitet hatten, waren in ihre Heimatländer zurückgekehrt – und auf Arbeitsüberlastung des ZK verwiesen. So blieb der SED nicht anderes übrig, als um eine Fortführung der politischen Arbeit unter den Kriegsgefangenen unter Ver-

---

[65] Vgl. Adibekov, Kominform, S. 11. Adibekov motiviert den ZK-Beschluß mit der doppelten Verwaltungszuständigkeit von UPVI und Institut 99, die sich negativ auf die Arbeit der Antifa-Schulen ausgewirkt habe. Dieses an sich plausible Argument war aber nicht der tatsächliche Grund. Den Ausschlag gab die veränderte Haltung des OMI.
[66] MVD-Befehl Nr. 00933 vom 19. 10. 1946 zur Ausführung des ZK-Beschlusses vom 26. 6. 1946, RGVA/K 1p/37a/2, Bl. 139–142 RS, ediert in: Voennoplennye v SSSR, S. 133; siehe auch ebenda, S. 925, Anm. 1 zu Dok. 2.2.
[67] Anlage zum MVD-Befehl Nr. 001116–1946 vom 9. 12. 1946, RGVA/K 1p/37a/2, Bl. 143–145. Die Anlage trägt kein Datum; zur Zuordnung siehe Anm. 1 zu Dok. 2.28, in: Voennoplennye v SSSR, S. 930.
[68] Vgl. Libera, Zur Entwicklung der antifaschistischen Bewegung, S. 49. Libera beschreibt den Aufbau der Politabteilung bzw. der ihr zugeordneten Abteilung für die antifaschistische Arbeit unter den Kriegsgefangenen zutreffend, datiert ihn aber irrtümlich auf den 1. Januar 1946.
[69] Ebenda, S. 158f.; Robel, Antifa, S. 202.

3. Reorganisation der Antifa-Schulen

wendung der Absolventen der Antifa-Schulen zu bitten. Damit jedoch gab die SED das Ziel auf, Antifa-Schüler als Kader nach Deutschland zurückzuholen. Was blieb, war die Bitte um Repatriierung derjenigen kommunistischen Kriegsgefangenen, deren Namen die PPA seit Anfang 1946 gesammelt hatte. Im Protokoll des Gesprächs der SED-Führung bei Stalin wurde vermerkt: „*[SED:]* (...) Wir wünschten, daß die demokratische Erziehung der Kriegsgefangenen verstärkt würde. *[Entgegnung von sowjetischer Seite:]* Lassen Sie Deutsche die politische Arbeit durchführen. *[SED:]* Im Lager befinden sich demokratische Elemente, aber sie werden nicht in gebührendem Maße genutzt. Wir möchten, daß das ZK der VKP (b) sich mit dieser Frage befaßt. *[Entgegnung:]* Das ZK der VKP (b) ist zu sehr überlastet. *[SED:]* Wir bitten darum, daß geschulte antifaschistische Kriegsgefangene die Propaganda unter den Kriegsgefangenen durchführen. Wir bitten ebenfalls darum, daß einige Hundert Antifaschisten laut Liste nach Deutschland geschickt werden. *[Entgegnung:]* Wir werden sie schicken."[70] Nur durch persönliche Vorsprache und auf der Grundlage vorbereiteter Namenslisten gelang es der SED, einige Kader für den Einsatz in Deutschland geschickt zu bekommen[71]. Und trotz der Zusicherung durch Stalin und Bestätigung durch das OMI bekam die SED im Sommer 1947 nicht diejenigen, die sie namentlich angefordert hatte. Als im Juni/Juli 1947 ca. 500 „Antifaschisten" repatriiert wurden, stellte sich heraus, daß nur zur Hälfte die von der SED gwünschten Kriegsgefangenen dabei waren. Die Entlassenen bedeuteten somit nicht den von der SED erhofften Kaderzuwachs[72].

Im Sommer 1947, anläßlich eines Heimkehrertransportes mit bevorzugt entlassenen Antifa-Schülern, stellte sich in Frankfurt/Oder Oberst Prichodkov als Leiter der politischen Abteilung des UPVI vor[73]. Wie die PPA im Anschluß an dieses Gespräch der SED-Führung berichtete, sei in den „letzten sieben Monaten", d.h. seit Auflösung des Instituts 99, die politische Arbeit unter den deutschen Kriegsgefangenen in der Sowjetunion verstärkt worden. Zu Optimismus war dennoch kein Anlaß, denn wie die Nachfragen Prichodkovs erkennen ließen, war die sowjetische Haltung zur Fortsetzung der Antifa-Schulung noch indifferent. Getreulich berichtete die PPA: „Er *[Prichodkov]* wünscht von uns einen Bericht, wie sich die Obengenannten *[antifaschistischen Kriegsgefangenen]* bewährten, und ob es sich lohnt, die antifaschistische Schulungsarbeit in der SU weiter durchzuführen. Außerdem machte Oberst Prichodkov den Vorschlag, daß die SED darüber beraten solle, in

---

[70] Bonwetsch/Bordjugov, Stalin und die SBZ, S. 301.
[71] Vgl. die drei Listen mit „Namen deutscher Antifaschisten in russischer Kriegsgefangenschaft" vom 4., 6. und 20. 12. 1946, SAPMO-BArch NY 4036, Akte 745, Bl. 28–70. Es handelte sich um Parteifunktionäre der KPD („Liste Nr. 1" mit 26 Namen), Mitglieder der KPD („Liste Nr. 2" mit 93 Namen) und Söhne von KPD-Funktionären („Liste Nr. 3" mit 342 Namen). Die Kategorisierung geht aus der Liste nicht hervor, ist aber wegen der oben (S. 191) geschilderten Erfassungskriterien der PPA anzunehmen.
[72] „Rückführung deutscher antifaschistischer Kriegsgefangener aus der SU", PPA an Pieck am 30. 7. 1947, SAPMO-BArch DY 30/IV 2/11/196, Bl. 66; vgl. Bestätigung der von Stalin zugesicherten Repatriierungen durch das OMI am 20. 2. 1947, ebenda NY 4036/745, Bl. 77; siehe auch: Morré, Kader für Deutschland, S. 220 ff.
[73] Das war nicht ganz zutreffend: Oberst Prichodkov war Leiter der Abteilung für die antifaschistische Arbeit unter den Kriegsgefangenen, Leiter der Politabteilung war General Sobolevskij; Libera, Zur Entwicklung der antifaschistischen Bewegung unter den deutschen Kriegsgefangenen, S. 49, Anm. 78.

welcher Form die Ost-Heimkehrer organisatorisch erfaßt werden könnten. Er will darüber mit Oberst Tjulpanov *[Propagandaverwaltung der SMAD]* sowie mit dem Vorstand des Zentralsekretariats *[der SED]* sprechen."[74] Diese Episode bestätigte die pessimistische Einschätzung Wilhelm Zaissers, des ehemaligen Leiters des deutschen Sektors an der Antifa-Schule Krasnogorsk, die dieser im Februar 1947 nach seiner Rückkehr nach Deutschland gegenüber der SED-Führung machte. Angesichts der Auflösung des Instituts 99 warnte er unter Berufung auf den ehemaligen Institutschef Romanov, „daß die bisherige Zielsetzung der Schule, nämlich geeignete antifaschistische Kräfte auszubilden für die Arbeit in Deutschland (die zwar offiziell nicht geändert worden ist), praktisch aber doch illusorisch werden wird. Er *[Romanov]* erklärte mir wörtlich, daß die Politverwaltung *[des UPVI]* selbstverständlich offiziell daran festhalten werde, Kräfte für die Arbeit im Lande auszubilden, aber bei Abschluß der Schule unter diesen oder jenen Vorwänden doch den größten Teil der Schüler auf die einzelnen Lager als Aktivisten verteilen würde." Zaisser führte die Haltung des UPVI unter anderem auch auf das fehlende Interesse der SED an der Antifa-Schulung und das schlechte Auftreten Försterlings als deutscher Parteivertreter in Moskau zurück. Die Beziehungen der deutschen Parteileitung in Moskau zum Institut 99 seien „gleich Null" gewesen und Försterling habe bei den sowjetischen Stellen „nicht die geringste Autorität" genossen[75]. Zaisser schlug vor, die Antifa-Schulung entweder nach Deutschland zu verlegen oder, wenn das nicht möglich sei, den Unterrichtsbetrieb stärker auf russische Politoffiziere zu stützen: „Diese Meinung drängt sich mir heute noch viel mehr auf, da alle Wahrscheinlichkeit dafür spricht, daß das Schwergewicht in der Schule, ob wir wollen oder nicht, mehr auf die Erziehung von Aktivisten für die Gefangenenlager verschoben wird. So wie die Dinge heute liegen, wäre es meiner Ansicht nach zweckmäßiger zu versuchen, die dort *[in der Antifa-Schule]* noch als Lehrer befindlichen deutschen Genossen nach hier *[SBZ]* zu holen, da sie hier weitaus zweckmäßiger ausgenutzt werden könnten. Man müßte sich dann hier allerdings klar darüber sein, daß vorläufig auf einen nennenswerten Kräftezuwachs für Deutschland aus den Kreisen der Absolventen der Schule nicht zu rechnen wäre."[76]

Die Auflösung des Instituts 99 hatte zur Folge, daß bis zu der beginnenden Repatriierung aller deutschen Kriegsgefangenen aus der Sowjetunion an den Antifa-Schulen nur noch Kader für das UPVI ausgebildet wurden. Diese wurden zum Ausbau der Antifa in den sowjetischen Kriegsgefangenenlagern, aber nicht zur Unterstützung der SMAD oder der SED in Deutschland verwendet.

---

[74] Bericht der PPA vom 21. 6. 1947, SAPMO-BArch DY 30/IV 2/11, Akte 202, Bl. 11.
[75] Diese Kritik war kein Einzelfall, vgl. Erler, „Moskau-Kader", S. 254, Anm. 177.
[76] Zaissers „Bericht über die Antifa-Schule" vom 8. 2. 1947, SAPMO-BArch NY 4036/582, Bl. 209–212.

Fazit

Zeitpunkt von Entstehung und Auflösung des Instituts markieren die beiden wesentlichen Zäsuren in der politischen Arbeit unter den Kriegsgefangenen in der Sowjetunion während des Zweiten Weltkrieges. Bereits mit den Anfängen der „antifaschistischen Bewegung" in den sowjetischen Kriegsgefangenenlagern kam die Idee eines „Anti-Hitler-Komitees" auf, aber sie wurde erst nach der Auflösung der Komintern durch die Gründung des Nationalkomitees „Freies Deutschland" im Juli 1943 umgesetzt. Und nicht mit der Auflösung des Nationalkomitees, sondern aufgrund des nachlassenden sowjetischen Interesses am Kadereinsatz in Deutschland wurde das Institut 99 Ende Dezember 1946 aufgelöst.

Das Institut 99 entstand als eines der drei „wissenschaftlichen Forschungsinstitute", in die der Apparat der aufgelösten Komintern im Sommer 1943 überführt wurde. Der Grund für seine Schaffung war allerdings nicht die Übernahme der EKKI-Kommission für die politische Arbeit unter den Kriegsgefangenen, sondern die Gründung des Nationalkomitees „Freies Deutschland". Die parallele Gründung von NKFD und Institut 99 dokumentiert den Anspruch des ZK der VKP (b) auf die politische Kontrolle. Entgegen des bereits gefaßten – und zudem sinnvollen – Beschlusses, die politische Arbeit unter den Kriegsgefangenen allein dem UPVI bzw. an der Front dem GlavPURKKA zu unterstellen, wurden nominell alle Kompetenzen an das Institut 99 gegeben. Die Folge waren Ressortabgrenzungen durch UPVI und GlavPURKKA, die die Arbeit des Instituts 99 fortwährend behinderten.

Der zweite Aufgabenbereich des Instituts 99 war die Verwaltung der Antifa-Schulen, die als Schulungslager von der Komintern vorgeschlagen worden waren, um eine sogenannte antifaschistische Bewegung (Antifa) in den Lagern zu initiieren und mit Aktivisten zu unterstützen. Die KPD verband damit die Hoffnung, Antifa-Schüler nach dem Krieg als kommunistische Parteikader nach Deutschland zurückschicken zu können. Aber das ist nie zum Ausbildungsziel der Antifa-Schulung erhoben worden. Antifa-Schulen galten als „antifaschistisch" in dem Sinne, daß die Schüler die theoretischen Grundlagen des Faschismus in ihrem „verbrecherischen Charakter" erkannt haben und in der Lage sein sollten, aus einer marxistisch-leninistischen Geschichtsbetrachtung heraus die nationalsozialistische Weltanschauung widerlegen zu können. Die Auswahl der Antifa-Schüler bezog alle Dienstgrade unabhängig von Klassen- oder Parteizugehörigkeit ein. Insbesondere die Einbeziehung der Offiziere – nicht selten Mitglieder der NSDAP oder der SA – war auf das pragmatische sowjetische Interesse zurückzuführen, kompetente Propagandisten für die Kriegsgefangenenlager zu bekommen, ohne dabei an deren Verwendung als Parteikader nach dem Krieg zu denken. Die KPD versuchte dagegen zu opponieren, konnte sich jedoch mit ihren sehr eng gefaßten Auswahlkriterien nicht durchsetzen. Antifa-Schulen bereiteten ihre Schüler nicht auf eine Verwendung in Deutschland vor. Gemessen an der Gesamtzahl aller Absolventen der Jahre 1942 bis

1946 (8000, davon 3800 deutsche) blieb ihr Einsatz in Deutschland gering. Es wurden – so weit das zu rekonstruieren war – 1945/46 lediglich knapp 300 Absolventen nach Deutschland geschickt. Nutznießer war anfangs die 7. Verwaltung des GlavPURKKA, das dadurch Unterstützung beim Aufbau neuer Kommunalverwaltungen bekam. Ab 1946 dienten die nach Deutschland geschickten Antifa-Schüler in erster Linie zum Aufbau des sowjetischen Geheimdienstapparates in der SBZ.

Auswahl und Vorbereitung von Kadern für den Einsatz in Deutschland – das dritte Aufgabenfeld des Instituts 99 – erfolgte über die gesondert von der Antifa-Schule durchgeführten Parteischulungen. Im September 1944 wurde die Ausbildung deutscher Kommunisten zu Parteifunktionären, die mit Auflösung der Komintern eingestellt worden war, mit der Gründung der Schule Nr. 12 wieder aufgenommen. Im Unterschied zu der Kominternschulung wurden nun Eimigranten und Kriegsgefangene gemeinsam geschult. Nach den ursprünglichen Planungen sollten sie noch vor Beendigung der Kampfhandlungen nach Deutschland eingeschleust werden, um dann mit dem Einmarsch alliierter Truppen sofort als funktionsfähige Partei an die Öffentlichkeit treten zu können. Ende November 1944 wurde dieser Plan aufgegeben. Der Einsatz der Parteischüler sollte nun erst nach Kriegsende erfolgen. Nach der alliierten Konferenz von Jalta wurde auch dieses Ziel fallengelassen. Die vorbereiteten Kader kehrten schließlich als Helfer der Roten Armee ohne eigenen politischen Auftrag nach Deutschland zurück.

Eine deutschlandpolitische Planung des Instituts 99 fand in nur sehr eingeschränktem Maße statt. Den Akteuren auf der „mittleren Entscheidungsebene" des Instituts 99 fehlten die dazu notwendigen Vorgaben der sowjetischen Führung. Als im Sommer 1944 im Institut 99 damit begonnen wurde, über die Errichtung einer sowjetischen Besatzungsverwaltung in Deutschland mit Kadern des NKFD nachzudenken, fehlte die Orientierung ebenso, wie im Frühjahr 1945 bei Vorbereitung der Kadereinsätze. Aber es gab auch Konzepte. Der BDO verfolgte seit seiner Gründung konsequent den Plan einer deutschen Befreiungsarmee an der Seite der Roten Armee, der im Seydlitz-Memorandum vom Februar 1944 mit der Forderung nach Anerkennung des NKFD als deutsche Exilregierung seine Fortsetzung fand. Die Exil-KPD erarbeitete ein umfassendes deutschlandpolitisches Konzept, das der sowjetischen Führung im Herbst 1944 als „Programm des Blockes der kämpferischen Demokratie" vorgelegt wurde. Die Haltung der sowjetischen Führung zu beiden, extrem unterschiedlichen Programmen war – außer daß beide abgelehnt wurden – nicht zu erkennen[1].

Generell kann man konstatieren, daß das sowjetische Vorgehen in der Deutschlandplanung sehr zurückhaltend war. Die Kooperation mit den Westalliierten war der Sowjetunion im Zweifelsfall wichtiger als das Beschreiten eigener Wege. Das Nationalkomitee verlor in dem Augenblick an Bedeutung für die sowjetische Deutschlandplanung, als es durch die European Advisory Commission im Laufe des Jahres 1944 zu alliierten Absprachen kam. Zwar blieb das NKFD in der sowjetischen Deutschlandplanung bis Ende 1944 eine Option, aber alle konkreten Ent-

---

[1] Dies ist vor allem auf die Problematik der Quellen zurückzuführen, die zum einen nicht in dem erforderlichen Maße der historischen Forschung zur Verfügung stehen und zum anderen in ihrer Diktion selten so aussagekräftig sind, daß Meinungen und Begründungen eindeutig nachzuvollziehen wären.

scheidungen, die es mit einer zukünftigen Besatzungsverwaltung in Deutschland in Verbindung gebracht hätten, wurden vermieden. Ähnlich verfuhr das Institut 99 mit den Kommunisten, die seit dem Herbst 1944 für den Aufbau des KPD-Parteiapparates geschult wurden. Solange es keine alliierten Vereinbarungen gab, wurden diese Kader nicht nach Deutschland geschickt. Dem schließlich bei Kriegsende erfolgenden Einsatz wurde jeglicher politischer Bezug genommen und erst nach der Berichterstattung in Moskau Anfang Juni 1945 wurde die KPD zusammen mit anderen Parteien in der SBZ wieder zugelassen.

Das Institut 99 fand ein unrühmliches Ende. Bereits im Dezember 1944 hatte das Nationalkomitee „Freies Deutschland" seine deutschlandpolitische Bedeutung verloren, existierte aber noch bis November 1945 weiter. Seine Selbstauflösung erfolgte vollkommen verspätet zu einem willkürlichen Zeitpunkt. Die Parteischulung durch das Institut 99 kam bis Ende 1945 zum Erliegen. Gleichzeitig scheiterten die Versuche der KPD, die Antifa-Schulung so umzustrukturieren, daß für die KPD in Deutschland eine weitere personelle Unterstützung gesichert sein würde. Im Frühjahr 1946 hatte das Institut 99 kein Konzept zur Fortsetzung der Antifa-Schulung. So setzte das UPVI seinen Anspruch durch, Antifa-Schüler nur noch für den Einsatz als Propagandisten in den sowjetischen Kriegsgefangenenlagern zu verwenden. Konkret zerbrach das Institut am Widerstand des UPVI, die eigentliche Ursache war jedoch, daß die sowjetische Führung das Interesse am Kadereinsatz in Deutschland verloren hatte.

Danksagung

Das vorliegende Buch ist die Druckfassung meiner im Februar 1999 an der Ruhr-Universität Bochum verteidigten Dissertation. Sie wurde von Prof. Dr. Bernd Bonwetsch begleitet, dem ich an dieser Stelle meinen Dank aussprechen möchte. Ebenso danke ich meinen Eltern, die durch die Finanzierung des Projektes eine wesentliche Starthilfe gaben. Die Recherchen in Moskau ermöglichte der Deutsche Akademische Austauschdienst mit einem Stipendium. Ganz besonders will ich Reinhard Müller erwähnen, der mich überhaupt erst auf die Spur des Instituts 99 gebracht hat. Für wertvolle Unterstützung in Moskau danke ich Ralf Bartoleit, Gennadij Bordjugov und Vladimir Vsevolodov. Ebenso danke ich Heike Bungert für ihren kollegialen Zuspruch. Christoph Dieckmann, Gerd Sälter, Christoph Bitterberg, Norbert Kräft, Heike Winkel, Regula Corsten und Maria Huschens begleiteten all die Jahre das wachsende Werk, ermunterten, kritisierten und trugen wesentlich zum Erfolg bei. Diese Hilfe meiner Freunde war mir immer sehr wichtig. Schließlich gilt mein Dank dem Institut für Zeitgeschichte, das sich meines Manuskripts angenommen und es in die Schriftenreihe der Vierteljahrshefte für Zeitgeschichte aufgenommen hat.

Anhang

Anlage Nr. 1: Mitarbeiter des Instituts 99 (1943/44)

Die Namen der Mitarbeiter, die am 1. Oktober 1943 noch nicht im Personalplan des Instituts 99 geführt wurden, sind *kursiv gesetzt*.

I. Nationalkomitee „Freies Deutschland"

Weinert, Erich	Präsident NKFD
Ulbricht, Walter	Funktionär
Hoernle, Edwin	verantwortlicher Sekrtetär
Wolf, Friedrich	NKFD-Mitglied
Bredel, Willi	NKFD-Mitglied
Becher, Johannes	NKFD-Mitglied
Sobottka, Gustav	NKFD-Mitglied
Arendsee, Martha	Funktionär
Bölke, Emilija	technischer Sekretär
Meyer, Margarete	Schreibkraft
Fischer, Otto	*Schreibkraft*

II. Redaktion der Zeitung „Freies Deutschland"

Herrnstadt, Rudolf	Chefredaktueur
Kurella, Alfred	Leiter des Informations-Ressorts
Bolz, Lothar	Leiter des Deutschland-Ressorts
Maron, Karl	Leiter der Kriegsberichterstattung
Florin, Peter	*Volontär*
Held, Ernst	Volontär
Gordeeva, Dora	Redaktionssekretär
Steier, Gertrud	technischer Sekretär
Seiler, Erna	Schreibkraft (deutsch)
Poljak, Natal'ja Ivanovna	Schreibkraft (russisch)

III. Radioredaktion „Freies Deutschland"

Ackermann, Anton	Chefredakteur
Erpenbeck, Fritz	*stellvertretender Chefredakteur*
Mahle, Hans	technischer Leiter
Keilson, Max	*Ressortleiter Innenpolitik*
Fischer, Kurt	Ressorleiter Kriegsberichterstatung
Wangenheim, Gustav	Ressortleiter Spezialabteilung
Schneider, Georg	*Redakteur*
Staimer, Eleonore	Redakteur
Heilmann, Friedrich	Sprecher
Leonhard, Wolfgang	Sprecher
Dreger, Egon	*Kontrolleur*
Schramm, Bruno	Kontrolleur

Grosse, Lea	Produzent
Piščassova, Vera	verantwortlicher Funktionär
Schering, Gerda	Schreibkraft

IV. Redaktion der italienischen Zeitung „Alba"

Giermanetto, Giovanni	Redakteur
Longo, Luigi	technischer Redakteur
Lebedeva, Elena Konstantinova	Übersetzer/Lektor
Rossi, Maria	Schreibkraft

V. Redaktion der ungarischen Zeitung „Wort der Freiheit"

Oltner, Gustav	Chefredakteur
Gabor, Andor	Redakteur
Bebriz, Ludwig	Ressortleiter
Pojarskaja, Irina	technischer Redakteur
Palotas, Marga	Schreibkraft

VI. Redaktion der rumänischen Zeitung „Freie Stimme"

Rejdibojm, Rachil Isaakovna	Chefredakteur
Malinskij, Vasilij Fedorovic	Volontär
George, Katharina	Übersetzer/Lektor
Vulych, Ida Pinchosovna	Schreibkraft
Osias, Saula	technischer Redakteur

VII. Operative Abteilung

Kozlov, Michail Vasilevič	Institutschef
Vorob'ev, Stefan Nikiforovič	Personalchef
Ignatov, Ivan Ferapontovič	leitender Funktionär
El'bert, Sof'ja Efimovna	Leitender Sekretär
Popova, Ljudmila Brunova	Buchhalter
Bjalkovskaja, Sof'ja Maksimovna	Bibliothekar
Cvetkova, Raisa Filipovna	Bibliothekar
Trifonova, Elizaveta Timofeevna	Schreibkraft
Vejnberger, Zoltan	Leiter politische Arbeit mit ungarischen Kgf.
Donca, Konstantin Petrovič	Leiter politische Arbeit mit rumänischen Kgf.
Wolf, Georg	Leiter politische Arbeit mit deutschen Kgf.
Čulen, Mark Antonovič	Leiter politische Arbeit mit tschechischen Kgf.
Noffke, Ernst	Leiter deutsche Kader
Kerekeš, Michail	Übersetzer
Wieden, Ruth	stellvertretender Leiter
Kellermann, Alexander	n. n.

VIII. Haushaltsabteilung

Kuzmiceva, Sof'ja Viktorovna	Leiter der Wirtschaftsabteilung
Ivanov, Michail Fedorovič	Hausverwalter
Konjuškova, Anastasija Michailovna	Pförtner
Petelin, Nikolaj Maksimovič	Pförtner
Zapol'skich, Nikolaj Vasil'evič	Pförtner
Šakirbaj, Vladimir	Pförtner

Jakuševa, Marija Fedorovna	Kurier
Kuzmina, Aleksandra Vasil'evna	Kurier
Emec, Alseksandra Evdokimovna	Kurier
Messaroš, Lajoš	Wächter
Markova, Nina Grigor'evna	Putzfrau
Barabanova, Ekaterina Dmitrievna	Putzfrau
Lukina, Praskov'ja Kuz'minčina	*Putzfrau*
L'vova, Fekla Timoveevna	Heizer
Kovač, Julij Ivanovič	Hausmeister
Chlebnikov, Nikolaj Ivanovič	Hilfsarbeiter

IX. Kantine

Prochorova, Serafima Alekseevna	Kantinen- u. Lagerleiter
Ogneva, Ksenija Maksimovna	Chefkoch
Gorlova, Olimpiada Pavlovna	Rechnungsführer
Vorob'eva, Ol'ga Ivanovna	Einkäufer
Jampol'skaja, Antonina Aleksandrovna	Kellermeister
Ljubimova, Anna Matveevna	Aufräumfrau
Mindina, Anna Zacharovna	Aufräumfrau
Tenichina, Marija Karpova	*Abwäscherin*
Alekseevna, Marija Aleksandrovna	Putzfrau

X. Antifaschistische Schule (Krasnogorsk)
Deutscher Sektor

Matern, Hermann	Lehrer
Lindau, Rudolf	Lehrer
Wolf, Hanna	*Lehrer*
Kropp, Willy	Lehrer
Rubens, Franziska	Lehrer
Hoffmann, Heinz	Lehrer
Zaisser, Wilhelm	*Lehrer*
Huppert, Hugo	Lehrer

Ungarischer Sektor

Andič, Elizaveta Petrovna	Lehrer
Rudas, Vladimir	Professor
Pelikan, Geza	*Lehrer*
Nemes, Deze	Lehrer

Österreichischer Sektor

Fischer, Otto	Lehrer
Fink, Willi	*Lehrer*

Italienischer Sektor

Mateo, Giovanni	Lehrer
Teresenko, N. I.	*Lehrer*
Robotti, Paolo	*Lehrer*
Kurato, Andrej	*Lehrer*

Lindau, Eva — Bibliothekar
Rudas, Eva — *Übersetzer*
Parfenova, Marija Filipovna — *Sekretär*

XI. Antifaschistische Kurse (Juža)
Deutscher Sektor

Berg, Lene	*Lehrer*
Grünberg, Gottfried	Lehrer
Heimann, Robert	*Lehrer*
Dölling, Rudolf	*Lehrer*
Kassler, Georg	*Lehrer*
Dürr, Gertrud	Lehrer
Switalla, Stanislav	*Lehrer*
Zöllner, Ernst	*Lehrer*
Koenen, Bernhard	*Lehrer*
Koenen, Frieda	*Lehrer*
Fabri, Ernst	*Lehrer*
Hochkeppler, Paula	*Lehrer*
Ewers, Heinrich	*Lehrer*
Pohl, Käthe	*Lehrer*
Kahmann, Friedrich	*Lehrer*

Österreichischer Sektor

Hütter, Herbert	Lehrer
Schneider, Franz	Lehrer
Grünberg, Martin	Lehrer

Italienischer Sektor

Sevljagin, Dmitrij Petrovič	Lehrer
Vera, Paolo	Lehrer
Foski, Julij	Lehrer

Ungarischer Sektor

Landor, Bela	*Lehrer*
Siklaj, Alexander	*Lehrer*
Faljusi, Lajosch	*Lehrer*
Berzevizi	*Lehrer*

Rumänischer Sektor

Spiru, Vasilij	Lehrer
Petrova, M. E.	Lehrer
Isakov	Leiter der Unterrichtsabteilung

Außeretatmäßige Mitarbeiter des Instituts 99

vom GlavPURKKA
Braginskij, Josef Samojlovič
Gerö, Ernö
Meier, G.
Pieck, Arthur

Abteilung Aufarbeitung Beutedokumente
Fogaraschi
Nagler
Rebentisch
Richter

Broschürenabteilung
Becher, Johannes R.
Sederberg

Künstlerische Gestaltung:
10 Personen

Quelle: Liste der Mitarbeiter des Instituts 99 zum 1. 10. 1943 (RGASPI 578/5/4, Bl. 5–7) und zum 1. 9. 1944 (ebenda 495/77/39, Bl. 1–6).

Anlage Nr. 2: Absolventen der Schule Nr. 12

Schüler, deren Namen kursiv gesetzt sind, waren bereits für vorangegangene Kurse vorgeschlagen worden; diejenigen, die an dem – nicht realisierten – Monatskurs hätten teilnehmen sollen, sind mit * gekennzeichnet.

1. Kurs (September – November 1944)

Kriegsgefangene

Bußdorf, Rudolf
Dirgardt, Max
Freiberger, Anton
Freund, Walter
Heinze, Max
Homaier, Heinz
Iwen, Kurt
Keßler, Heinz
Krenkel, Fritz
Meister, Wilhelm
Molter, Wilhelm
Müller, Ernst
Reiss, Karl
Rentmeister, Hans
Sauer, Karl
Sicking, Bernhard
Sinz, Otto
Stecker, Willi
Süss, Gustav
Zippel, Hans

vorgeschlagen:
Aichner, Alfred
Berendt, Horst
Blechschmidt, Paul
Fellmann, Friedrich
Grosser, Rudi
Janiki, Siegfried
Köppl, Anton
Kulik, Walter
Luddeneit, Fritz
Machula, Johann
Rösner, Willi
Schnauber, Georg
Schneider, Hermann
Sieler, Rudolf
Simons, Erich
Wirsgala, Georg

Emigranten

Grünberg, Gottfried
Gundelach, Gustav
Hentschke, Herbert
Keilson, Margarete
Kropp, Gertrud
Kropp, Willi
Mahle, Hans
Matern, Jenny
Oelßner, Fred
Winzer, Otto
Wolf, Georg

vorgeschlagen:
Abraham, Heinz
Biwald, Hanna
Daniel, Franz*
Dohm, Bernhard
Feldmann, Simon
Fischer, Elena
Förster, Bernhard
Gärtner, Martha*
Gladewitz, Hilda
Hartmann, Felix*
Kundermann, Aenne
Reiche, Käthe
Scheib, Peter*
Sickert, Irmgard*
Stange, Käthe
Stenzer, Emmi

2. Kurs (Januar – März 1945)

Kriegsgefangene

Archut, Max
Brockhoff, Bruno
Dombrowsky, Richard
Fuchs, Felix
Gieseking, Christian
Grosser, Rudolf
Helmas, Friedrich
Hentschel, Paul
Köppl, Anton
Mötefindt, Otto
Rabe, Kurt
Rademacher, Fritz
Rösner, Willi
Unger, Kurt
Wirsgala, Georg
Wiss, Jakob
Wurbs, Adolf
Zastrow, Erich

vorgeschlagen:
Beck, Andreas
Belz, Willi
Blechschmidt, Paul
Emendörfer, Max
Futterer, Gustav
Gummisch, Arthur
Klöckner, Johann
Paul, Gerhard
Schäfer, Friedrich
Schulze, Werner

Emigranten

Balzer, Gertrud
Faust, Otto
Feldmann, Simon
Gladewitz, Hildegard
Karst, Inge
Kundermann, Aenne
Reiche, Käthe
Stenzer, Emmi

vorgeschlagen:
Abraham, Heinz
Appelt, Ernst*
Baum, Gerda
Berner, Helene
Biwald, Janna
Daniel, Franz *
Dohm, Bernhard
Fischer, Helene
Hartmann, Felix
Scheib, Peter
Stange, Käthe
Vogeler, Jan

3. Kurs (Mai 1945)

Kriegsgefangene

		Emigranten
Breuer, Kasper	Richter, Erich	Baum, Albert*
Brückel, Josef	Sachse, Otto	Böhlke, Willy
Dombrowski, Siegfried	Scheweleit, Emil	Born, Erwin*
Dumke, Kurt	Schmeiß, Ernst	Dietrich, Jonny
Emendörfer, Max	Seeger, Wilhelm	Glogowski, Sali*
Fischer, Paul	Sikker, Alfred	Lask, Hermann*
Gräf, Heinrich	*Simons, Erich*	Wieland, Heinrich*
Grebert, Bruno	Sobanski, Franz	Zerber, Friedl
Hohl, Willy	Vater, Rudolf	
Kaufmann, Adolf	Werschnik, Alfred	
Krutwig, Heinz	Winter, Georg	
Manheimius, Werner	Wolf, Bruno	

4. Kurs (Oktober – Dezember 1945)

Kriegsgefangene und Emigranten

------, Erich	Holzhausen, Ernst	Masse, Karl	Simmerwald, Karl
Bär, Anton	Holzheimer, Karl	Möhl, Gerhard	Stab, Xaver
Bonewitz, Edwin	Kahlmüller, Hans*	Otto, Franz	*Stange, Käthe**
Diobig, Fritz	Kempf, August	Pfaffroth, Emil	Szegelat, Fritz
Dürrer, Erich	Kleinjung, Karl	Putensen, Adolf	Uhlig, Franz
Einig, Anton	*Klöckner, Johann*	Rebehn, Arthur	Wachhaus, Fritz
Grundig, Hans	Kunze, Albert	Roguste, Gerhard	Watzanick, Stefan
Helbig, Fritz	Mamoro, Ludwig	Schnabel, Willy	Wieland, Heinrich*

Quelle:
1. Kurs: *Kriegsgefangene/Absolventen:* Protokoll der Aufnahmekommission vom 20. 9. 1944, RGASPI 495/74/161, Bl. 69–72; Hörer-Liste vom 23. 10. 1944, RGVA/K 88/2/2, Bl. 235; Abschlußbericht vom 25. 1. 1945, RGASPI 17/128/837, Bl. 40–43. *Emigranten/Absolventen:* Protokoll der Aufnahmekommission vom 7. 9. 1944, RGASPI 495/74/161, Bl. 52–53 RS; Abschlußbericht vom 25. 1. 1945, ebenda 17/128/837, Bl. 40–43. *Kriegsgefangene/Vorschläge:* Vorschläge der KPD vom 2. 9. 1944, SAPMO-BArch NY 4036/530, Bl. 13–16. *Emigranten/ Vorschläge:* Vorschläge der KPD vom 2. 9. 1944, SAPMO-BArch NY 4036/530, Bl. 10–12; Beschluß der Aufnahmekommission vom 7. 9. 1944, RGASPI 495/74/161, Bl. 52–53 RS.
2. Kurs: *Kriegsgefangene/Absolventen:* Protokoll der Aufnahmekommission vom 22. 12. 1944, RGVA/K 88/2/2, Bl. 306; „Zusammensetzung des 2. Kursus der Schule 12" vom 8. 1. 1945, SAPMO-BArch NY 4036/530, Bl. 90–92; Namensliste *[ohne nähere Bezeichnung, aber namentliche Übereinstimmung]*, ebenda, Bl. 108. *Emigranten/Absolventen:* Protokoll der Aufnahmekommission vom 22. 11. 1944, RGVA 88/2/2, Bl. 306; Zusammensetzung 2. Kurs, SAPMO-BArch NY 4036/530, Bl. 90–92, Teilnehmerliste *[ohne nähere Bezeichnung, aber namentliche Übereinstimmung]*, ebenda, Bl. 108; „Liste der Schüler der Schule 12, Lehrgang 1 und 2" *[ohne Datum]*, ebenda, Bl. 127. *Kriegsgefangene/Vorschläge:* „Kandidatenliste für die Hörer des zweiten Kurses an Punkt Nr. 12" *[ohne Datum, wahrscheinlich 27. 11. 1944]*, RGASPI 495/74/161, Bl. 161. *Emigranten/Vorschläge:* Vorschläge der Aufnahmekommission vom 2. 11. 1944, RGVA/K 88/2/2, Bl. 304; Aufstellung der KPD vom 8. 1. 1945 mit den Vermerken „noch nicht eingetroffen" und „Vorschläge für den neuen Kursus" *[o. D.]*, SAPMO-BArch NY 4036/530, Bl. 90–92 u. Bl. 110.

3. Kurs: Von Ulbricht erstellte Namensliste vom 27. 4. 1945, Vermerk „8 *[Emigranten]* (31) *[Teilnehmer insgesamt]*", SAPMO-BArch NY 4036/530, Bl. 186.
4. Kurs: Unterschriften unter die Abschlußresolution des 4. Kurses, SAPMO-BArch NY 4036/530, Bl. 198.

Anlage Nr. 3: In Deutschland eingesetzte Kader des Instituts 99

Nach den Gruppen Ulbricht, Ackermann und Sobottka Ende April/Anfang Mai 1945 gab es Ende Mai 1945 eine 4. Gruppe, die als Verstärkung der ersten drei Gruppen aufgefaßt wurde. Die Festlegung der Einsatzgebiete dieser Gruppen erfolgte in Analogie zu den Fronten der Roten Armee: 1. Belorussische Front – „Gruppe Ulbricht" *(1. Gruppe)*, 1. Ukrainische Front – „Gruppe Ackermann" *(2. Gruppe)*, 2. Belorussische Front – „Gruppe Sobottka" *(3. Gruppe)*. Die *4. Gruppe* wurde auf alle drei Fronten verteilt (RGASPI 17/128/716, Bl. 63–66 und Bl. 72; vgl. die Aufstellungen, in: „Gruppe Ulbricht", S. 441 f. und S. 506 f.). Eine *5. Gruppe* wurde in der zweiten Jahreshälfte 1945 (Juli bis Dezember 1945) entsandt. Ihre Einsatzgebiete waren nicht mehr nach den inzwischen aufgelösten Fronten der Roten Armee eingeteilt. Für die kriegsgefangenen Mitglieder des NKFD erfolgte die Bestätigung der Vorschläge am 6. Juli 1945 (GARF 9401/2/97, Bl. 218–224). Die Zahl der nominierten Kommunisten wurde durch eine „Ergänzungsliste" vom 9. Juni 1945 nahezu verdoppelt (RGASPI 17/128/716, Bl. 66; vgl. SAPMO-BArch NY 4036/517, Bl. 147–150).
Diejenigen Kader, die die Schule Nr. 12 oder die Abendschule besucht hatten, sind kursiv gesetzt. Die mit der Ergänzungsliste hinzugenommenen Emigranten werden mit +, kriegsgefangene NKFD-Mitglieder mit * gekennzeichnet.

1. Gruppe („Gruppe Ulbricht"): 1. Belorussische Front/Berlin (30. April 1945)

Kriegsgefangene	*Emigranten*
Abels, Paul	*Ulbricht, Walter*
Blankmeister, Otto	*Erpenbeck, Fritz*
Fechter, Alfred	*Fischer, Otto*
Grundhoff, Anton	*Gundelach, Gustav*
Kohl, Willy	*Gyptner, Richard*
Markgraf Paul	*Köppe, Walter*
Ringel, Ernst	*Leonhard, Wolfgang*
Rupprecht, Werner	*Mahle, Hans*
Scheibner, Fritz	*Maron, Karl*
Scholz, Rudolf	*Winzer, Otto*

2. Gruppe („Gruppe Ackermann"): 1. Ukrainische Front/Dresden (1. Mai 1945)

Kriegsgefangene	*Emigranten*
Baust, Karl	*Ackermann, Anton*
Kauter, Edmund	*Dreger, Egon*
Oehler, Herbert	*Fischer, Kurt*
Rutzen, Rudolf	*Florin, Peter*
Sonnet, Erich	*Greif, Heinz*
Speisser, Karl	*Greiner, Ferdinand*
Tanneberger, Kurt	Hoffmann, Artur
Weiß, Hans	*Matern, Hermann*
Welz, Helmut	*Oelßner, Fred*
Zieler, Rudolf	*Wolf, Georg*

3. Gruppe („Gruppe Sobottka"): 2. Belorussische Front/Stetttin (6. Mai 1945)

Kriegsgefangene

Brings, Viktor
Bulla, Joseph
Dinkmann, Friedrich
Emmerich, Walter
Fischer, Georg
Gehr, Wilhelm
Hempel, Paul
Reiß, Richard
Wohlgemuth, Franz

Emigranten

Sobottka, Gustav
Bredel, Willi
Grünberg, Gottfried
Hentschke, Herbert
Herrnstadt, Rudolf
Kahmann, Fritz
Raab, Karl
Schramm, Bruno
Stephan, Oskar
Switalla, Anton

4. Gruppe: 1. Belorussische Front/Berlin (28. Mai 1945)

Kriegsgefangene

Brockhoff, Bruno
Diergardt, Max
Freiberger, Anton
Freund, Walter
Grosser, Rudi
Hentschel, Paul
Homaier, Heinz
Iwen, Kurt
Keßler, Heinz
Köppl, Anton
Meister, Wilhelm
Molter, Wilhelm
Müller, Ernst
Reiß, Karl
Rentmeister, Hans
Sauer, Karl
Sicking, Bernhard
Süß, Gustav
Unger, Kurt
Zippel, Hans

Baumann, Johann
Buch, Herbert
Deppermann, Wilhelm
Dolzius, Rudolf
Heine, August
Herbick, Adam
Klug, Kurt
Klühmer, Kurt
Kommol, Herbert
Losin, Karl
Maibaum, Kurt
Modrischewski, Gerhard
Müller, Max
Parchow, Helmut
Robiné, Joseph
Roscher, Karl
Stein, Fritz
Strauer, Karl
Strobel, Erwin
Tischner, Fritz
Willms, Dietrich*
Witzenhausen, Adolf
Wolfinger, Richard
Zullka, Erich
Zur, Josef

Emigranten

Hoernle, Edwin
Keilson, Margarete
Naujoks, Inge
Pieck, Margarete
Schwenk, Paul
Stenzer, Emmi
Ulbricht, Lotte
Wolf, Markus

4. Gruppe: 1. Ukrainische Front/Dresden (28. Mai 1945)

Kriegsgefangene

Archut, Max
Dombrowsky, Richard
Fuchs, Felix
Sinz, Otto
Stecker, Willy
Wiss, Jakob
Wirsgalla, Georg
Wurbs, Hans

Brendel, Heinrich
Fierek, Wilhelm
Flaschka, Georg
Hahn, Alois
Jauernick, Josef
Kielmann, Stanislaw
Kuhnisch, Kurt
Petersen, Karl
Reicher, Fritz
Reifenberger, Wilhelm
Schäfer, Friedrich
Smolorz, Richard
Stockhausen, Peter
Weisang, Josef
Wischerhof, Hermann
Zimmer, Helmut

Emigranten

Balzer, Gertrud
Gennys, Helmut
Matern, Jenny
Reiche, Käthe
Schälicke, Fritz
Schneider, Georg

4. Gruppe: 2. Belorussische Front/Stettin (28. Mai 1945)

Kriegsgefangene

Bußdorf, Rudolf
Gieseking, Christian
Helmas, Friedrich
Rademacher, Fritz
Zastrow, Erich

Dargel, Heinrich
Domen, Willi
Dopper, Wilhelm
Fridak, Günther
Gescheidtle, Paul
Jahrendt, Walter
Jakob, Karl
Klobes, August
Marz, Paul
Murer, Hans
Offermann, Walter
Reinwald, August
Seidter, Rudolf
Simon, Gustav
Ströh, Heinz
Ullrich, Gerhard

Emigranten

Baum, Gerda
Bürger, Kurt
Faust, Otto
Kropp, Willi
Kundermann, Aenne
Raab, Artur
Staimer, Eleonore

5. Gruppe: Berlin (Juli – Dezember 1945)

Kriegsgefangene

Emendörfer, Max*
Kohlmay, Gunther*
Krausnick, Gerhard*
Krummacher, Friedrich*
Kügelgen, Bernt von*
Rücker, Fritz*

Emigranten

Becher, Lilli
Becher, Hans
Bergmann, Edith +
Schmidt, Elli
Hoffmann, Heinz +
Keilson, Max
Liebknecht, Kurt +
Lindau, Rudolf +
Löwenthal, Fritz +
Meyer, Therese +
Meyer, Elfriede
Noffke, Ernst +

Oelßner, Alfred
Pollak, Nikolaus +
Schälicke, Luise +
Stern, Heinz +
Wangenheim, Gustav
Winzer, Erna
Wendt, Erich +
Werner, Hedwig
Willmann, Hanna
Willmann, Hans
Wittfogel, Rosa +
Zinner, Hedda

5. Gruppe: Dresden (Juli – Dezember 1945)

Kriegsgefangene

Kertzscher, Gunther*
Klement, Gerhard*
Krüger, Gerhard*
Röckl, Ludwig*

Emigranten

Apelt, Fritz
Birke, Maria
Feldmann, Simon
Förster, Bernhard
Gladewitz, Hilde

Hansen, Georg
Klering, Hanna
Staimer, Richard
Wolf, Friedrich

5. Gruppe: Rostock (Juli – Dezember 1945)

Kriegsgefangene

Gentzen, Felix*
Grandy, Theodor*
Hartmann, Max
Helmschrott, Leonhard*
Luddeneit, Fritz
Schröder, Johannes*
Strampfer, Herbert*

Emigranten

Löhr, Frieda
Löhr, Jonny
Scharrer, Adam
Scharrer, Charlotte
Steier, Gertrud

3. In Deutschland eingesetzte Kader des Instituts 99

5. Gruppe: *Thüringen (Juli – Dezember 1945)*

Kriegsgefangene
Achilles, Leopold*
Hadermann, Ernst*

Emigranten
Plivier, Theodor
Plivier, Hildegard
Schneider, Charlotte +
Schneider, Georg +
Stenzer, Emma +
Vallentin, Edith
Vallentin, Maxim
Heilmann, Friedrich +
Zunk, Ellen +

5. Gruppe: *Halle (Juli – Dezember 1945)*

Kriegsgefangene
Dengler, Gerhard*

Emigranten
Bormann, Gustav +
Bormann, Anna +
Koenen, Frieda +
Koenen, Bernhard +
Koenen, Alfred
Kramer, Martha +
Mathei, Franz +
Rückert, Helmut +
Sommer, Heinrich +
Sommer, Margarethe
Stange, Käthe +
Weiß, Lotte +

Quellen- und Literaturverzeichnis

Ungedruckte Quellen

Russisches Staatsarchiv für Sozial- und Politikgeschichte, Moskau (RGASPI – Rossijskij gosudarstvennyj archiv social'no-političeskoj istorii) – Alle hier aufgeführten Bestände sind Teil des Komintern- bzw. Parteiarchivs, die vor der Archivreform zum *Russischen Zentrum für die Aufbewahrung und Erforschung von Dokumenten der neuesten Geschichte (RCChIDNI)* zusammengefaßt worden waren.

fond   495 Exekutivkomitee der Kommunistischen Internationale
           495/10a Sekretariat Manuil'skij
           495/18 Sekretariat EKKI
           495/73 Sekretariat Dimitrov/Briefwechsel mit dem EKKI, dem ZK der VKP (b) u. a.
           495/74 Sekretariat Dimitrov/ausländische Kommunistische Parteien
           495/77 Sekretariat Dimitrov/Arbeit unter den Kriegsgefangenen

fond   17 Zentralkomitee der KPdSU
           17/125 Abteilung Propaganda und Agitation
           17/128 Abteilung Internationale Beziehungen (OMI)

fond 88 Nachlaß A. S. Ščerbakov

fond 578 Wissenschaftliches Institut Nr. 100 beim ZK der VKP (b)

Staatsarchiv der Russischen Föderation, Moskau (GARF – Gosudarstvennyj archiv Rossijskoj Federacii)

fond 9401/2 Sondermappen des Sekretariats des NKVD
       Sondermappe Stalin
       Sondermappe Molotov

Russisches Staatliches Militärarchiv/Sammlung, Moskau (RGVA/K – Rossijskij gosudarstvennyj voennyj archiv/kollekcija) – Alle hier aufgeführten Bestände sind Teil des sogenannten Sonderarchivs, das vor der Archivreform *Zentrum für die Aufbewahrung historisch-dokumentarischer Sammlungen, Moskau (CChIDK)* hieß und nun als Sammlung dem Militärarchiv zugeordnet wurde.

fond 1p Sekretariat des UPVI
fond 4p Politische Abteilung des UPVI
fond 88 Antifaschistische Abteilung des UPVI/Institut 99

Gedenkmuseum deutscher Antifaschisten, Krasnogorsk (MMNA – Memorial'nyj muzej nemeckich antifašistov)

822/173
910/11
1463/13 (= RGVA/K 4p/4/36, Bl. 184)
1463/14 (= RGVA/K 4p/4/36, Bl. 214–218)
1463/15 (= RGVA/K 4p/4/36, Bl. 225–237)
1463/22 (= RGVA/K 451p/2/6, Bl. 49–51 = RGASPI 17/128/40, Bl. 30–32)
1463/23 (= RGVA/K 4p/13/7, Bl. 37–106)

Stiftung Archiv der Parteien und Massenorganisationen der DDR im Bundesarchiv, Berlin (SAPMO-BArch)

Bestand Nachlässe
    4009 Wilhelm Florin
    4036 Wilhelm Pieck
    4065 Erich Weinert
    4091 Bernhard Koenen
    4182 Walter Ulbricht

Bestand DY 30 Sozialistische Deutsche Einheitspartei
    IV 2/2.1 Beschlüsse der SED
    IV 2/2.022 Sekretariat Merker
    IV 2/11 Abteilung Kaderfragen

Bestand SgY 30 Erinnerungen
    0331 Richard Gyptner
    1480 Eberhard Charisius
    2083 Max Emendörfer

Bestand SgY 12 Nationalkomitee „Freies Deutschland"
    1 Gründung und Tätigkeit des NKFD

Bestand RY 1 Kommunistische Partei Deutschlands
    I 2/3, Bd. II,2

Bestand RY 5 Kommunistische Internationale
    I 6/3

Bundesarchiv Abteilung Potsdam (BArch Abt. Potsdam)
Bestand 90 KO 10 Nachlaß Otto Korfes

Bundesarchiv, Militärarchiv Freiburg (BArch-MA)
Bestand TS-1 Thematische Sammlung NKFD
Bestand N 55 Nachlaß Walter von Seydlitz

Gedruckte Quellen

Babičenko, Leonid, „Novaja Germanija ne smožet suščestvovat bez pomošči SSSR". Plennyj nemeckij general o poslevoennoj situacii, in: Istočnik 4 (1996), Heft 1, S. 48–61
Badstübner, Rolf, „Beratungen" bei J. W. Stalin. Neue Dokumente, in: Utopie kreativ, Heft 7 (1991), S. 99–116
Bodensieck, Heinrich, Wilhelm Piecks Moskauer Aufzeichnungen vom „4./6. 45" – ein Schlüsseldokument für Stalins Deutschlandpolitik?, in: Studien zur Geschichte der SBZ/DDR, S. 28–51
Bonwetsch, Bernd/Bordjugov, Gennadij, Stalin und die SBZ. Ein Besuch der SED-Führung in Moskau vom 30. Januar – 7. Februar 1947, in: VfZ 42 (1994), S. 279–303
Christen im Nationalkomitee „Freies Deutschland". Eine Dokumentation, hg. v. Klaus Drobisch, Berlin (Ost) 1973
Die Flugblätter des Nationalkomitees „Freies Deutschland" 1943–1945, hg. v. Hans Heinrich Düsel, Bad Aibling 1987
Dimitroff, Georgi, Dnewnik (9 mart 1933 – 3 fewruari 1949), Sofia 1997
Dimitroff, Georgi, Tagebücher 1933–1943, hg. v. Bernhard H. Bayerlein, Berlin 2000
Dimitroff, Georgi, Kommentare und Materialien zu den Tagebüchern 1933–1943, hg. v. Bernhard H. Bayerlein/Wladislaw Hedeler unter Mitarbeit von Birgit Schliewenz/Maria Matschuk, Berlin 2000

Erler, Peter, Heerschau und Einsatzplanung. Ein Dokument zur Kaderpolitik der KPD aus dem Jahre 1944, in: Geschichte und Transformation des SED-Staates, S. 52–70
Flugblätter des Nationalkomitees Freies Deutschland. Au'sstellung 29. September – 2. November 1989, hg. v. Eva Bliembach, Wiesbaden 1989
Geschichte der deutschen Arbeiterbewegung, hg. v. Institut für Marxismus-Leninismus beim ZK der SED, Bd. 5, Berlin (Ost) 1966
„Gruppe Ulbricht" in Berlin April bis Juni 1945. Von den Vorbereitungen im Sommer 1944 bis zur Wiedergründung der KPD im Juni 1945. Eine Dokumentation, hg. v. Gerhard Keiderling, Berlin 1993
KPSS v rezoljucijach i rešenijach s'ezdov, konferencij i plenov CK, tom 7, iz. Institutom Marksizma-Leninizma pri CK KPSS, v devjatom tiraže, Moskva 1985
Laufer, Jochen, „Genossen, wie ist das Gesamtbild?" Ackermann, Ulbricht und Sobottka in Moskau im Juni 1945, in: DA 29 (1996), S. 355–371
„Nach Hitler kommen wir". Dokumente zur Programmatik der Moskauer KPD-Führung 1944/45 für Nachkriegsdeutschland, hg. v. Peter Erler/Horst Laude/Manfred Wilke, Berlin 1994
Nepravednyj sud. Poslednij stalinskij rasstrel. Stenogramma sudebnogo processa nad členami evropejskogo antifašistskogo komiteta, otv. red. V. P. Naumov, Moskva 1995
Posetiteli kremlevskogo kabineta I. V. Stalina. Žurnaly (tetradi) zapisi lic, prinjatych pervym gensekom. 1924–1953 gg., in: Istoričeskij archiv 4 (1996), Heft 4, S. 66–131
Rešin, Leonid E. (Reschin), Sojuz nemeckich oficerov. Nemeckie voennoplennye na sovetskogermanskom fronte 1943 – 1945, in: Istočnik 1 (1993), Heft 0, S. 86–106
Ders., „Bol'šaja čast' voennoplennych popolnim rjady socialističeskoj edinoj partii Germanii". Neizvestnyj proekt fel'dmaršala Pauljusa, in: Istočnik 2 (1994), Heft 3, S. 103–107
Ders., Psevdonim – „svoboda". Iz istorii organizacij, sozdannych dlja razloženija vojsk i tyla protivnika. 1943–1944 gg., in: Istoričeskij Archiv 2 (1994), Heft 5, S. 136–164
Ders., General v. Seydlitz, der BDO und die Frage einer deutschen Befreiungsarmee unter Stalin. Eine Dokumentation neuer Quellenfunde in Moskauer Archiven, in: Das Nationalkomitee „Freies Deutschland" und der Bund Deutscher Offiziere, S. 251–263
Sie kämpften für Deutschland. Zur Geschichte des Kampfes der Bewegung „Freies Deutschland" bei der 1. Ukrainischen Front der Sowjetarmee, hg. v. Ministerium für Nationale Verteidigung, Berlin (Ost) 1959
Sowjetische Politik in der SBZ 1945–1949. Dokumente zur Tätigkeit der Propagandaverwaltung (Informationsverwaltung) der SMAD unter Sergej Tjul'panov, bearbeitet von Bernd Bonwetsch/Gennadij Bordjugov/Ljudmilla Koševeva/Larisa Rogavaja, Bonn 1997
SSSR – Polša. Mechanizmy podčinenija 1944 – 1949 gg. Sbornik dokumentov, pod red. Gennadija Bordjugova/Gennadija Matveeva/Adama Koseskogo/Andžeja Pačkovskogo, Moskva 1995
SSSR i germanskij vopros. 1941–1949. Dokumenty iz archiva vnešnej politiki Rossijskoj Federacii, sost. G. P. Kynin /J. Laufer; tom 1: 22 ijunja 1941 g. – 8 maja 1945 g., Moskva 1996; tom II: 9 maja 1945 g. – 3 oktjabrja 1946 g., Moskva 2000
Stalin, Josef, Über den Großen Vaterländischen Krieg der Sowjetunion, Berlin 1945
SVAG. Upravlenie propagandy (informacii) i S. I. Tjul'panov. Sbornik dokumentov, pod red. Bernda Bonveča/Gennadija Bordjugova/Normana Nejmarka, Moskva 1994 (deutsch: Sowjetische Politik in der SBZ 1945–1949)
Ulbricht, Walter, Zur Geschichte der deutschen Arbeiterbewegung. Aus Reden und Aufsätzen, Bd. II, 2. Zusatzband, Berlin 1968 (Ost)
Verrat hinter Stacheldraht? Das Nationalkomitee „Freies Deutschland" und der Bund Deutscher Offiziere in der Sowjetunion 1943 – 1945, hg. v. Bodo Scheurig, München 1965
Voennoplennye v SSSR 1939–1956. Dokumenty i materialy, iz. pod redakciej M. M. Zagorul'ko, Moskva 2000
Weinert, Erich, Das Nationalkomitee „Freies Deutschland" 1943 – 1945. Bericht über seine Tätigkeit und seine Auswirkung, Berlin (Ost) 1957
Wilhelm Pieck – Aufzeichnungen zur Deutschlandpolitik, hg. v. Rolf Badstübner/Wilfried Loth, Berlin 1994
Za Germaniju – protiv Gitlera. Dokumenty i materialy o sozdanii i dejatel'nosti Nacio-

nal'nogo komiteta „Svobodnaja Germanija" i Sojuza nemeckich oficerov, pod red. N. N. Bernikova/V. A. Vsevolodova/A. A. Krupennikova, Moskva 1993

Zur Geschichte der deutschen antifaschistischen Widerstandsbewegung 1933–1945. Eine Auswahl von Materialien, Berichten und Dokumenten, Berlin (Ost) ²1958

Erinnerungsliteratur

Bahrs, Hugo, In den Wäldern Belorusslands, in: Die Front war überall, S. 317–351
Bechler, Margret, Warten auf Antwort. Ein deutsches Schicksal, Frankfurt a. M./Berlin ¹⁸1993
Benser, Günter, Die KPD im Jahre der Befreiung. Vorbereitung und Aufbau der legalen kommunistischen Partei (Jahreswende 1944/1945 bis Herbst 1945), Berlin (Ost) 1985
Berner, Helene, Mit der Sowjetarmee nach Berlin, in: Im Zeichen des roten Sterns, S. 319–338
Böll, Heinrich/Kopelew, Lew, Warum haben wir aufeinander geschossen?, Bornheim-Merten 1981
Bredt, Alfred, Die Entstehung des Bundes Deutscher Offiziere in der Gefangenschaft, in: Verrat hinter Stacheldraht?, S. 86–88
Burzew (Burcev), M. I., Einsichten, Berlin (Ost) 1985
Daniels – Niederschrift über die Ausführungen des Generals Melnikow in der Nacht vom 2. zum 3. 10. 43 zwischen 1 und 2 Uhr, in: Verrat hinter Stacheldraht?, S. 97–98
Dengler, Gerhard, Zwei Leben in einem, Berlin (Ost) 1989
Die Front war überall. Erlebnisse und Berichte vom Kampf des Nationalkomitees „Freies Deutschland", hg. v. Bernt und Else von Kügelgen, Berlin (Ost) ²1978
Dohm, Bernhard, Zur Arbeit der Frontschule bei der 1. Ukrainischen Front, in: Sie kämpften für Deutschland, S. 55–63
Ders., Schule der guten Deutschen, in: Die Front war überall, S. 390–396
Eildermann, Wilhelm, Die Antifa-Schule. Erinnerungen an eine Frontschule der Roten Armee, Berlin (Ost) 1985
Einsiedel, Heinrich Graf von, Tagebuch der Versuchung, Frankfurt a. M./Berlin/Wien 1985 (Berlin/Stuttgart 1950)
Emendörfer, Max, Rückkehr an die Front. Erlebnisse eines deutschen Antifaschisten, Berlin (Ost) 1972
Engelbert, Otto, Schule des Propagandisten, in: Böll/Kopelew, Warum haben wir aufeinander geschossen?, S. 108–111
Ders., Die Antifa-Schule Talizy. Schule des „Zwiedenkens", in: Kriegsgefangenschaft, S. 65–83
Fey, Rudolf, Ein Totgesagter kehrt zurück, Berlin (Ost) 1989
Frankenberg, Egbert von, Meine Entscheidung. Erinnerungen aus dem Zweiten Weltkrieg und dem antifaschistischen Widerstandskampf, Berlin (Ost) 1963
Frick, Karl, Umdenken hinter Stacheldraht. Österreicher in der UdSSR, Wien 1967
Gerlach, Heinrich, Die Werbung der Generale, in: Verrat hinter Stacheldraht?, S. 94–96.
Gold, Franz, Im Bunker von Oberleutnant Sass, in: Die Front war überall, S. 64–72
Grünberg, Gottfried, Kumpel, Kämpfer, Kommunist, Berlin (Ost) 1977
Hahn, Assi, Ich spreche die Wahrheit, Esslingen 1951
Hoffmann, Artur, Als Partisan des Nationalkomitees „Freies Deutschland" auf polnischer Erde, in: Die Front war überall, S. 360–364
Hoffmann, Heinz, Moskau Berlin. Erinnerungen an Freunde, Kampfgenossen und Zeitumstände, Berlin (Ost) 1989
Im Kampf bewährt. Erinnerungen deutscher Genossen an den antifaschistischen Widerstand von 1933 bis 1945, hg. v. Heinz Voßke, Berlin (Ost) 1969
Im Zeichen des roten Sterns. Erinnerungen an die Tradition der deutsch-sowjetischen Freundschaft, hg. v. Institut für Marxismus-Leninismus beim ZK der SED, Berlin (Ost) 1974
In den Wäldern Belorußlands. Erinnerungen sowjetischer Partisanen und deutscher Antifaschisten, hg. v. Institut für Parteigeschichte bei ZK der Kommunistischen Partei Belorußlands und dem Institut für Marxismus-Leninismus beim ZK der SED, Berlin(Ost) 1984
Kehler, Ernst, Einblicke und Einsichten. Erinnerungen, Berlin (Ost) 1989
Keßler, Heinz, Zur Sache und zur Person. Erinnerungen, Berlin 1996

Kopelew, Lew, Aufbewahren für alle Zeit, München 1979 (dtv)
Kriegsgefangenschaft. Berichte über das Leben in Gefangenenlagern der Alliierten von Otto Engelbert, Kurt Glaser, Hans Jonitz und Heinz Pust, hg. v. Wolfgang Benz/Angelika Schardt, München 1991
Kügelgen, Bernt von, Die Nacht der Entscheidung. Autobiographie, Berlin (Ost) 1983
Lehrer im antifaschistischen Widerstandskampf der Völker (Monumenta paedagogica XV), Berlin (Ost) 1974
Leonhard, Wolfgang, Die Revolution entläßt ihre Kinder, Köln/Berlin 1955
Mayenburg, Ruth von, Blaues Blut und rote Fahnen, Ein Leben unter vielen Namen, Wien/München/Zürich 1969
Dies., Hotel Lux, München 1978
Puttkamer, Jesco von, Irrtum und Schuld. Geschichte des National-Komitees „Freies Deutschland", Neuwied/Berlin 1948
Quittner, Genia, Weiter Weg nach Krasnogorsk. Schicksalsbericht einer Frau, Wien/München/Zürich 1971
Rentzsch, Hermann, Es war die Schule meines Lebens, in: BzG 7 (1965), S. 269–277
Ders., Mein Weg zum Frontbeauftragten des Nationalkomitees „Freies Deutschland", in: Im Kampf bewährt, S. 368–417
Rücker, Fritz, Die Arbeit der Lehrer im Nationalkomitee „Freies Deutschland" und die schulpolitisch-pädagogische Arbeit des Nationalkomitees, in: Lehrer im antifaschistischen Widerstandskampf der Völker, S. 369–377
Rühle, Otto, Genesung in Jelabuga. Autobiographischer Bericht, Berlin (Ost) [4]1977
Seydlitz, Walther von, Stalingrad. Konflikt und Konsequenz. Erinnerungen, Oldenburg 1977
Steidle, Luitpold, Entscheidung an der Wolga, Berlin (Ost) 1969

Sekundärliteratur

Adibekov, Grant, Kominform i poslevoennaja evropa. 1947–1956 gg., Moskva 1994
Archiv novejšej istorii Rossii. Katalog dokumentov, pod redakcii V. A. Kozlova i S. V. Mironenko, tom I: „Osobaja papka I. V. Stalina. Iz materialov Sekretariata NKVD-MVD SSSR 1944 – 1953, Moskva 1994; tom II: „Osobaja papka" V. I. Molotova. Iz materialov sekretariata NKVD-MVD SSSR 1944–1956 gg., Moskva 1994
Aufstand des Gewissens. Militärischer Widerstand gegen Hitler und das NS-Regime 1933–1945. Katalog zur Wanderausstellung, im Auftrag des Militärgeschichtlichen Forschungsamtes hg. v. Heinrich Walle, Berlin/Bonn/Herford [4]1994
Aufstand des Gewissens. Militärischer Widerstand gegen Hitler und das NS-Regime 1933 bis 1945. Begleitband zur Wanderausstellung des Militärgeschichtlichen Forschungsamtes, im Auftrag des Militärgeschichtlichen Forschungsamtes hg. v. Thomas Vogel, Hamburg/Berlin/Bonn [5]2000
Babičenko, Leonid, Zur Neubewertung der Zusammenarbeit des Zentralkomitees der KPdSU und anderer sowjetischer Stellen mit dem NKFD und dem BDO, in: Das Nationalkomitee „Freies Deutschland" und der Bund Deutscher Offiziere, S. 79–92
Badstübner, Rolf, Fehlerkritik ja, „aber so präzis wie möglich". Notwendige Anmerkungen zu den Einwänden Günter Bensers, in: Utopie kreativ, Heft 15 (1991), S. 20–23
Ders., Zum Problem der historischen Alternativen im ersten Nachkriegsjahrzehnt. Neue Quellen zur Deutschlandpolitik von KPdSU und SED, in: BzG 33 (1991), S. 579–592
Benser, Günter, Zur Auflösung des Nationalkomitees „Freies Deutschland" 1945, in: ZfG 38 (1990), S. 905–914
Ders., Quellenveröffentlichungen ja, doch so präzis wie möglich. Einwände gegen Interpretationen von „Stalins Direktiven" an KPD und SED, in: Utopie kreativ, Heft 11 (1991), S. 101–107
Bernikov, Nikolaj N., Die propagandistische Tätigkeit des NKFD und des BDO sowie deren Zusammenarbeit mit den Politorganen der Roten Armee während des Krieges 1943–1945, in: Das Nationalkomitee „Freies Deutschland" und der Bund Deutscher Offiziere, S. 112–120
Berthold, Werner, Die Ausarbeitung von „Richtlinien für den Unterricht in deutscher Ge-

schichte" durch eine Kommission des Nationalkomitees „Freies Deutschland" (Ende 1944/Anfang 1945 bis 31. Juli 1945). Voraussetzungen und Ergebnis, in: WZL 16,4 (1968), S. 495-506
Blank, A. S., Die Zusammenkunft Wilhelm Piecks mit kriegsgefangenen Generalen und Offizieren der Hitlerwehrmacht in Susdal, in: BzG 5 (1963), S. 675-678
Bonwetsch, Bernd, Außenpolitik als Innenpolitik. Zur Rolle auswärtiger Beziehungen für die innere Machtrivalität in der Sowjetunion 1953-1963, in: Deutsche Studien 20 (1982), S. 3-25
Ders., Deutschlandpolitische Alternativen der Sowjetunion 1949 bis 1955, in: Deutsche Studien 24 (1986), S. 320-340
Ders., Der „Große Vaterländische Krieg" vom deutschen Einfall bis zum sowjetischen Sieg (1941-1945), in: Handbuch der Geschichte Rußlands, Bd. III,2, S. 910-1008
Ders., Die sowjetischen Kriegsgefangenen zwischen Stalin und Hitler, in: ZfG 41 (1993), S. 135-142
Ders., Die Sowjetisierung Osteuropas. Moskaus Politik im Interpretationswandel, in: Kommunismus und Osteuropa, S. 85-99
Boroznjak, Alexander I., Die sowjetische und russische Historiographie über das NKFD und den BDO 1943-1945, in: Das Nationalkomitee „Freies Deutschland", S. 182-187
Borsányi, György, Ernö Gerö. Aus dem Leben eines Apparatschiks, in: JHK (1994), S. 275-280
Bungert, Heike, „Ein meisterhafter Schachzug". Das Nationalkomitee Freies Deutschland in der Beurteilung der Amerikaner, 1943-1945, in: Geheimdienstkrieg gegen Deutschland, S. 90-121
Dies., „Den deutschen Widerstandswillen brechen". Anglo-amerikanische Pläne zur Gründung eines deutschen Komitees als Antwort auf das NKFD, in: Das Nationalkomitee „Freies Deutschland" und der Bund Deutscher Offiziere, S. 52-63
Dies., Das Nationalkomitee und der Westen. Die Reaktion der Westalliierten auf das NKFD und die Freien Bewegungen 1943-1948, Stuttgart 1997
Dies., Deutsche Emigranten im amerikanischen Kalkül. Die Regierung in Washington, Thomas Mann und die Gründung eines Emigrantenkomitees, in: VfZ 46 (1998), S. 253-268
Burcev (Burzew), M. I., Učastie germanskich antifašistov v ideologičeskoj bor'be Sovetskoj Armii protiv gitlerovskich zachvatčikov, in: VIŽ (1969), S. 41-49
Ders., Deutsche Antifaschisten an der Seite der Roten Armee im Großen Vaterländischen Krieg der Sowjetunion. Gedanken und Erinnerungen, in: ZfM 8 (1969), S. 416-431
Centenaire Jules Humbert-Droz. Colloque sur l'Internationale Communiste. La Chaux-de-Fonds 25-28 septembre 1991. Actes
Centre and periphery. The history of the Comintern in the Light of New Documents, ed. by Mikhail Narinsky/Jürgen Rojahn, Amsterdam 1996
Creuzberger, Stefan, Die Liquidierung antifaschistischer Organisationen in Berlin. Ein sowjetisches Dokument, in: DA 26 (1993), S. 1266-1279
Ders., Die sowjetische Besatzungsmacht und das politische System der SBZ, Weimar/Köln/Wien 1996
Das Nationalkomitee „Freies Deutschland" und der Bund Deutscher Offiziere, hg. v. Gerd R. Ueberschär, Frankfurt a. M. 1995
Das Nationalkomitee Freies Deutschland und seine militärpolitische Bedeutung. Protokoll der Konferenz des Instituts für deutsche Militärgeschichte am 27. und 28. März 1963, Potsdam 1963
Das Nationalkomitee Freies Deutschland. Ein verdrängtes Kapitel deutschen Widerstandes, hg. v. der Evangelischen Akademie Berlin, Berlin (West) 1990
Der 20. Juli. Das „andere Deutschland" in der Vergangenheitspolitik, hg. v. Gerd R. Ueberschär, Berlin ²1998
Der Widerstand gegen den Nationalsozialismus. Die deutsche Gesellschaft und der Widerstand gegen Hitler, hg. v. Jürgen Schmädeke/Peter Steinbach, München ²1986
Deuerlein, Ernst, Die Präjudizierung der Teilung Deutschlands 1944/45, in: DA 2 (1969), S. 353-369
Die Anatomie der Parteizentrale. Die KPD/SED auf dem Weg zur Macht, hg. v. Manfred Wilke, Berlin 1998
Die Bestände der Stiftung Archiv der Parteien und Massenorganisationen der DDR im Bun-

desarchiv, hg. v. der Stiftung Archiv der Parteien und Massenorganisationen der DDR im Bundesarchiv, Berlin 1996
Die DDR - Analysen eines aufgegebenen Staates, hg. v. Heiner Timmermann (erscheint 2001)
Die deutsche Frage in der Nachkriegszeit, hg. v. Wilfried Loth, Berlin 1994
Die Deutschlandfrage von der staatlichen Teilung Deutschlands bis zum Tode Stalins, Berlin 1994.
Die Deutschlandfrage von Jalta und Potsdam bis zur staatlichen Teilung Deutschlands 1949, hg. v. Boris Meissner, Berlin 1993
Die Tragödie der Gefangenschaft in Deutschland und in der Sowjetunion 1941 - 1956, hg. v. Klaus-Dieter Müller/Konstantin Nikischkin/Günther Wagenlehner, Köln/Weimar 1998
Die Wehrmacht. Mythos und Realität, im Auftrag des Militärgeschichtlichen Forschungsamtes hg. v. Rolf-Dieter Müller/Erich Volkmann, München 1999
Diesener, Gerald, Geschichtspropaganda und Geschichtsdenken im Nationalkomitee „Freies Deutschland", phil. Diss. (A) Leipzig 1983
Ders., Militärpolitische Propaganda in der Zeitung „Freies Deutschland", in: ZfM 3 (1983), S. 333–342
Ders., Die Propagandaarbeit der Bewegung „Freies Deutschland" in der Sowjetunion 1943–1945, phil. Diss. (B) Leipzig 1987
Ders., Historisches in der Zeitung „Freies Deutschland" (1943–1945), in: BzG 29 (1987), S. 772–782
Ders., Der Beitritt kriegsgefangener Generale zur Bewegung „Freies Deutschland" 1944, in: Militärgeschichte 27 (1988), S. 455–460
Ders., Die Bedeutung des Nationalkomitees „Freies Deutschland" im Vergleich mit anderen Widerstandsgruppen in der Sicht der DDR, in: Das Nationalkomitee Freies Deutschland. Ein verdrängtes Kapitel deutschen Widerstandes, S. 17–34
Dreetz, Dieter, Der Weg und Bekenntnis des Generalfeldmarschalls Friedrich Paulus, in: ZfM 1 (1962), S. 89–102
Emendörfer, Jan, Verfemt. Mein Vater Max Emendörfer, Frankfurt/Oder 1997
Ende des Dritten Reiches - Ende des Zweiten Weltkrieges. Eine perspektivische Rückschau, im Auftrage des Militärgeschichtlichen Forschungsamtes hg. v. Hans-Erich Volkmann, München 1995
Erler, Peter, „Moskau-Kader" der KPD in der SBZ, in: Die Anatomie der Parteizentrale, S. 229–291
Exil und Neuordnung. Beiträge zur verfassungspolitischen Entwicklung in Deutschland nach 1945, hg. v. Claus-Dieter Krohn/Martin Schumacher, Düsseldorf 2000
Finker, Kurt, Die Stellung der Sowjetunion und der sowjetischen Geschichtsschreibung zum 20. Juli, in: Der 20. Juli, S. 47–67
Firsov, Aleksej, Die sowjetische Deutschlandplanung zwischen Parteiräson, Staatsinteresse und taktischem Kalkül, in: Ende des Dritten Reiches, S. 117–139
Fischer, Alexander, Sowjetische Deutschlandpolitik im Zweiten Weltkrieg 1941–1945, Stuttgart 1975
Ders., Die Bewegung „Freies Deutschland" in der Sowjetunion: Widerstand hinter Stacheldraht?, in: Der Widerstand gegen den Nationalsozialismus, S. 954–973
Ders., Die Bewegung „Freies Deutschland" in der Sowjetunion: Widerstand hinter Stacheldraht?, in: Aufstand des Gewissens, 4. Aufl., S. 439–458
Fischer, Egbert, Arthur Pieck, in: Für ein sozialistisches Vaterland, S. 151–182
Foitzik, Jan, Zur Anleitung der kommunistischen Parteien im Zeitraum nach der Auflösung der Komintern (1943) bis zur Bildung des Kominform (1947), in: Centenaire Jules Humbert-Droz, S. 509–524
Ders., Sowjetische Militäradministration in Deutschland (SMAD) 1945–149. Struktur und Funktion, Berlin 1999
Frieser, Karl-Heinz, Krieg hinter Stacheldraht. Die deutschen Kriegsgefangenen in der Sowjetunion und das Nationalkomitee Freies Deutschland, Mainz 1981
Für ein sozialistisches Vaterland. Lebensbilder deutscher Kommunisten und Aktivisten der ersten Stunde, hg. v. Paul Heider, Berlin (Ost) 1981
Galickij, V. P., Vražeskie voennoplennye v SSSR (1941–1945 gg.), in: VIŽ (1990), Heft 9, S. 39–46
Ders., Tam v Beketovke pod Stalingradom, in: VIŽ (1993), Heft 2, S. 18–22

"Gefangen in Rußland". Beiträge des Symposiums auf der Schallaburg 1995, hg. v. Stefan Karner, Graz ²1996

Geheimdienstkrieg gegen Deutschland, hg. v. Jürgen Heideking/Christof Mauch, Göttingen 1993

Geschichte und Transformation des SED-Staates. Beiträge und Analysen, hg. v. Klaus Schröder, Berlin 1994

Glantz, David M., Soviet Military Intelligence in War, London 1990

Gončarov, V. S., Političeskaja rabota sredi voennoplennych v operativnom tylu dejstvujuščej armii (po opytu Velikoj Otečestvennoj vojny 1941–1945), dis. kand. ist. nauk, Moskva 1979

Gorbunov, Igor', Deutsche Kriegsgefangene in der Sowjetunion. Unterbringung und medizinische Versorgung, in: Die Tragödie der Gefangenschaft, S. 43–51

Gorelikov, N. E., Voenno-političeskaja dejatel'nost' A. S. Ščerbakova v gody Velokoj Otečestvennoj vojny (ijun' 1941 – maj 1945), dis. kand. ist nauk Moskva 1983

Görlitz, Walter, Ich stehe hier auf Befehl. Lebensweg des Generalfeldmarschalls Friedrich Paulus. Mit den Aufzeichnungen aus dem Nachlaß, Briefen, Dokumenten, Frankfurt a. M. 1960

Gosztony, Peter, Stalins fremde Heere. Das Schicksal der nichtsowjetischen Truppen im Rahmen der Roten Armee 1941 – 1945, Bonn 1991

Gyptner, Richard, Über die antifaschistischen Sender während des Zweiten Weltkrieges, in: BzG 6 (1964), S. 881–884

Handbuch der Geschichte Rußlands, Bd. III,2: 1856–1945. Von den autokratischen Reformen zum Sowjetstaat, hg. v. Gottfried Schramm, Stuttgart 1992

Herlemann, Beatrix, Der deutschsprachige Bereich der Kaderschulen der Kommunistischen Internationale, in: IWK 18 (1982), S. 205–229

Heider, Paul, Gründung des Nationalkomitees „Freies Deutschland" und des Bundes Deutscher Offiziere – alleiniges Verdienst der Führung der KPD oder sowjetischer Einfluß?, in: BzG 34 (1992), Heft 3, S. 4-28

Ders., Nationalkomitee „Freies Deutschland" – Antihitlerbündnis oder Koalition für ein demokratisches Deutschland?, in: BzG 35 (1993) Heft 4, S. 13–30

Ders., Das NKFD und der BDO in der Historiographie der DDR und die „Arbeitsgemeinschaft ehemaliger Offiziere", in: Das Nationalkomitee „Freies Deutschland" und der Bund Deutscher Offiziere, S. 161–181

Ders., Reaktionen in der Wehrmacht auf Gründung und Tätigkeit des Nationalkomitees „Freies Deutschland" und des Bundes Deutscher Offiziere, in: Die Wehrmacht. Mythos und Realität, S. 614–634

Heimkehr 1948, hg. v. Annette Kaminsky, München 1998

Hilger, Andreas, Deutsche Kriegsgefangene in der Sowjetunion, 1941–1956. Kriegsgefangenenpolitik, Lageralltag und Erinnerung. Essen 2000.

Huber, Peter, Stalins Schatten in die Schweiz. Schweizer Kommunisten in Moskau. Verteidiger und Gefangene der Komintern, Zürich 1994

Ders., The Cadre Department, the OMS and the „Dimitrov" and „Manuil'sky" Secretariats during the Phase of the Terror, in: Centre and Periphery, S. 122–152

Ihme-Tuchel, Beate, Der Arbeitskreis für kirchliche Fragen beim NKFD, in: Das Nationalkomitee „Freies Deutschland" und der Bund Deutscher Offiziere, S. 64–75

Karner, Stefan, Die sowjetische Hauptverwaltung für Kriegsgefangene und Internierte. Ein Zwischenbericht, in: VfZ 423 (1993), S. 447–471

Ders., Im Archipel GUPVI. Kriegsgefangenschaft und Internierung in der Sowjetunion 1941–1956, Wien/München 1995

Kilian, Achim, Stalins Prophylaxe. Maßnahmen der sowjetischen Sicherheitsorgane im besetzten Deutschland, in: DA 30 (1997), S. 531–564

Kirstein, Tatjana, Die Bedeutung von Durchführungsentscheidungen in dem zentralistisch verfaßten Entscheidungssystem der Sowjetunion. Eine Analyse des stalinistischen Entscheidungssystems am Beispiel des Aufbaus von Magnitogorsk (1928–1932), Wiesbaden 1984

Kommunismus und Osteuropa. Konzepte, Perspektiven und Interpretaionen im Wandel, hg. v. Eva Schmidt-Hartmann, München 1994

Kowalski, Hans-Günther, Die „European Advisory Commission" als Instrument alliierter Deutschlandplanung 1943–1945, in: VfZ 19 (1971), S. 261–293

Kozlov, Vladimir, Politische Einstellung und Stimmung der deutschen Kriegsgefangenen und der wegen Kriegsverbrechen Verurteilten in den Jahren 1944–1955. Ein quellenwissenschaftlicher Überblick des Sekretariats des NKVD (MVD) der UdSSR, in: „Gefangen in Rußland", S. 113-132

Kratkij putevoditel'. Fondy i kollekcii, sobrannye Central'nym partijnym archivom, iz. Gosudarstvennoj archivnoj služboj Rossijskoj Federacii, Rossijskim centrom chranenija i izučenija dokumentov novejšei istorii, Moskva 1993

Kraushaar, Luise, Zur Tätigkeit und Wirkung des „Deutschen Volkssenders" (1941-1945), in: BzG 6 (1964), S. 116-133

Kriegsgefangene - Voennoplennye. Sowjetische Kriegsgefangene in Deutschland - Deutsche Kriegsgefangene in der Sowjetunion, hg. v. Haus der Geschichte der Bundesrepublik Deutschland, Düsseldorf 1995

Krohn, Claus-Dieter, „Wir schossen mit Flugblättern...", in: Flugblätter des Nationalkomitees Freies Deutschland, S. 29-40

Krupennikov, Arkadij, Die politische Lageeinschätzung von NKFD und BDO als patriotisches Motiv für den Kampf gegen Hitler, in: Das Nationalkomitee „Freies Deutschland" und der Bund Deutscher Offiziere, S. 104-111

Kubina, Michael, Der Aufbau des zentralen Parteiapparates der KPD 1945-1946, in: Die Anatomie der Parteizentrale, S. 49-17

Kühnrich, Heinz, Die KPD im Kampf gegen die faschistische Diktatur 1933 bis 1945, Berlin (Ost) 1987

Ders., Die KPD und die Bewegung „Freies Deutschland", in: BzG 30 (1988), S. 435-450

Kuz'min, Stanislav, Die Unterbringung der deutschen Kriegsgefangenen auf sowjetischem Territorium, in: Die Tragödie der Gefangenschaft, S. 91-105

Laschitza, Horst, Kämpferische Demokratie gegen Faschismus. Die programmatische Vorbereitung auf die antifaschistisch-demokratische Umwälzung in Deutschland durch die Parteiführung der KPD, Berlin (Ost) 1969

Laufer, Jochen, Die UdSSR und die Zoneneinteilung Deutschlands (1943/44), in: ZfG 43 (1995), S. 309-331

Lebedeva, N. S. /Narinskij, M. M., Rospusk Kominterna, in: Vtoraja mirovaja Vojna, S. 72-86

Dies., Dissolution of the Comintern in 1943, in: Centre and periphery, S. 153-162

Lehmann, Albrecht, Gefangenschaft und Heimkehr. Deutsche Kriegsgefangene in der Sowjetunion, München 1986

Ders., Erinnerungen an die Kriegsgefangenschaft, in: Stalingrad. Mythos und Wirklichkeit einer Schlacht, S. 178-189

Lewerenz, Hermann, Zum Entstehen des Bundes Deutscher Offiziere, in: ZfM 2 (1963), S. 167-179

Libera, Kurt, Zur Entwicklung der antifaschistischen Bewegung unter den deutschen Kriegsgefangenen in der UdSSR nach dem Sieg über den Hitlerfaschismus (1945-1950), phil. Diss. Humboldt-Universität Berlin 1968

Loth, Wilfried, Stalins ungeliebtes Kind. Warum Moskau die DDR nicht wollte, Berlin 1994

Ders., Stalin, die deutsche Frage und die DDR. Eine Antwort an meine Kritiker, in: DA 28 (1995), S. 290-298

Ders., Wilfried, Kritik ohne Grundlagen. Erwiderung auf Gerhard Wettig, in: DA 28 (1995), S. 749-750

Löwel, Bruno, Die Gründung des NKFD im Lichte der Entwicklung der Strategie und Taktik der KPD, in: BzG 5 (1963), S. 613-631

Lubjanka. VČK - OGPU - NKVD - NKGB - MGB - MVD - KGB 1917 - 1960. Spravočnik (Rossija. XX vek. Dokumenty), sostaviteli A. I. Kokurin/N. V. Petrov, naučnyj redaktor P. G. Pichoja, Moskva 1997

Matern, Hermann, Die führende Rolle der Kommunistischen Partei Deutschlands in der antifaschistischen Bewegung Freies Deutschland, in: ZfM 2 (1963), S. 135-153

Meissner, Boris, Rußland, die Westmächte und Deutschland. Die sowjetische Deutschlandpolitik 1943-1953, Hamburg 1953

Mönicke, Martina, Die Teilnahme deutscher Antifaschisten am Partisanenkampf der UdSSR während des Großen Vaterländischen Krieges (1941-1945), phil. Diss. (A) Halle 1987

Morré, Jörg, Das Nationalkomitee Freies Deutschland und der Mythos von Tauroggen, unveröffentlichte Examensarbeit Hamburg 1991

Ders., Kader für Deutschland? Die Bemühungen der SED um die Repatriierung antifaschistischer Kriegsgefangener, in: Heimkehr 1948, S. 217–231
Ders., Kommunistische Emigranten und die sowjetische Besatzungspolitik in Deutschland, in: Exil und Neuordnung, S. 279–298
Ders., Das Nationalkomitee „Freies Deutschland" – Widerstand aus sowjetischer Kriegsgefangenschaft?, in: Aufstand des Gewissens, 5. Aufl., S. 541–558
Ders., Die Parteischulung der KPD in der Sowjetunion, in: Die DDR – Analysen eines aufgegebenen Staates
Muchin, Viktor, Das System der Gefangennahme, Erfassung, Versorgung und Weiterleitung sowjetischer und deutscher Kriegsgefangener in frontnahen Gebieten 1941 bis 1945. Eine vergleichende Analyse, in: Die Tragödie der Gefangenschaft, S. 107–128
Mühlen, Patrik von zur, Fluchtziel Lateinamerika. Die deutsche Emigration 1933–1945. Politische Aktivitäten und soziokulturelle Integration, Bonn 1988
Müller-Enbergs, Helmut, Der Fall Rudolf Herrnstadt. Tauwetterpolitik vor dem 17. Juni, Berlin 1991
Ders., Das Manifest des NKFD vom 13. Juli 1943. Initiative, Autoren und Intention, in: Das Nationalkomitee „Freies Deutschland" und der Bund Deutscher Offiziere, S. 93–103
Naimark, Norman M., Russen in Deutschland. Die sowjetische Besatzungszone 1945 bis 1949, Berlin 1997
Nollau, Günther, Die Internationale. Wurzeln und Erscheinungsformen des proletarischen Internationalismus, Köln 1959
Ders., Die Komintern. Vom Internationalismus zur Diktatur Stalins, Bonn 1964
Otten, Christa, Memento einer Nacht, in: Die Front war überall, S. 365–381
Overmans, Rüdiger, Das andere Gesicht des Krieges. Leben und Sterben der 6. Armee, in: Stalingrad. Ereignis – Wirkung – Symbol, S. 419–455
Papadopoulus-Kilius, Rosemarie, „Es gibt zwei Deutschlands ...". Im Gespräch mit Zeugen und Zeitzeugen des NKFD. Willi Belz – Bernt von Kügelgen – Bernhard Bechler, in: Das Nationalkomitee „Freies Deutschland" und der Bund Deutscher Offiziere, S. 201–218
Pech, Karlheinz/Diesener, Gerald, Zur Entstehung und zum Wirken der Bewegung „Freies Deutschland", in: ZfG 36 (1988), S. 595–607
Petrick, Birgit, „Freies Deutschland" – die Zeitung des Nationalkomitees „Freies Deutschland" (1943–1945). Eine kommunikationswissenschaftliche Untersuchung, München/New York/London/Paris 1979
Petrov, Nikita, Die Apparate des NKVD/MVD und des MGB in Deutschland 1945–1953. Eine historische Skizze, in: Sowjetische Speziallager in Deutschland, Bd. 1, S. 143–157
Petrova, N. K., Antifašistskie komitety v SSSR 1941–1945 gg., Moskva 1999
Pike, David, Deutsche Schriftsteller im sowjetischen Exil 1933–1945, Frankfurt a. M. 1981
Pogrebnoj, N. G., Dejatel'nost' nemeckich antifašistov v Sovetskom Sojuze v gody otečestvennoj vojny (1941–1945 gg.), diss. kand. nauk, Kiev 1964
Possekel, Ralf, Sowjetische Lagerpolitik in Deutschland, in: Sowjetische Speziallager in Deutschland, Bd. 2, S. 15–110
Pütter, Conrad, Rundfunk gegen das „Dritte Reich". Deutschsprachige Rundfunkaktivitäten im Exil 1933–1945, München u. a. 1986
Raack, R. C., Stalin Plans his Post-War Germany, in: Journal of Contemporary History 28 (1993), S. 53–73
Reschin, Leonid (Rešin), General zwischen den Fronten. Walter von Seydlitz in sowjetischer Gefangenschaft und Haft 1943 – 1955, Berlin 1995
Ders., Die Bemühungen um den Eintritt von Generalfeldmarschall Paulus in das NKFD und den BDO im Spiegel Moskauer Akten, in: Das Nationalkomitee „Freies Deutschland" und der Bund Deutscher Offiziere, S. 239–250
Ders., Feldmarschall im Kreuzverhör. Friedrich Paulus in sowjetischer Gefangenschaft 1943–1945, Berlin 1996
Robel, Gert, Die deutschen Kriegsgefangenen in der Sowjetunion. Antifa, München 1974
Rudenko, Nina N., Propagandistskaja dejatel'nost' politorganov Krasnoj armii sredi vojsk protivnika na territorii SSSR 1941–1944, diss. kand. nauk Kiev 1983
Sablin, V. O., O dejatel'nosti soveta voenno-političeskoj propagandy (1942–1944 gg.), in: VIŽ (1978), Heft 4, S. 90–96

Sacharov, Vladimir V./Filippovych, Dmitrij N./Kubina, Michael, Tschekisten in Deutschland. Organisation, Aufgaben und Aspekte der Tätigkeit der sowjetischen Sicherheitsapparate in der Sowjetischen Besatzungszone Deutschlands (1945-1949), in: Die Anatomie der Parteizentrale, S. 293-335

Sadekova, Souria, Dimitri Manouilski, in: Communisme 40/41 (1995), S. 53-68

Sassning, Ronald, Genesis und Bedeutung des Friedensmanifestes des ZK der KPD vom 6. Dezember 1942, in: ZfG 31 (1983), S. 789-800

Sattler, Friederike, Bündnispolitik als politisch-organisatorisches Problem des zentralen Parteiapparates der KPD 1945/46, in: Die Anatomie der Parteizentrale, S. 119-212

Scheurig, Bodo, Freies Deutschland. Das Nationalkomitee „Freies Deutschland" und der Bund Deutscher Offiziere in der Sowjetunion 1943-1945, München 1960

Ders., Verräter oder Patrioten. Das Nationalkomitee „Freies Deutschland" und der Bund Deutscher Offiziere in der Sowjetunion 1943-1945, Berlin/Frankfurt a. M. 1993 (überarbeitete und ergänzte Fassung der Ausgabe von 1960)

Sebrow, Damir K., Deutsche Schriftsteller im Kampf gegen den Faschismus 1941/42. Politisch-literarische Aktivität in den Jahren vor der Gründung des Nationalkomitees „Freies Deutschland", in: Weimarer Beiträge, Sonderheft 2/1968, S. 160-188

Segbers, Klaus, Die Sowjetunion im Zweiten Weltkrieg. Die Mobilisierung von Verwaltung, Wirtschaft und Gesellschaft im „Großen Vaterländischen Krieg" 1941 - 1943, München 1987

Selesnjow (Seleznev), K. L., Mit Walter Ulbricht im sowjetischen Kriegsgefangenenlager (Oktober 1941), in: BzG 11 (1969) S. 809-819

Ders., Reise mit deutschen Antifaschisten in ein Kriegsgefangenenlager bei Karaganda (Dezember 1941), in: BzG 12 (1970), S. 278-290

Ders., Zur Geschichte der Zeitung „Das Freie Wort", in: BzG 13 (1971), S. 951-966

Ders., Zur Hilfe Georgi Dimitroffs für die Propaganda der Politorgane der Roten Armee in der faschistischen Wehrmacht, in: BzG 14 (1972), S. 790-804

Ders., Genosse politruk Artur Pik, in: NNI (1985), S. 113-126

Semiryaga (Semirjaga), Michail, Wie Berijas Leute in Ostdeutschland die Demokratie errichteten, in: DA 29 (1996), S. 741-752

Semskow, Viktor, Angst vor der Rückkehr. Die Repatriierung sowjetischer Staatsbürger und ihr weiteres Schicksal (1944-1956), in: Kriegsgefangene - Voennoplennye, S. 157-162

Sovetskaja Voennaja Enciklopedija v 8 tomach, iz. institutom voennoj istorii Ministerstva oborony SSSR, Moskva 1976-1980

Soviet Security and Intelligence Organizations 1917-1990. A Biographical Dictionary and Review of Literature in English, ed. by Michael Parrish, New York u. a. 1992

Sowjetische Speziallager in Deutschland 1945 bis 1950, 3 Bde., hg. v. Sergej Mironenko/Lutz Niethammer/Alexander v. Plato in Verbindung mit Volkhard Knigge/Günter Morsch, Bd. 1: Studien und Berichte, hg. v. Alexander v. Plato, Berlin 1998; Bd. 2: Sowjetische Dokumente zur Lagerpolitik, hg. v. Ralf Possekel, Berlin 1998

Stalingrad. Ereignis - Wirkung - Symbol, hg. v. Jürgen Förster, München 1992

Stalingrad. Mythos und Wirklichkeit einer Schlacht, hg. v. Wolfram Wette/Gerd R. Ueberschär, Frankfurt a. M. 1992

Staritz, Dietrich, Die SED, Stalin und die Gründung der DDR. Aus den Akten des Zentralen Parteiarchivs des Instituts für Geschichte der Arbeiterbewegung (ehemals Institut für Marxismus-Leninismus beim ZK der SED), in: Aus Politik und Zeitgeschichte B 5/91 (25. 1. 1991), S. 3-16

Starkulla, Heinz, Verderber Hitler - preisgegebenes Deutschland. Die „Bilder im Kopf" des Nationalkomitees Freies Deutschland als Stereotype in seinen Flugblättern, in: Flugblätter des Nationalkomitees, S. 41-71

Steidle, Luitpold, Das Nationalkomitee „Freies Deutschland". Eine zusammenfassende Darstellung seiner Tätigkeit und der Auswirkungen des Kampfes deutscher Antifaschisten 1943 bis 1945 (Hefte aus Burgscheidungen 35/36), hg. v. der Zentralen Schulungsstätte der CDU „Otto Nuschke" in Verbindung mit der Parteileitung der Christlich-Demokratischen Union, o. O., o. J.

Steinbach, Peter, Nationalkomitee Freies Deutschland und der Widerstand gegen den Nationalsozialismus, in: Exilforschung 8 (1990), S. 61-91

Ders., „Widerstand hinter Stacheldraht"? Zur Diskussion über das Nationalkomitee Freies Deutschland als Widerstandsorganisation seit 1943, in: Der 20. Juli, S. 232-346
Strassner, Peter, Das Nationalkomitee „Freies Deutschland" - Keimzelle der sogenannten DDR, München 1960
Studer, Brigitte, Verschleierungstaktik als Herrschaftspraxis. Über den Prozeß historischer Erkenntnis am Beispiel des Kominternarchivs, in: JHK (1995), S. 306-321
Studien zur Geschichte der SBZ/DDR, hg. v. Alexander Fischer, Berlin 1993
Sywottek, Arnold, Deutsche Volksdemokratie. Studien zur politischen Konzeption der KPD 1935 - 1946, Düsseldorf 1971
Tischler, Carola, Flucht in die Verfolgung. Deutsche Emigranten im sowjetischen Exil 1933 bis 1945, Münster 1996
Tjulpanov, S. I., Der ideologische Kampf gegen den Faschismus im Großen Vaterländischen Krieg, in: ZfG 20 (1972), S. 174-199
Ueberschär, Gerd R., Das NKFD und der BDO im Kampf gegen Hitler 1943-1945, in: Das Nationalkomitee „Freies Deutschland" und der Bund Deutscher Offiziere, S. 31-51
Uhlig, Christa, Rückkehr aus der Sowjetunion. Politische Erfahrungen und pädagogische Wirkungen. Emigranten und ehemalige Kriegsgefangene in der SBZ und frühen DDR, Weinheim 1998
Ulam, Adam, Expansion and Coexistence. The History of Soviet Foreign Policy 1917-67, New York/Washington 1968
Varin, V. I., Opyt organizacii i provedenija sovetskoj propagandy sredi nemecko-fašistskich vojsk v zaveršajuščej kompanii 3-go perioda Velikoj Otečestvennoj vojny (janvar'-maj 1945), dis. kand. ist. nauk Moskva 1962
Voßke, Heinz, Ein Wegbereiter der deutsch-sowjetischen Freundschaft. Arthur Pieck, in: BzG 22 (1980), S. 421-430
Vsevolodov, V. A., Vzaimodejstvie politorganov Krasnoj Armii in Nacional'nogo komiteta „Svobodnaja Germanija" v bor'be protiv fašizma (1943-1945 gg.), dis. kand. ist. nauk Moskva 1991
Ders., Die propagandistische Tätigkeit des NKFD und BDO aus Moskauer Sicht, in: Das Nationalkomitee „Freies Deutschland" und der Bund Deutscher Offiziere, S. 121-132
Vtoraja mirovaja Vojna. Aktual'nye problemy, otv. red. O. A. Ržesevskij, Moskva 1995
Weber, Hermann, Geschichte der DDR, München ²1986
Wegner-Korfes, Siegrid, Weimar - Stalingrad - Berlin. Das Leben des deutschen Generals Otto Korfes. Biografie, Berlin 1994
Wettig, Gerhard, Neue Aufschlüsse über Moskauer Planungen für die politisch-gesellschaftliche Ordnung in Deutschland nach dem Zweiten Weltkrieg, in: JHK (1995), S. 151-172
Ders., Stalin - Patriot und Demokrat für Deutschland?, in: DA 28 (1995), S. 743-750
Ders., All zu schnell abgewandte Kritik. Erwiderung auf Wilfried Loth, in: DA 28 (1995), S. 973
Wolff, Willy, Zur Beratung der 158 kriegsgefangenen deutschen Soldaten im Oktober 1941 in der Sowjetunion, in: ZfM 2 (1963), S. 42-52
Ders., Die erste Konferenz antifaschistischer deutscher Offiziere in der Sowjetunion. Zur Vorgeschichte des Nationalkomitees „Freies Deutschland", in: ZfG 13 (1965), S. 277-289
Ders., An der Seite der Roten Armee. Zum Wirken des Nationalkomitees „Freies Deutschland" an der sowjetisch-deutschen Front 1943 bis 1945, Berlin (Ost) 1973
Ders., Bewaffnete Gruppen der Bewegung „Freies Deutschland", in: Die Front war überall, S. 309-316
Wolkow, Wladimir K., Die deutsche Frage aus Stalins Sicht (1947-1952), in: ZfG 48 (2000), S. 20-49
Zeidler, Manfred, Kriegsende im Osten, München 1996
Zirke, Gerhard, Im Tosen des Krieges geschrieben. Zur publizistischen Tätigkeit der deutschen Kommunisten und des Nationalkomitees „Freies Deutschland" in der Sowjetunion während des Großen Vaterländischen Krieges, Velten 1964

Abkürzungsverzeichnis

Antifa	Antifaschistische Bewegung
APRF	Archiv presidenta Rossijskoj Federacii (Archiv des Präsidenten der Russischen Föderation)
BArch-Abt. Potsdam	Bundesarchiv, Abteilung Potsdam
BArch-MA	Bundesarchiv, Militärarchiv Freiburg
BDO	Bund Deutscher Offiziere
BRD	Bundesrepublik Deutschland
BzG	Beiträge zur Geschichte der Arbeiterbewegung
CK	Central'nyj komitet (Zentralkomitee)
DA	Deutschland-Archiv
DDR	Deutsche Demokratische Republik
dtv	Deutscher Taschenbuchverlag
EAC	European Advisory Commission
EKKI	Exekutivkomitee der Kommunistischen Internationale
FD	Freies Deutschland
GARF	Gosudarstvennyj archiv Rossijskoj Federacii (Staatsarchiv der Russischen Föderation)
GlavPURKKA	Glavnoe političeskoe upravlenie raboče-krest'janskoj Krasnoj Armii (Politische Hauptverwaltung der Roten Arbeiter- und Bauernarmee)
GRU	Glavnoe razvedyvatel'noe upravlenie (Hauptabteilung Aufklärung)
GULag	Glavnoe upravlenie lagerej (Hauptverwaltung der Lager)
GUPVI	Glavnoe upravlenie po delam voennoplennych i internirovannych (Hauptverwaltung für die Angelegenheiten der Kriegsgefangenen und Internierten)
HJ	Hitler-Jugend
IWK	Internationale Wissenschaftliche Korrespondenz
JHK	Jahrbuch für historische Kommunismusforschung
KGB	Komitet gosudarstvennoj bezopasnosti (Komitee für Staatssicherheit)
KJVD	Kommunistischer Jugendverband Deutschlands
Komintern	Kommunistische Internationale
KP	Kommunistische Partei
KPD	Kommunistische Partei Deutschlands
KPdSU	Kommunistische Partei der Sowjetunion
KPÖ	Kommunistische Partei Österreichs
KPR	Kommunistische Partei Rumäniens

KPSS	Kommunističeskaja partija Sovetskogo Sojuza (Kommunistische Partei der Sowjetunion)
KPTsch	Kommunistische Partei der Tschechoslowakei
KPU	Kommunistische Partei Ungarns
MfS	Ministerium für Staatssicherheit
MGB	Ministerstvo gosudarstvennoj bezopasnosti (Ministerum für Staatssicherheit)
MID	Ministerstvo innostrannych del (Ministerum für Äußere Angelegenheiten)
MMNA	Memorial'nyj muzej nemeckich antifašistov (Gedenkmuseum deutscher Antifaschisten)
MVD	Ministerstvo vnutrennych del (Ministerum für Innere Angelegenheiten)
NK	Nationalkomitee (NKFD)
NKFD	Nationalkomitee Freies Deutschland
NKGB	Narodnyj komissariat gosudarstvennoj bezopasnosti (Volkskommissariat für Staatssicherheit)
NKID	Narodnyj komissariat innostrannych del (Volkskommissariat für Auswärtige Angelegenheiten)
NKO	Narodnyj komissariat oborony (Volkskommissariat für Verteidigung)
NKVD	Narodnyj komissariat vnutrennych del (Volkskommissariat für Innere Angelegenheiten)
NKWD	deutsche Schreibweise für NKVD
NNI	Novaja i novejšaja istorija (Neue und neueste Geschichte)
NS	nationalsozialistisch
NSDAP	Nationalsozialistische Deutsche Arbeiterpartei
OGPU	Ob'edinennoe gosudarstvennoe političeskoe upravlenie (Vereinigte staatliche politische Verwaltung)
OMI	Otdel meždunarodnoj informacii (Abteilung für internationale Information)
OMS	Otdel meždunarodnoj svjazi (Abteilung für internationale Beziehungen)
PPA	Personalpolitische Abteilung
Pur	Politische Hauptverwaltung der Roten Armee (GlavPURKKA)
RA	Rote Armee
RGASPI	Rossiskij gosudarstvennyj archiv social'no-političeskoj istorii (Russisches Staatliches Archiv für Sozial- und Politikgeschichte)
RGVA/K	Rossijskij gosudarstvennyj voennyj archiv/kollekcija (Russisches Staatliches Militärarchiv/Sammlungen)
RS	Rückseite
SAJ	Sozialistische Arbeiterjugend
SAPMO-BArch	Stiftung Archiv der Parteien und Massenorganisationen der DDR im Bundesarchiv
SBZ	Sowjetisch Besetzte Zone

Abkürzungsverzeichnis 231

SED	Sozialistische Einheitspartei Deutschlands
SMA	Sowjetische Militäradministration
SMAD	Sowjetische Militäradministration in Deutschland
SMERŠ	Smert' špionam (Tod den Spionen)
SNK	Sovet narodnych komissarov (Rat der Volkskommissare)
Sovinform	Sovetskoe informacionnoe bjuro (Sowjetisches Informationsbüro)
SPD	Sozialdemokratische Partei Deutschlands
SSSR	Sovetskij Socialističeskij Sojuz Respublik (Union der Sozialistischen Sowjetrepubliken – UdSSR)
SU	Sowjetunion
SVAG	Sovetskaja voennaja administracija v Germanii (Sowjetische Militäradministration in Deutschland)
TASS	Telegrafnoe Agenstvo Sovetskogo Sojuza (Telegrafenagentur der Sowjetunion)
UdSSR	Union der Sozialistischen Sowjetrepubliken
UPVI	Upravlenie po delam voennoplennych i internirovannych (Verwaltung für die Angelegenheiten der Kriegsgefangenen und Internierten)
VČK	Vserossijskajaja črezvyčajnaja kommissija po bor'be s kontrrevoljuciej, spekuljaciej i sabotažem (Allrussische außerordentliche Kommission für den Kampf gegen Konterrevolution, Spekulation und Sabotage)
VIŽ	Voenno-istoričeskij žurnal (Militärgeschichtliche Zeitschrift)
VfZ	Vierteljahrshefte für Zeitgeschichte
VKP (b)	Vsesojuznaja kommunističeskaja partija (bol'ševikov) (Allrussische Kommunistische Partei (der Bolschewiki))
WZL	Wissenschaftliche Zeitschrift der Karl-Marx-Universität Leipzig
ZfG	Zeitschrift für Geschichtswissenschaft
ZfM	Zeitschrift für Militärgeschichte
ZK	Zentralkomitee

Register

Das Register erfaßt alle Namen der im Text genannten Personen. Generell nicht erfaßt sind Autorennamen. Die im Anhang aufgelisteten Namen werden nur dann berücksichtigt, wenn die Person im Text erwähnt wird. Vatersnamen sind nur im Register mit aufgeführt.

Abel, Heinrich 163
Abraham, Heinz 161, 208
Achilles, Leopold 163, 174, 215
Ackermann, Anton 7, 39, 54, 58 f., 73, 86, 94, 96, 105, 138 f., 142 f., 156, 160, 162, 166 f., 168 ff., 172 f., 174, 203, 211
Aleksandrov, Georgij Fedorovič 29, 36, 42, 188
Antonov, Vassilij Grigorevič 167
Apelt, Fritz 161, 214
Arendsee, Martha 54, 203
Arndt, Erich 85
Arnold (Gural'skij) 24, 38, 53, 151
Augustin, Friedrich 38, 52, 106

Baindl, Georg 111
Baranov, Leonid Semonovič 141
Baum, Albert 159, 209
Becher, Johannes R. 31, 52, 54, 142, 150, 152 ff., 173, 203, 207, 214
Bechler, Bernhard 68, 97 f., 150
Bechler, Margret 98
Beljakov 24
Belov, Georgi 41
Berija, Lavrentij 26 f., 36, 47, 63 ff., 69, 71, 81, 167, 182
Berner, Helene (Welker-Berner) 114, 147, 208
Bernikov, Nikolaj Nikolaevič 20
Bismarck, Otto von 53
Bolz, Lothar 94 f., 154, 179, 184, 203
Born, Erwin 159, 209
Braginskij, Josef Samojlovič 58, 73, 75, 87, 89 f., 98, 110, 137 f., 156, 167, 180, 207
Braun, Otto (Wagner) 24, 38
Bredel, Willi 52, 54, 94, 138, 150, 173, 203, 212
Bredt, Alfredt 95
Bulganin, Nikolaj Aleksandrovič 167, 182
Burcev, Michail Ivanovič 13, 53, 58, 73, 86, 137, 180
Bürger, Kurt 24, 213

Bürk, Karl 111
Burmeister 104

Černikov 188
Charisius, Eberhard 38, 53 f., 106 f., 110 f.
Chavinson, Ja. S. 29
Chruščev, Nikita Sergeevič 167
Churchill, Winston 46
Chvostov 158, 161, 166

Daniels, Alexander Edler von 57, 62, 73
Dengler, Gerhard 151 f., 163, 174, 215
Dietrich, Jonny 159, 209
Dimitrov, Georgij 14 f., 21, 23, 36–39, 43–46, 50 ff., 59, 62, 65, 75, 77 f., 80 f., 83 f., 87, 89, 91, 115, 119, 124, 131, 137–145, 147–150, 155, 157 f., 160–165, 168–173, 181 f., 187, 192 f.
Dohm, Bernhard 114, 147, 208
Dollwetzel, Heinrich 22
Draganov 22, 41
Dreger, Egon 95, 203, 211
Dürr, Gertrud 188, 206

Eden, Anthony 76
Eildermann, Wilhelm 114
Einsiedel, Heinrich Graf von 53 f., 57, 64, 68, 72 f., 105, 110, 151
Emendörfer, Max 54, 57, 73, 95, 107, 124, 152 ff., 163, 174, 208 f., 214
Engels, Friedrich 123, 150
Erpenbeck, Fritz 52, 94, 203, 211
Eschborn, Jakob 52, 54, 83
Ewers, Heinrich 23, 206

Fedossev, Petr Nikolaevič 23
Fink, Willi 79, 81, 205
Fischer, Kurt 94, 203, 211
Fleischer, Carl 54, 83, 85, 151, 153, 163
Fleschhut, Reinhold 54, 110, 111
Fleschner, Helmut 125
Florin, Peter 94, 150, 203, 211
Florin, Wilhelm 54, 59, 68, 84, 85

Förster, Max 125
Försterling, Paul 23f., 41, 104f., 138, 141, 147f., 184f., 187, 191, 196
Frankenberg, Egbert von (Frankenberg und Proschlitz) 62, 104

Gabelin, Bernhard 95
Gabelin, Selma 161
Geminder, Friedrich 48
Gentzen, Felix 174, 214
Gerlach, Heinrich 95, 163
Gerö, Ernö 58, 73, 87, 98, 138, 139, 207
Gieffer, Joseph 140
Glogowsky, Sali 159, 209
Gold, Franz 106f., 111, 125
Golikov, Filipp Ivanovič 29
Gonzales 38
Gordeeva, Dora 94, 95, 150, 203
Gottberg, von 38
Grandy, Theo 163, 174, 214
Greiner, Ferdinand 22, 140, 211
Grosse, Lea 95, 204
Grosser, Rudi 124, 208, 212
Grünberg, Gottfried 120, 140f., 206, 208, 212
Gudzent, Georg 110
Guljaev, Pantalejmon Vasil'evič 50, 147, 158, 161
Gural'ski, Abram Jakovlevič siehe Arnold („Professor Arnold")
Gyptner, Richard 140, 161, 211

Haaf, Erna 95
Hadermann, Ernst 38, 53f., 57, 73, 83, 104, 106, 150–154, 163, 174, 215
Hartmann, Max 163, 174, 214
Hegoipa, Vassili 125
Heilmann, Friedrich 95, 203, 215
Held, Ernst 94, 95, 203
Helmschrott, Leonhard 54, 83, 163, 174, 214
Hentschke, Herbert 104, 208, 212
Herrnstadt, Rudolf 58, 70, 73, 75, 94f., 150, 154, 203, 212
Hetz, Karl 53f., 57f., 73, 95, 104
Hitler, Adolf 7, 11, 20f., 23, 31ff., 38f., 40, 44, 52, 61f., 64–67, 71, 74f., 79, 82, 84f., 87ff., 98, 108f., 120, 124, 138f., 156
Hoernle, Edwin 41, 54, 86, 142, 155, 203, 212
Hoffmann, Artur 140, 211
Hoffmann, Heinz 24, 140, 205, 214
Hoffmeister, Edmund 88, 150
Homann, Heinrich 53f., 58, 95
Hooven, Hans Günther van 57, 62, 73, 83
Huber, Hans 70, 72

Ivanjuk 41

Jakovec 27f., 56
Janzen, Nikolaj 24, 35f., 118, 123, 125
Jaroslavskij, Emeljan Michailovič 29

Kahlmüller, Hans 159, 209
Kahmann, Fritz 161, 206, 212
Kassler, Georg 24, 206
Kayser, Josef 83, 95, 104
Kehler, Ernst 53f., 107, 110f., 116
Keilson, Margarete 161, 208, 212
Keilson, Max 94, 96, 203, 214
Keller, Gottfried 40
Keller, Willi siehe Kropp, Willi
Kertzscher, Günther 54, 95, 150, 152, 153, 164, 174, 214
Keßler, Heinz 13, 54, 83, 97, 106f., 125, 170, 208, 212
Kiefel, Josef 140
Kijatkin 166
Kirschhofer, Andreas von 68
Kirzanov, A. V. 20
Klein, Matthäus 54, 68, 83, 110f.
Kleiner, Günther 125
Klement, Gerhard 73, 163, 174, 214
Knobelsdorff-Brenkenhoff, Isenhardus von 163
Kobulov, Amajak 27, 192
Koenen, Bernhard 147, 206, 215
Köhler, Bruno 24
Kohlmay, Gunther 174, 215
Kondakov 37
Koplenig, Johann 34, 41, 77f., 80f.
Köppe, Walter 138, 211
Korfes, Otto 16, 57, 62, 67f., 73, 104, 152f.
Korotkevič, Georgij Jakovlevič 154
Kosoj 22
Kozlov, Michail Vassilevič 56, 58, 89, 138, 141, 147f., 155, 166, 183, 204
Krausnick, Gerhard 54, 163, 174, 214
Krenkel, Fritz 158, 208
Kropp, Willi 141, 207, 208, 213
Kružkov 22
Krüger, Gerhard 174, 214
Kruglov, Sergej Nikoforovič 26f., 42, 63, 65, 192
Krummacher, Friedrich-Wilhelm 150, 163, 174, 214
Krummel, Emil 54
Kügelgen, Bernt von 52, 54, 95f., 110, 163, 174, 214
Kühn, Erich 54, 110
Kühn, Lotte (Lotte Ulbricht) 23f., 212
Kundermann, Erich 24
Kurella, Alfred 75, 94f., 203
Kuznecov, Fedor Fedorovič 29, 190

Lask, Hermann 159, 209
Lattmann, Martin 57, 62, 67 ff., 73, 86, 105, 150, 152, 154, 156
Lehmann, Arthur 24
Leisner, Georg 125
Lenin, Vladimir 123, 150
Lenski, Arno von 95, 151 f., 154
Leonhard, Wolfgang 12, 57, 93–96, 161, 164, 203, 211
Lewerenz, Hermann 68
Lissovskij 24
Lozovskij, Solomon Abramovič 29–33
Luddeneit, Fritz 54, 124 f., 174, 208, 214

Mahle, Hans 24, 52, 54, 94, 142, 203, 208, 211
Malenkov, Georgij 44, 47, 51, 167
Mann, Heinrich 52
Mann, Thomas 52, 169
Manuil'skij, Dmitrij Zacharovič 29–33, 38–39, 41–47, 53, 58 f., 63, 66, 69, 70–78, 82, 84, 99, 101, 108 f., 119, 137, 153, 192
Maria 38
Maron, Karl 58, 94, 203, 211
Marx, Karl 122, 150
Matern, Hermann 11, 141 f., 161, 205, 211
Mayenburg, Ruth von 12, 43, 77, 95
Mechlis, Lev Zacharovič 29
Mel'nikov, Nikolaj Zacharovič 26 f., 62–70, 72, 76, 88
Michaelis, Robert 125
Mikojan, Anastas Ivanovič 47, 167
Mirov, Jakov Zodikovič 80, 141
Molotov, Vjačeslav Michailovič 16, 22, 31, 43, 44, 47, 81, 167 f., 172, 182
Morozov, Ivan Andreevič 41, 49
Müller, Siegfried 110
Müller, Vincenz 88

Noffke, Ernst 138, 149, 161, 204, 214

Oelßner, Fred 141, 208, 211, 214

Pallas, Rudi 150, 174
Panjuškin, Aleksandr Semenovič 160 f., 171, 173
Parfionov 187 f.
Paulus, Friedrich 53, 88 f., 139, 156, 192 f.
Petrov, Ivan A. 26 f., 42, 53, 66, 88, 101
Pieck, Arthur 23 f., 55, 207
Pieck, Wilhelm 15 ff., 40, 47, 50–55, 58 f., 68 f., 73, 79, 82, 84, 89 ff., 106, 108, 115, 124, 138–146, 150, 151, 153, 155–173, 185 ff., 189
Piščassova, Vera 95, 204
Plivier, Theodor 150, 173, 215
Polikarpov 29

Prichodkov 196
Puchlov, N. N. 49
Puttkamer, Jesco von 105

Rákosi, Mátyás 41
Ratušnyj, Nikolaj Timofeevič 26
Reiche, Käthe siehe Wald, Käthe
Rentzsch, Hermann 110
Reyher, Friedrich 38, 53 f., 57, 73, 106 f., 174
Richter, Otto 22
Robiné, Joseph 111, 212
Röckl, Ludwig 174, 214
Rodenburg, Carl 68, 70, 72
Rogov, I. V. 29
Romanov 56, 183, 188, 196
Roosevelt, Theodore 46
Rubiner, Frieda 99
Rücker, Fritz 53, 57, 73, 83, 150–154, 163, 174, 214

Sagasser, Joachim 38
Saksin 29
Ščerbakov, Aleksandr Sergeevič 15, 29–34, 36 f., 42, 47, 62 f., 69 ff., 99, 106, 111, 137, 153
Scharrer, Adam 150, 214
Scheib, Peter 147, 208
Schering, Gerda 95, 204
Schlömer, Helmut 105
Schneider, Georg 94, 203, 213, 215
Schramm, Bruno 95, 203, 212
Schröder, Johannes 152, 154, 163, 174, 214
Seiler, Erna 94 f., 203
Seleznev, Konstantin L'vovič 23 f.
Semenov, Vladimir Semenovič 172
Serov, Ivan Aleksandrovič 27, 36, 167 f., 189
Seydlitz, Walther von 13, 16, 57, 62 f., 64–73, 84, 90 f., 150
Sidnev, Aleksej Matveevič 189
Sietjew 189
Šikin, Jossif Vassilevič 188
Sinz, Otto 54, 208, 213
Sobolevskij 196
Sobottka, Gustav 7, 79 ff., 161, 165–168, 172 f., 174, 203, 212
Soprunenko, Petr N. 23 f., 26, 36, 131
Spielmann, Arno 125
Spiru, Vasilij 188, 206
Staimer, Eleonore 95, 203, 213
Stalin, Jossif Vissarionovič 16, 27, 31 ff., 37, 43 ff., 47, 51, 62 f., 69, 70 f., 76, 88, 90, 123, 150, 162, 167 ff., 171 ff., 174, 181 f., 195
Stange, Käthe 159, 208 f., 215
Steidle, Luitpold 57, 73, 111, 174
Steier, Gertrud 94, 203, 214
Štemenko, Sergej Matveevič 167
Stephan, Oskar 22, 212

Stern, Wolf 88
Stößlein, Herbert 53f., 58, 77, 95, 104, 163
Strampfer, Herbert 163, 174, 214
Stresow, Herbert 52, 54, 110f.
Sucharev, Konstantin Petrovič 47, 141
Sudoplatov, Pavel Anatolevič 22
Suslov, Michail Andreevič 193
Švec, Leonti G. 27, 58, 89, 137
Šverma, Jan 22f.
Switalla, Stanislaw 161, 206
Szántó, Béla 24f., 37, 41

Theodorovič, Theo G. 101
Tjul'panov, Sergej Ivanovič 115, 172, 176, 189, 196
Togliatti, Palmiro 47
Tukarinov 37

Ulbricht, Walter 7, 22ff., 34, 37f., 41f., 52, 54, 57ff., 66, 70f., 73, 108, 110, 116ff., 125, 131, 138f., 141f., 152, 154ff., 160, 162, 165–169, 172ff., 176, 186, 203, 211

Vallentin, Maxim 173, 215
Vilkov, Konstantin F. 141
Vlassov, Andrej Andreevič 38
Vorošilov, Kliment Efremovič 47
Vorob'ev 37
Vorob'ev, Stefan Nikiforovič 56, 204

Wagner siehe Braun, Otto
Wald, Käthe (Reiche, Käthe) 161, 208, 213
Wangenheim, Gustav von 54, 94ff., 173, 203, 214
Wangenheim, Inge von 95
Weinert, Elisabeth 95
Weinert, Erich 11, 16, 52, 54, 57f., 63, 73, 74f., 86, 94, 106, 108, 149, 150, 153, 154, 180f., 184f., 190, 203
Welker-Berner siehe Berner, Helene
Wendt, Erich 149, 214
Wieland, Heinrich 24, 159, 209
Willms, Dietrich 86f., 111, 212
Winzer, Otto 52, 142, 161, 208, 211
Wirsgala, Georg 125, 208, 213
Wolf, Friedrich 31, 52, 54, 150, 173, 203, 214
Wolf, Georg 138, 204, 208, 211

York von Wartenburg, Johann Graf 66

Zaisser, Wilhelm 188, 196, 205
Ždanov, Andrej Aleksandrovičč 29, 168, 190, 192
Zippel, Hans 54, 57, 68, 73, 85, 110, 124, 208, 212
Zwiefelhofer, Rudolf 106, 125
Zöllner, Ernst 188, 206